JN312448

■ 基礎コース［経済学］— 3 ■

基礎コース

# ミクロ経済学

Microeconomics

佐々木 宏夫

新世社

# はじめに

　書店に出かけると，さまざまなミクロ経済学の本を私たちは手にとってみることができる。どの本もそれぞれに特徴を持ち，レベルも多種多様である。ミクロ経済学の教科書といえば「定番」の何冊かしかなかった昔と比べると，今日の読者の選択肢は格段に広がっているわけである。

　たとえば，新世社から出版されている武隈愼一著『ミクロ経済学 増補版（新経済学ライブラリ）』はこの分野のベストセラーであり，ミクロ経済学のたくさんのトピックスを網羅しつつ深く解説した名著である。武隈先生の本を自動車に喩えれば，ハイウェイを颯爽と走り抜けるスポーツカーのようなものといえるかもしれない。それは読者を猛スピードで高度なトピックスにまで連れて行ってくれる。しかし，その一方で，初心者がこの「車」を自由に乗りこなすのはなかなか大変そうである。

　それに対して，本書は，どちらかといえば見晴らしの良い海辺の道路を，ほどよいスピードで走行する乗用車のようなものであろう。本書で取り上げる主なトピックスは，ミクロ経済学の必須事項ばかりである。したがって，その意味で，決して話題満載の本とはいえないかもしれない。けれども，その代わりに丁寧かつ詳しい解説（読者の中には，「くどい」と感じる方もいらっしゃるかもしれないが）を心がけたつもりである。

　経済学を学ぶにあたって多くの人々は，経済学固有の考え方や議論の進め方の馴染みにくさに，まず戸惑うのではないだろうか。「固有の考え方」というのはどんな学問にも必ずあるものだが，経済学の勉強においてもそれを自然に受け止められるようにならないと，自分が納得した上での学習の進展が困難になってしまう。

　そこで，本書では，ミクロ経済学のさまざまなトピックスの学習を通じて，

## はじめに

読者が経済学固有の考え方や論理展開などを具体的に会得することができるよう，経済理論の背景にどのような具体的経済メカニズムの動きがあり，理論が教えてくれるものが現実の経済社会でどう機能しているのか，といったことをできるだけ詳しくわかりやすく説明するように努めた．

私は，読者が本書で「経済学的に考える」ための方法を身につけることができると確信している．そして，本書を読んだのち，さらに進んで上述の武隈愼一著『ミクロ経済学 増補版』などを勉強するならば，読者はそこで解説されているさまざまな事柄を，リアリティを伴って理解することができるようになるだろう．

本書の完成にいたるまでに，多くの皆さんのお世話になった．

まず，本書の出版企画は，東京大学の井堀利宏教授が私を出版社にご紹介くださったことから始まった．井堀先生に対して心から御礼申し上げたい．

また，東京経済大学教授の賀川昭夫さんは，大部分の原稿に対して懇切なコメントをお寄せくださった．今回に限ることなく，賀川さんは私がロチェスター大学の大学院生だった時代からずっと，いつも変わらぬ温かさで私を励まし続けてくださっている．これらのすべてに対して，私の最も深い感謝の気持ちをお伝えしたい．

さらに，私の研究室の大学院生である阿武秀和君と赤星立君からも原稿に対するコメントを頂戴した．両君にも感謝申し上げる．

本書の出版に関して，最大の感謝を捧げたいのは新世社の御園生晴彦さんに対してである．私が井堀先生のご紹介により本書の執筆をお引き受けしてから，約9年が経過している．この間，さまざまな事情でなかなか執筆が進まなかったのだが，御園生さんは忍耐強くお待ちくださり，執筆作業中には有益なご助言を多数頂戴した．同氏のご尽力に対して深く感謝申し上げたい．

2008年4月

佐々木 宏夫

# 目　次

## 序章　資源の希少性と市場メカニズム　1
1　資源の希少性と利害の調整 …………………………………… 1
2　価格と財 ……………………………………………………… 7
3　市場とその役割 ……………………………………………… 16
4　本書の構成 …………………………………………………… 21

## STEP 1　入　門　23

### 1　需要曲線と消費者余剰　25
1-1　支払い意欲と消費者余剰 ………………………………… 26
1-2　需要曲線の導出 …………………………………………… 31
練習問題　38

### 2　供給曲線と生産者余剰　39
2-1　供給曲線と供給法則 ……………………………………… 40
2-2　最低販売価格と生産者余剰（1）
　　　──1個だけの生産の場合 ……………………………… 41
2-3　最低販売価格と生産者余剰（2）
　　　──複数個の生産が可能な場合 ………………………… 51
2-4　個別供給曲線と市場供給曲線 …………………………… 62
練習問題　68

iii

目 次

# 3 市場均衡とその性質　69

3-1　市場均衡と比較静学 …………………………………… 70
3-2　市場均衡の望ましさ …………………………………… 75
練習問題　85

## STEP 2　基　礎　87

# 4 消費者行動理論の基礎　89

4-1　需要と顕示選好 ………………………………………… 90
4-2　無差別曲線と効用 ……………………………………… 104
4-3　消費者の最適化行動 …………………………………… 112
練習問題　124

# 5 消費者行動理論の応用　125

5-1　消費者行動理論の応用 ………………………………… 126
5-2　労働供給と所得の決定 ………………………………… 128
5-3　貯蓄の決定 ……………………………………………… 131
5-4　リスクの売買 …………………………………………… 134
練習問題　142

# 6 生産と費用　143

6-1　生産の構造 ……………………………………………… 144
6-2　費用の最小化と費用関数 ……………………………… 152
6-3　短期の費用 ……………………………………………… 156
6-4　長期の費用 ……………………………………………… 170
練習問題　177

## 7 企業の理論　179
- 7–1　最適生産量の決定と供給関数 …… 180
- 7–2　企業と組織 …… 191
- 練習問題　207

## 8 エッジワースの箱と完全競争市場　209
- 8–1　部分均衡分析と一般均衡分析 …… 210
- 8–2　ミニチュア一般均衡モデル …… 212
- 練習問題　224

## STEP 3　展　開　225

## 9 さまざまな市場　227
- 9–1　市場分類の切り口 …… 228
- 9–2　「参照基準」としての市場
  ——完全競争市場と独占市場 …… 230
- 9–3　寡占市場 …… 239
- 9–4　独占的競争市場 …… 249
- 練習問題　254

## 10 市場経済の評価——効率と公平　255
- 10–1　実証分析と規範分析 …… 256
- 10–2　資源配分の効率性 …… 258
- 10–3　効率性と公平性 …… 269
- 練習問題　273

目　次

## 11　市場の失敗　275

11–1　外部効果 …………………………………… 276
11–2　公共財 …………………………………… 287
11–3　情報の非対称性 …………………………… 296
練習問題　302

## 12　ゲーム理論とその応用　303

12–1　ゲーム理論とは？ ………………………… 304
12–2　戦略型ゲームとナッシュ均衡 …………… 305
12–3　展開型ゲーム …………………………… 317
練習問題　330

## 終章　選択と合理性　331

1　事実と真実 ……………………………………… 331
2　観察された行動の合理的説明 ………………… 335

文献案内　347
練習問題略解　349
索引　355

# 序章　資源の希少性と市場メカニズム

　ミクロ経済学の目的は，市場の働きをさまざまな角度から研究することにある。私たちの社会で市場機構が必要とされるもっとも基本的な理由は，社会に存在する資源の大半が希少だということにある。この章では，まず資源の希少性について学んだ後，財と価格の基本概念を学ぶ。そして，最後に市場の歴史を素描することを通じて，資源配分の主要な領域が市場によって覆い尽くされた，歴史上希有ともいえる時代が現代であることを確認する。

## □ 1　資源の希少性と利害の調整 □

■資源の希少性
　私たちは，さまざまな「モノ」に囲まれて生活している。「モノ」なしでは誰も生きていけないのが，この世の中である。
　毎朝，ベッドや布団という「モノ」の上で目覚め，卵やパン，あるいは果物などの「モノ」を食べる。朝食後，洋服という「モノ」を着て，会社や学校に向かうことになる。こうして，「モノ」に囲まれた私たちの一日がスタートする。
　私たちが日々利用し，生活に快適さ，安心感，あるいは幸福感をもたらしてくれる「モノ」は，寝具，食物，衣服などの物的な外観を伴った「モノ」

だけに止まらない。それらに加えて，多種多様な無形の「モノ」がなければ私たちの生活は成り立たないだろう。

たとえば，映画館で見る映画は無形の「モノ」であるが[1]，それは私たちの生活に楽しみや潤いを与えてくれる「モノ」である。あるいは，病気のときに医師から受ける治療もまた無形の「モノ」であるが，それは病気を原因とする不幸や苦しみから私たちを救ってくれるという大変な有用性を持っている。

本書では，物的な外観を伴った「モノ」を物的な財[2]と呼び，無形の「モノ」をサービスと呼ぶ。そして，物的な財とサービスをひとまとめにして財と呼ぶことにする。財は資源[3]と呼ばれることもある。

財は，労働や原材料などの生産要素を用いて生産される。生産された後に生産者の手を離れて流通し，個人や企業の手に渡り，最後は消費されることになる。

山奥で一人瞑想にふける修行者のように，禁欲的な生活を当然のこととする人を別にすれば，たいていの人間は尽きることのない欲望を心に秘めて生きている。もっとおしゃれな洋服が欲しい，すてきなレストランで美味しいものを食べたい，世界中を旅行して回りたい，広くて立派な家に住みたい，……，等々，人間の欲望には限りがない。貧しい人は，いまの生活の苦しさから何とか逃れたいと願っているだろうし，豊かな人は豊かな人で，もっともっと豊かになりたいと望んでいる。

このように，人間の欲望が尽きることはないのだが，その一方でわれわれ

---

1) 映画のフィルムは物的な「モノ」であるが，私たちは映画館でフィルムを手に入れるわけではない。私たちが映画館で得るものは，美しい映像の記憶や忘れることのできないストーリーなど，すべて脳裏に焼き付けられた記憶の塊である。
2) 「狭義の財」という言い方をすることもある。
3) 日常用語で「資源」というときには，たとえば，油田から発掘される石油や山から切り出される木材などの「天然資源」を意味することが多い。しかし，経済学や多くの社会科学で「資源」という言葉を使ったときには，労働力や工場で生産されたモノなどの必ずしも天然資源とはいえないものまでも含まれていることに注意して頂きたい。

なお，財と資源は同義と考えてよいが，どちらかといえば「財」は，シャツや本，あるいは医療サービスなどの具体的なモノをイメージできるような文脈で用いられる場合が多い。それに対して，「資源」は個別の財というよりも財一般を指すときに用いられることが多い。

の社会に存在している資源の量には限りがある。

　いくら味が評判だからといって，みんながいっせいに一つのレストランに殺到したら大変な混乱が生じるだろう。そのレストランが提供できる食事の量には限りがあるので，せっかくたくさんの人がそのレストランにやってきても，大半の人は食事にありつけないですごすごと引き上げることになってしまうかもしれない。

　レストランのケースに限ることなく，一般的にいって「資源が人々の欲求を完全に満たすほど十分に存在していない」とき，その資源は希少であるといわれる。

　ところで，日常用語で「希少」という言葉を使うときには，「たとえばこの宝石には希少価値がある」というように，その財がきわめて稀にしか存在しない貴重なものだというニュアンスがある。したがって，日常的な語感からすれば，何百カラットもするような巨大ダイヤは希少であっても，バーゲンで売られている服に希少というイメージを抱く人は少ないかもしれない。

　しかし，経済学や社会科学一般で用いられる「資源の希少性」という概念は，必ずしも「稀に存在する」という意味ではないことに注意して頂きたい。「資源の希少性」というのは，あくまでも人々の欲求と存在する資源の量との間の相対的な関係を表す概念である。だから，同じ財であっても，ある環境下では希少であるものが，別の環境下では希少でなくなってしまうこともある。

　たとえば「空気（特に酸素）」は，地球の地表面ではすべての人々の必要性（欲求）を完全に充足させてもまだ余りあるだけの量が存在している。したがって，地表面で空気は希少ではない資源である。しかし，月面や，地球上でも，たとえば水中や高山の山頂などには人が生きていくために十分な空気がない。したがって，空気はそういう場所（環境）では希少な資源になってしまうのである。

序章　資源の希少性と市場メカニズム

■資源の希少性と利害の対立

　資源が最終的に誰によって利用されるかという，資源の最終的な帰属状態のことを資源配分という。たとえば，ある社会に2本だけジュースがあったとして，最終的にA君とB君がそれを飲むことになったとすれば，ジュースという資源が「A君とB君に配分された」ということになる。

　資源が希少なときには，その資源の配分をめぐって人々の間に利害の対立が起きる。そのことを簡単な例で考えてみよう。

　X大学からA高校に3人の生徒を推薦して欲しいとの依頼があったとしよう。いわゆる「指定校推薦」で，A高校が推薦する3名はほぼ自動的に合格する。つまりこれは，「A高校の生徒に対して，X大学の学生になる『権利』が3人分与えられた」ということを意味している（あるいは，「X大学の学生の『ポスト』が3つ提供された」と考えてもよい）。

　さて，A高校で応募者を募ったところ，5人が応募したと仮定しよう。しかもこの5人はいずれも，成績などの推薦されるための必須条件を満たしているものとする。

　この場合，提供されている3つの「ポスト」を上回る5つのポスト分の希望者があったわけだから，このポストは，それを欲しいと思う人（＝高校生）の欲求を完全に満足させるだけ提供されていないことになる。つまり，このポストは希少な資源なのである。

　このような状況を受験生の立場で考えてみると，自分以外の他人が推薦される可能性の高まりは，自分が選ばれる可能性の低下を意味している。つまり，X大学への推薦を望んだ5人の間で利害の対立が生じているのである。

　それに対して，この例とは逆にX大学が不人気大学で，応募者が2人しかいなかったとしたらどうだろう？　その場合には，人々の欲求を満たすに十分なだけのポストが存在しているわけだから，これらのポストは希少な資源ではなくなってしまう。そして，推薦希望者間での利害の対立も生じないことになる。

　以上の例からわかるように，①資源が希少なときには，それを誰が受け取

るのかをめぐって（つまり，その配分をめぐって），人々の間で利害の対立が生じるが，②希少でないときには，利害対立が生じないのである。

■**紛争と利害の調整**

　ここで再び，X 大学の 3 つの推薦枠に 5 人の応募者がいるケースに話を戻そう。この場合，先ほど述べたように，この 5 人の間に「利害の対立」が生じる。そして，その状態を放置しておけば，何らかの形での紛争が生じるのを回避できなくなるだろう。

　この「紛争」が具体的にどのような姿をとるのかは，ケース・バイ・ケースである。ときには 5 人の間での暴力沙汰という最悪の事態が生じるかもしれない。あるいは，そのような「熱い闘い」ではなくて，互いが無言で火花を飛ばしあう「冷戦」になるかもしれない。

　いずれにせよ，そのような紛争状態が持続することは，決して望ましいことではない。しかも，そもそも 5 人の中から 3 人を選び出せなければ，せっかくの推薦枠が無駄になってしまう。つまり，紛争を防いで適切な資源配分を実現させるための利害の調整が何としても必要なのである。

　たいていの場合，資源配分をめぐる利害の調整は，あらかじめ定められたルールに基づいて行われることになる。たとえば，高校 3 年間の全科目の成績の平均値を計算して，その平均点の高い順に推薦される者を決める，というのは一つのよく行われるやり方かもしれない。あるいは抽選で 3 人を選ぶという方法もあり得るだろう。さらには，「早い者勝ち」の原則に従って，より早く応募した者から順に 3 人を選ぶ，ということも考えられる。

　このように利害調整の方法はさまざまであるが，いずれにせよ利害の対立が生じ得る環境では，その調整と対立解消のための適切なルールが必要だろう。経済学に限ることなく，法学，政治学などの社会科学の基本的な課題は，資源の希少性に由来する利害の対立が生じ得る局面で，いかにして円満妥当に利害の調整を図り，社会的に見て望ましい資源配分を達成させるかという問題について，多面的な角度からの研究を行うことにある。

序章　資源の希少性と市場メカニズム

　それらの学問においては，利害調整を行うメカニズムの研究が中心的な課題となる。しかし，研究対象となるメカニズムは学問ごとに多種多様である。たとえば，法律学では，法制度とそれに付随する調停・仲裁機関（裁判所など）が利害調整メカニズムの要（かなめ）として研究されることになる。また，政治学では，さまざまな政治機構（議会，行政府，諸団体など）における権威を通じての利害調整メカニズムの働きが関心の的になる。

　それに対して，経済学では，市場において価格の変動を通じて行われる利害調整の仕組みに最大の関心が寄せられる。このような利害調整の仕組みは，市場メカニズムまたは価格メカニズムと呼ばれている。ミクロ経済学の主な課題は，市場メカニズムの仕組みやそのメリット・デメリットについて，多面的な角度からの解明を加えることにある。

■市場のプレイヤー

　市場は，さまざまなプレイヤーが経済活動を行う場であり，そこでは価格の変動を通じての利害の調整が行われている。

　経済活動とは，希少な資源を用いて財が生産され，それがプレイヤー間で取引され，最後に消費されるという一連の活動をいう。プレイヤーとは経済活動を担う主体[4]であり，市場での役割に応じて消費者（家計や個人と呼ばれることもある），企業，政府，そして外国に分類される。

　消費者は，自らの労働を売って所得（お金）を得て，それを支出することで消費活動を行うプレイヤーである。本書では，第1章，第4章そして第5章において，消費者の行動原理を学ぶ。

　次に，企業は，生産活動に従事する主体である。それは，①労働をはじめとする資源を市場で調達して，②それらを用いて財を生産し，③そうやって生産された財を市場で売却することで利潤を生み出そうとするプレイヤーである。企業の行動原理は，第2章，第6章および第7章で取り上げる。

---

[4]「経済活動を担う主体」という意味を込めて，プレイヤーでなく経済主体（economic agent）という呼び方をすることもある。

さらに，政府は公益の増進を目的とするプレイヤーである[5]（政府の行動について主に研究する経済学の分野は，財政学と公共経済学である）。

最後に，外国であるが，これは，現実社会にその具体的対応物がある消費者，企業または政府という経済主体と違って，必ずしも現実に具体的対応物を持たないで便宜上存在を仮定する仮想的なプレイヤーである。

たとえば，日本の企業であるX社が，アメリカのY社に製品を輸出したとしよう。この場合，X社とY社の間で実際の取引が行われたわけだが，世の中でこのような国境を越える取引はしょっちゅう行われている。外国のプレイヤーをいちいち個別に取り上げるのは大変だし，分析を煩雑にさせる恐れもある。このようなときに，日本の国外（国境の外側）にいるあらゆるプレイヤーをひとくくりにして，「外国」という仮想的なプレイヤーとみなすのである。

「外国」の概念を導入することで，日本国内のプレイヤーが「外国」に財を売却することが輸出で，「外国」から日本国内のプレイヤーへの財の売却が輸入だと捉えられることになる（外国との間の取引について研究するのは国際経済学の課題である）[6]。

## 2 価格と財

■価格とは？

価格とは，「財を1単位購入するために，買い手が支払わなければならない金額」である。取引において売りと買いとは対(つい)になっているので，「財を1

---

[5] 日常の日本語での「政府」は，「日本国政府」またはその下にある行政府のことを意味するのが普通である。それに対して，経済学における「政府」は，それだけでなく，地方自治体（地方政府），裁判所，国および地方の議会など，公的な組織を幅広く網羅している。
[6] 外国との財の取引を研究するのが，国際経済学の中でも特に貿易論であり，外国為替など外国との金融的取引を研究するのが国際金融論である。

単位売却したときに，売り手が獲得できる金額」が価格だと理解してもよい。

「誰が価格を決めるのか？」は，その財が売買される市場の構造に依存しており，さまざまである。たとえば，消費者や企業が非常にたくさんいる完全競争市場では，個々の企業や消費者は市場で非常に小さな存在なので，彼らは価格を決定するための影響力を行使できない。その他の市場，すなわち企業がただ１社だけの独占市場や少数の企業から成る寡占市場などでは，企業は多かれ少なかれ価格決定に影響力を持ちうることが知られている。このような企業の価格への影響力を，価格支配力という。第９章では，市場構造と価格支配力の関係を詳しく説明する。

価格は，日常生活の場では値段と呼ばれることがある。また，財によっては，価格に特別な呼び名がつけられていることもある。

たとえば，労働（第５章5-1節参照）の価格は，「労働を１単位売ったときの報酬額」である。ふつう労働の単位は「時間」（時間，日，週，月，年など）で表されるので，結局労働の価格は「単位時間あたりの労働に対する報酬率[7]」ということになり，それは賃金率と呼ばれる。

■ 財とは？

英語で財を goods と呼ぶことからわかるように，基本的に財は「善きもの」，すなわち人々に何らかの有用性をもたらすものである。けれども，ときには「悪しきもの」，すなわちそれを持てば持つほど人々の満足を下げる財もある。たとえば，ゴミなどの廃棄物は，典型的な「悪しきもの」である。

本書で特に断りなく「財」といったときには，「善きもの」を指すことにする。どうしても「悪しきもの」に言及したいときには，bads と呼ぶことにする[8]。

---

[7]　「時間」を 60 分の時間で計るなら「時給」，日単位で計るときは「日給」，月単位で計るときは「月給」，そして年単位で計るなら「年俸」ということになる。
[8]　bads が市場で取引されることもある。その場合，goods と違って，bads には負の価格がつく。つまり，goods では財を受け取る（買う）者がお金を支払うのに対して，bads では財を受け取る者（廃棄物処理業者など）が財とともにお金も受け取ることになる。このように bads の場合のお金の流れ方は，goods と正反対なのだから，その価格は負ということになる。

外観や物理的な特質，あるいは用途などが異なる財は，当然に違う財とみなされることになる。たとえば，缶ビールと缶コーヒーが違う財なのは明らかだろう。

しかし，外観，物理的特質，用途などが完全に一致している財であっても，①それが使われる環境（場所）が違う場合と，②それが使われる時点が違う場合，そして③それが使われる自然の状態[9]が異なる場合には，いずれも違う財として認識されなければならない。

外観などの異なっているモノを別の財とみなすのはごく自然なことだろうが，場所・時間・自然の状態が異なる財を別の財として認識するのは，経済学固有の考え方である[10]。

## ■環境と財

富士山頂で売られている飲み物（たとえばペットボトルのウーロン茶）の価格が，下界で売られている同じ飲み物の価格よりはるかに高いことはよく知られている。あるいは，炎天下の砂漠で売られている水が非常に高価であっても，それを疑問に思う人はあまりいないだろう。

一般論としては同じ財には同じ価格がつく（これを一物一価の法則という）のが自然であるのに，なぜこのような価格差に人々は違和感を抱かないのだろうか？

それは，人々が富士山頂のウーロン茶と下界のウーロン茶を違う財と認識しているからではないだろうか。あるいは，砂漠で飲む水とオアシスで飲む水も別の財と認識しているのではないのだろうか。

このような認識は，富士山頂と下界という環境の違い，あるいは砂漠とオアシスという環境の違いによって，物理的には全く同じモノでも有用性が全く異なってしまうことに由来している。

---

9) 「自然の状態」については，14ページで説明する。
10) この章の残りの部分の議論からわかるように，このような経済学固有の考え方は，財の概念が拡張され，市場の役割が飛躍的に増大している私たちの社会の現実を反映したものだといえる。

いまのような考え方には一般性がある。したがって，ウーロン茶や水に限ることなく，利用される環境（場所）が異なるモノは，たとえみかけはまったく同じであったとしても，経済学的には別の財とみなされなければならないのである。そして，別々の財であるならば，それらの価格が必ずしも同じにならないのもまた当然ということになる。

### ■時間と財

　最近Ａ君に恋人ができた。デートのため，彼はなんとしても自動車を手に入れたくなった。欲しい車の値段は150万円であるが，いま彼の手元には十分なお金がない。いますぐその車を手に入れるためには，1年間のローンを組む必要がある。ローンでその車を手に入れた場合，総額170万円を支払わなければならない。しかし，1年間お金を貯めて現金で買えば，150万円の支払いで済む。

　思案の末，Ａ君はローンを組んで車を手に入れた。1年待てば150万円で買えるのに，なぜ彼はわざわざ支払額が増えるローンによる購入を選んだのだろうか？

　それは，彼にとって車を・い・ま手に入れるのと・1・年・後に手に入れるのでは，その車によってもたらされる満足の程度が全く異なってしまうからなのである。いますぐ車を手に入れれば，それを乗り回して恋人との楽しい時間を共有できる。しかし，1年後では，そもそも恋人との関係が継続しているのかどうかもわからない。したがって，1年後に車を手に入れたのでは，それを利用して楽しい思い出を作れないかもしれない。さらに，1年もの長い期間待つことには苦痛が伴う。

　つまり，いまの自動車と1年後のそれは，たとえ同じメーカーの同じ型番のものであったとしても，Ａ君に対して異なる有用性をもたらすのである。そうであるならば，両者が別の財とみなされるのは当然といえるだろう。

　同様のことが自動車に限らずどのような財についても成り立つのは明らかなので，経済学では「利用される時点が異なる財は別個の財とみなす」ので

ある。

## ■利子率と現在価値

貨幣（お金）もまた財の一種だから，お金についても前項で述べた原則は成り立っていなければならない。したがって，たとえば「いまの1万円」と「1年後の1万円」は異なる財とみなされるべきなのである。

それでは，両者が異なった財であるなら，1年後の1万円は，いまの何円に相当するのだろうか？　この問いに答えるためには，貯蓄と借金の意味を検討する必要がある。

「貯蓄」とは，いま持っているお金を，将来の利用のために貯える行為である。つまり，「いまのお金と交換に，将来のお金を手に入れる行為」が貯蓄なのである。反対に，「借金」とは，将来のお金を引き渡すこと（返済）を条件にして，いまのお金を獲得する行為である。つまり，それは「将来のお金と交換に，いまのお金を手に入れる行為」である[11]。

さて，1年間にわたって貯蓄を行ったときの利子率（これを年利という）を $r$ [12]としよう（現実の社会では，貯蓄の利率と借金の利子率は異なっているが，ここでは話を簡単にするため，両者は同一とする）。ある人が $X$ 円の貯蓄をしたとしよう。貯蓄をしてから1年後に，彼は元本の $X$ 円に加えて利息の $r \times X$（円）を受け取ることができる。通常文字式では掛け算を示す「×」の表記を省略するので，1年後に彼は元利合計で，

$$X + rX = (1+r)X \text{（円）}$$

を手に入れることになる。

ここで，「1年後の1万円は，いまの何円に相当するか？」という当初の問題に戻ることにしよう。いま貯蓄した $X$ 円が1年後には $(1+r)X$（円）

---

[11] 「将来のお金といまのお金の交換」と考えると，貯蓄と借金は，いまのお金の売り手になるか（貯蓄），いまのお金の買い手になるか（借金）という違いだけだということがわかる。そういう理解に基づいて，貯蓄を両者を包括する幅広い概念と捉え，特に狭い意味での貯蓄を正の貯蓄，狭い意味での借金を負の貯蓄と呼ぶこともある（第5章 5-3節では，この言葉遣いをしている）。

[12] たとえば，年利 5％ ならば $r=0.05$，年利 0.1％ ならば $r=0.001$ である。

になるのだから，1年後に1万円を手に入れるためには，

$$(1+r)X = 10{,}000 \tag{1}$$

という式を満たすような $X$（円）をいま貯蓄すればいいことになる。(1)式の両辺を $1+r$ で割ると，

$$X = \frac{10{,}000}{1+r} \tag{2}$$

である。つまり，いま $\frac{10{,}000}{1+r}$（円）を貯蓄すると，1年後に1万円を手にすることができるわけである。換言すれば，

$$\text{いまの}\ \frac{10{,}000}{1+r}\ \text{（円）} = 1\text{年後の1万円}$$

という**等価関係**（等式）が成り立つ。この $\frac{10{,}000}{1+r}$ を「1年後の1万円の**現在価値（割引現在価値）**」という。たとえば，年利5％（$r=0.05$）のときの1年後の1万円の現在価値は，$10{,}000 \div 1.05 =$ 約9,523円である。

次に2年後の1万円がいまのいくらに相当するのかを考えてみよう。先ほどみたように $X$ 円を1年間貯蓄すると $(1+r)X$（円）となる。これをさらに1年間貯蓄すると，元利合計で

$$\underbrace{(1+r)X}_{\text{元本}} + \underbrace{r\{(1+r)X\}}_{\text{利息}} = \underbrace{(1+r)\{(1+r)X\}}_{(1+r)\text{でくくる}} = (1+r)^2 X\ \text{（円）}$$

が戻ってくることになる。2年後の1万円が $(1+r)^2 X$ と一致するわけだから，

$$(1+r)^2 X = 10{,}000 \iff X = \frac{10{,}000}{(1+r)^2}$$

となる。つまり，2年後の1万円の現在価値は，$\frac{10{,}000}{(1+r)^2}$（円）なのである。

同様に考えると，3年後の1万円の現在価値は $\frac{10{,}000}{(1+r)^3}$（円），4年後の1万円の現在価値は $\frac{10{,}000}{(1+r)^4}$（円），……，$n$ 年後の1万円の現在価値は $\frac{10{,}000}{(1+r)^n}$（円）（ただし，$n=1,2,3,4,5,\cdots$）であることが容易にわかる。

いままでは，将来の1万円の現在価値がいくらになるかを考えてきたが，

▶表1　将来価値と現在価値

| 将来価値 | 現在価値 |
|---|---|
| 1年後の $A$ 円 | $\dfrac{A}{1+r}$ 円 |
| 2年後の $A$ 円 | $\dfrac{A}{(1+r)^2}$ 円 |
| 3年後の $A$ 円 | $\dfrac{A}{(1+r)^3}$ 円 |
| 4年後の $A$ 円 | $\dfrac{A}{(1+r)^4}$ 円 |
| ⋮ | ⋮ |
| $n$ 年後の $A$ 円 | $\dfrac{A}{(1+r)^n}$ 円 |

　この考え方をさらに一般化すると，将来の $A$ 円の現在価値を求めることもできる。表1にその結果をまとめてある。

　このように，いまのお金と将来のお金が違う財であるからには，それらの「異時点間の財」を取引する市場――それが金融市場である――が成立するのは当然のことであろう。

　ところで，現在価値を求めるときは，1年後の金額を $\dfrac{1}{1+r}$ 倍すればよかった。「借金」を，「1年後のお金でいまのお金を買う行為」と解釈すれば，この $\dfrac{1}{1+r}$ は1年後のお金でいまのお金を買うときの価格ということができる。

　逆に考えると，$\dfrac{1}{1+r}$ の逆数である $1+r$ は，いまのお金を1年後のお金と交換するときの換算率とみなせる[13]。したがって，それは，いまのお金を1年後のお金で買うときの価格だと解釈できるだろう。

　ところで，$\dfrac{1}{1+r}$ や $1+r$ は，いずれも利子率 $r$ に基づいて得られるものである。そう考えると，利子率 $r$ はいまと将来のお金を交換する市場において，価格と同等な役割を果たす重要な変数だということになる。

---

[13] いまの $a$ 円は1年後には $(1+r)a$ 円になっているから，$a$ 円を貯蓄することは，いまの $a$ 円を1年後の $(1+r)a$ 円と交換することを意味している。その意味で，$(1+r)$ はいまのお金を1年後のお金に交換するときの交換比率とみなすことができるのである。

## ■自然の状態と財

　自然の状態とは、「自然」が定めるさまざまな状態であって、人間の意思で自由にコントロールできないものである。たとえば、人間は天気を自由にコントロールできない。したがって、「晴れ」や「雨」、あるいは「曇り」といった状態のひとつひとつが自然の状態なのである。

　異なる時点の財を別の財とみなさなければならなかったのと同様、異なる自然の状態における財も別の財とみなされなければならない。たとえば、雨の日の傘と晴れの日の傘は別の財である。

　実際、突然激しい雨が降ってきたとき、ふだんより高めの値段で傘を売る商人が路上に出現することがある。そういうときに、明らかに暴利を貪られていると知りながら、やむなくそれを買った経験のある人は少なくないのではないだろうか。このように雨の日と晴れの日で傘の値段に差がつくのは、それらの有用性が自然の状態ごとに異なっているからである。

　「自然」はときに、特定の自然の状態に限定した形での経済的損失を人にもたらすことがある。たとえば、人の生死は自分自身で自由にコントロールできないものである[14]。したがって、「生きる」ことと「死ぬ」ことは、それぞれが自然の状態といえる。一家の働き手の突然の死が、残された家族に経済的な苦境をもたらすことからもわかるように、「死ぬ」という自然の状態は人に巨額の経済的損失をもたらす可能性がある。

　あるいは、天気が経済的損失の原因になることもある。たとえば、夏の花火大会に備えてたくさんのアイスクリームを仕入れた夜店の主人は、当日がどしゃぶりの雨になってしまえば大変な損失をこうむるかもしれない。

　これらの例からわかるように、一般的にいって私たちはどのような自然の状態が生じるのかをあらかじめ知ることができない。それにもかかわらず、どの自然の状態が生じるのかが明らかになる前に意思決定することを余儀な

---

14) 「自殺」のように、人間の生死をある程度人為的にコントロールすることができないわけでない。しかし、死んだ人間を蘇らせることができないことから明らかなように、人の生死のコントロールは、たとえできたとしてもきわめて限定的である。

## 2 価格と財

図1 自然の状態間の取引

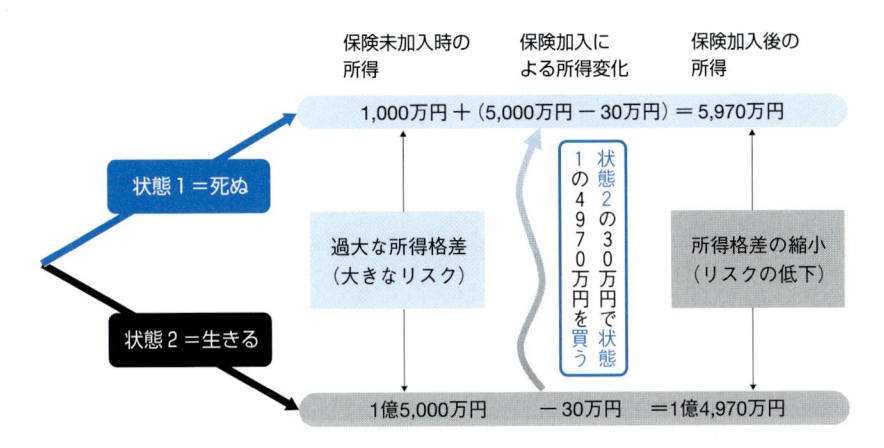

```
                    保険未加入時の      保険加入に        保険加入後の
                    所得              よる所得変化      所得
                    1,000万円 ＋ (5,000万円 － 30万円) ＝ 5,970万円

  状態1＝死ぬ                                  状
                                              態
                        過大な所得格差          2  状      所得格差の縮小
                        （大きなリスク）         の  態      （リスクの低下）
                                              3  1
                                              0  の
                                              万  4
  状態2＝生きる                                円  9
                                              で  7
                                              状  0
                                              態  万
                                              1  円
                                              を  を
                        1億5,000万円  － 30万円 ＝ 1億4,970万円
                                              買
                                              う
```

くされることは多い[15]。そして，ある自然の状態が生じると経済的損失が発生する場合には，自然の状態が判明する前に意思決定をしてしまうと，それにはリスク（危険）が伴うことになる。

この種の環境下で，私たちは保険に加入することによって，リスクがもたらす困難の一部もしくは全部を軽減することができる。簡単な例を考えてみよう（図1参照）。Xさんは，このまま定年まで働き続ければ1億5,000万円の所得が見込まれていたとしよう。しかし，途中で死んでしまうと，退職金の1,000万円をもらえるだけで，残りの所得を失ってしまう[16]。つまり，彼は死ぬことで1億4,000万円の経済的損失を被るのである。

このような自然の状態間での巨額の所得格差の存在は，彼とその家族の生活の安定のためには決して好ましいものではないだろう。この種の生活の不安を除去するためには保険に加入すればよい。たとえば，この人が30万円

---

15) 生死の例でいえば，あらかじめ自分が早く死ぬことがわかっているなら，誰も巨額のローンを組んで家を買おうとしないだろう。しかし，普通は自分が何歳まで生きるのかがわからない時点でローンを組むかどうか決めなければならない。また，花火大会の例でも，絶対に雨が降るとわかっていたなら，そもそもアイスクリームを仕入れたりはしないだろうが，それがわからないからあらかじめ仕入れておかざるを得なくなってしまうのである。
16) 実際には死ぬタイミングによって，残りの生涯所得や退職金額は変わってくるだろうが，ここでは話を簡単にするために，問題は死ぬか生きるかで，死んだときの所得は1,000万円で，生きたときの所得が1億5,000万円だとしよう。したがって，保険も1回限りの掛け捨て保険だとする。

の保険料を支払うことで，死亡時に5,000万円の保険金がもらえる保険に加入したらどうだろうか？

そうすると彼が「生きた」場合の所得は，保険料の30万円を減じた1億4,970万円になってしまう。しかしその代わりに，彼が「死んだ」場合の所得は，退職金1,000万円に正味の保険金額の4,970万円[17]を加えた5,970万円になる。つまり，保険に加入することで，自然の状態間での所得格差はだいぶ小さくなり，残された家族の生活の苦境も軽減されるのである。

「異なる自然の状態の財は，別の財とみなす」という原則に従って保険を理解すれば，図1のような保険に加入することは，

> 「生きる」という自然の状態（これを「状態2」という）のときの所得のうち30万円で，「死ぬ」という自然の状態（これを「状態1」という）の所得の4,970万円を購入する

という取引（売買）を意味していることになる。このように，保険市場は異なる自然の状態の財を取引するための市場なのである[18]。

## □ 3 市場とその役割 □

■市場とは？

「市場」は，私たちの日常生活で頻繁に用いられている言葉である。日常語としての市場は，文脈に応じて「しじょう」と発音されることもあれば，「いちば」と発音されることもある。また，英語の「マーケット」という言葉をそのまま用いることもある。

---

17) 死んだ場合に受け取れる保険金額は5,000万円だが，彼は保険料の30万円を生死にかかわりなくあらかじめ支払っているので，正味に受け取れる額は5,000万円－30万円＝4,970万円となる。
18) 「保険の量」は保険金の額で測る。その保険を購入するために加入者が支払う総額が保険料なので，保険の価格は，「保険金1円あたりの保険料」（これを保険料率という）ということになる。

東京築地の魚市場，生鮮食料品市場，証券市場，フリー・マーケット……，など，市場やマーケットのつく言葉は多い。これらの言葉を聞いたとき，さまざまな商品（財）が売買される，空間的に仕切られた場所や施設を思い浮かべる人が多いかもしれない。たしかにいま述べたいくつかの「市場」は，建物の中や露天の仕切られたスペースなどに，私たちが目で見ることのできる形で設置されているものばかりである。

　しかし，経済学的な意味での市場（この場合は「いちば」ではなくて必ず「しじょう」と発音する）という言葉は，いま述べた日常語としての市場よりもずっと広い意味合いで用いられる。それは，6ページで述べたように，財の売買などの「経済活動が行われる場」を総称している。

　たとえば，学校の教室は，授業料という代金と引き替えに，学校が学生に対して「教育サービス」という財を供給し，学生がそれを購入している場とみなすことができる。したがって，そこは市場の一部なのである。

　このように市場という概念はきわめて幅広いものであり，現代社会に生きる私たちは，いつも多種多様な市場と関わりを持ち，経済的取引を繰り返しているのである。比喩的ないい方をすれば，私たちの社会は無数の市場によって覆い尽くされているということができるだろう。

■歴史の中の市場

　現代社会で暮らす私たちは，日々関わりを持つ市場を，あたかも水や空気などと同じように，そこにあって当たり前のものだと感じてしまいがちである。あるいは，お店でさまざまなモノに価格がつき，欲しければお金を出してそれを買えることなどを，私たちは当然のこととして受け止めている。

　しかし，人類の長い歴史をたどってみれば，市場がこれほど広範に存在し，人々がごく当たり前にそれを利用するようになったのは，比較的最近（せいぜい数百年前から）のことなのである。

　言うまでもなく財を売り買いする場としての市場それ自体は，多くの社会ではるか昔から存在し続けてきた。たとえば，日本各地に残る四日市，八日

序章　資源の希少性と市場メカニズム

市, 廿日市というような地名は, かつてその地で定期的に市が立っていたことの名残である。

また, 目を海外に転じれば, 古代の都市国家アテネ (アテナイ) では, 奴隷の労働力に強く依存した経済システムが確立していた。しかし, 主要な政治的施設などが建ち並んだ, 中心部のアゴラの広場には市が立っていたという。また, アテネ近郊のピラトス港では, 地中海貿易の交易品や海産物などを売買する市が開かれていたといわれている。

しかしながら, 古代日本や古代アテネは, 市場に依拠してすべての資源配分が行われる社会でなかった。当時, 市場は, あくまでも資源配分の補助手段として機能していたにすぎない。現代社会のように, ほとんどすべての財——その中には物的な財だけでなく, 保険契約やオプション契約などのきわめて抽象的なサービスも含まれる——が市場を通じて取引され, 市場なしでは社会そのものが成り立たないという状況ではなかったのである。

たとえば, 労働市場について考えてみよう。

江戸時代の日本で農民は, 原則的に農業からの離脱が許されず, また移動の自由もきわめて制限されていた。農民が自分たちの村から集団で離脱しようとする逃散や個人で離脱する「走り百姓」は, 犯罪行為として処罰の対象になった。さらに各地に関所が配置され通行手形の発給が管理されていたことは, 当時の社会では, 少なくとも法の建前において移動の自由がなかったことを示唆している。

もちろん江戸時代と一口に言っても, その期間は長く, 初期から, 中期, そして末期に至るにつれて, 法の建前は形骸化されていき, 農村から都市への出稼ぎなどの形での人口移動も徐々に常態化されるに至ったようである[19]。しかし, 少なくとも一般論としては, 農業からの離脱が許されず, 移動の自

---

19) 近年, 宗門改帳などのミクロ史料を用いた人口移動や家族構成についての活発な研究が歴史人口学の研究者たちによって行われており, 多大な成果が出ている。それらの研究によれば, 江戸時代においても少なくとも時代が下るにつれて農村から都市に向っての活発な人口移動があったことが明らかにされている (速水融『歴史人口学で見た日本』文藝春秋, 2001年, および速水融, 鬼頭宏, 友部謙一 (編)『歴史人口学のフロンティア』東洋経済新報社, 2001年参照)。

由も制約されるという環境下で、自由な労働市場が広範に形成されるのは難しいだろう。労働が財（サービス）として市場で売買されるためには、その供給者である労働者がどのような仕事にどれくらいの時間従事するかということを、自分の自由な意思で決めることができなければならない。

逃散が犯罪とされた時代のように、仕事を辞めることそれ自体が違法であるような社会では、各人が自分の自由な意思で労働供給を決めることなどとてもできない相談だろう。たとえば、農家に生まれた者であっても商才に長けた人間にとって、彼の能力を発揮できる場所は生まれ育った農村でなく、都市にあるのかもしれない。しかし、農業からの離脱が許されず、さらに移動の自由も制限されている社会では、彼が都市に住む雇い主の下で雇用される可能性は非常に低いものと言えるだろう。

このように考えると、職業選択の自由や移動の自由など、現代の社会では当たり前と思われている自由が確立してはじめて、財としての労働が市場で売買されるための制度的前提条件が整備されたということができるのである。

ところで、前節で私は、経済学では利用される時点や自然の状態が異なるモノは別の財とみなされ、それら別個の財とみなされたモノ同士も市場で取引されることを指摘した。実はこのような財を取引するための市場が公然と形成されるのも、歴史の中では最近（中世を脱した後）のことなのである。

まず、異時点間の財の取引についていえば、中世ヨーロッパのキリスト教社会では、お金の貸し手が借り手から利子を取ることは、借り手に対する不当な収奪（不労所得）だと考えられていたので、利子の獲得を目的とした経済取引は原則的に禁止されていた。このような「利子を取ることに対する社会全体の嫌悪感」は、資本主義成立前のヨーロッパだけに限らず、多くの社会で観察される一般的な感情であった。

けれども、現代のわれわれは、銀行にお金を預けて利子を受け取ることや、住宅ローンの利子を支払うことなどを、何の疑問もなく行っている。それは、前節でみたように、いまのお金と将来のお金という異なる財を交換するときの価格が利子率（正確には「1＋利子率」）だからである。

序章　資源の希少性と市場メカニズム

　そのことに気付けば，他のさまざまな財の市場と同様，現在と将来のお金を交換する市場が成立し，そこで価格が形成されるのはごく自然な成り行きだといえる。しかし，中世の「利子の禁止」は，そのような市場の存在それ自体が社会的に容認されなかった社会がかつてあったことを示唆している。このような利子に対する禁忌が解けてはじめて，異時点間の資源の取引が社会的に容認されるようになったわけである。

　次に，異なる自然の状態間での財の取引について。そのような取引が行われる市場が保険市場であるが，たしかに保険に類似した相互扶助の仕組みは古くから多くの社会で存在していた。たとえば，一家の働き手が死亡したときに，残された子供が一人前になるまで近所の人が総出で農作業などを手伝う，といった相互扶助の仕組みは，つい最近まで日本の山村などで普通に見聞される習慣だった。この種の伝統的相互扶助は，「危険が顕在化したときに，多数の人の小さな貢献で損害を軽減させる」という点では，保険と似た外観を持つ仕組みである。しかし，人々の動機において，伝統的な相互扶助と保険は決定的に異なっている。

　つまり，人々が保険に加入するのは「この保険に入っても損はない」という利己心に根差した動機だけに基づいている。それに対して，伝統的な相互扶助は，「困ったときはお互い様」という利他的精神や「もし手伝わないと村八分にされてしまうかもしれない」という共同体からの制裁への恐怖などに根ざしている。すなわち，相互扶助は必ずしも人間の自由で自発的な意思によって動機付けられていないという点で，保険とは似て非なるものなのである。

　このように，現代の保険は，人や企業が利他心や共同体への義務ではなく，利己心に導かれた自分の自由な意思でそのサービスの購入や販売を決めることができる財（商品）なのである。そして，このような自発的取引の原則に基づく本格的な保険市場が成立したのは，たとえばヨーロッパでいえばルネサンス期前後かそれ以降のことであった[20]。

　以上述べたいくつかの例が示唆するように，「労働や時間，あるいはリス

クの売買を含む，社会の非常に広範な領域で市場が成立している」というわれわれが日常的に目撃している状況が成立したのは，人類の長い歴史の中では比較的最近のことなのである．

## 4 本書の構成

　本書は，3つのSTEPによって構成されている．STEP 1は，「入門」であり，そこでは需要曲線と供給曲線の簡単な図を用いて市場経済の基本的な仕組みが素描される．

　STEP 2では，ミクロ経済学の「基礎」がより詳細に語られる．そこでは，まず消費者と企業の行動について詳しく説明した後に，「エッジワーズの箱」と呼ばれる図を用いて，市場の一般均衡についての議論が行われる．

　STEP 3は，それまでのSTEPで学んできたさまざまな分析道具を使って，市場経済の全貌についてより詳しく理解していく．また，このSTEPの最後では，近年経済学の分析ツールとして必須になりつつあるゲーム理論について簡単に解説する．

---

20) 中世のキリスト教社会においても，「リスクに対する適切な報酬」への嫌悪感は必ずしも存在しなかったようである．その意味で相互扶助的な保険の仕組みは古代以来連綿として続いていたが，たとえば海上保険についていえば，現在と同様な海上保険契約が始まったのは14世紀のイタリアだといわれている．さらに17世紀にロンドンのロイズ・コーヒーハウス（Lloyd's Coffee House）で保険の売買が活発に行われるようになったことを契機に，本格的な保険市場が成立するに至った．

# STEP 1
# 入 門

# 第 1 章

# 需要曲線と消費者余剰

　この章では，ただ1種類の財だけが取引されるシンプルな市場における消費者の行動を学ぶ。需要曲線は，消費者の意思を表すものである。まず，消費という経済活動から消費者が受ける便益を表す消費者余剰の概念が説明される。続いて，限界効用逓減の法則が説明され，需要曲線が右下がりになる理由が明らかになる。最後に個々の消費者の意思を表す個別需要曲線と市場全体で集計された消費者の意思を表す市場需要曲線に関して，後者が前者からどのようにして導出されるのかを学ぶ。

1 需要曲線と消費者余剰

# 1-1　支払い意欲と消費者余剰

■売り手と買い手

　この章から第3章までは，ただ1種類の財が取引されるシンプルな市場を考える。

　私たちは，市場で経済活動をしているプレイヤーを，市場での役割に応じて2種類に分類することができる。それは，財の売り手と買い手である。売り手を供給者，買い手を需要者と呼ぶこともある。たいていの市場では，企業が財を生産・供給して，消費者[1]がそれを購入・消費している。したがって，企業が売り手で，消費者が買い手になることが多い。

　しかし，これには例外がある。たとえば，労働市場では，消費者が労働力を売って，企業がそれを購入するのが普通である。したがって，そこでは売り手が消費者で，買い手が企業ということになる。また，企業が生産に使うため別の企業から購入する財を中間財と呼ぶ[2]が，中間財の市場では売り手も買い手も企業である。

　このように一般的にいって，売り手や買い手が誰であるのかについてはさまざまな可能性があるが，ここでは話をわかりやすくするため，売り手が企業で，買い手が消費者であるケースだけを考えることにする。

　需要曲線は，市場における買い手の意思を表したものである。図1-1に展型的な需要曲線が描かれている。経済学の慣例として需要曲線や後述する（第2章）供給曲線を描くときには，横軸（$x$軸）で数量[3]を表し，縦軸（$y$

---

[1] 序章で述べたように（6ページ），「家計」，「消費者」，「個人」という言葉は，すべて同じ意味で使うことにする。
[2] 中間財でない財は，最終財と呼ばれる。それは，家計や企業が最終的に利用（消費）する財である。財の中には，最終財としてもしくは中間財としてしか用いられないものもあるが，たいていの財は，それがどのように利用されるのかに応じて，中間財になったり最終財になったりする。たとえば，自動車のタイヤは，自動車工場で製造中の車に取り付けられた場合には中間財であるが，自動車パーツを販売している店でスペアタイヤとして個人に販売された場合には最終財とみなされる。

### 図 1-1　需要曲線

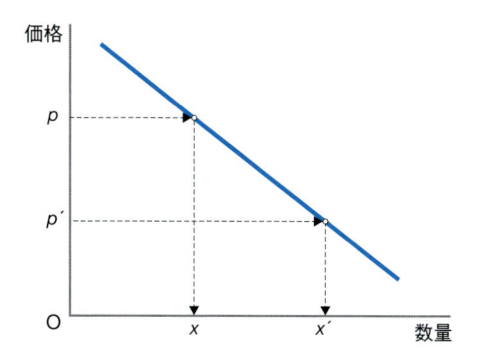

軸）で価格を表すのが普通である．たとえば，図 1-1 からは，①価格が $p$ のときに，買い手は $x$ 単位の財を欲しいと思っており，②価格が $p'$ になると，$x'$ 単位の財を欲しがる，……，といったことが読み取れる．

　一般に買い手は，価格が安くなればなるほどより多くの財を欲しいと思うだろうから，たいていの需要曲線はこの図のように右下がりとなる．しかし，これには例外も存在する．そこで，特に需要曲線が右下がりになっている場合，その需要曲線は「需要法則を満たしている」ということにする[4]．以下では，需要曲線が右下がりである理由を説明したい．

### ■消費者の支払い意欲

　一般に消費者は，予算の範囲内で自分の「満足」を最大にするような消費計画を立てる．消費者が財の消費によって享受する便益（満足の大きさ）を数値で表したもの——つまり，より高い満足を大きな数値で，より小さな満足を小さな数値で表したもの——を経済学では効用という．

---

[3]　数量を数える単位は，財の特質によってさまざまである．たとえば，ガソリンは「リットル（ℓ）」で数えられるし，本は「冊」で数えられる．また，労働は「時間」で数えられる．ただし，個別具体的な財を念頭に置かないで，一般的に財を数えようとするときには，「単位」という言葉を用いることにする．
[4]　需要法則を満たさない財，すなわち需要曲線が右上がりになってしまう財を，ギッフェン財という．ギッフェン財については，第 4 章で詳しく説明する．

## 1　需要曲線と消費者余剰

　この章から第3章まででは，すべての市場のプレイヤー（消費者だけでなく企業も）は，自分が経済活動から獲得できる効用を「円」という共通の尺度（＝ものさし）で計測できるものと仮定する[5]。

　このように仮定すると，たとえば，消費者（Aさんとしよう）は，「私にとって，このジュースは220円相当の価値がある」などというように，金額（貨幣価値）で自分の効用を表現することになる。

　ところで，いま述べた例でAさんはジュースの効用を220円と評価したが，これはあくまでもAさんの主観的な評価なので，他の人も同じジュースに対して同じ評価を下すとは限らない。そこで，たとえば，ジュースがあまり好きでないBさんは，その価値を90円相当と評価したとしよう。

　さて，AさんとBさんは，価格がいくらだったらそのジュースを買いたいと思うのだろうか？

　まず，Aさんについて。このジュースが220円以下の価格で売られていたなら，220円の価値があると思うものがそれ以下の金額で手に入れられるのだから，Aさんにとってそのジュースは買うに値するものだといえる。逆にそれが220円を越える価格で売られていた場合，それは高すぎて買うに値しないと彼は思うだろう。したがって，価格が220円以下の場合にだけAさんはこのジュースを買うことになる。

　同様なことは，Bさんについてもいえる。つまり，彼はジュースが90円以下で売られているときに限って，それを買いたいと思うだろう。

　以上から，AさんとBさんにとっての「ジュースを買うために支払ってもいいと思う最高価格」は，それぞれ220円と90円だということがわかった。

　このように考えると，財の効用が円（貨幣価値）で表されているときに，それは，「人がその財を買うために支払ってもいいと思う最高価格」を表していることになる。このような円（貨幣価値）で表された財の効用のことを，その財に対する支払い意欲という。

---

[5]　ここでは，共通の尺度として貨幣価値を採用しているということが本質なので，円でなくてたとえばドルやユーロなどで計測できると考えても差し支えない。

■ **消費者の正味便益と消費者余剰**

　次に，消費者が4人（A, B, C, D）いる財の市場を考えてみよう。この4人は，いずれもその財を最大限1個しか消費できないものとする。彼らのこの財に対する各人の支払い意欲は，表 1-1 に表されている通りである。

　この4人のうち誰がこの財を購入し，誰が購入しないかは，財の価格次第である。たとえば，価格が190円ならば，支払い意欲が190円以上のBさんだけがこの財を購入する。価格が155円に下がると，Bさんに加えて，Cさんもこの財を購入することになる。さらに，価格が140円になれば，この2人のほかにAさんも購入することになるだろう。

　一般的にいって，価格が下がるにつれて，購入者の数は増えていく。逆に価格が上がるにつれて，購入者の数は減っていくことになる。

　さて，いまこの財の価格は160円だったとしよう。160円を越える支払い意欲を持っているのはBさんとCさんだけだから，この2人が財を購入することになる。この財を購入することによって，彼らはどのような「利益」（便益）を得ることができるのだろうか？

　まず，Bさんの場合。彼はこの財を購入することで，彼にとって200円の価値がある品物を手に入れることができた。しかしその一方で，代金として支払うため160円の貨幣を手離さざるを得なかった。したがって，彼がこの取引から得た正味の便益は，この財がもたらす200円相当の価値から手放した160円を引いた，40円である。

　同様に考えると，Cさんは160円を手離すことで，彼にとって185円の値打ちのあるものを手に入れたわけだから，彼が獲得した正味の便益は25円

▶表 1-1　4人の消費者の支払い意欲

| 消費者 | 支払い意欲 |
|---|---|
| A さん | 150 円 |
| B さん | 200 円 |
| C さん | 185 円 |
| D さん | 120 円 |

1　需要曲線と消費者余剰

▶表 1-2　正味便益と消費者余剰

(a) 価格が 160 円の場合

| 消費者 | 支払い意欲 | 購入する？ | 正味便益 |
|---|---|---|---|
| Aさん | 150 円 | NO | 0 円 |
| Bさん | 200 円 | YES | 200 円－160 円＝40 円 |
| Cさん | 185 円 | YES | 185 円－160 円＝25 円 |
| Dさん | 120 円 | NO | 0 円 |
| | | 消費者余剰 | 40 円＋25 円＝65 円 |

(b) 価格が 140 円の場合

| 消費者 | 支払い意欲 | 購入する？ | 正味便益 |
|---|---|---|---|
| Aさん | 150 円 | YES | 150 円－140 円＝10 円 |
| Bさん | 200 円 | YES | 200 円－140 円＝60 円 |
| Cさん | 185 円 | YES | 185 円－140 円＝45 円 |
| Dさん | 120 円 | NO | 0 円 |
| | | 消費者余剰 | 10 円＋60 円＋45 円＝115 円 |

ということになる。

　それに対して，AさんとDさんは，何も手に入れなかった代わりに何も手離してもいない。したがって，彼らの正味便益は 0 円である。以上のことをまとめたのが，表 1-2（a）である。このようにして，個々の消費者がこの経済取引で獲得した正味の「利益」（便益）の大きさがわかった。

　次にこの市場で消費者たちが，全体としてどれくらいの便益を得たのかを考えてみよう。

　ここでは，消費者たちは全員「円」という共通の尺度で自分たちが享受できる効用（便益）を表している。つまり，単位は全員共通の「円」なのだから，消費者全体の便益は各人のそれを合計することで求められるはずである[6]。

---

[6]　一般的にいえば，人が感じている効用の尺度（つまり，「幸せ」の程度を測る尺度）は人それぞれなのだから，山田さんが感じている効用と鈴木さんのそれを加えることは無意味である。しかし，ここではみんなが貨幣価値で満足の程度を計測することができると考えているので，たとえば，「山田さんが 1,000 円相当の満足を感じており，鈴木さんが 890 円相当の満足を感じているならば，2 人合わせて 1,890 円相当の満足を感じているはずだ」ということなどが許されるのである。

価格が 160 円のときには，B さんは 40 円，C さんは 25 円の正味便益を得ている。さらに，それ以外の人の正味便益は 0 だから，結局，消費者全体としては，40 円＋25 円＝65 円の正味便益をこの経済活動から得ていることになる。このような消費者が全体として獲得する正味便益のことを消費者余剰という。この言葉を用いれば，「価格が 160 円のときの消費者余剰は，65 円である」ということになる。

一般に，消費者余剰の大きさは価格の水準に応じて変化する。表 1–2 (b) には，価格が 140 円になったときの各消費者の正味便益と消費者余剰をまとめておいた。

## 1-2 需要曲線の導出

### ■限界効用の逓減

前節では，各消費者がせいぜい 1 個しか財を消費しないケースを考えた。この項では，消費者が同じ財を複数個消費できる場合を考えてみたい。

ある消費者が，缶ジュースを買おうとしていたものとする。彼はとても喉が渇いていたので，最初の 1 本を買うためには 400 円まで支払ってもいいと思っていたとしよう。つまり，1 本目のジュースに対するこの人の支払い意欲は 400 円である。

1 本だけでは飲み足りなかったので，この消費者はこのジュースをさらにもう 1 本買おうとした。そのとき，2 本目を買うため，彼は最初の 1 本の場合と同様に最大限 400 円まで支払ってもいいと思うのだろうか？

恐らく彼はそう思わないだろう。なぜなら 1 本目のジュースを飲むことで彼の喉の渇きはある程度収まっている。したがって，2 本目が彼にもたらす満足感は，多分 1 本目のそれよりも小さいだろう。そうであるならば，彼が 2 本目のジュースに支払ってもいいと考える最高価格（支払意欲）は，1 本

1 需要曲線と消費者余剰

図1-2 限界効用逓減の法則

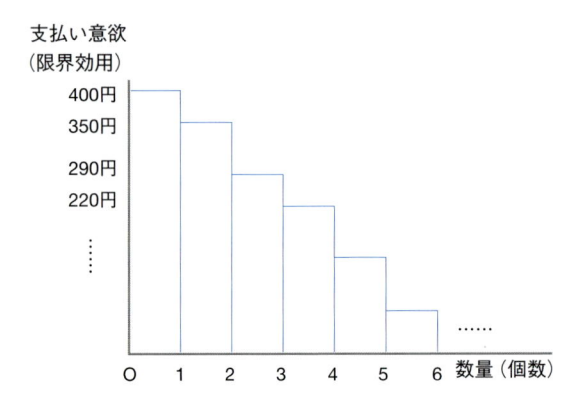

支払い意欲
（限界効用）
400円
350円
290円
220円

0  1  2  3  4  5  6  数量（個数）

目のそれよりも小さくなるのが自然だろう。

　同様に考えると，3本目のジュースが彼にもたらす満足はさらに低下するだろうから，それに対して彼が支払っていいと感じる最高価格（支払意欲）は，2本目のそれよりも小さくなるだろう。さらに，4本目，5本目，……，とジュースの数が増えるにつれて，彼がそれらに対して支払ってもいいと感じる最高価格はどんどん減じていくことになるだろう（図1-2参照）。

　このことはジュースに限ることなく，たいていの財の消費にあてはまるものと思われる。つまり，①財の消費量が増えていくにつれて，人が享受できる追加的な満足の大きさは，だんだんと小さくなっていく。そして，その結果，②彼がその追加的な購入のために支払ってもかまわないと感じる最高価格（支払意欲）も，だんだんと小さくなっていくのである。

　ところで，この章でわれわれは，消費からもたらされる効用の大きさは，貨幣価値（「円」）で表現できるものと想定している。最大1個の財しか消費できない場合には，支払い意欲がそのまま効用の大きさであった。それに対して，複数個の財が消費できる場合には，たとえば，3個消費する場合には，

1個目に対する支払い意欲＋2個目に対する支払い意欲
＋3個目に対する支払い意欲

32

が効用の大きさになる[7]。

　人が同じ財を何個か消費しているときに，さらにもう1個消費を増やすことで追加的に増える効用の大きさを**限界効用**という[8]。この言葉を使えば，1個目に対する支払い意欲は，「0個から1個に消費を増やしたときの限界効用」であるし，2個目に対する支払い意欲は，「1個から2個に消費を増やしたときの限界効用」，……，というふうに考えることができる。

　そして，先ほど述べた「消費量が増えるにつれて，支払い意欲が小さくなる」現象は，「消費量の増加に伴って，限界効用が小さくなっていく」ことだと解することができる。このような現象を**限界効用逓減の法則**[9]という。以下では，限界効用逓減の法則が成立しているという前提で話を進めていきたい。

### ■個別需要曲線

　まず市場に2人の消費者（AさんとBさん）だけしかいない場合のことを考えてみよう。表1-3(a)には，AさんとBさんの限界効用が記載されている。これを図に表したのが，図1-3 (a) と (b) のそれぞれ左側のグラフである。限界効用の大きさが支払い意欲を表すわけだから，この例でAさんは，たとえば，財1個の消費のために200円まで支払ってもいいと考えていることになる。そして彼は，4個目以上の財についてはまったくお金を払いたくないと思っているのである[10]。

---

[7] より一般的には，財を$x$個消費したときの効用を$u(x)$と表すとき，
　　$u(x)=$1個目に対する支払意欲＋2個目に対する支払意欲
　　　　　＋…＋$x$個目に対する支払意欲
である。
[8] 財を$x$個消費したときの効用を$u(x)$と表すとき，消費量を$x$個から$x+1$個に増やしたときの限界効用は，$u(x+1)-u(x)$となる。
[9] 限界効用のケースに限らず，経済学ではしばしば「逓減」やそれとは逆の意味の「逓増」という言葉がよく登場する（たとえば，次の章では「限界費用逓増の法則」が紹介される）。「逓減」や「逓増」というと，何か難しいことでも言っているかのように聞こえるかもしれないが，英語では「逓減」はdecreasing（あるいは，diminishing），「逓増」はincreasingである。要するに，「逓減」は「徐々に減っていくこと」で，「逓増」は「徐々に増えていくこと」という意味なのだと理解すればよいだろう。
[10] つまり，4個目以上に対する支払い意欲は0である。

## 1 需要曲線と消費者余剰

いまこの財は価格 $p$ で販売されているものとしよう。たとえば，
$$100 < p < 150$$
とする。最初に A さんについて考えることにしよう。2 個目の財に対する彼の支払い意欲は 150 円なので，彼は 2 個目を購入するに際して最大限 150 円まで支払ってもかまわないと感じているわけである。価格 $p$ が 150 円未満だということは，A さんにとってこの財を $p$ 円で買うのはトクだということになる。したがって，彼は少なくとも 2 個の財を買うはずである。

しかし，3 個目の限界効用は 90 円だから，もし A さんが 3 個目を買ってしまったならば，彼は自分が 90 円の価値しかないと感じているものに，ずっと高いお金を支払うことになる。つまり，3 個目は彼にとって買うに値しないものなのである。結局，価格 $p$ のときの A さんのこの財に対する需要量は，2 個ということになる。

同様に考えると，B さんはこの財を 4 個買うことがわかる。したがって，価格 $p$ のときの B さんの需要量は 4 個である。

図 1-3 (a) および (b) の右側の図は，いずれも左側の図の上辺の稜線（＝階段状の棒グラフのヘリの線）を太線でなぞったものである。どちらの図においても，縦軸で $p$ の高さのところから水平線を引いて，この階段状の太線と交わったところの数量を読み取ると，(a) 図では 2 個，(b) 図では 4 個になっている。

つまり，右側のグラフの縦軸が価格を表しているとみなすと，価格の高さの位置から水平線を引いて階段状の太線と交わった点を求めることによって，需要量を知ることができるのである。需要曲線とは，さまざまな価格に対して，その価格の下でどれくらいの量の財が需要されるのかを表す曲線であるから，この階段状の太線はいずれも，この財の需要曲線だということになる。

このようにして得られた需要曲線は，あくまでも個別の消費者が「それぞれの価格に応じて，どれくらいの数量の財を需要するか」という，価格と需要量の関係を表しているものである。つまり，これらの線は，各消費者（＝A さんまたは B さん）の個別需要曲線だということになる。

1-2 需要曲線の導出

▶表1-3 限界効用と支払い意欲

(a)

| 数量 | 限界効用＝支払い意欲 | |
|---|---|---|
| | Aさん | Bさん |
| 0個 | — | — |
| 1個 | 200円 | 210円 |
| 2個 | 150円 | 200円 |
| 3個 | 90円 | 170円 |
| 4個 | 0円 | 150円 |
| 5個 | 0円 | 100円 |

(b)

| 総消費量 | 各人の限界費用 |
|---|---|
| 0個 | — |
| 1個 | 210円 B |
| 3個 | 200円 A |
| | 200円 B |
| 4個 | 170円 B |
| 6個 | 150円 A |
| | 150円 B |
| 7個 | 100円 B |
| 8個 | 90円 A |

限界効用の高い順に並べる

図1-3 個別需要曲線の導出

(a) Aさんの支払意欲（限界効用）

(b) Bさんの支払意欲（限界効用）

価格p

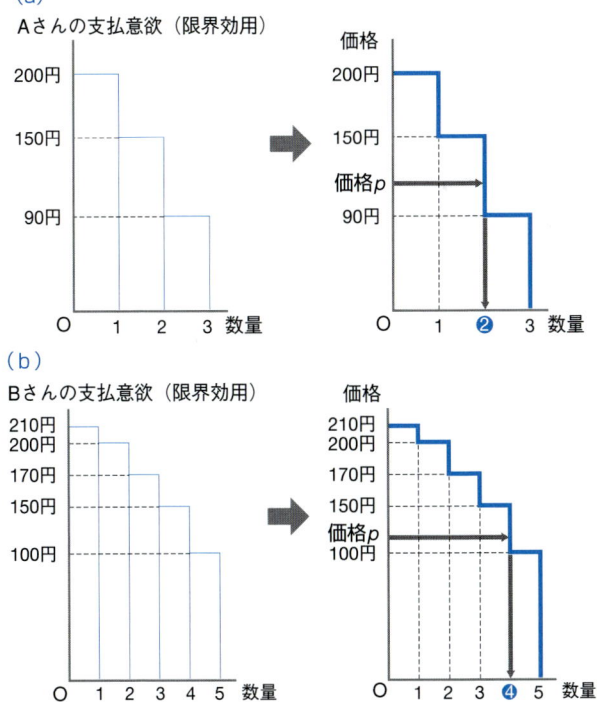

35

1 需要曲線と消費者余剰

■市場需要曲線

　表 1-3（b）は，各人の支払い意欲（＝限界効用）を，2 人分をあわせた上で高い順に並べたものである。図 1-4（a）は，そのように高い順に並べたものを棒グラフで表したものである[11]。

　図 1-4（b）は，図 1-4（a）のグラフの上部の稜線だけを残して階段状のグラフにしたものである。先ほど個別需要曲線について説明したときと同様に，縦軸に価格が取られていると考えて，成立している価格の高さのところから引いた水平線がこの階段状のグラフと交わる点の数量を読み取ると，市場全体での需要量（＝総需要量）を知ることができる。

　実際，先ほどと同様，価格 $p$ が 100 円と 150 円の間にあるならば，図 1-4（b）で，縦軸上の $p$ の高さから引いた水平線と階段状の線の交点として求められた「6」はまさに総需要量（＝A さんの需要量の 2 個＋B さんの需要量の 4 個）を表しているのである。また，このときの消費者余剰の大きさは，価格 $p$ を表す水平線とその上方にある階段線で囲まれた部分の面積（図ではイロアミをした部分の面積）であることが容易に確認できる。

　同様に考えると，たとえ価格が 100 円と 150 円の間にないとしても，その価格の高さの場所から水平線を引き，それが階段線と交わったところの横軸の値を読みとることで，その価格の下での総需要量を求めることができる。つまり，図 1-4（b）の右下がりの階段線は，まさにこの財の市場需要曲線になっているのである。そして，それぞれの価格の位置から引かれた水平線とその上方にある階段線で囲まれた部分の面積が，その価格が市場で成立しているときの消費者余剰の大きさを表しているのである。

　これまでは話をわかりやすくするために，A と B という 2 人の消費者しかいないような市場を考えてきた。いうまでもなく現実の市場にははるかにたくさんの消費者がいる。そのような場合にも，市場需要曲線を導出する手順はこれまでに述べてきたのと同様である。すなわち，支払い意欲を高い順

---

11）　この図において，2 人の支払い意欲が一致している（たとえば 200 円や 150 円）場合には，人数分だけ（つまり，2 つ）棒を並べている。

### 図1-4 市場需要曲線の導出

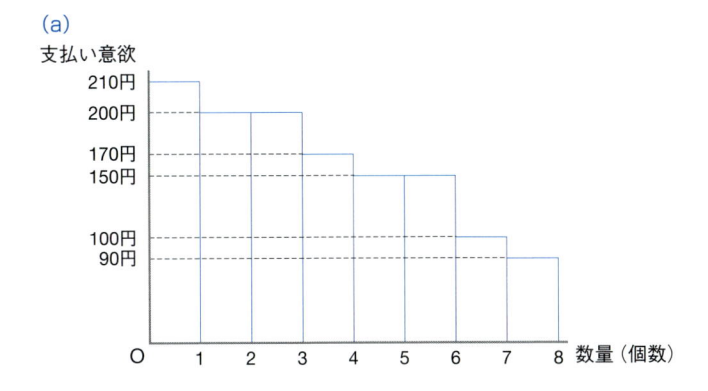

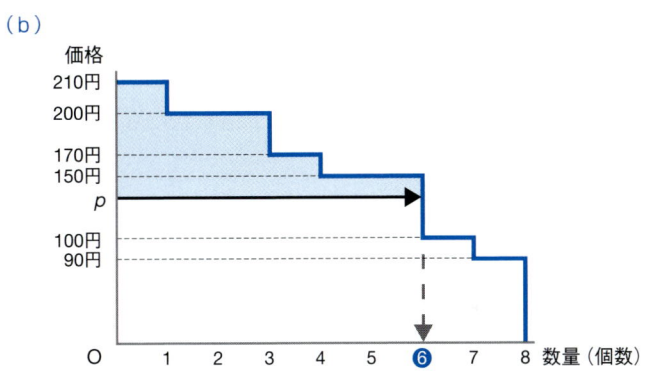

(a) 支払い意欲のグラフ：210円、200円、170円、150円、100円、90円の階段状のグラフ

(b) 価格のグラフ：同様の階段状グラフで、価格 $p$ のとき数量6個

に並べて，階段線を作ればそれが市場需要曲線になるのである。

図1-5（a）は，そのようにして描かれた市場需要曲線の例である。消費者が多数いて，多量の財が市場で取引される場合には，この図のように階段はきわめて細かいものになるだろう。このような場合に，いちいち細かく階段線を描かなくても，右の図（(b) 図）のようにそれを連続な線で近似しても支障はないものと思われる。

このような考えに基づいて，需要曲線は通例図1-5（b）（あるいは，図1-1）のような右下がりの曲線の形で描かれるのである。なお，図1-5（b）において，価格がたとえば $p$ のときの消費者余剰の大きさは，縦軸の $p$ の

## 1 需要曲線と消費者余剰

#### 図1-5 非常に多くの消費者がいる場合の市場需要曲線

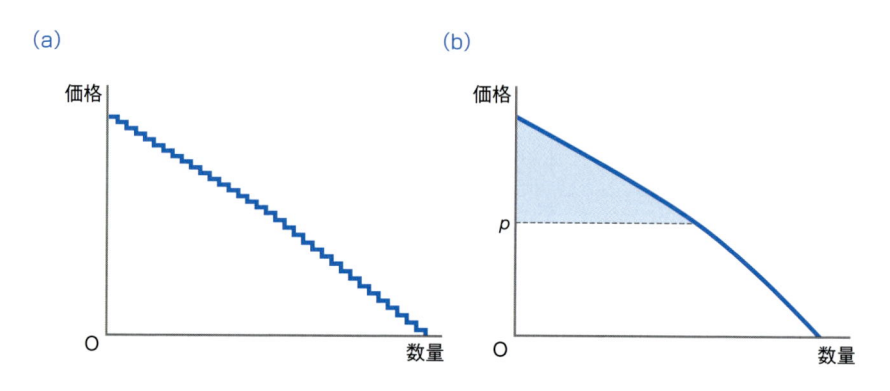

(a)

(b)

位置から引いた水平線とその上方にある需要曲線とで囲まれた部分（この図ではうすいブルーをつけた部分）の面積となる。図1-1で紹介した需要曲線も，図1-5（b）を導出したのと同じ考え方で描かれたものである。

---

●練習問題
1．財の価格を$p$，数量を$q$と表すときに，Xさんのその財への需要曲線が
$$q=-3p+45$$
という式で表されるものとする。
　①価格$p$が1％上昇したときの需要量$q$の減少率（％）を需要の価格弾力性という。$p=10$のときの需要の価格弾力性を求めなさい。
　②需要の価格弾力性がちょうど1になるときの$p$の値を求めなさい。
2．ある財の市場に，AさんとBさんの2人の消費者がいる。その財の価格を$p$，Aさんの需要量を$q_A$，Bさんの需要量を$q_B$とする。各人の個別需要曲線は，
　　【Aの個別需要曲線】　$q_A=-2p+60$
　　【Bの個別需要曲線】　$q_B=-\dfrac{2}{3}p+24$
である。
　①$q$を総需要量とするときに，市場需要曲線の式を書きなさい。
　②$p=12$のときの消費者余剰を求めなさい。

# 第 2 章

# 供給曲線と生産者余剰

　この章では供給曲線について学ぶ。供給曲線は，企業の意思を表すものである。企業がどのように意思決定を行っているのかを理解するためには，費用に関する考察が不可欠である。そこで，ここでは，総費用，固定費用，可変費用，限界費用などの費用に関する基礎概念が説明される（費用については，第6章でさらに詳しく学ぶ）。これらの概念に基づいてどのように供給曲線が描かれるのかを考えるとともに，生産者余剰の概念を学ぶ。最後に個別供給曲線に基づいて市場供給曲線が導出される。

2  供給曲線と生産者余剰

## 2-1　供給曲線と供給法則

　この章では，供給曲線について考えてみたい。図 2–1 には典型的な供給曲線が描かれている。需要曲線を描いたときと同様，横軸が数量を表し，縦軸が価格を表す座標系に描かれている。供給曲線は，なぜ図 2–1 のような形をしているのだろうか？

　<u>供給曲線</u>とは，財の売り手，すなわち供給者の意思を表したものである。労働市場のように消費者が供給者になる市場もあるが，たいていの市場では，<u>企業</u>（生産者）が供給者である。そこで，この章でも，企業が供給者になる場合に限定して話を進めることにしたい。

　さて，図 2–1 において，供給曲線は右上りに描かれている。たいていの企業は，自分の供給する財の価格が高くなればなるほど，よりたくさんの利益を獲得する機会が増えると考え，より多くの財を供給する気になるだろう。つまり，価格が上ると，供給量も増える——すなわち，供給曲線が右上りになる——のが自然なのである。このように，右上がりという自然な形状をしているとき，その供給曲線は「<u>供給法則</u>を満たしている」と呼ばれる。

図 2–1　供給曲線

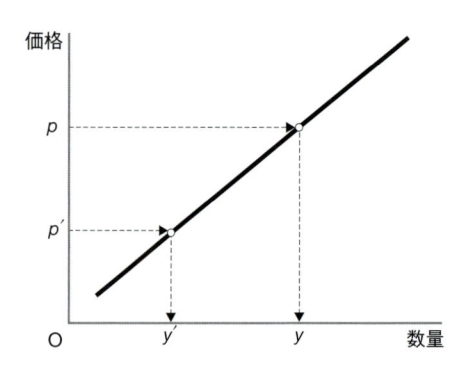

もっとも、需要曲線の場合にそれが右下りにならないという例外（ギッフェン財）があったように、供給曲線についても右上りにならない例外的ケースが存在することが知られている[1]。

## 2-2　最低販売価格と生産者余剰 (1) ——1個だけの生産の場合

### ■最低販売価格

ある財の製造・販売をしている企業があったとする。当面は話をわかりやすくするために、この会社はその財を1個だけしか製造販売できないものとしよう[2]。

いうまでもなくこの会社にとって、自分が売る財の価格は高ければ高いほどよいが、「少なくともこれ以上の価格でなければ売る気にならない」という価格の下限が存在するだろう。このような価格の下限のことを、この会社にとっての最低販売価格[3]と呼ぶことにする。

「最低販売価格」という言葉を使うと、この会社は、市場価格が最低販売価格以上のとき、その財の製造・販売を決意し、市場価格がそれを下回っているときは、製造・販売をあきらめることになる。たとえば、ある財の最低販売価格が3,000円だったなら、この会社は、①その財の価格が3,000円以上であるなら、それを製造・販売したいと思うが、②3,000円未満だったら製造・販売をあきらめることになる。

一般に、財は労働力や原材料などを用いて生産されるが、財の生産のため

---

[1] たとえば、労働の供給曲線については、価格である賃金率が安いときには供給法則が満たされるが、賃金率が高まるにつれて人は高い賃金で得たお金を有意義に利用するため、余暇時間を増やしたいと思うようになるだろう。その結果、働く時間はむしろ減ってしまうので、賃金率の上昇に伴い労働供給量が減少することになる。そうなると、供給法則は満たされなくなってしまうのである。
[2] たとえば、1年に一反しか製造できない手作りの生地の製造・販売、あるいは手作り超高級自動車の製造・販売などを、頭に思い描いていただきたい。
[3] これは需要に関する「支払い意欲（willingness to pay）」と対照的な概念だから、「販売意欲」とでもいった方がいいのかもしれない。しかし、「販売意欲」という日本語は自然な感じがしないので、「最低販売価格」と呼ぶことにする。なお、この言葉に対応する英語は、willingness to sell である。

## 2 供給曲線と生産者余剰

に投入される資源を総称して生産要素という。どの企業にとっても生産要素の価格は，最低販売価格の大きさを左右する基本的な要因である。

たとえば，石油製品を生産する会社にとって，原材料である原油は不可欠の生産要素だろう。原油の価格が値上がりしたら，より高い価格でないと採算が取りづらくなるので，当然最低販売価格は上昇することになる。

このように，生産要素の価格が最低販売価格に与える影響は甚大だが，それ以外にも最低販売価格に影響を与える要因がある。たとえば，企業が持っている技術も最低販売価格に影響を与えるだろう。

すなわち，比較的安価に財を生産できる優秀な技術を持っている企業は，安めの価格で財を販売しても「元が取れる」から，その企業の最低販売価格は比較的低めになるだろう。他方，技術力が劣悪で高コスト体質の企業の最低販売価格は高くなりがちである。

### ■正味便益と生産者余剰

いま，ある財の市場で，5つの企業（A社，B社，C社，D社，E社）がその財を製造・販売しているものとしよう。どの企業が作る財も品質や形状・性能などはすべて同じで，しかも各社とも最大限1個の財しか製造・販売できないものとする。

各社のこの財に対する最低販売価格は，表2-1にまとめられているようなものだとしよう。この5社を最低販売価格の低い順に並べると，

　　　E社＜A社＜C社＜B社＜D社

となる。各社が直面する賃金率や原材料価格などの生産要素の価格に違いがないならば，上の順序は，これらの会社の技術水準の高さの順序を表しているものとみなすことができる。

つまり，E社はもっとも効率的で低コストな生産を可能にする高度の技術を持っているので，最低販売価格は5社の中で最低の2,600円になっている。それと対照的なのがD社で，生産に手間と暇のかかる古臭い技術しか持っていないので，3,300円という高い価格で売らなければ採算がとれないので

## 2-2　最低販売価格と生産者余剰 (1)――1個だけの生産の場合

▶表 2-1　最低販売価格

| 企業 | 最低販売価格 |
|---|---|
| A 社 | 2,700 円 |
| B 社 | 3,200 円 |
| C 社 | 2,900 円 |
| D 社 | 3,300 円 |
| E 社 | 2,600 円 |

ある。

さて，いま市場で成立しているこの財の価格が 2,950 円だったとしよう。このとき，低い順に並べて，

　　E 社，A 社，C 社

の 3 社が 2,950 円以下の最低販売価格なので，これらの会社は「この財を製造・販売したい」という意思を持つだろう。それに対して，B 社と D 社は，それぞれ 3,200 円と 3,300 円以上で売らなければ「割に合わない」ので，2,950 円の価格では製造・販売する意欲を持たない。したがって，この価格では 3 個の財が市場に供給されることになる。

前節で消費者余剰を説明したときに「正味便益」という言葉を使ったが，企業についても，財が製造・販売された場合の価格と最低販売価格の差を「正味便益」と呼ぶことにする（なお，製造・販売されないときの正味便益はゼロと考える）。

たとえば，表 2-1 で A 社の最低販売価格は 2,700 円である。つまりこの会社は「2,700 円で売れればギリギリ採算がとれそうだ」と感じていることになる。ところが，それが 2,950 円で売れるのだから，この会社は最低限のラインから見ると，2,950 円－2,700 円＝250 円の追加的な利益を獲得できることになる。このような最低ラインに追加する形で企業が獲得できる利益を「正味便益」と呼ぶわけである。

表 2-2 には，価格が 2,950 円のときの各企業の正味便益の大きさが記載されている。各企業の正味便益を合計したものを，価格が 2,950 円のときのこ

43

## 2 供給曲線と生産者余剰

▶表 2-2　価格が 2,950 円の場合の生産者余剰

| 企業 | 最低販売価格 | 製造・販売する？ | 正味便益 |
|---|---|---|---|
| A 社 | 2,700 円 | YES | 2,950 円－2,700 円＝250 円 |
| B 社 | 3,200 円 | NO | 0 円 |
| C 社 | 2,900 円 | YES | 2,950 円－2,900 円＝50 円 |
| D 社 | 3,300 円 | NO | 0 円 |
| E 社 | 2,600 円 | YES | 2,950 円－2,600 円＝350 円 |
| | | 生産者余剰 | 250 円＋50 円＋350 円＝650 円 |

の市場の生産者余剰という。この表のケースでは，生産者余剰は A 社，C 社および E 社の正味便益を合計した 650 円である。

　生産者余剰は，企業の市場における生産活動が全体として社会にもたらす便益の大きさを表す指標になっている。なお，生産者余剰の大きさは，価格と各企業の最低販売価格の大きさの双方に依存して決まる。一般に最低販売価格が安くなれば，生産者余剰は大きくなる。

### ■固定的生産要素と可変的生産要素

　これまでは，各企業が自分の生産販売する財の最低販売価格をすでに決めていることを前提にして，話を進めた。それでは，企業はどのようにして最低販売価格を決めるのだろうか？　次にそれを考えてみたい。

　そのための準備として，生産者余剰や供給などの話から少し横道にそれてしまうが，生産要素に関するいくつかの概念（固定的生産要素 vs 可変的生産要素，長期 vs 短期）をこの項で説明しておきたい。

　さて，この節の最初の項で，最低販売価格の水準は，生産要素の価格とその企業が持つ技術水準との両方に依存することを指摘した。生産要素とは，財を生産するにあたって投入される資源のことであった。生産要素として直ちに私たちの頭に浮かぶのは，原材料や労働力などであるが，必ずしもそれだけに限られるわけではない。たとえば，工場などの生産設備もまた，重要な生産要素である[4]。

## 2-2　最低販売価格と生産者余剰（1）——1個だけの生産の場合

　生産設備の適正規模は，本来企業が恒常的にどれくらいの生産を行うのかという，生産量の標準的な水準に応じて決まるものである。たとえば，毎月何万台もの自動車を生産する企業は大規模生産設備（大きな工場）を必要とするだろうし，注文生産で少数の高級車を作っている企業にとっては大規模な生産設備は無用の長物であろう。

　景気の後退などで，企業が生産量を恒常的に減少すべき事態に陥ったときには，生産設備を縮小しなければならないかもしれない。それとは反対に，好況で生産拡大すべきときには，生産設備の増強が望まれることになる。

　しかし，生産設備の規模を変更する（たとえば工場を増築するなど）ためには，たいていの場合かなりの時間が必要とされる。つまり，生産設備は，企業にとってすぐに変更するのが難しい（＝変更するのに時間がかかる）生産要素なのである。

　しかし，生産に用いられる生産要素で変更に時間がかかるのは，生産設備だけでない。たとえば，労働力は重要な生産要素であるが，アルバイトなどの比較的簡単に調整可能な労働力を別にすると，いったん雇った労働者に辞めてもらうためにはかなりの手間ヒマがかかるのが普通だろう[5]。また，新たに労働者を雇う場合にも，採用活動などでそれなりの時間がかかる。したがって，企業が労働力の水準を変更しようとしても，その実現のためにはある程度の時間を要するのである。

　生産要素の中で，その水準の変更に時間のかかるものは，**固定的生産要素**と呼ばれている。上に述べたことからわかるように生産設備は典型的な固定的生産要素である。また，労働力については，雇用の形態等に応じて，固定的と捉えるべきものとそうでないものとがある。すなわち，アルバイトや季節労働者などの労働力は必ずしも固定的とはいえないだろう。

　他方，たとえば原材料や燃料などは，時間をかけず必要に応じて簡単に買

---

[4]　より正確ないい方をすれば，建物や生産設備それ自体が生産要素というわけではなくて，それらの施設等を利用することでもたらされる有用性が，生産要素として機能するのである。
[5]　たとえば，労働組合の強い企業などで労働者を解雇するのは大変難しいことだろう。さらに，現代の日本では労働者の権利がさまざまな法律（労働基準法など）で手厚く保護されているので，この点もまた解雇を難しくさせる要因になっている。

2　供給曲線と生産者余剰

> **図 2-2　固定的生産要素と可変的生産要素**

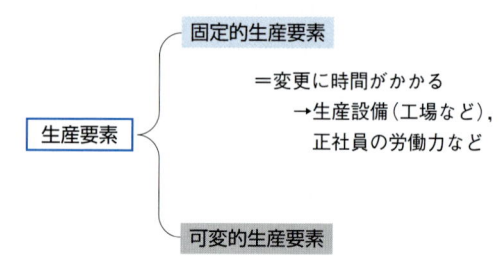

```
                    ┌─ 固定的生産要素
                    │   ＝変更に時間がかかる
                    │    →生産設備（工場など），
         生産要素 ──┤      正社員の労働力など
                    │
                    └─ 可変的生産要素
                        ＝すぐに変更ができる
                         →原料，電力，消耗品，
                           アルバイトの労働力など
```

い増したり，買い控えたりすることができる。このように比較的容易に投入量の変更ができる生産要素は，可変的生産要素と呼ばれている（図 2-2 参照）。

　ミクロ経済学では，す・べ・て・の・生産要素の水準（量）の変更ができるぐらい十分に長い期間を長期と呼び，それほど十分な時間がなく，いくつかの生産要素が固定的になってしまう期間を短期と呼んでいる[6]。

　固定的生産要素（とりわけ生産設備）の変更はおいそれとできないので，企業が長期の意思決定をするためには，「財を何単位だけ生産するか？」という問題だけでなく，「どれくらいの規模の生産設備を維持するのが適切か？」といった，固定的生産要素の水準を決めるというやっかいな問題もあわせて検討しなければならなくなるのである。

　このように長期の意思決定問題はかなり複雑な問題なので，そういう複雑な問題は後の章（第 6 章）で考えることにして，ここでは話を簡単にするため，生産設備等の規模などがすでに決まっていて変更できない短期の状態についてだけ考えることにしたい。

---

[6] つまり，少なくとも i 種類の生産要素が固定的になっているような期間が，短期である。

2-2 最低販売価格と生産者余剰 (1)——1個だけの生産の場合

## ■固定費用と可変費用

　企業が財を供給する場合に，財を売って得られる収入からそれを生産するためにかかった費用（コスト）を引いたものを利潤という。すなわち，

　　　利潤＝収入－費用

である。

　企業は，自分が獲得できる利潤をできる限り大きくしたいと望むだろう。したがって，財を生産するかどうかを決めるにあたっても，生産することで生産しない場合より利潤が増えるのかどうかをまず考えるはずである。

　ここで利潤に影響を与える要因である収入と費用のうち，費用についてもう少し詳しく考えてみよう。費用とは，「生産要素を獲得したり利用したりするために，企業が支払わなければならない金額」のことである。

　前項で述べたように，生産要素には固定的生産要素と可変的生産要素があるが，前者にかかる費用を固定費用と呼び，後者にかかる費用を可変費用と呼ぶ。また，固定費用と可変費用を合計したものを総費用と呼ぶ。すなわち，

　　　総費用＝固定費用＋可変費用

である。

　ところで，短期においては，企業は生産をしてもしなくても固定的生産要素に対する費用負担を免れることができない。つまり，たとえば，固定的生産要素が工場であるのならば，その工場を維持管理するための最低限の経費や建物や土地を借りるための賃貸料などは，たとえその工場が操業されていなくても企業が支払わなければならない費用である。

　したがって，短期において企業は，生産活動をしようがしまいが固定費用を負担しなければならないのである。

　それに対して，可変的生産要素は，生産が行われないときには必要ないものだから，生産しないときのそれは当然ゼロになる。さらに，企業がその財を生産するなら，当然に生産量が増えれば増えるほど可変的生産要素をたくさん使うことになる。したがって，生産量が大きくなるほど可変的生産要素への負担額である可変費用は増えていくことになる。

つまり，可変費用については，①生産が行われないときの可変費用はゼロであるが，②生産が行われるときには，生産量が増えるにつれて可変費用も大きくなっていく，ということになる。

## ■最低販売価格はどうやって決まるのか？

この項では，先に想定したように，各企業がせいぜい1個の財しか生産できないケースを考えることにする。その場合に，短期で，最低販売価格がどう決まるのかを考えてみよう。

さて，いま，A社は，ある財を1個生産するかどうかを思案中だったとしよう。この財を生産する場合には可変費用が500円かかるものとする。A社は，これに加えて，工場の維持などのため固定費用として2,000円を負担する必要があるものとしよう。

このときA社は，この財の価格がいくらだったら生産したいと思うのだろうか？

この財を生産するために，A社が負担しなければならない総費用は，2,500円（固定費用2,000円＋可変費用500円）である。もし価格が2,500円以上ならば，この財を生産販売することでA社は正(プラス)の利潤を得ることができる[7]。この場合，明らかに生産しないよりも生産した方がトクである。したがって，価格が総費用である2,500円以上の場合，A社はこの財を1個生産することになる。

それでは，価格が2,500円未満だったらどうであろうか？

その場合には，財を売っても総費用である2,500円が回収できないわけだから，A社は赤字をこうむることになる[8]。読者の中には，「赤字をこうむってまで生産をするはずがない」と思う人もいるかもしれない。しかし，たとえ赤字になってしまったとしても，価格が極端に低くならない限り，この企業は生産するのである。

---

[7] たとえば，価格が2,800円ならば，利潤は300円である。
[8] 2,500円は，それを境にして生産をした場合に黒字から赤字に転じる価格であるから，それを損益分岐点という。

## 2-2 最低販売価格と生産者余剰 (1)——1個だけの生産の場合

たとえば，価格が1,800円だったとしよう。このとき，もし生産すれば収入は1,800円で，費用は2,500円だから，利潤は

　　　利潤＝収入－費用＝1,800－2,500＝－700

となってしまう。つまり生産すればA社は700円の赤字をこうむることになる。しかし，生産しなかったらどうであろうか？

実は，生産しなかったとしてもA社は固定費用の2,000円を負担しなければならない。しかも，生産をやめると収入はゼロになってしまうので，結局生産しないなら，A社には2,000円の赤字が生じてしまうのである。

つまり，A社にとって，生産してもしなくても赤字が生じることは避けられないのだが，①生産すれば700円の赤字ですむが，②生産しなければ2,000円の赤字になってしまうのである。すなわち，A社は価格が1,800円ならば生産した方がトクなのである。したがって，A社はこの財を1個生産することになる。

このように，A社は価格が総費用を下回ってたとえ赤字が出たとしても，赤字の額がさほど大きくなかったなら，赤字を甘受して生産するのである。それでは，いったいどれくらいの赤字額までなら，A社はそれを甘受しようとするのだろうか？

上に述べたように，価格が1,800円なら生産が行われる。したがって，価格が1,800円以上なら，1,800円のときよりも赤字額は小さいわけだから当然生産が行われることになる。では，価格が1,800円未満の場合はどうであろうか？

価格が下がるにつれて，赤字額は当然どんどん大きくなっていく。そして価格が可変費用と同じ500円になったときに，赤字（＝負の利潤）は，

　　　利潤＝収入－費用＝500－2,500＝－2,000

となる。つまり，価格が500円のときの赤字額は，固定費用と同じ2,000円なのである。

すなわち，価格が500円のときは，①生産を行ったときの赤字が2,000円であり，②生産を行わなかった場合の赤字（＝固定費用分の金額）も2,000

円である。したがって、このときA社にとっては生産してもしなくても同じなのである。

　けれども、価格がさらに下がって500円を下回ってしまった場合、生産したときの赤字額は2,000円を上回ってしまう。そうなると、A社にとって、生産をしないで固定費用分の2,000円を赤字として負担した方がトクになる。つまり、価格が500円未満になると、A社は生産を中止してしまうのである[9]。

　以上の話をまとめると、
①価格が2,500円（＝総費用）以上のとき、A社は生産を行い、利潤は黒字となる。
②価格が500円（＝可変費用）以上で2,500円未満のとき、生産は行われるが利潤は赤字となる。
③価格が500円未満の場合、生産は行われない。
ということがわかった（図2-3（a）参照）。

　このようにして、500円はA社が生産を行おうと決意するための最低限の価格になっていることがわかった。つまり、この場合の最低販売価格は500円だということになる。最低販売価格は、このようにして決まるのである。

　より一般的には、図2-3（b）のように、
①価格が総費用以上のとき、企業は生産を行い、利潤は黒字となる。
②価格が総費用と可変費用の間なら、生産が行われ、利潤は赤字となる。
③価格が可変費用未満の場合、生産は行われない。

　以上のことから、企業が最大限1個の財しか生産しないなら、最低販売価格はその生産に要する可変費用の額に一致することがわかった。

---

9）　可変費用の金額と等しい500円は、操業停止点と呼ばれる。

### 図2-3 損益分岐点と操業停止点

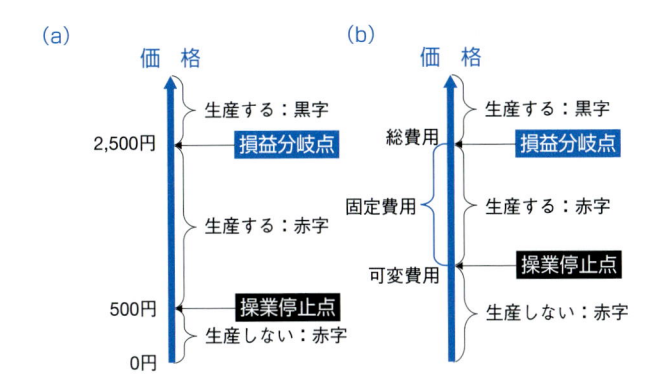

(a)
価格
- 生産する：黒字
- 2,500円 ← 損益分岐点
- 生産する：赤字
- 500円 ← 操業停止点
- 生産しない：赤字
- 0円

(b)
価格
- 生産する：黒字
- 総費用 ← 損益分岐点
- 固定費用
- 生産する：赤字
- 可変費用 ← 操業停止点
- 生産しない：赤字

## 2-3　最低販売価格と生産者余剰 (2)──複数個の生産が可能な場合

■限界費用と限界費用逓増の法則

　前節では，企業が最大限1個の財しか生産できない場合に，最低販売価格がどのように決まるのかをみた。しかし，現実には財を1個しか生産しないというのは，たとえば手作り超高級自動車製造の事例など，非常に限られたケースでしか見受けられない。

　そこで，この節では，より現実的なケースである，「各企業が1種類の財を複数個生産する場合」を考えてみたい。なお，ここでも短期の状態を考えることにする。

　前節の最大限1個しか生産できないケースでは，可変費用が最低販売価格に一致したが，複数個の生産が可能な場合には，これから説明する限界費用に基づいて最低販売価格が決まることになる。

　一般的にいって，企業が財を複数個生産する場合には，財を多く生産すればするほど，生産に要する労働力や原材料などをより多く投入しなければな

## 2 供給曲線と生産者余剰

らないだろうから，生産量に応じて総費用の額が増えていくのが普通だろう。

表 2-3（a）を見て頂きたい。この表の第 1 列（「生産量」の列）と第 2 列（「総費用」の列）を見ると，この財の生産量と費用との関係がわかる。この表では，財を全く生産しない場合（＝0 個の生産）にも 400 円の費用がかかっている。この 400 円は，生産をしなくてもかかる費用だから固定費用である。この表では生産量が増えるにつれて総費用が増えることが読み取れる。

さて，生産量を 1 個（1 単位）増やすにつれて追加的にかかる費用を**限界費用**という。たとえば，3 個から 4 個に生産量を増やす場合を考えてみよう。この財を 3 個生産するためにかかる総費用は 770 円で，4 個生産するためにかかる総費用は 960 円だから，3 個から 4 個へと生産を 1 個だけ増やすときにかかる追加的な費用は，

　　　960 円－770 円＝190 円

である。つまり 3 個から 4 個に生産量を増やすときの限界費用は 190 円ということになる。同様に考えると，たとえば，1 個から 2 個に増やす場合は，

　　　620 円－500 円＝120 円

だから，限界費用は 120 円である。このような計算によって求められたのが，表 2-3（a）の一番右の列（「限界費用」の列）の数値である。

ところで，47 ページで述べたように，

　　　総費用＝固定費用＋可変費用

であった。このうち，固定費用は生産量に関係なく（しかも生産が行われるかどうかにもかかわりなく）発生する費用だから，生産量の増加に応じて生じる総費用の増大は，可変費用が増加した結果だということになる。

つまり，限界費用を，「生産量が 1 単位増えたときの総費用の追加的増分」と考える代わりに，「生産量が 1 単位増えたときの可変費用の追加的増分」と考えても同じだということになる。

実際，表 2-3（b）には，生産量を 1 単位増やしたときの可変費用の増分（左から 5 番目の列に記載）が計算されているが，そこに記載されている数値は，表 2-3（a）で「総費用の増分」として計算して求められた限界費用

2-3 最低販売価格と生産者余剰 (2)——複数個の生産が可能な場合

▶表 2-3 限界費用と各種の費用

(a)

| 生産量 | 総費用 | 1個少ない生産量の時との総費用の差 | 限界費用[1] |
|---|---|---|---|
| 0 個 | 400 円 | — | — |
| 1 個 | 500 円 | 500 円−400 円 | =100 円 |
| 2 個 | 620 円 | 620 円−500 円 | =120 円 |
| 3 個 | 770 円 | 770 円−620 円 | =150 円 |
| 4 個 | 960 円 | 960 円−770 円 | =190 円 |
| 5 個 | 1,210 円 | 1,210 円−960 円 | =250 円 |
| 6 個 | 1,540 円 | 1,540 円−1,210 円 | =330 円 |
| ⋮ | ⋮ | ⋮ | ⋮ |

[1] この数値は「生産量が1単位増えたときの総費用の追加的増分」として計算されている。

(b)

| 生産量 | 総費用 | 固定費用 | 可変費用（＝総費用−固定費用） | 限界費用[2] | 平均費用 | 平均可変費用 |
|---|---|---|---|---|---|---|
| 0 個 | 400 円 | 400 円 | 0 円 | — | ∞ | ∞ |
| 1 個 | 500 円 | 400 円 | 100 円 | 100 円 | 500 円 | 100 円 |
| 2 個 | 620 円 | 400 円 | 220 円 | 120 円 | 310 円 | 110 円 |
| 3 個 | 770 円 | 400 円 | 370 円 | 150 円 | 257 円 | 123 円 |
| 4 個 | 960 円 | 400 円 | 560 円 | 190 円 | 240 円 | 140 円 |
| 5 個 | 1210 円 | 400 円 | 810 円 | 250 円 | 242 円 | 162 円 |
| 6 個 | 1540 円 | 400 円 | 1140 円 | 330 円 | 257 円 | 190 円 |
| ⋮ | ⋮ | ⋮ | ⋮ | ⋮ | ⋮ | ⋮ |

[2] この数値は「生産量が1単位増えたときの可変費用の追加的増分」として計算されている。

の数値と同じである。

　図 2-4 には，横軸に数量を，縦軸に限界費用の大きさを取って，表 2-3 で求めた生産量と限界費用の関係がグラフ（棒グラフ）に表されている。
　ところで，図 2-4 において，限界費用のグラフは右上がりになっている。これを見ればただちにわかるように，いま考えている例では，生産量が増え

## 2 供給曲線と生産者余剰

### 図2-4　限界費用の逓増

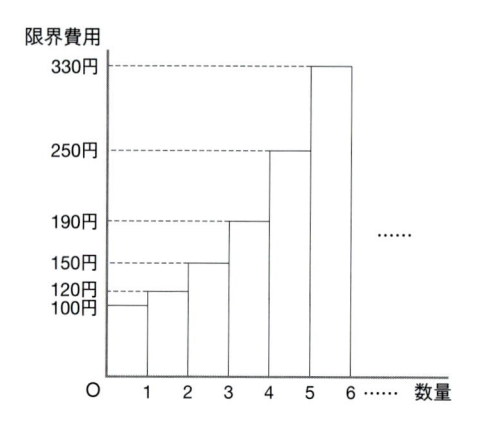

るにつれて限界費用の数値はより大きくなっている。つまり、**限界費用は逓増**しているのである。「限界費用の逓増」は、ここで考えている例に固有のものではなくて、経済社会で一般的に観察される現象である。

　たとえば、ある工場の経営者が、生産量を増やそうと思い立った場合にどういうことが起きるのかを考えてみればよい。生産量を増やすためには、パートの労働者をさらに増やしたり、原材料をこれまでよりもずっと多く購入したりする必要があるだろう。

　しかし、その結果、労働者や生産工程などの管理がより複雑になってしまうかもしれない。あるいは、工場内での人や物品の数が多くなる結果、工場内での人や物の動きがこれまでよりもスムーズでなくなる、というようなことが起きる可能性もある。そのような事態は、作業能率を相対的に悪化させてしまう原因になるだろう。

　作業能率の低下は費用のさらなる増大を招きがちだから、生産量が増えれば増えるほど追加的な生産にかかる費用（＝限界費用）がどんどん増大していく傾向が生じる可能性が高いのである。

　このような限界費用が逓増する傾向には一般性があるので[10]、経済学では限界費用の逓増を経済社会で普遍的に観察される法則として仮定するのが普

2–3 最低販売価格と生産者余剰 (2)──複数個の生産が可能な場合

通である。これを**限界費用逓増の法則**と呼ぶ。

## ■複数の財生産と最適生産量の決定

この項では，企業が1個だけでなく複数個の財を生産できる場合に，いくつ生産するのが最適になるのかを考えてみたい。ここでも，表2–3（したがって，図2–4）の例で考えることにしよう。

先にみたように，企業がただ1個の財しか生産できない場合には，可変費用と価格の関係が生産に関する意思決定においては重要であったが，複数個の生産が行える場合にも可変費用と価格の関係がきわめて重要になる[11]。

まず，財の価格が220円だったとしよう。このとき企業はこの財を何個生産するのだろうか？

これに関して最初にわかることは，全く生産しない（＝0個の生産をする）よりも少なくとも1個生産した方がこの企業にとってトクだ，ということである。なぜなら生産をしなかった場合，固定費用分の400円がそのままこの企業の赤字になってしまう。ところが，1個生産したならば，この企業は価格に相当する220円の追加的収入を得ることになる。

一方，1個生産するために企業が負担しなければならない追加的費用はま

---

[10] もっとも，たいていの工場には，その工場建設のための設計の段階からその工場にふさわしい生産量の水準を想定して，それに沿って適切な設備などが配置されていることが多い。たとえば，「日産2,000台の液晶テレビ工場」は，1日に2,000台の液晶テレビを生産するときにもっとも能率の良い生産が行われるように設計されている。
このような場合，生産量2,000台に至るまでは，生産量を増やしたとしても作業能率が落ちることはないかもしれない。しかしそういう工場の場合でも，2,000台を越えると能率は徐々に落ちていくものと思われる。
つまり，一般論としていえば，生産水準が小さい段階では限界費用逓増の法則が働かないで，限界費用が逓減してしまうということもないわけではないのだが，それでも限界費用はいずれ逓増していくことになるだろう。したがって，少なくともその工場が普通に操業している生産水準では，限界費用が逓増していくと想定して差し支えないものと考えられる（第6章では，限界費用が工場の適正規模のあたりまでは逓減して，その後は逓増していくという，上で述べたようなより一般的ケースが取り上げられている）。

[11] すなわち，
　利潤＝収入－費用＝収入－（固定費用＋可変費用）
　　　＝（収入－可変費用）＋固定費用

である。このうち固定費用の数値は動かせないので，結局企業としては，利潤を大きくするために，（収入－可変費用）をできるだけ大きくしなければならないことになる。したがって，固定費用に由来する赤字が仮に存在したとしても，（収入－可変費用）を大きくして全体としての赤字（負の利潤）をできる限り小さくするように努めなければならないのである。この意味で価格と可変費用の関係が重要なのである。

さに限界費用だから，その額は100円である．差し引きで，この企業は1個生産することによって，生産しない場合と比べて，

220円－100円＝120円

の追加的利潤を得ることになる．

　この追加的利潤は，生産しなかった場合の赤字の400円を120円だけ減少させるのに貢献するから，結局この企業は，たとえ1個でもいいから生産をした方が，しない場合よりも赤字額を減らせることになる．つまり，この企業は，少なくとも1個を生産するのである．

　それでは，さらに生産量を増やして，2個生産するのはどうであろうか？

　1個から2個に生産量を増やすと，追加的収入は価格の220円分だけ増えることになる．それに対して，追加的費用（＝限界費用）は120円だから，結局，1個から2個に生産を増やすことによって，1個の場合と比べるとさらに

220円－120円＝100円

の利潤の追加が生じることになる．つまり，このように生産量を増やすことによって，この企業はさらに赤字を減らせるのである．したがって，1個よりも2個生産した方がトクだということになる．

　いままでの話から想像がつくだろうと思うが，実は

　　価格＝生産を1個増やすことによる追加的な収入の額

　　限界費用＝生産を1個増やすために負担しなければならない追加的な
　　　　　　費用の額

であるから，

　　　　価格－限界費用＞0　　　　　　　　　　　　　　　　　　(2.1)

である限り，この企業は生産量を増やすことによって利潤を増やせる（＝固定費用に由来する赤字がある場合には「赤字を減らせる」）のである．

　図2-5を見て頂きたい．この図では，図2-4に価格（220円）を表す線といくつかのイロアミが書き加えられている．この図において，生産量が4のところまでは，(2.1)式の関係が成り立っている．したがって，4個まで生産

## 2-3 最低販売価格と生産者余剰 (2)──複数個の生産が可能な場合

図 2-5 最適生産量（＝供給量）の決定

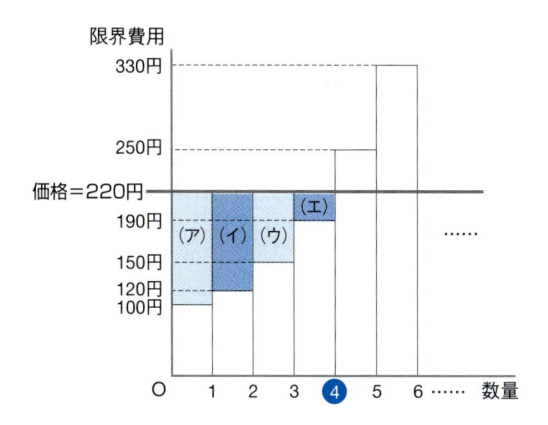

を増やしていった方が赤字を減らせる（＝正味の利潤を増やせる）のである。

しかし，4個からさらに進んで5個生産しようとしたらどうなるだろうか？ 4個から5個に生産を増やす場合の追加的収入（＝価格）は220円なのに対して，追加的費用（＝限界費用）は250円である。つまり，この場合，

追加的収入－追加的費用＝220円－250円＝－30円

となってしまって，この生産はむしろ赤字幅の増大に貢献してしまうのである。(2.1) 式は「価格＞限界費用」であることを意味しているから，結局，

①企業は，価格＞限界費用である限り生産を増加させるべきだが，
②価格＜限界費用に切り替わる直前の数量で生産増加を中止させ，その数量での生産を行うべきだ

ということがわかった。②で決まる数量は，企業の利潤を最大にさせる（赤字が生じる場合には赤字を最小化させる）生産数量なので，この企業の最適生産量と呼ばれる。

以上の議論でわかったように，企業が複数個の財を生産しうる場合，価格が限界費用以上である限り，その会社は財を生産することになる。換言すれば，企業は，最低限でも限界費用の金額を確保できなければ生産を行わない

## 2 供給曲線と生産者余剰

ことになる。つまり，**限界費用**が**最低販売価格**なのである。

したがって，複数個の財を生産しうる場合には，限界費用の大きさが生産量に応じて変化することからわかるように，最低販売価格は生産量に応じて変化することになる。すなわち，いま考えている例（図2-4）に関していえば，この企業が1個生産するための最低販売価格は100円だが，たとえば5個生産するためには，最低販売価格が250円になるのである。

さて，これまでは財の価格が220円である場合について考えてきたが，価格が変動したら最適生産量はどうなるのだろうか？　たとえば，価格が160円に下落したときには，3個を境にして価格と限界費用の関係が逆転するから，3個の生産が最適生産量になる。あるいは，価格が300円に跳ね上がると，5個が最適生産量になる（図2-6参照）。

ところで，図2-5に描いた色網部分の面積は，それぞれの生産数量における追加的な利潤の大きさを表している。たとえば，0個から1個に生産を増やしたときの追加的利潤は120円だったが，この図の（ア）と表示した枠で囲んだ部分は，底辺の長さが1で，高さが120の長方形だから，たしかに面積は120になっている。あるいは，1個から2個に増やしたときの追加的利潤である100円は，（イ）の部分の面積（底辺の長さ＝1，高さ＝100）とな

図2-6　価格の変動と最適生産量

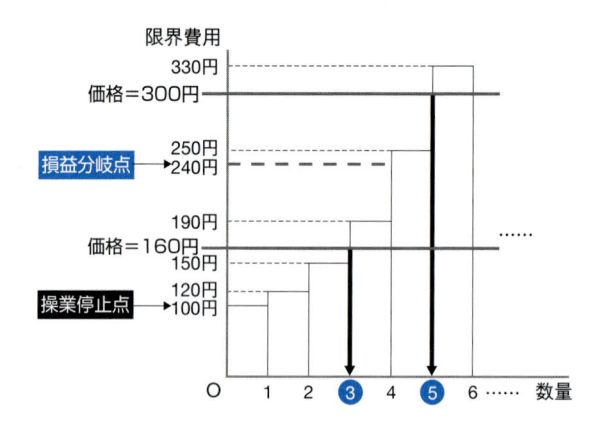

2-3 最低販売価格と生産者余剰 (2)——複数個の生産が可能な場合

っている。

　同様な考えを繰り返していくことによって，結局，この企業が価格220円の下での最適生産量である4個を生産したときには，全く生産しなかった場合と比べて，（ア）＋（イ）＋（ウ）＋（エ）の面積分だけの利潤の増加（あるいは，赤字の減少）が生じることになる。その具体的な金額は，

　　　（ア）の面積＝120，（イ）の面積＝100，
　　　（ウ）の面積＝70，（エ）の面積＝30

だから，4個の生産によってこの企業は，120＋100＋70＋30＝320円の利潤の増加（＝赤字の減少）を経験することになる。

## ■平均費用と平均可変費用

　前掲の表2-3（b）の右端の2列には，「平均費用」と「平均可変費用」という標題が付けられている。この項では，これまでに述べた最適生産量を決定する話の補足として，操業停止点や損益分岐点を判別するために必要なこれらの費用概念について説明しておきたい。

　まず，平均費用は，財の生産に際して，1個あたりにかかる費用である。つまり，

$$\text{平均費用} = \frac{\text{総費用}}{\text{生産量}}$$

である。たとえば，表2-3（b）で，この財を3個生産するためには770円の総費用がかかるので，

$$3\text{個生産するときの平均費用} = \frac{770}{3} \fallingdotseq 257 \text{（円）}$$

である[12]。

　ちなみに限界費用は，「さらにもう1個生産するため，追加的にかかる費用」だから，平均費用とは全く異なる概念である（実際，この例では，2個からさらにもう1個生産を増やして3個にするための限界費用は，150円である）。

---

[12] 財を生産しない（＝0個生産する）ときの平均費用は，$\frac{400}{0} = \infty$ とみなすことができる。

次に，**平均可変費用**であるが，これは財の生産に際して1個あたりにかかる可変費用の額である。つまり，

$$\text{平均可変費用} = \frac{\text{可変費用}}{\text{生産量}}$$

である。たとえば，表2-3（b）で3個生産するためにかかる可変費用は370円だから，

$$\text{3個生産するときの平均可変費用} = \frac{370}{3} \fallingdotseq 123 \text{（円）}$$

である。

一般に，価格は，財を生産・販売することで企業が獲得できる1個あたりの収入金額なので，

　　価格＞平均費用　　　　　　　　　　　　　　　　　　　　　　　(2.2)

ならば，この企業の利潤は黒字になっていることになる。逆に，平均費用が価格を上回っているならば赤字を被ることになる。つまり，価格がだんだんと下がっていって（2.2）式の関係が維持できなくなったとき，その企業は赤字に転落することになる。このように，（2.2）式の成立が見込めなくなる境界の価格を**損益分岐点**と呼ぶ。

一方，

　　価格＞平均可変費用　　　　　　　　　　　　　　　　　　　　　(2.3)

という関係が成立しているときには，可変費用部分は黒字になっているわけだから，その黒字を固定費用がもたらす赤字補塡に使うことによって，少なくとも固定費用の一部は回収できることになる。逆にいえば，（2.3）式が成立しなくなると，可変費用部分からも赤字が発生してしまうから，企業は生産を中止して固定費用分だけに赤字を止めてしまった方がトクになる。

つまり，（2.3）式が成立しなくなる境界の価格は，そこを境にして企業が生産をやめてしまう価格なので，**操業停止点**と呼ばれている。

図2-6を用いて考えてみよう。この図からわかるように，

　　　　①価格が100円未満　⇨　生産しない
　　　　②価格が100円以上120円未満　⇨　1個生産する
　　　　③価格が120円以上150円未満　⇨　2個生産する

## 2-3 最低販売価格と生産者余剰 (2)——複数個の生産が可能な場合

▶表 2-4　価格と供給量の関係

| 価格の範囲 | 生産量 | 平均費用 | 赤字 or 黒字？ | |
|---|---|---|---|---|
| 100 円未満 | 0 個 | — | — | |
| 100 円～120 円 | 1 個 | 500 円 | 赤字 | 操業停止点 |
| 120 円～150 円 | 2 個 | 310 円 | 赤字 | |
| 150 円～190 円 | 3 個 | 257 円 | 赤字 | |
| 190 円～250 円 | 4 個 | 240 円 | ①価格が 190 円～240 円なら，赤字 | |
| | | | ②価格が 240 円～250 円なら，黒字 | 損益分岐点 |
| 250 円～330 円 | 5 個 | 242 円 | 黒字 | |
| …… | …… | …… | …… | |

　③価格が 150 円以上 190 円未満　⇨　3 個生産する
　④価格が 190 円以上 250 円未満　⇨　4 個生産する
　⑤価格が 250 円以上 330 円未満　⇨　5 個生産する
　　……

である。いまの関係を表に表したのが，表 2-4 である。この表には上の関係に加えて，各個数の生産に要する平均費用の額が記入されている。たとえば，価格が 120 円～150 円の間にあるときには 2 個の生産が最適になるが，2 個生産するときの平均費用は 310 円である。つまり，この場合企業は生産量 1 個あたりで考えると，最大限でも 150 円の収入しか得られないのに対して，1 個あたり 310 円負担しないとこの財を生産できないのである。つまり，この価格では赤字にならざるを得ないことになる。

　同様なことは，1 個生産する場合，3 個生産する場合についてもいえる。それとは反対に，生産量が 5 個の場合には平均費用が 242 円で価格は最低でも 250 円だから，企業は正の利潤を獲得できる。つまり，黒字である。

　それに対して，4 個生産する場合は単純でない。つまり，価格が 190 円～250 円の間にあるときに 4 個の生産が最適になるのだが，4 個作るための平均費用は 240 円である。したがって，価格が 240 円未満ならば企業は赤字をこうむるが，240 円を越えると黒字に転じるのである。つまり，240 円が損

益分岐点なのである。

次に操業停止点であるが，この例ではそれは簡単に求まる。表2-4からわかるように，この企業は価格が100円未満になると生産するのをやめてしまうので，操業停止点は100円である。

## 2-4　個別供給曲線と市場供給曲線

■企業の個別供給曲線

図2-7は，図2-6において棒グラフの上の部分（階段状の稜線の部分）だけを太線にしたものである。たとえば価格$p$が，この図のような位置になるならば，その位置から水平線を引いて，その線と階段状の稜線が交わったところの横軸の数字は4と読み取れる。

すなわち，価格$p$の時の最適生産量（すなわち，供給量）は4個になるわけである。つまり，このグラフの縦軸で価格も表されていると考えると，価格の高さから水平線を引いて階段状の線と交わった点を求めることによっ

図2-7　企業の個別供給曲線

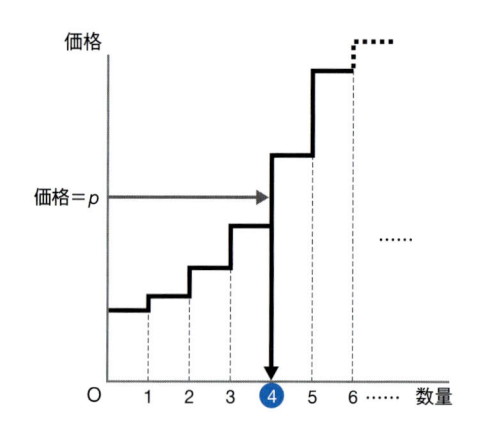

2-4 個別供給曲線と市場供給曲線

図 2-8 企業の生産者余剰

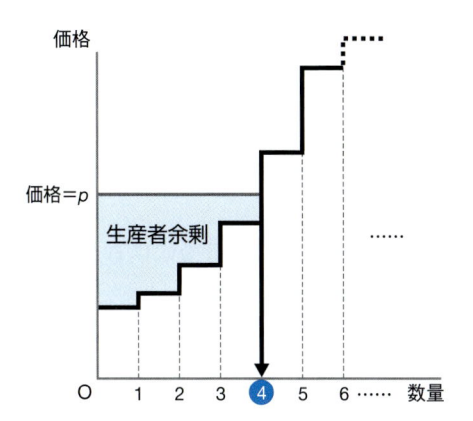

て，私たちは最適な生産量（＝供給量）を知ることができるのである。つまり，この階段状の線は，価格と供給量の関係を表しているので，この財の供給曲線になっているということになる。

このようにして得られた供給曲線は，あくまでもここで考えている企業が「それぞれの価格に対してどれぐらい供給するか」という関係を表しているわけだから，この企業の個別供給曲線である。

ところで，供給曲線と価格の高さの水平線で囲まれた部分の面積を生産者余剰という。図 2-8 では，イロアミ部分が価格 $p$ の時の生産者余剰を表している。これは先に説明した（2-2 節）生産者余剰の概念の複数個の生産が可能なケースへの一般化であるが，59 ページで説明したように，この面積は，「生産が行われた場合と行われなかった場合を比べたときの利潤の増分（あるいは，赤字の減分）」を表している。つまり，図 2-8 でいえば，価格が $p$ のときには 4 個が生産されるが，4 個の生産は全く生産しなかった場合と比べて，イロアミ部分の面積の大きさだけこの企業の利潤を増大させること（赤字を減少させる）になるわけである。

## 2　供給曲線と生産者余剰

### ■市場供給曲線と生産者余剰

前項では，各企業の個別供給曲線を導出したが，たいていの市場にはたくさんの企業が存在していて，それらが競い合って財を生産している。ここでは，話をさらに一歩進めて，さまざまな価格水準に対応して，市場全体で何個ぐらいの財が供給されるのか？　という，市場全体での財の供給について考えてみたい。

いま，話を簡単にするために，この市場にはA社とB社という2つの企業が存在しているものとしよう。それぞれの企業は，異なった生産設備や生産技術などを持っているから，生産に要する費用の構造もそれぞれ異なっている。したがって，限界費用の構造も各社各様である。そこで，両社の限界費用は表2-5（a）に表されているようなものだったとしよう。

前項で見たように，表2-5（a）からそれぞれの会社の個別供給曲線を描くことができるが，ここではその点には立ち入らないで，この市場全体のこ

▶表2-5　2社の限界費用

(a)

| 生産量 | 限界費用＝最低販売価格 ||
|---|---|---|
| | A社 | B社 |
| 0個 | — | — |
| 1個 | 100円 | 90円 |
| 2個 | 120円 | 100円 |
| 3個 | 150円 | 115円 |
| 4個 | 190円 | 150円 |
| 5個 | 250円 | 210円 |
| 6個 | 330円 | 300円 |
| ⋮ | ⋮ | ⋮ |

(b)　低い順に並べる

| 生産量 | 両社の限界費用 |
|---|---|
| 0個 | |
| 1個 | 90円 B |
| 3個 | 100円 A |
| | 100円 B |
| 4個 | 115円 B |
| 5個 | 120円 A |
| 7個 | 150円 A |
| | 150円 B |
| 8個 | 190円 A |
| 9個 | 210円 B |
| 10個 | 250円 A |
| 11個 | 300円 B |
| 12個 | 330円 A |
| ⋮ | ⋮ |

限界費用の低い順に並べる

2-4 個別供給曲線と市場供給曲線

### 図2-9 市場供給曲線の導出

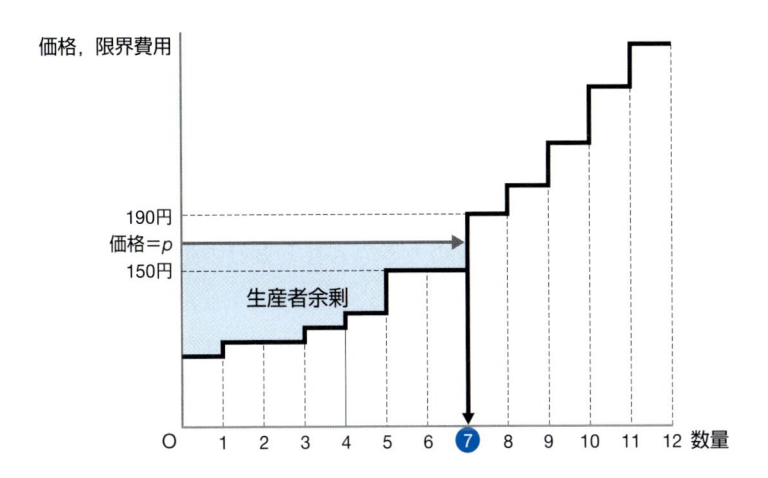

とを考えることにしよう。そのために作ったのが表2-5 (b) である。この表は，表2-5 (a) におけるそれぞれの企業の限界費用の大きさを低い順に並べたものである。

つまり，この2社を通じて限界費用が一番低いのはB社が1個生産したときの90円だから，まずそれを記入する。続いて，A社が1個生産したときの限界費用の100円と，B社が2個生産したときの限界費用の100円が，いずれも2番目のタイ記録なので，それを2つの枠に記入する。以下同様にして，低い順に並べて作られたものがこの表である。

図2-9は，表2-5 (b) の数量と限界費用の関係を棒グラフで表したものである。いま，この財の価格$p$は150円と190円の間であったとしよう。すなわち，

$$150 \leq p \leq 190$$

である。このとき表2-5 (a) によれば，A社は3個，B社は4個を生産する。すなわち，両社合わせると7個が生産されることになる。図2-9の縦軸の$p$の位置から水平線を引いて棒グラフと交わる点を見つけると，たしかにちょうど7個の位置になっている。

## 2 供給曲線と生産者余剰

$p$ がこれ以外の数値を取ったときにも同様なことがいえる。つまり，図2-9は，限界費用を低い順に描いたグラフであると同時に，この財についての2社合わせての供給曲線になっているのである。この市場には，A社とB社の2社しか存在していないと想定しているわけだから，図2-9は市場全体の供給曲線，すなわちこの財の市場供給曲線になっているのである。また，この曲線と縦線上の価格 $p$ の位置から水平線とで囲まれた部分の面積（図2-9のイロアミ部分）は，価格が $p$ のときのA社とB社の生産者余剰の合計になっている。すなわちこの部分の面積は，市場全体の生産者余剰である。

ところで，これまでは話をわかりやすくするために，A社とB社という2つの企業しかないような市場を考えてきた。言うまでもなく現実の市場には，もっとたくさんの企業が存在している。そこで，上に述べた2社のケースをさらに一般化すれば，この市場にもっとたくさんの企業が存在する場合の供給曲線を描くことができる。すなわち，表2-5（b）のようにして，低い順に限界費用を並べ，それに基づいて図2-9のような階段状の図を描けばいいのである。

図2-10（a）は，そのようにして描かれた市場供給曲線の例である。企業が多数あって，非常に多量の財が市場で取引される場合には，この図のように階段はきわめて細かいものになるだろう。そのような場合に，いちいち細かく階段線を描く代わりに右の図（図2-10（b））のように，それを連続な線で近似したとしても支障はないだろう。

このような考えに基づいて，市場供給曲線は，通例図2-10（b）のような右上がりの連続な曲線として描かれるのである。そして，図2-10（c）に描かれているように，価格が $p$ のときの市場全体の生産者余剰は，イロアミ部分の面積として表されるのである。

2-4 個別供給曲線と市場供給曲線

図2-10 非常にたくさんの企業がある場合の市場供給曲線

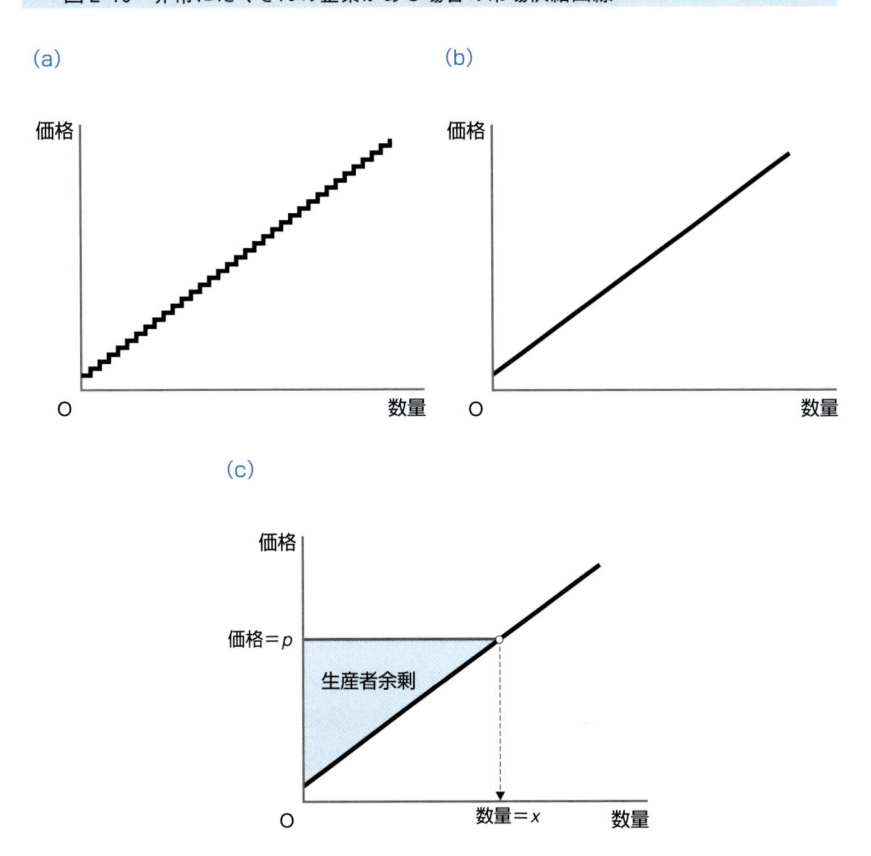

(a)

(b)

(c)

価格＝$p$

生産者余剰

数量＝$x$

## 2 供給曲線と生産者余剰

●練習問題

1. A社からE社までの5社が，それぞれ同じ財を最大限1個だけ生産する市場を考える。財の価格が230円であるとき，下の表の空欄を埋めなさい。

| 企業 | 最低販売価格 | 製造・販売する？ | 正味便益 |
|---|---|---|---|
| A社 | (1) 円 | YES | 25円 |
| B社 | 255円 | (2) | (3) 円 |
| C社 | (4) 円 | YES | 0円 |
| D社 | (5) 円 | YES | 12円 |
| E社 | 210円 | (6) | (7) 円 |
| | | 生産者余剰 | (8) 円 |

2. 次の文章の正誤を判定して，さらにそう判定した理由を述べなさい。

「A社の工場では，X電力から先月5万円の電力料金を請求された。その内訳は，基本料金が1万円で，従量料金は4万円であった。A社が支払った5万円は，電力という生産要素に対する負担であるし，電力の使用量は生産量に応じて変化するので，この5万円は可変費用である」

3. ある財の価格を $p$，供給量を $q$ と表すときに，ある人のその財への供給曲線が
$$q=2p+a$$
という式で表される（ただし，$a$ は定数である）。

① $a=1$ とする。価格 $p$ が1%上昇したときの供給量 $q$ の上昇率（%）を供給の価格弾力性という。$p=8$ のときの供給の価格弾力性を求めなさい。

② 供給の価格弾力性がちょうど1になるときの $a$ の値を求めなさい。

# 第 3 章

# 市場均衡とその性質

　財の買い手（需要者）と売り手（供給者）が出会う場が市場である。市場では，価格の変動によって需給の調整が行われ，市場均衡が成立する。この章では，最初に価格調整メカニズムについて説明が行われ，続いて市場の外部環境が変化したときに市場均衡がどのように変化するのか（比較静学の問題）を考える。最後に，市場メカニズムのパフォーマンスの良さを評価するための指標として社会的余剰の概念を導入し，市場均衡ではそれが最大化されることを示す。

## 3 市場均衡とその性質

# □ 3-1 市場均衡と比較静学 □

■価格調整と均衡の実現

序章で説明したように，市場(しじょう)は消費者や企業などのプレイヤーが経済活動をする場である。第1章と第2章で見たように，消費者に代表される財の買い手の市場における意思は需要曲線によって表され，企業に代表される財の売り手の意思は供給曲線によって表される。

図 3-1 を見ていただきたい。この図には，需要曲線（$DD$ 線）と供給曲線（$SS$ 線）が同時に描かれている。需要曲線と供給曲線の交点 $E$ を，市場均衡（あるいは，競争均衡[1]ということもある）と呼ぶ。また，市場均衡 $E$ における価格 $p^*$ は，均衡価格と呼ばれる。さらに，この点での数量 $q^*$ を，均衡数量または均衡取引量と呼ぶ。

市場均衡が成立しているときには――すなわち，市場で価格 $p^*$ が成立しているときには――，需要量と供給量は同じ $q^*$ になっている。つまり，均

図 3-1　市場均衡

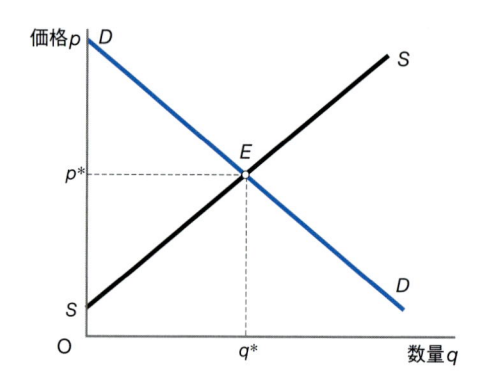

---

[1] 文脈上誤解が生じる恐れのないときには，単に均衡ということもある。

衡価格 $p^*$ が成立している時に，財の売り手は総計で $q^*$ 単位の財を売りたいと思っているし，買い手も全部で $q^*$ 単位の財を買いたいと思っている。したがって，市場均衡が成立したときには，売り手と買い手はいずれも，自分が売ったり買ったりしたいと望んでいる数量を実際に売買できるのである。

その意味で，均衡では自分の望みが叶えられないという不満を感じる経済主体は一人もいないことになる。つまり，・市・場・に・参・加・し・て・い・る・全・員・が・現・状・に・満・足・し・て・い・る・状・態こそが均衡なのである。

すべての経済主体がその状態に満足している以上，いったん均衡が成立してしまえば市場の内部からそれを変えようとする圧力が生じることはないだろう。その意味で，均衡とは，それを変えようとする・市・場・外・か・ら・の・圧・力（「外的な力」）が加わらない限り永続し続ける状態だということができる。

しかし，市場均衡は無条件に成立するものではない。市場が必ずしも均衡していない事例を，私たちは現実社会でしばしば目撃する。たとえば，夕刻のスーパーマーケットで，値段が大幅に引き下げられた鮮魚やサシミ，あるいは惣菜などが売られている光景を私たちはよく目撃する。

売価が引き下げられる理由は，それらの商品が売れ残っている（すなわち，供給量が需要量を上回っている）からである。売れ残りが生じた場合に，価格が引き下げられて売れ残り（需給の不一致）が解消されるという事例は，夕方のスーパーマーケットだけに限られることなく，私たちがいたる所で目撃することである。

このように，もし供給量が需要量を上回っている——その場合に「・超・過・供・給が生じている」といわれる——ならば，市場では・価・格・引・き・下・げの圧力が生じるだろう。そして，価格が下落するに従って，供給量はだんだんと減少し，需要量は増えていくことになる。そして，供給と需要のギャップは徐々に小さくなり，最終的に均衡状態に落ち着くことになる（図 3-2（a））。

逆に，もしこの市場で需要量が供給量を上回っている——このような場合に「・超・過・需・要が生じている」という——ならば，そこでは価格上昇の圧力が生じるだろう。その場合には，価格がどんどん上がっていき，需要量と供給

## 3　市場均衡とその性質

**図 3-2　均衡に至るプロセス：価格調整**

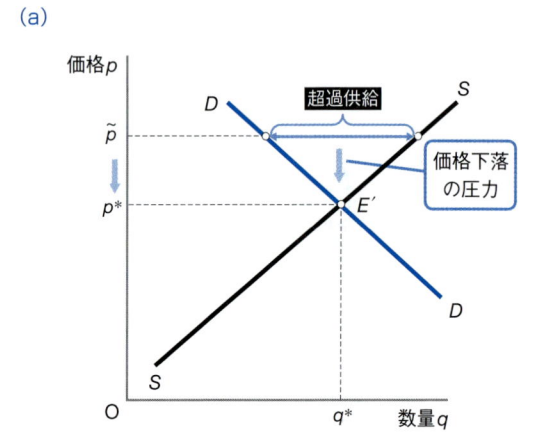

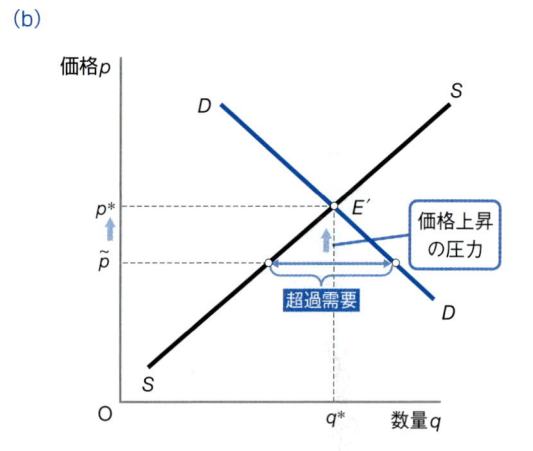

(a)

[グラフ：縦軸 価格 $p$、横軸 数量 $q$。需要曲線 $D$ と供給曲線 $S$ の交点 $E'$ が均衡点 $(q^*, p^*)$。$\tilde{p} > p^*$ の水準で超過供給が発生し、価格下落の圧力がかかる。]

(b)

[グラフ：縦軸 価格 $p$、横軸 数量 $q$。需要曲線 $D$ と供給曲線 $S$ の交点 $E'$ が均衡点 $(q^*, p^*)$。$\tilde{p} < p^*$ の水準で超過需要が発生し、価格上昇の圧力がかかる。]

量の差が縮まっていくことになる．最終的に両者が等しくなったとき，価格の上昇は止まり，市場均衡が成立することになる（図 3-2（b））．

このように，たとえ需要と供給の不一致が市場で生じてしまったとしても，価格調整メカニズムが有効に機能するならば，価格の変化に導かれて市場均衡が達成されるわけである[2]．

## ■市場の外からの圧力

前項で指摘したように，市場均衡は，いったん成立すれば外的な圧力が加えられない限り永続する状態である。それでは何らかの外的な力が市場に加わってしまった場合には，どうなるのだろうか？

ここで「外的な力」というのは，市場の内部でコントロールできず，市場機構がその発生を抑止できない「力」である。たとえば，突然の自然災害に襲われるとか，政変が起きる，戦乱に巻き込まれる，……などのことによって引き起こされる市場への圧力である。以下では，そのような何らかの外的な力が市場に加わって市場均衡が崩壊してしまった場合のことを考えてみたい。

ある日のアイスクリームの市場を例にとって考えてみよう。図 3–3 のように，需要曲線（$DD$ 線）と供給曲線（$SS$ 線）が与えられており，その日の昼前までは点 $E$ で市場均衡が成立していたものとしよう。ところがその日は午後から猛烈な熱波が襲来した。天気を決めるのは「自然」だから，それを市場内部の力でコントロールすることはできない。つまり，熱波の襲来で

図 3–3　需要の増加と均衡の変化

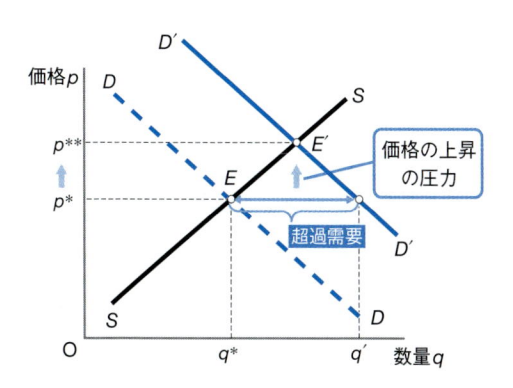

---

2）　もっとも，価格による調整は，いつも好都合に行われるわけではない。ときには価格調整がうまく行われなくて，市場均衡が達成できなくなってしまうこともある。実際，図 3-2 のように，需要法則と供給法則が共に満たされているようなケースでは，たしかに価格調整は市場均衡を導くが，それらが満たされないと，調整がうまく働かなくなってしまう可能性があることが知られている。

「暑くなる」という現象は、市場に加えられた外的な力なのである。

　暑くなれば当然、アイスクリームを食べたいと思う人が増えるだろう。つまり、アイスクリームの需要は増大することになる。それは需要曲線を右上方向にシフトさせる。したがって、需要曲線は、図 3-3 の $DD$ 線から $D'D'$ 線へと変化することになる。

　その結果、点 $E$ はもはや市場均衡でなくなってしまう。実際、価格が依然として $p^*$ のままであるならば、需要量は図 3-3 の $q'$ になる。しかし、供給曲線はこれまでと変わらず $SS$ 線のままなのだから、供給量はこれまでと同じ $q^*$ である。明らかに $q' > q^*$ なので、気温の急変（急上昇）は、この市場における均衡を破壊してしまい、超過需要が生み出されてしまうのである。

　このように、外的な力が市場に加わると、たとえそれ以前に均衡が成立していたとしても、外力でそれが破壊されてしまう可能性がある。以下では、このような「市場均衡の崩壊」が生じたときに、その後いかなる現象が市場で生じるのかを考えてみたい。

■比較静学

　市場の外部から加えられた外生的ショックによって、図 3-3 の点 $E$ の均衡が崩壊したなら、新たな均衡点が点 $E'$ になることは容易にわかる。このような外生的ショックによって均衡点が変化したときに、変化前の均衡点（$E$ 点）と変化後の均衡点（$E'$ 点）を比較して、外的ショックが市場に与える影響を調べる経済学上の分析手法を比較静学という。

　図 3-3 のケースでいえば、外生的ショックによって需要曲線が右上方にシフトした結果、価格は $p^*$ から $p^{**}$ へと上昇し、市場での取引量も $q^*$ から $q^{**}$ へと増加するのである。

　しかし、いま述べた点 $E$ から点 $E'$ への変化は、あくまでもショック前とショック後の需要曲線と供給曲線の交点を形式的に比較したものにすぎない。点 $E$ から点 $E'$ への移行は、はたしていかなるプロセスを通じて実現

されるのだろうか？　そもそも点 $E$ から点 $E'$ への移行は，スムーズに実現されるものなのであろうか？

　この市場において，外的圧力が加わった時点で成立していた価格は $p^*$ だが，圧力が加わることで需要曲線は $D'-D'$ にシフトしてしまっているのだから，この価格 $p^*$ の下では需要量が供給量を上回っている。つまり，価格 $p^*$ の下では，

$$q' - q^*$$

の超過需要が生じているのである。

　前々項で見た価格による需給調整の話を思い出せばわかるように，超過需要は価格上昇の圧力を市場に与えるので，価格の働きによって新しい均衡（$E'$ 点）への移行がスムーズに行われることになる。

## 3-2　市場均衡の望ましさ

### ■社会的余剰

　1980年代終わりから1990年代初頭にかけて，東ヨーロッパやソ連で共産主義政権が崩壊し，市場経済への移行が志向されたとき，これらの諸国では「市場経済化で，貧しかった社会が豊かになる」ことが期待された。

　たしかに，当時社会主義体制の下にあったこれらの国の経済の低迷は甚だしく，それは計画経済システム特有の非効率性に由来するものと考えられていた。そう考えれば，これらの国が長期的低迷から脱するために，非効率性の源と考えられていた計画経済と，それを支える政治システムである共産党の一党独裁体制を放棄せざるを得なかったのは，歴史の必然ともいえる出来事だったといえるのかもしれない。

　しかし，その一方で，計画経済に取って代わった市場経済は，社会に豊かさをもたらす経済システムだと確信を持っていい切れるのだろうか？　この

## 3 市場均衡とその性質

節では,この疑問に答えることによって,市場経済が本当に社会にメリットをもたらす仕組みなのかどうかを検討してみたい[3]。

私たちが,「○○は素晴らしい」とか,「○○が望ましい」などというように,あるものの良さを語るときには,当然のことながら「素晴らしくないもの」や「望ましくないもの」との比較において,○○の良さを評価していることになる。

したがって,資源配分メカニズムの一つである市場メカニズムの「望ましさ」を評価するためには,市場メカニズム以外の資源配分メカニズムがもたらす成果との比較において,市場メカニズムの成果の素晴らしさを調べる必要があるだろう。

図 3-4 (a) を見て頂きたい。この図の太い線は,図 3-1 の需要曲線と同じものである。まず,これについて考えてみよう。第 1 章で,需要曲線は消費者の限界効用曲線でもあることを指摘した。さらに,消費者が財の消費から享受できる便益(効用)の大きさを貨幣の大きさ(「円」)で計るとき,需要曲線(=限界効用曲線)の下方部分の面積が,その便益の大きさを表しているということも指摘した。以上より,消費者たちがたとえば $q_0$ 単位の財を消費するなら,この消費から彼らが享受できる総便益は,図 3-4 (a) のスミアミの台形の部分(　　)の面積ということになる。

なお,第 1 章で消費者余剰を考えた際には,総便益からさらに購入にかかる費用(=その財の価格×購入量)を引く必要があったが,ここでは市場が必ずしも有効に機能しないケースも考えたいので,購入にかかる費用については差し当たって考えるのをやめておくことにする。

次に,図 3-4 (b) について考えよう。ここに描かれた太線は,図 3-1 の供給曲線と同じものである。第 2 章では,供給曲線が生産者の限界費用曲線に等しいことを指摘した。さらに,生産者が全部で $q_0$ 単位の財を供給するなら,この生産のために生産者が負担しなければならない費用の大きさを表

---

[3] ここでは簡単な需要曲線と供給曲線で表されるシンプルな市場についてのみ考えるが,第 10 章では,より一般的な枠組みで効率性や市場経済の社会的な望ましさなどについて検討する。

3-2 市場均衡の望ましさ

図3-4 $q_0$単位が生産されるときの消費者の総便益と生産者の総負担

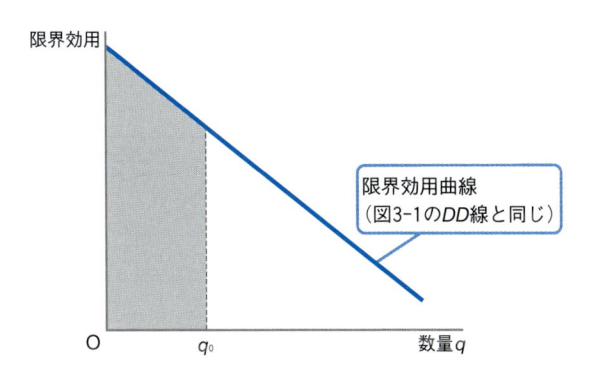

(a)

限界効用曲線（図3-1のDD線と同じ）

(b)

限界費用曲線（図3-1のSS線と同じ）

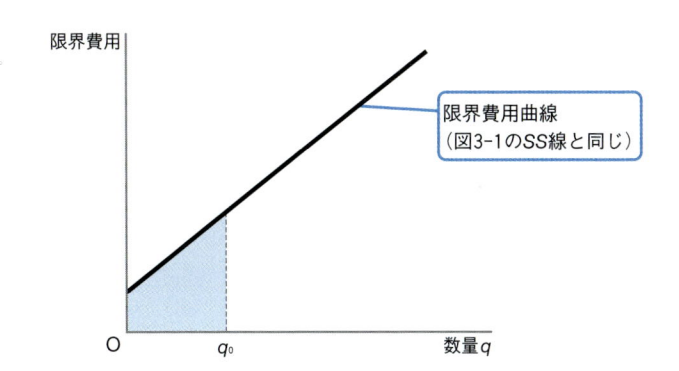

す指標が，図3-4（b）でイロアミの台形の部分（　　）の面積であることを指摘した。

さらに，図3-5は，図3-4（a）と図3-4（b）を重ねて描いたものである。いま，市場メカニズムにこだわらないで，何らかのやり方で（たとえば，経済計画当局の指令，独裁者の命令など何でもよい），この社会では財を$q_0$単位だけ生産することが決まったとしよう。

この財は最終的には消費者によって消費されるわけだから，それによって

## 3 市場均衡とその性質

**図 3-5 社会的余剰**

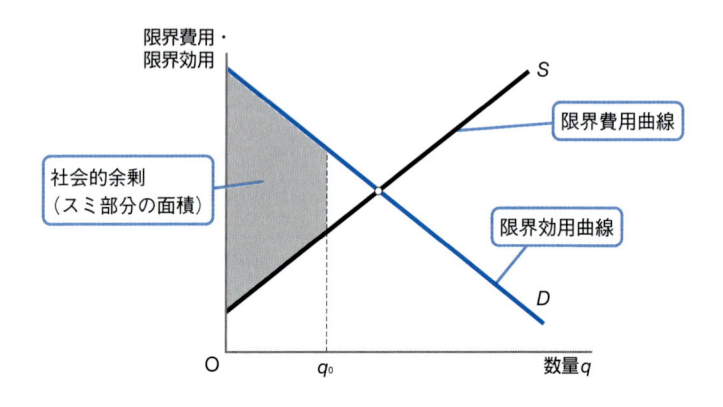

人々は全部で図 3-4（a）のスミアミ部分の面積相当の効用（満足）を得る。しかし，この生産のために社会は全体として図 3-4（b）のイロアミ部分の面積に相当する費用負担を余儀なくされているのだから，結局 $q_0$ 単位の財を生産・消費することによって，この社会が全体として享受できる正味の便益——これを **社会的余剰** あるいは **総余剰** という——は，図 3-4（a）のスミアミ部分の面積から図 3-4（b）のイロアミ部分の面積を引いたものになる。すなわち，

　　$q_0$ 単位の生産の社会的余剰

　　　　＝図 3-4（a）の▨の面積－図 3-4（b）の▨の面積

である。したがって，図 3-5 でスミアミを施した台形の面積がこの財を $q_0$ 単位生産したときの社会的余剰であることがわかる。

### ■社会的余剰の変化

前項で定義した社会的余剰は，財を生産・消費することによって社会が全体として享受できる正味の便益を表すものだから，その意味でこれは，「財を生産し，消費する活動」——つまり，「経済活動」——が社会にもたらす利益を表す尺度だといえる。

## 図3-6 社会的余剰の変化（1）

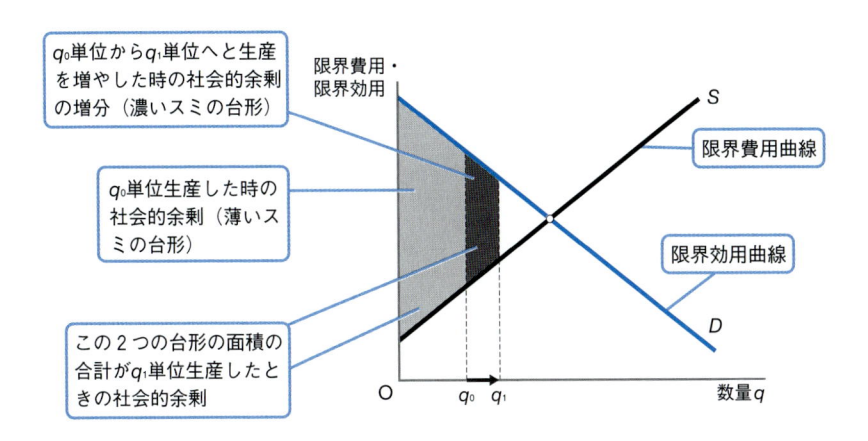

- $q_0$単位から$q_1$単位へと生産を増やした時の社会的余剰の増分（濃いスミの台形）
- $q_0$単位生産した時の社会的余剰（薄いスミの台形）
- この2つの台形の面積の合計が$q_1$単位生産したときの社会的余剰

縦軸：限界費用・限界効用　横軸：数量$q$
限界費用曲線 $S$、限界効用曲線 $D$

　社会的余剰の大きさは，財がどれくらい生産されるのかということに応じて変化する。たとえば，先ほどから考えている社会で，図3-6のように財の生産量が$q_0$単位から$q_1$単位へと増加したものとしよう。

　このとき社会的余剰は，濃いスミアミをほどこした台形の大きさだけ増加する。つまり，この社会にとって，財を$q_0$単位生産するよりも$q_1$単位生産する方が，社会全体の利益という観点に立てばより好ましいことなのである。

　それでは，社会にとってもっとも望ましい生産水準とは，いかなるものであろうか？　社会的余剰が大きくなればなるほど社会の利益が増すわけだから，そういう意味では社会的余剰が最大になるような生産・消費を行うことが，もっとも望ましい生産水準だといえるはずである。

　図3-6では，$q_0$単位から$q_1$単位へと生産を増加させると，社会的余剰が増大することがわかった。それでは$q_1$単位からさらにもう少し生産を増やしたらどうであろうか？

　図3-7には，$q_1$単位から$q_2$単位へと，生産をさらに増加させた場合の社会的余剰の変化の様子が描かれている。この図からわかるように，生産量が$q_2$単位へと増えることで社会的余剰はさらに増大するのである。

　さて，限界費用曲線（供給曲線）と限界効用曲線（需要曲線）の交点で与

## 3 市場均衡とその性質

**図 3-7 社会的余剰の変化 (2)**

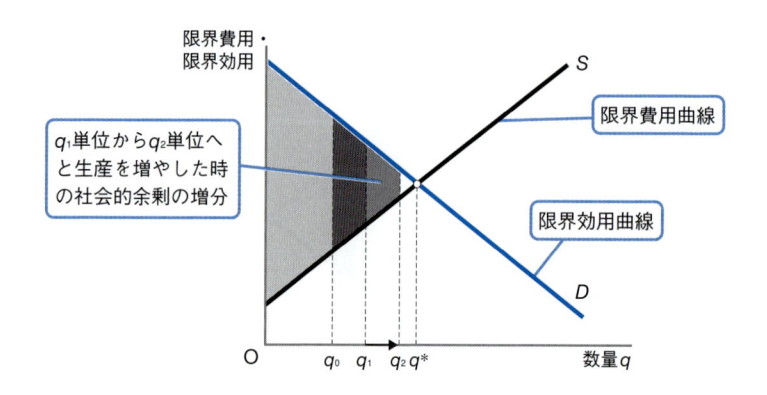

えられる生産量を $q^*$ と書くことにすると，これまでに考えてきた生産量の $q_0$，$q_1$ および $q_2$ は，どれも $q^*$ よりも小さい量である（図 3-7 に即していえば，$q_0$，$q_1$ および $q_2$ は，どれも $q^*$ よりも左側に位置している）。これまでの議論から，生産量が $q^*$ よりも小さい場合，生産量を増やせば増やすほど社会的余剰が大きくなるということがわかった。

それでは，生産量が $q^*$ を上回っているときにはどうだろうか？

図 3-8（a）のように，$q_3$ 単位の財が生産される場合を考えてみよう（$q^* < q_3$）。この場合，消費者が全体として享受できる総便益は，図 3-8（a）でスミアミを施した台形の面積になる。それに対して，その生産を実行するために社会が負担しなければならない費用を表す尺度は，図 3-8（b）でイロアミを施した台形の面積となる。

つまり，図 3-8（b）のスミアミの台形の面積から図 3-8（b）のイロアミの台形の面積を引いたものが，財を $q_3$ 単位生産する場合の社会的余剰なのである。

これは，結局，

　　$q_3$ 単位生産するときの社会的余剰

　　　＝図 3-9 のスミアミの三角形の面積－図 3-9 のイロアミの三角形の面積

## 3-2 市場均衡の望ましさ

**図 3-8** $q_3$ 単位が生産されるときの消費者の総便益と生産者の総負担

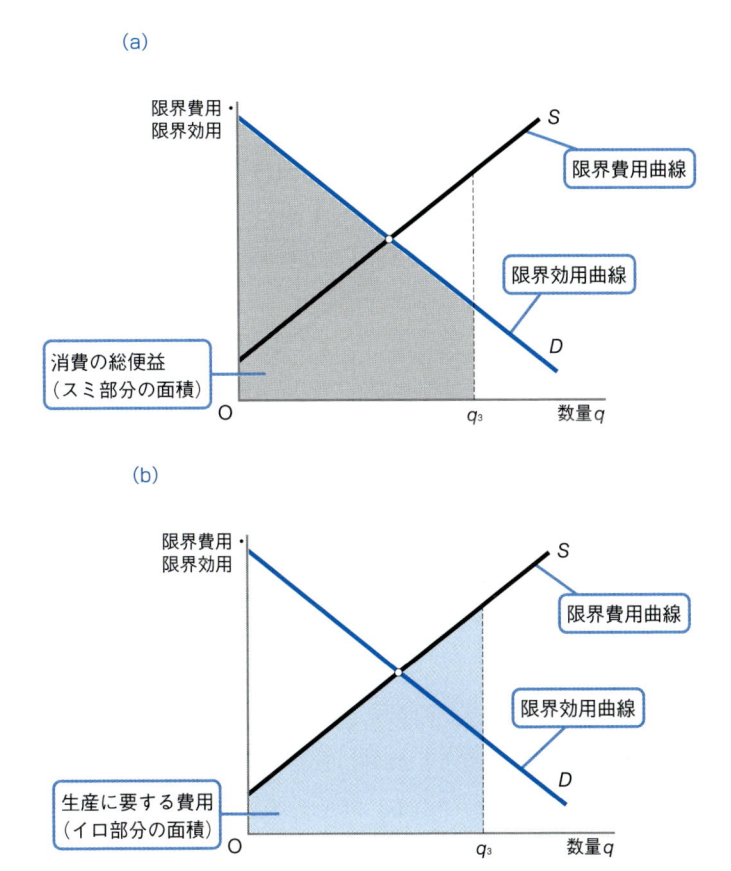

(a)

[限界費用・限界効用 / S 限界費用曲線 / 限界効用曲線 / D / 消費の総便益（スミ部分の面積）/ O / $q_3$ / 数量 $q$]

(b)

[限界費用・限界効用 / S 限界費用曲線 / 限界効用曲線 / D / 生産に要する費用（イロ部分の面積）/ O / $q_3$ / 数量 $q$]

であることを意味している。

$q_3$ 単位の生産を行う時だけに限らず，一般に生産量が $q^*$ よりも大きい場合の社会的余剰を求めるときには，常に図 3-9 の右側のイロアミの三角形に相当するような三角形の面積を，左側のスミアミの三角形の面積から引いておく必要がある。

図 3-9 の左側のスミアミの三角形の面積は，ちょうど $q^*$ 単位の生産が行われたときの社会的余剰であるから，$q^*$ より多い生産を行う場合の社会的

## 3 市場均衡とその性質

図 3-9 $q_3$ 単位が生産されるときの社会的余剰

この三角形 の面積から この三角形 の面積を引いたものが社会的余剰

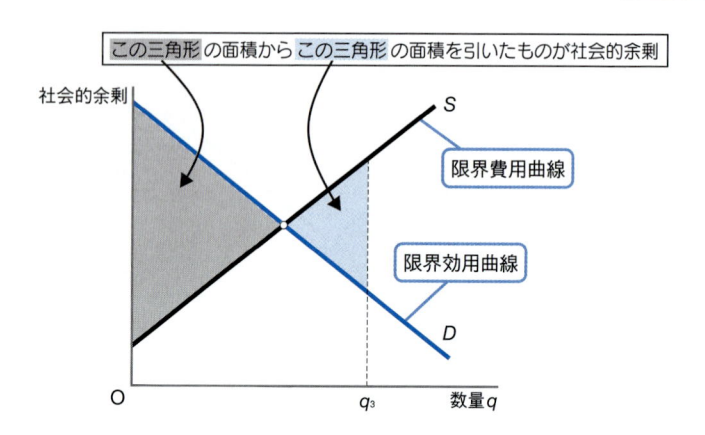

余剰は，$q^*$ 単位の生産が行われたときの社会的余剰より右側のイロアミの三角形の面積分だけ小さくなってしまうことがわかった。

### ■社会的余剰の最大化

前項で見てきたことをグラフの形でまとめたのが図 3-10 である。このグラフは，横軸に生産量 $q$ を取り，縦軸に社会的余剰を取って，生産量と社会的余剰の関係を表したものである。たとえば，前項で考えた $q_0$ 単位の財を生産したときの社会的余剰の大きさ（図 3-5 の台形の面積）は，横軸の $q_0$ の位置におけるグラフの高さで表されている。

前項で説明したように，社会的余剰の大きさは，$q$ が $q^*$ よりも小さいときには $q$ が大きくなるにつれて増大していき，$q$ が $q^*$ を上回ると今度は減少していく。したがって，生産と社会的余剰の関係を描いたグラフは図 3-10 のように，$q^*$ をピークにして，その左側では単調増加，右側では単調減少になっている。

この図からも明らかなように，社会的余剰の大きさは，生産量がちょうど $q^*$ のときに最大になるのである。ところで，限界費用曲線は供給曲線であ

**図 3-10　社会的余剰の最大化**

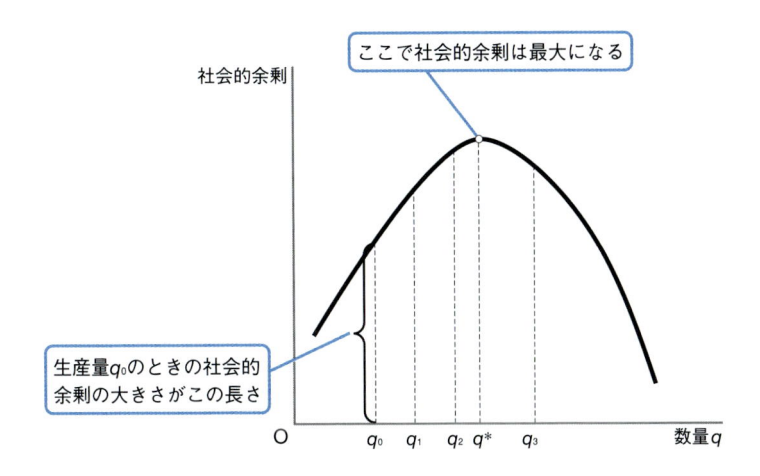

- ここで社会的余剰は最大になる
- 生産量$q_0$のときの社会的余剰の大きさがこの長さ
- 縦軸：社会的余剰
- 横軸：数量$q$（$O$, $q_0$, $q_1$, $q_2$, $q^*$, $q_3$）

り，限界効用関数は需要曲線であったから，この2つの曲線の交点における生産量である$q^*$は，市場均衡での生産量を表している。したがって，図3-10は市場均衡が成立すると，そこでは社会的余剰が最大になることを意味しているのである。

前々項で述べたように，社会的余剰は資源配分メカニズムのパフォーマンスの良さを評価するための有力な尺度であるから，その意味で市場経済は社会的に見てもっとも好ましい資源配分メカニズムだということになる。

ところで，市場均衡でないところで生産が行われたときに，市場均衡における社会的余剰とそこでの社会的余剰との差を，社会的損失とかデッド・ウエイト・ロスという。生産量が$q^*$よりも少ないとき，たとえば$q_0$単位の生産が行われるときの社会的損失は図3-11（a）の「領域A」と書かれた三角形の面積である。また，生産量が$q^*$よりも多いとき，たとえば$q_3$単位の生産が行われたときの社会的損失は図3-11（b）の「領域B」と書かれた三角形の面積である。

3 市場均衡とその性質

図3-11 社会的損失

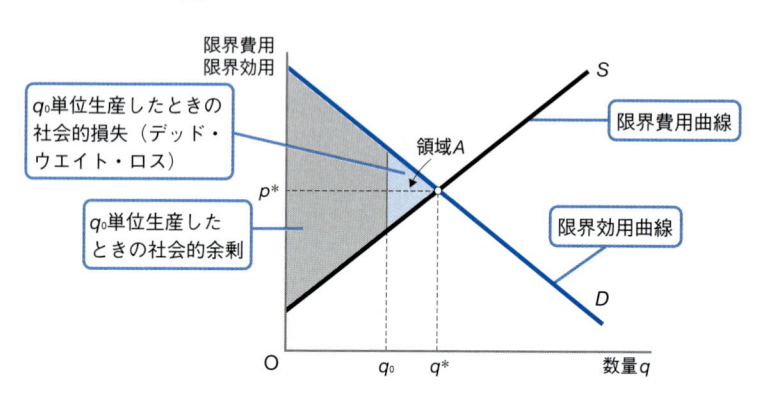

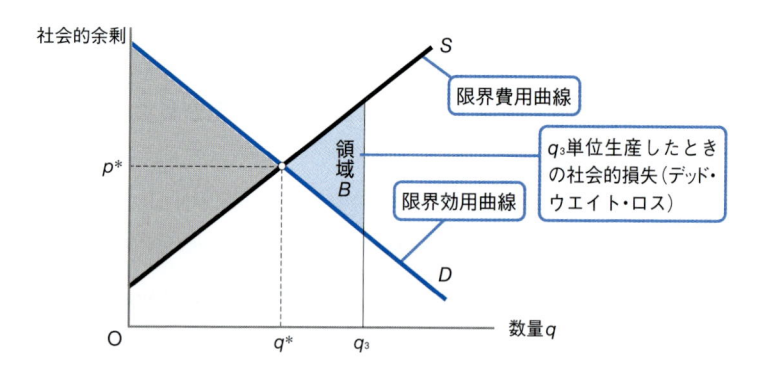

(a)

- 限界費用 限界効用（縦軸）
- $q_0$単位生産したときの社会的損失（デッド・ウエイト・ロス）
- $q_0$単位生産したときの社会的余剰
- 領域$A$
- 限界費用曲線 $S$
- 限界効用曲線 $D$
- $p^*$, $q_0$, $q^*$, 数量$q$

(b)

- 社会的余剰（縦軸）
- 限界費用曲線 $S$
- 限界効用曲線 $D$
- 領域$B$
- $q_3$単位生産したときの社会的損失（デッド・ウエイト・ロス）
- $p^*$, $q^*$, $q_3$, 数量$q$

● 練 習 問 題

1．ある財の価格を $p$，供給量や需要量を $q$ と表すときに，その財への市場需要曲線と市場供給曲線は，それぞれ

　　【市場需要曲線】　$q=-2p+74$

　　【市場供給曲線】　$q=4p-1$

という式で表される。

①市場均衡点を求めよ。

②市場均衡における社会的余剰の大きさを求めよ。

③市場均衡より2単位だけ生産量が小さい場合と1単位だけ生産量が多い場合の社会的余剰を求め，それらを②で求めた均衡における社会的余剰と比較しなさい。

④この市場で，政府が財1個売れると1円の税を徴収することになった。このときの市場均衡を求めなさい。

# STEP 2

# 基　礎

# 第 4 章

# 消費者行動理論の基礎

　この章では，企業と並ぶ市場における重要なプレイヤーである消費者の基本的な行動原理について学ぶ。最初に，予算制約の概念が導入され，消費者は予算制約の範囲内で自分の行動を決めることが明らかにされる。つぎに，このような消費者の観察された行動を，合理的に説明できるための条件の一つである「顕示選好の弱公理」について学ぶ。最後に，消費者行動は「予算制約下の効用最大化行動」であることが指摘され，価格や所得の変化が最適消費にどのような影響を及ぼすのかを考える。

4 消費者行動理論の基礎

## □ 4-1　需要と顕示選好 □

■消費行動と予算制約

　この章では，消費者の意思決定について，詳しく考えてみたい。

　たいていの人は，給料などのまとまったお金が入ってきたときに，それをどのように使うのかについて，大ざっぱな計画を立てるだろう。たとえば，「冬が近づいてきたから，今月は冬物衣料と暖房器具中心の出費にしよう」とか，「今月は休暇を取るので，旅行とグルメにお金を使おう」などというような，おおよそのプランぐらいは誰でも立てているだろう。

　そのようなプランを立てるにあたって，多くの人は，給料や手持ちのお金で買うことができるさまざまな財の組み合わせを頭の中で思い描いて，その中で一番良さそうな組み合わせを選ぼうとするのではないだろうか。

　本章では，話を簡単にするために，消費者が消費することのできる財は2種類しかないものと仮定する（たとえば，衣料品と食品の2種類など。ここではそれぞれの財を，「第1財」および「第2財」と呼ぶことにする）[1]。各消費者は，この2種類の財の組み合わせの中から自分が消費するものを選ぶことになる。つまり，2種類の財の組み合わせのひとつひとつが消費者の選択肢である。

　2種類の財の組み合わせは，図4-1のような平面上の点として表すことができる。たとえば，第1財を4単位，第2財を3単位だけ消費するという財の量の組み合わせは，この図の点 $A$ で表されている。あるいは，第1財を2単位，第2財を4単位消費するなら，その組み合わせを表すのは点 $B$ で

---

[1] 現実の世界で，私たちはたくさんの種類の財を消費している。しかし，消費する財を2種類に限定することで，複雑な数学を使わなくても図4-1や図4-2などのような図表を用いての分析が可能になるというメリットがある。

　しかも，実は2財のケースで得られた消費に関する経済学的な結論の多くは，もっとたくさんの種類の財がある場合にもあてはまることが知られている。したがって，2種類の財という限定的なケースを考察することは，議論が一般性を保つためのさしたる障害にはならないのである。

### 図 4-1　2 財の消費

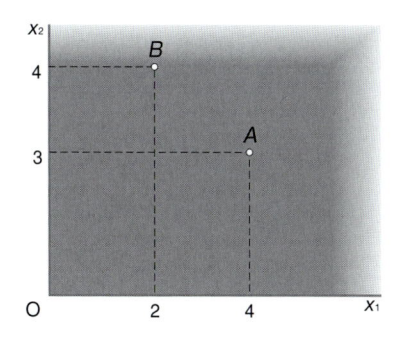

ある。

図 4-1 の点 $A$ や点 $B$ だけに限らず，この平面の第 I 象限（原点 O の右上方のスミアミがうすくなっていく領域）上のあらゆる点は，消費者の選択肢になり得る財の消費量の組み合わせである。

さて，今日，あなたは $M$ 円の所得を得て，このお金をどのように使うべきか思案しているものとしよう。第 1 財の価格は $p_1$ 円で，第 2 財の価格は $p_2$ 円だとする。もしあなたが，第 1 財を $x_1$ 単位，第 2 財を $x_2$ 単位購入するならば，支出総額は，

$$p_1 x_1 + p_2 x_2 \text{（円）}$$

である。ここでは話を簡単にするため，借金や貯蓄（預貯金）ができないものとしよう[2]。そうなるとあなたは，所得を上回る金額の消費ができない。したがって，総支出額は所得の $M$ 円以下でなければならない。つまり，$x_1$ と $x_2$ は，

$$p_1 x_1 + p_2 x_2 \leqq M \tag{4.1}$$

を満たしていなければならない。(4.1) 式を**予算制約**という[次頁3]。

---

[2] 序章で説明したように，貯蓄はいま持っているお金を使い切らないで，それを将来の消費に振り替えようとする行為である。そして，借金は将来の所得でいまの消費を実現させようとする（つまり，将来の所得をいまの消費に振り替えようとする）行為である。
　つまり，借金も貯蓄も，いまと将来をつなぐ経済活動とみなすことができるが，「借金も貯蓄もない」というここでの（当面の）仮定は，いまの消費は将来と完全に切り離されて行われることを意味している（なお，第 5 章では，貯蓄や借金を許容するモデルが紹介される）。

## 4 消費者行動理論の基礎

　所得 $M$ 円で，何をいくつ買うかを決めるにあたって，あなたは (4.1) 式を満たすような $x_1$ と $x_2$ の組み合わせしか選べない。つまり，給料日などの所得を得た日にあなたは，「(4.1) 式を満たすような $x_1$ と $x_2$ の組み合わせの中でどれを選ぼうか？」という「問題」を解いているとみなすことができるのである。

### ■予算線上の選択

　前項の「(4.1) 式を満たすような $x_1$ と $x_2$ の組み合わせ」を，グラフで描いてみよう。そのためにまず，(4.1) 式の両辺を不等号（≦）でなくて，等号（＝）で結んだ式

$$p_1 x_1 + p_2 x_2 = M \qquad (4.2)$$

を考えることにする[4]。(4.2) 式のグラフを描くため，その両辺を $p_2$ で割ってみよう。すると，

$$\frac{p_1}{p_2} x_1 + x_2 = \frac{M}{p_2}$$

を得る。この式の左辺第 1 項を右辺に移項すると，

$$x_2 = -\frac{p_1}{p_2} x_1 + \frac{M}{p_2} \qquad (4.2)'$$

となる。横軸が $x_1$，縦軸が $x_2$ の座標系を用いると，(4.2)′式は，傾きが $-\frac{p_1}{p_2}$ で，切片が $\frac{M}{p_2}$ の直線の式を表している[5]。つまり，(4.2) 式のグラフは，図 4-2 の右下がりの太線になる。この線を予算線と呼ぶことにする。

　ところで，(4.2) 式の右辺は所得（収入）の額を表し，左辺は支出の額を表している。そして，この式では，右辺（収入）と左辺（支出額）が等号（＝）で結ばれているわけだから，消費者がこの式を満たすように消費をし

---

3)（前頁）　予算制約式ということもある。
4)　(4.2) 式を予算制約と呼ぶこともある。
5)　中学で習ったように，$y = ax + b$ は，傾きが $a$ で，$y$ 軸の切片が $b$ の直線を表している。ここでは，$x$ の代わりに $x_1$ という記号を使い，$y$ の代わりに $x_2$ という記号を使っているので，(4.2′) 式は，傾きが $-\frac{p_1}{p_2}$ で，切片が $\frac{M}{p_2}$ の直線を表していることになる。

4-1 需要と顕示選好

図 4-2 予算制約と消費者の選択

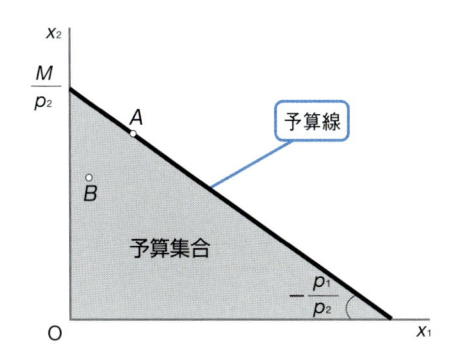

たなら，$M$ 円の収入全額を使い切ってしまうことになる。そうすると，$M$ 円より少ない（使い切らない）支出額の消費は，予算線よりも左下方の領域の消費だということがわかる。

以上から，図 4-2 の予算線上の各点とスミアミをかけた部分は，「$M$ 円かそれ以下の支出で購入可能」な消費の組み合わせの集合であることがわかる。

ところで，(4.1) 式を満たすような $x_1$ と $x_2$ は，「$M$ 円の範囲内で購入可能な財の組み合わせ」である。つまり，図 4-2 の予算線上の各点とスミアミをかけた部分は，(4.1) 式を満たすような $x_1$ と $x_2$ の組み合わせの集合なのである[6]。

消費者は所得の範囲内でしか消費ができないので，予算線上（所得を使い切る場合）または予算線の内側の領域（所得を余らせる場合）のどこかの点を，自分が消費する点として選ぶことになる。たとえば，図 4-2 の点 $A$ は所得を全部使い切った場合の消費点の例であるし，図 4-2 の点 $B$ はお金を一部余らせた場合の消費点の例である。

このうち点 $B$ で消費が行われた場合，貯蓄ができないというここでの仮定の下で，余ったお金は使われないまま消えてしまうことになる[次頁7]。そのようにもったいないお金の使い方をたいていの人はしないだろうから，消費

---
[6] これを予算集合という。

者は点 B のような予算線の内̇側̇ではなくて，点 A のような予算線のちょ̇う̇ど̇上̇で消費することになる。そこで，今後はどの消費者も必ず予算線上で消費するものとして話を進めていきたい。

## ■価格の変化がもたらす効果

この項と次の項では，予算線を定めるパラメータである価格（$p_1$ と $p_2$）や所得（$M$）が変化した場合に予算線がどう変化するかを考えてみたい。

まず，第1財の価格 $p_1$ だけが $p_1'$ に値上がりして（つまり，$p_1 < p_1'$），第2財の価格 $p_2$ と所得の $M$ はそのままの場合を考えてみよう。

値上がり前の予算線は，縦軸の切片が $\dfrac{M}{p_2}$ で，傾きが $-\dfrac{p_1}{p_2}$ の直線である（図 4-3 の直線 $\ell_1$）。それに対して，第1財の価格が $p_1'$ に上昇した場合，切片の $\dfrac{M}{p_2}$ の値はそのままで，傾きが $-\dfrac{p_1'}{p_2}$ になる。つまり，第1財価格が上昇した後の予算線 $\ell_2$ は，傾きだけがこれまでより急になるが，縦軸の切片はいままでと同じ位置で変わらないのである[8]。

このような予算線の変化（回転）に伴って，消費点も変化する。第1財の価格上昇前の消費点が，直線 $\ell_1$ 上の点 A で，価格上昇後のそれは直線 $\ell_2$ 上の点 B になったものとしよう。この変化の結果，第1財の消費量は $\tilde{x}_1$ から $\tilde{x}_1'$ へと減少し（つまり，$\tilde{x}_1 > \tilde{x}_1'$），第2財のそれも $\tilde{x}_2$ から $\tilde{x}_2'$ へと減少（つまり，$\tilde{x}_2 > \tilde{x}_2'$）することになる（図 4-3 参照）。

ただし，図 4-3 では，第1財価格の上昇の結果，両方の財の消費量が減っているが，そうでないケースもあり得ることに注意すべきである。たとえば，図 4-4 では，価格上昇後，第2財の消費量は相変わらず減っているが，第1財の消費量は増えている（逆に第1財が減って，第2財が増えることもあり

---

[7]（前頁）　貯蓄ができない予算の例としては，単年度主義で編成されている政府予算を想起するといい。単年度主義予算の場合，年度末までにお金を使い切らないと，余った資金は「召し上げられて」しまう。そのため，この種の予算の執行にあたる者は，年度末までに予算金額の全額を使い切ろうとする傾向がある。年度末になると急に道路工事が増えるなどというのは，まさに予算の使い切り現象の典型的な例といえる。

[8]　$p_1 < p_1'$ だから，$-\dfrac{p_1}{p_2} > -\dfrac{p_1'}{p_2}$ となる。この傾きは負（マイナス）の値を持っているので，右下がりの直線である予算線の傾きは，これまでよりも急になる。

### 図 4-3　価格 $p_1$ だけの上昇（第 1 財が需要法則を満たす場合）

$p_1$ が上昇すると予算線は，より傾きが急になるように回転する

価格上昇前の消費点

この点は変わらない

価格上昇後の消費点

直線 $\ell_1$

直線 $\ell_2$

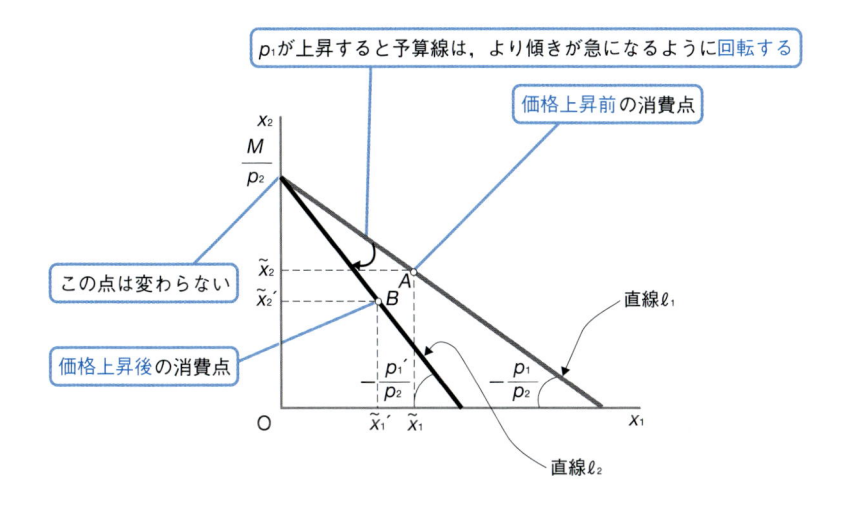

### 図 4-4　価格 $p_1$ だけの上昇（第 1 財がギッフェン財の場合）

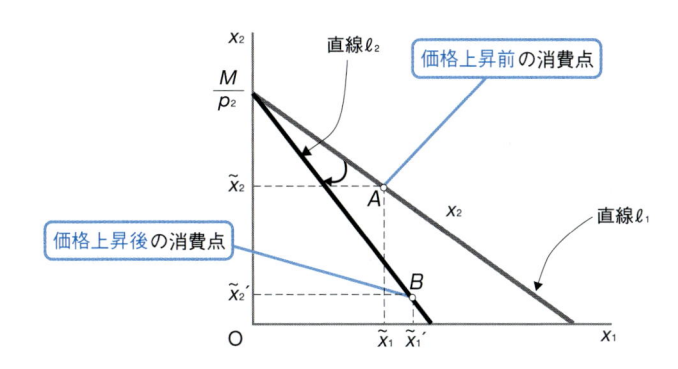

直線 $\ell_2$

価格上昇前の消費点

価格上昇後の消費点

直線 $\ell_1$

得る）。

　ところで，ある財の価格が上昇したときその財の消費量が減少したなら，その財は「需要法則を満たす」といわれる。反対に価格が上昇したときに消費量が増える財は「ギッフェン財」と呼ばれている。図 4-3 で第 1 財は需要法則を満たしているが，図 4-4 ではギッフェン財になっている。

　以上，第 1 財の価格 $p_1$ が上昇した場合を考えてみた。価格の変化につい

ては，$p_1$ が下落した場合や，$p_1$ でなくて $p_2$ が変化した場合のことなども考えることができるが，それらについては読者への練習問題としたい。

### ■所得の変化がもたらす効果

この項では，所得 $M$ の変化が消費量にどのような影響を与えるのかを考えてみたい。$M$ が $M'$ に上昇（$M<M'$）したとしよう。このとき，予算線の縦軸の切片は $\frac{M}{p_2}$ から $\frac{M'}{p_2}$ へと上昇する（$\frac{M}{p_2}<\frac{M'}{p_2}$）。しかし，どちらの財の価格も変わらないので，その傾きは $\frac{p_1}{p_2}$ のままである。

つまり，所得上昇の結果，予算線は右上方に平行移動することになる。それに伴って，たとえば図 4-5 の点 $A$ から点 $B$ のように，消費点も変化する。図 4-5 は，所得上昇の結果，両方の財の消費量が共に増えるケースである。しかし，図 4-6 に示されているように，そうでないケースもあり得る。

ところで，消費者は，普通，所得が増えると財の消費量を増やそうとするだろう。このように，所得の上昇によって消費量が増加する財は，正常財（上級財ということもある）と呼ばれる。

しかし，世の中には所得の上昇に伴って消費が減ってしまう財もある。たとえば，稗や粟は，昔の日本の寒村で米に代わる主食として食されていた。

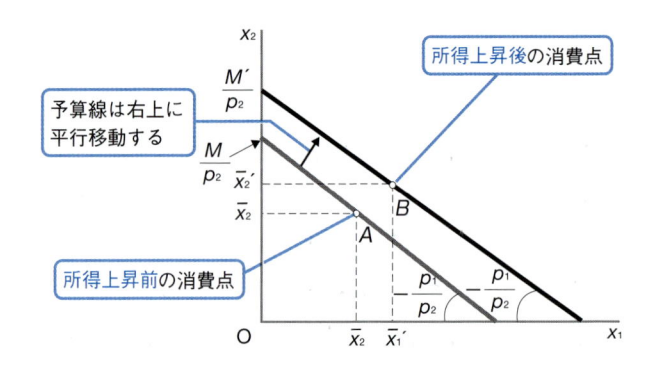

図 4-5　所得 $M$ の増大（第 1 財が正常財）

図 4-6 所得 $M$ の増大（第 1 財が劣等財）

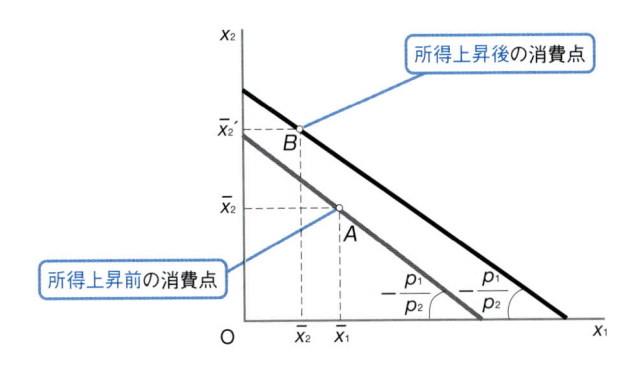

しかし，社会が発展し，人々が豊かになっていく（＝人々の所得が増えていく）につれて，主食としての稗や粟の消費量はどんどん減っていった。このようにあまり高級ではなく，貧しいときによく消費されるが豊かになると消費量が減る財——そのような財は**劣等財**（**下級財**ということもある）と呼ばれる——の消費量は，所得の増減とは逆の動きをするのである。

正常財と劣等財という概念を用いると，図 4-5 に描かれているのは，両方の財が共に正常財であるケースだということがわかる。それに対して，図 4-6 には，第 2 財は正常財であるが，第 1 財は劣等財になっているケースが描かれているわけである。

■需要関数と需要曲線

前項までに見たように，消費者の意思決定にあたって，彼ら自身が自らの意思でコントロールできるのは $x_1$ と $x_2$ の値だけである。価格 $p_1$ と $p_2$ および所得 $M$ は，彼にとっては「与えられているもの」であって自分で勝手に決めることはできない[次頁9]。

たとえば，前々項の図 4-3 で見たように，第 1 財の価格だけが $p_1$ から $p_1'$ へと上昇したなら，消費点は点 $A$ から点 $B$ へと変化する。この図に記載されているように，点 $A$ における第 1 財と第 2 財の消費量を，それぞれ

$\tilde{x}_1$ と $\tilde{x}_2$ と書くことにし,点 $B$ におけるそれぞれの消費量を $\tilde{x}_1'$ とおよび $\tilde{x}_2'$ と書くことにしよう。すると,価格と所得の組み合わせ $(p_1, p_2, M)$ や $(p_1', p_2, M)$ に応じて,選択される消費量の組み合わせが変化していくことがわかる。つまり,この場合,

$$(p_1, p_2, M) \Rightarrow (\tilde{x}_1, \tilde{x}_2)$$

$$(p_1', p_2, M) \Rightarrow (\tilde{x}_1', \tilde{x}_2')$$

という対応関係があることがわかる。

このような対応関係は,$(p_1, p_2, M)$ や $(p_1', p_2, M)$ のような特定の価格と所得の組み合わせだけついて成り立つわけではない。一般的にいって,さまざまな価格や所得の組み合わせに対して消費の組み合わせが決まるという関係がある。

つまり,価格や所得と消費量の間には,

価格と所得が決まれば,それに応じて選択される消費量が決まる

という関係があるので,この関係は関数の形で表すことができる。これまで $(p_1, p_2, M)$ は,ある特定の価格・所得を表しているものと考えてきたが,これからは $(p_1, p_2, M)$ は特定の価格・所得でなくて,さまざまな値を取りうる変数であると考えることにしよう。このとき,$(p_1, p_2, M)$ に対して第1財の選択される消費量 $x_1$ [*10] を返すような関数を

---

9)(前頁)「与えられる」というからには,「誰が与えるのか?」が当然問題になるが,価格と所得では「与える者」が異なる。価格は,市場で個々の消費者の意思とは独立に決まるものだから,価格を「与える」のは「市場」だということになる(消費者がプライス・テイカーである限り,価格が与えられていると想定することには妥当性がある)。一方,所得 $M$ を「与え」ているのが誰かはケース・バイ・ケースである。

たとえば,下宿している学生が消費者であるならば,所得の主な中身は親からの仕送りだろうから,所得を「与える」者は親ということになる。あるいは,年金生活者に対して所得を「与える」者は,国家や年金組合などということになるだろう。

しかし,親の仕送りや年金などのように,与えられていると考えるのが適切な所得もあるが,すべての人にとって所得が「与えられたもの」だと想定するのには無理がある。なぜなら,たいていの人は勤務先を自分で選んだり,何時間働くのかを自分で決めたりすることができるので,人は,職業や労働時間の選択などを通じて,自分が受け取る所得額をある程度コントロールすることができるからである。

とりわけ,「労働時間」を決めることは受け取ることのできる所得額に直結しているから,その意味で,所得 $M$ は消費者がコントロールし得る変数だともいえる。消費者がどれ位の時間働くのかという意思決定問題は,「労働供給の問題」と呼ばれており,次章で説明する。それまでは議論の簡単化の仮定として,「所得 $M$ は与えられている」と考えることにしよう。

$$x_1^* = D_1(p_1, p_2, M)$$

と書くことにしよう。この関数を第1財の需要関数（マーシャルの需要関数ということもある）と呼ぶ。

同様にして、$(p_1, p_2, M)$ に対して第2財の選択される消費量 $x_2^*$ を返す関数を

$$x_2^* = D_2(p_1, p_2, M)$$

と書くことにしよう。これを第2財の需要関数という（これも、「第2財のマーシャルの需要関数」と呼ばれることがある）。

次に需要関数をグラフで表してみよう。たとえば、第1財の需要関数 $D_1(p_1, p_2, M)$ は、$(p_1, p_2, M)$ という3つの変数を持っている。このうち $p_2$ と $M$ の値は一定の水準に固定されているものとしよう。このとき、価格 $p_1$ の値を縦軸に、消費量 $x_1^*$ を横軸にとって、$p_1$ と $x_1^*$ の関係を表すグラフを描いてみよう。

たとえば、価格 $p_1$ が100円のときの第1財の消費量が50単位であったなら、図4-7の点 $A$ のようにプロットすればよい。同様にして、価格が200円に上ったときの消費量が32単位だったなら、点 $B$ をプロットしよう。価

図4-7 マーシャルの需要曲線

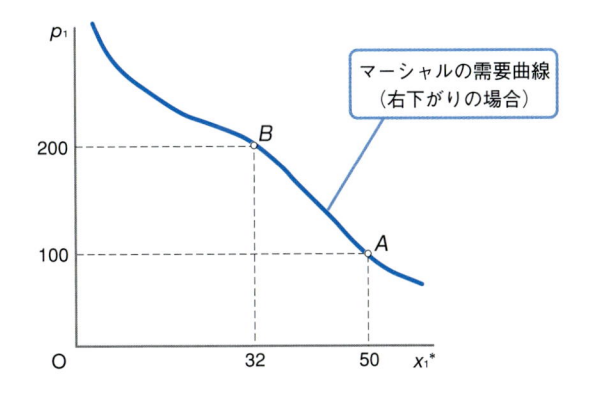

---

10) $x_1^*$ やこの後出てくる $x_2^*$ も、さまざまな $(p_1, p_2, M)$ の水準に対応してさまざまな値を取るものである。

4 消費者行動理論の基礎

格はもちろん100と200だけに限られるわけではないので，それ以外にもさまざまな価格と選択される消費量の関係を表す点をプロットしていって，それを結んでいくと，図4-7の右下がりの曲線が得られる。

選択された消費量は，消費者が消費したい——すなわち需要したい——と思う量を表しているので，この消費者のその財に対する需要量といいかえることもできる。そう考えると，図4-7のグラフは，価格と需要量の関係を表している曲線，すなわち，需要曲線だということになる。

私たちはすでに第1章で需要曲線を取り上げ，それが消費者の支払い意欲（限界効用）を表しているものと解釈できることを説明したが，より一般的には[11]ここで述べたようにして需要曲線の成り立ちが説明されるのである。

### ■顕示選好

図4-8の直線 $\ell_1$ は，第1財の価格が $p_1$，第2財の価格が $p_2$，そして所得が $M$ のときのX君の予算線である。さて，彼はこの予算の下で，点 $A$（$A=(x_1^*, x_2^*)$）に表されている消費を行ったものとしよう。すなわち，彼は第1財を $x_1^*$ 単位，第2財を $x_2^*$ 単位だけ消費したのである。

このようなX君の消費行動は，第三者にも観察可能なものである。X君のこの観察された行動は，結論を先取りすると，「点 $A$ は，$p_1$ と $p_2$ の価格と $M$ の所得の時にX君が選び得るあらゆる選択対象の中で，もっとも好ましい点であるがゆえに選ばれたのだ」と説明することができるのである。

「もっとも好ましい」ものを選ぶためには，そもそも選択対象に対する「好ましさの基準」——これを選好という——がなければならない。「X君が点 $A$ を選んだ」という事実から，彼の選好についていかなることが分かるのだろうか？

これについて考えるために，一つの「思考実験」をやってみよう。

いま，価格が $p_1'$ および $p_2'$ に変化したものとしよう。さらに，X君の所

---

[11] 貨幣の尺度で効用の大きさが測られるときには，第1章のように限界効用曲線が需要曲線と一致するが，必ずしもそうでないときには一致するとは限らない。

図 4-8　予算線 $\ell_1$ における選択

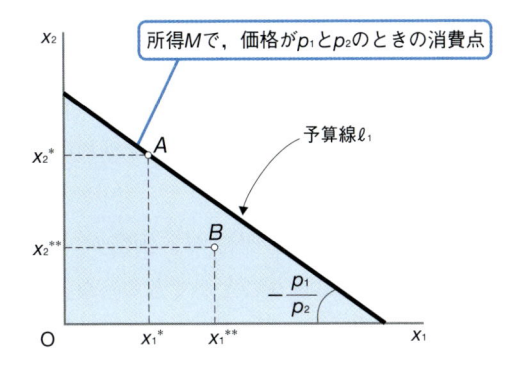

所得 $M$ で，価格が $p_1$ と $p_2$ のときの消費点

得も $M'$ になったとしよう。このとき，X 君がどのように消費するのかを観察してみたら，彼は図 4-8 の点 $B$ を選んだとする（ただし，$B = (x_1^{**}, x_2^{**})$ である）。この点は予算線 $\ell_1$ 左下方（予算集合の内部）にあるので，価格が $p_1$ および $p_2$ なら，

$$p_1 x_1^* + p_2 x_2^* \geqq p_1 x_1^{**} + p_2 x_2^{**} \tag{4.3}$$

である[12]。つまり，点 $B$ を消費するために必要な金額は，点 $A$ を購入するための必要金額以下なので，点 $A$ を買えるお金があるなら点 $B$ も消費できることになる。それにもかかわらず X 君は点 $A$ を消費して，点 $B$ を消費しなかったのである。この事実から

　　　点 $A$ の方が点 $B$ より好まれる　　　　　　　　　　　　　　　（*）

ということが容易に推察できる。

このように，どのような選択が行われたのかを観察し，それと予算線との関係を考えることで，私たちは選好をある程度推測することができるのである。

---

[12] 点 $A$ は予算線 $\ell_1$ 上にあるので，$M = p_1 x_1^* + p_2 x_2^*$ が成り立っている。

## ■選択の首尾一貫性——顕示選好の弱公理

前項で見たように，私たちはX君の行動を観察することで，(＊)に表されているような選択対象に対する彼の好みの順序付け（＝選好）を推測することができる。しかし，このような推測が論理的な整合性を持つためには，X君の観察された行動にある程度の首尾一貫性がなければならない。それについて考えてみよう。

(4.3)式からわかるように，点$B$は所得$M$，価格$p_1$，$p_2$の場合にも選択可能（つまり，この所得と価格で買うことができる）な点であった。前項で述べたように，そのことからX君が，点$B$と比べて点$A$の方をより好むと推察できた。

実は，そのことから，点$A$は，所得$M'$，価格$p_1'$，$p_2'$の下での予算制約を決して満たしてはならないということがわかる。なぜなら，もし点$A$がその予算制約を満たすならば，この所得と価格の下で点$A$と点$B$の両方が購入可能な選択対象となる。そうであるなら，X君は「より好ましい点」である点$A$を選ぶはずであって，決して点$B$を選ぶはずがないからである。

したがって，

$$M' < p_1' x_1^* + p_2' x_2^* \tag{4.4}$$

でなければならない。他方，消費者の選択は予算線上でなされるので，点$B$ $(=(x_1^{**}, x_2^{**}))$は

$$M' = p_1' x_1^{**} + p_2' x_2^{**} \tag{4.5}$$

を満たしているはずである。(4.4)式と(4.5)式から，

$$p_1' x_1^* + p_2' x_2^* > p_1' x_1^{**} + p_2' x_2^{**} \tag{4.6}$$

を得る。

「すべてが同じでない所得と価格の組み合わせの下での選択された，互いに異なる消費点$(x_1^*, x_2^*)$と$(x_1^{**}, x_2^{**})$について，(4.3)式が成り立つときには必ず(4.6)式も成り立っていなければならない」ことが，消費選択における首尾一貫性の条件である。このような首尾一貫性の条件を「顕示選好の弱公理」と呼ぶ[13]。なお，図4-9の点$A$と点$B$が，(4.3)式と(4.6)

4-1 需要と顕示選好

図 4-9 顕示選好の弱公理

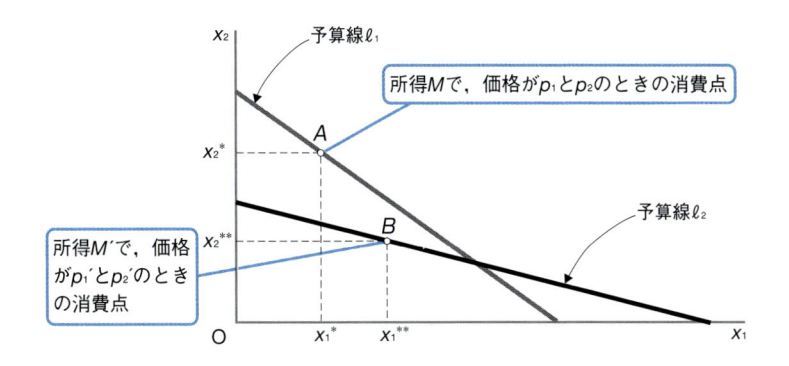

図 4-10 顕示選好の弱公理が満たされない例

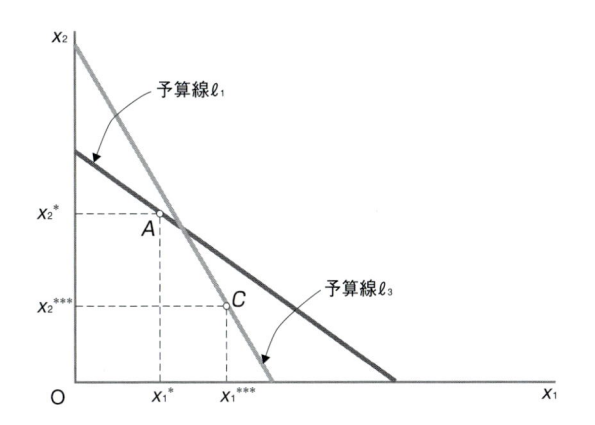

式の両方を満たしていることは簡単に確認できる。

次に顕示選好の弱公理を満たさない例を作ってみよう。図 4-10 の直線 $\ell_1$ と点 $A$ は，図 4-9 の直線 $\ell_1$ 点 $A$ と同じ点とする[14]。点 $C$ ($=(x_1^{***}, x_2^{***})$)

---

[13] 顕示選好の弱公理は，消費者の選択行動が合理的に説明されるために最低限満足されていなければならない条件である。しかし，実は観察された需要関数（需要行動）からそれを合理化する選好を必ず導くことができるようにするためには，顕示選好の弱公理だけでは不十分で，顕示選好の強公理というもう少し強い首尾一貫性の条件が必要である。
[14] すなわち，直線 $\ell_1$ は，所得 $M$，価格 $p_1$，$p_2$ のときの予算線である。

103

は，所得 $M''$，価格 $p_1''$，$p_2''$ のとき（予算線 $\ell_3$）に X 君が選んだ点とする。

この場合，点 $C$ は予算線 $\ell_1$ の左下方にあるので，(4.3) 式に相当する式が満たされている。しかし，点 $A$（$=(x_1^*, x_2^*)$）も予算線 $\ell_3$ の左下方にあるので，

$$p_1'' x_1^* + p_2'' x_2^* < p_1'' x_1^{***} + p_2'' x_2^{***}$$

となる。つまり，点 $A$ と点 $C$ は (4.6) 式に相当する式を満たしていない。したがって，少なくともこのような予算線と消費点については，顕示選好の弱公理が満たされていないのである。

## 4-2　無差別曲線と効用

### ■選好と無差別曲線

第 4-1 節のはじめの部分で説明したように，財の数が 2 種類の場合，横軸に第 1 財の数量を取り，縦軸に第 2 財の数量を取った平面の第 I 象限（原点 O の右上方の領域）上のすべての点が，予算制約を差しあたって度外視したときの消費者の選択対象であった。第 I 象限上のすべての点に対する消費者の選好を考えることにしよう。

選好は，「任意の 2 つの選択対象を比べたときに，どちらをより好むのか」ということを表すものである。すなわち，それは，選択対象に対する消費者の好みについての順序付けである。たとえば，図 4-11 の点 $X$ と点 $Y$ のような消費点を考えてみよう。この 2 点を比べたときの好みの評価は，次の 3 種類の中のどれかになるはずである。

① 「点 $X$ の方が，点 $Y$ よりも好ましい」
② 「点 $Y$ の方が，点 $X$ よりも好ましい」
③ 「点 $X$ と点 $Y$ は，同じぐらい好ましい[15]」

---
15) このとき，「点 $X$ と点 $Y$ は無差別だ」という。

図 4-11　2 つの消費点の比較　　図 4-12　無差別な点を見つける

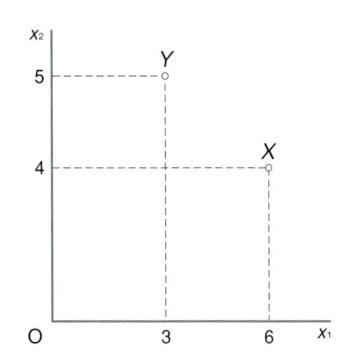

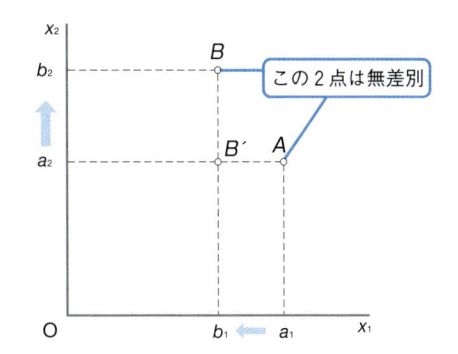

このように選好に基づいて，任意の2つの選択対象に対して，①から③のいずれかの判断が下されることになる。

いま，図 4-12 の点 $A$ で表される財の組み合わせを消費しようとしている人がいたとしよう。(ただし，$A=(a_1,a_2)$)。ところが事情があって，第1財の量が $a_1$ 単位から $b_1$ 単位へと減らされてしまったとする ($b_1<a_1$)。このとき，第2財の量がこれまでと同じならば，財の組み合わせは点 $B'$ になってしまう ($B'=(b_1,a_2)$)。点 $B'$ では両方の財の量が点 $A$ より少ないので，この人の満足の水準は低下せざるを得ないだろう。

このような場合に，この人が点 $A$ と同じ満足を享受したいと思うのならば，第1財の減少を埋め合わせるため，第2財の量が増やされなくてはならないはずである。実際，第2財を徐々に増やしていくことによって，点 $A$ と無差別（＝同じ満足を享受できる）な点 $B$ を見つけることができる。

同様に考えると，点 $B$ からさらに第1財の量を減らして，その分第2財の量を増やすことによって，点 $B$ と無差別な（したがって，点 $A$ とも無差別である）点 $C$ が得られる（図 4-13）。

点 $B$ や点 $C$ 以外にも，点 $A$ と無差別な点は無数にある。それらを結ぶと，図 4-13 の右下がりの太線のような曲線が描かれる。この曲線を「点 $A$ を通る無差別曲線」という。これによって，点 $A$（したがって，点 $B$ や点

### 図4-13 無差別曲線

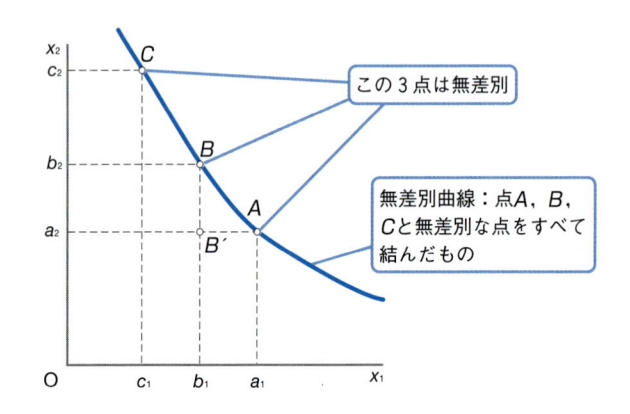

この3点は無差別

無差別曲線：点$A$，$B$，$C$と無差別な点をすべて結んだもの

$C$）と無差別な点を，すべて知ることができる。

　ところで，点$P$は，図4-14のように，点$A$より右上方にある点だとする。この点では，第1財の量も，第2財の量も，ともに点$A$におけるそれらよりも多いから，点$A$よりも点$P$の方が好まれるだろう。一方，点$P$を通る無差別曲線も先ほどと同様のやり方で描くことができるが，点$P$が点$A$よりも好まれる以上，この無差別曲線上のどの点も，点$A$を通る無差別曲線上のどの点よりも好まれることになる。

　次に点$Q$のような財の組み合わせを考える。この点$Q$は明らかに点$A$よりも好まれない点だから，点$Q$を通る無差別曲線のどの点も，点$A$を通る無差別曲線状のどの点と比べても，より好まれないことになる。

　図4-14には3本の無差別曲線が太線で強調して描かれているが，無差別曲線はこれらに限られるわけではない。この平面の第Ⅰ象限上のあらゆる点について，その点を通る無差別曲線が描けるはずである。そう考えると，第Ⅰ象限は無数にたくさんに無差別曲線でぎっしりと埋まっていることになる。

　ひとつひとつの無差別曲線は，それぞれある満足の水準に対応しており，より右上方にある無差別曲線ほどより大きな満足に対応していることになる。さらに，異なる無差別曲線は，異なる満足の水準に対応していることになる。

図4-14 さまざまな無差別曲線

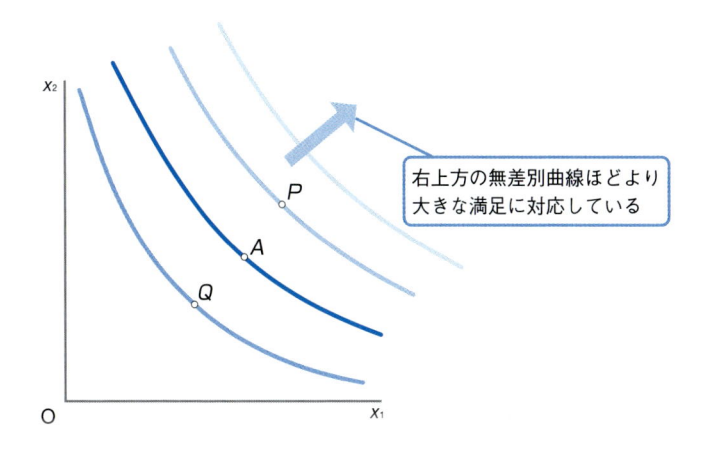

右上方の無差別曲線ほどより大きな満足に対応している

そして、異なる無差別曲線が同じ点を共有することはあり得ないので、2つの異なる無差別曲線は絶対に交わらない。

また、一方の財の量が増えた（あるいは、減った）ときに、無差別であり続けるためにはもう一つの財の量が減らなければならない（あるいは、増えなければならない）ので、どの無差別曲線も右下がりである。

■**無差別曲線の形：なぜ原点に向かって凸なのか？**

図4-15 に描かれている無差別曲線は、いずれも原点に向かって凸[16]な形をしている。無差別曲線がこのような形状をしていると想定するのは、経済学ではごく標準的なことである。その理由を説明したい。

あなたは、ディズニーランドに行くのが大好きな人だったとしよう。何回行っても楽しいところだと思っている。もっとも、ディズニーランドに行くことだけがあなたのただ一つの楽しみではなくて、ディズニーランドに行く以外にも楽しいことはたくさんある。

---

[16] 自分の目を原点において第Ⅰ象限の方向に視線を走らせたときに、無差別曲線が自分に向かって出っ張っているなら、その無差別曲線は「原点に向かって凸」または「原点に対して凸」な形をしているといわれる。

4 消費者行動理論の基礎

### 図4-15 ディズニーランドと映画鑑賞

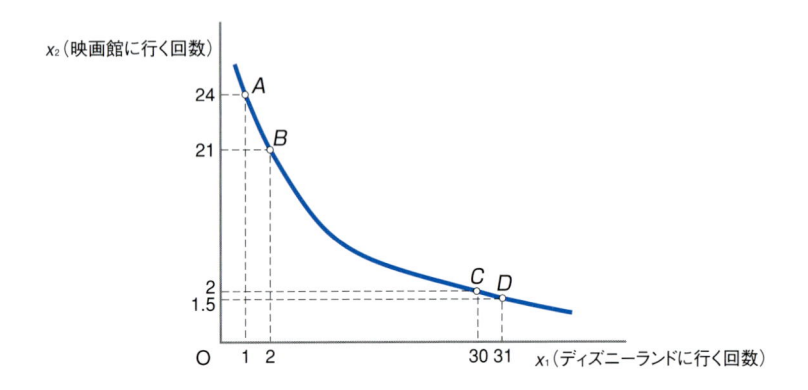

そこで，$x_1$ が1年間のうちディズニーランドに行く回数で，$x_2$ がその他の楽しみ（たとえば「映画を見に行く」）をする回数だったとしよう。いまあなたは，点 $A$ のような組み合わせで，ディズニーランドと映画を楽しんでいるものとしよう。つまり，年1回ディズニーランドに行き，年24回（つまり，月に2回）映画を見に行っていることになる。

ここで，ディズニーランドに行く機会がもう1回増えて，2回になったものとしよう。ディズニーランドに行く回数が2回になったときに，点 $A$ と無差別な点が点 $B$ だとする。点 $B$ では，ディズニーランドに行く回数が増えている代わりに，映画鑑賞の回数が年21回に減っている。

要するにあなたは，「ディズニーランドにもう1回行けるのならば，映画を見る回数を3回（＝24回－21回）犠牲にしてもかまわない」と感じているのである。

1つの無差別曲線上で，第1財の消費量を1単位増やしたときに，同じ満足の水準を維持するために犠牲にしてもかまわないと思っている第2財の量のことを，「（第1財に対する第2財の）限界代替率」という。この言葉を使えば，点 $A$ と点 $B$ が無差別である事実は，「点 $A$ における限界代替率が3である」ことを意味しているわけである。

限界代替率の大きさは，1つの無差別曲線上でも異なっている。たとえば，

108

あなたは，年に30回（毎月1回以上も！）ディズニーランドに行っているものとしよう。先ほどと同じ無差別曲線上では，点$C$がそのような状況に対応している。点$C$ではディズニーランドに行く回数が増えている分だけ映画を見る回数は減っていて，わずか年2回だけである。

そして，そこからさらに1回ディズニーランドに行く回数が増えたとしても，ディズニーランドに1回しか行けない状況（点$A$）からもう1回行けるようになった状況（点$B$）への変化と比べると，あなたの嬉しさの程度はだいぶ小さくなっているだろう。

したがって，すでに年30回ディズニーランドに行っているときに，もう一回行けるチャンスが増えたとしても，あなたが犠牲にしてもかまわないと感じるもうひとつの財の量はずっと少なくなってしまうのが自然だろう。

図4-15では点$C$から点$D$に移動するに際して，映画に行く回数は0.5回しか減っていない（つまり，点$C$での限界代替率は0.5である）。これはいま述べた自然な傾向を反映してのことである。

点$A$（年1回ディズニーランドに行く）と点$C$（年30回ディズニーランドに行く）の比較だけでなく，より一般的にいってディズニーランドに行く回数が増えれば増えるほど，犠牲にしてもいいと感じる映画鑑賞回数は減っていく（つまり，限界代替率がどんどん小さくなっていく）というのはきわめて自然なことだろう。

第1財の量が増えるにつれて第1財に対する第2財の限界代替率が小さくなっていくときに，限界代替率逓減の法則が成立しているという。限界代替率が逓減していくことが——ディズニーランドの例でいえば，そこに行く回数が増えれば増えるほど，さらにもう1回行ける場合に犠牲にしていいと感じる他の財の量が少なくなっていくことが——，無差別曲線が原点に向かって凸な形状をしていることの理由なのである。

■選好と効用

無差別曲線は，人の消費に対する選好を視覚的にわかりやすい形で表すた

4　消費者行動理論の基礎

**図 4-16　無差別曲線と選好**

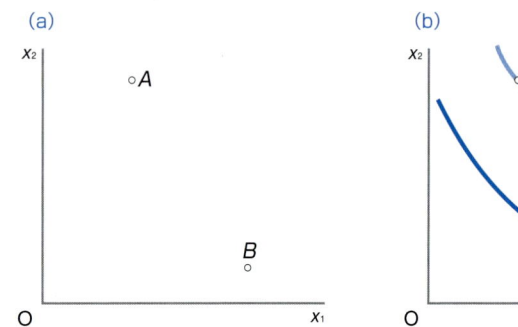

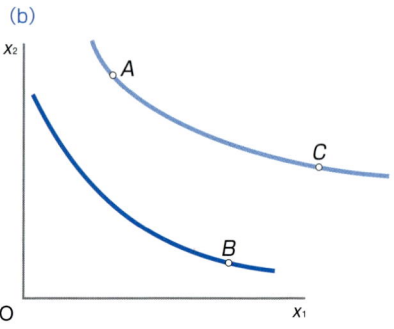

(a)　(b)

めの非常に優れた工夫である。たとえば，ある人が図 4-16（a）の点 $A$ と点 $B$ の消費の組み合わせのうちどちらを好むのかは，この図を見ただけではただちにはわからない。しかし，この人の無差別曲線が図に描かれていれば，点 $A$ と点 $B$ を通る無差別曲線の位置関係を見ただけで，われわれはどちらの点が好まれるかが（あるいは，無差別であるのかが）一目瞭然でわかる。たとえば，それぞれの無差別曲線が図 4-16（b）のようであるなら，彼は点 $A$ をより好む人であることがたちどころにわかる。

このように無差別曲線は「人の視覚に訴える」という形で選好を表現したものであるが，選好の表現方法にはこれ以外に「数値化する」というやり方もある。これもまた選好をわかりやすく表すための方法である。

選好を数値表現したものが効用である。すなわち，それは，ある選好に関して，①より好まれるもの（選択対象）にはより大きな数値を割り当て，②無差別なもの同士には同じ数値を割り当てる，という形で選好を数値的に表したものである。

たとえば，A, B, C, D の 4 つの品物があって，X 君の選好は，A が一番好きで，B が 2 番目，C が 3 番目に好きで，D が 4 番目だったとしよう（表 4-1）。X 君のこの選好に従って，A に 14，B に 9，C に 7，D に 3 という数字を割り当ててやれば，たしかに選好（好みの順位）は数の大小で表される

▶表 4-1  選好と効用

(a)

| 選好 | 一番好き | 二番目に好き | 三番目に好き | 四番目に好き |
|---|---|---|---|---|
| 選択対象 | A | B | C | D |
| 効用(一例) | 14 | 9 | 7 | 3 |

(b)

| 選択対象 | D | C | A | B |
|---|---|---|---|---|
| 効用(一例) | 3 | 7 | 14 | 9 |

ことになる。効用は,選好を表すための便利な手段である。実際,たとえば,表 4-1 (a) では好ましい順番に並べてあるが,表 4-1 (b) のように並べる順番を変えても,1 位 A,2 位 B,3 位 C,4 位 D という選好を知ることができるのである。

なお,効用に用いられる数値は,大小関係が明確にわかるようなものであればそれで十分である。そこで,表 4-1 の数値を使わなくて別の数値を使って選好を表すこともできる。たとえば,A に 2.1,B に 0.79,C に $-3.14$,D に $-528$ という数値をあてはめたとしても,この数の大小関係で好みの順番は表されていることがわかる。

このように考えると,効用による選好の表し方は,無数にたくさんあることがわかるだろう。このような効用を表すために用いる数値が,大小関係さえ満たしていれば数値それ自体はどんなものでもよいという性質は,効用の序数性と呼ばれている。

いま述べた 4 つの品物の例だけでなく,前項で見たような消費の組み合わせについても,効用で選好を表すことができる。効用は英語で utility だから,図 4-16 (b) の点 A で表される消費の組み合わせの効用を $u(A)$,同様にして点 B のそれを $u(B)$ と書くことにすれば,「点 A の方が点 B よりも好まれる」ということは,$u(A)$ と $u(B)$ の数値の間に,

$$u(A) > u(B)$$

という大小関係があることを意味している。あるいは,図 4-16 (b) の点 C

のように，点 $A$ と無差別な消費の組み合わせについては，

$$u(A)=u(C)$$

という等号の関係が成り立つことになる。

ところで，図 4-16 (b) の点 $A$，点 $B$，点 $C$ という 3 点は，消費可能な点のうちで，たまたまこれらの 3 つを考えたものにすぎない。2 次元の座標平面の第Ⅰ象限上のあらゆる点（これらは無数にたくさんある！）は，すべて（実現するかどうかはともかくとしても）消費の対象になりうる点である。したがって，この第Ⅰ象限上のどの点 $X$ についても，その点の効用 $u(X)$ を考えることができる。

このように考えると，$u(X)$ は，第Ⅰ象限上のさまざまな点 $X$ に対して，効用の値 $u(X)$ を対応させる「関数」だとみなせることになる。これからは，「効用の値を表す関数」という意味をこめて，$u(X)$ を効用関数と呼ぶことにする。

## □ 4-3　消費者の最適化行動 □

### ■予算制約下の効用最大化

消費者は価格 $p_1$ と $p_2$，および所得 $M$ が与えられている下で，予算制約の範囲内でできる限り大きな効用を享受できるような消費（$x_1$ と $x_2$ の組み合わせ）を実現させようとする。これを消費者の最適化行動，あるいは予算制約の下での効用最大化行動と呼ぶ。

消費者であるあなたが，どのような消費の組み合わせを最適化行動において選ぶのかを図を用いて考えてみよう。図 4-17 には予算制約を表す図が描かれている。

いま，あなたは点 $A$ を選ぶことを考えていたとしよう。点 $A$ が最適点であるのかどうかを判定してみたい。実は，その判定のためには点 $A$ を通る

### 図 4-17 消費者の最適化行動

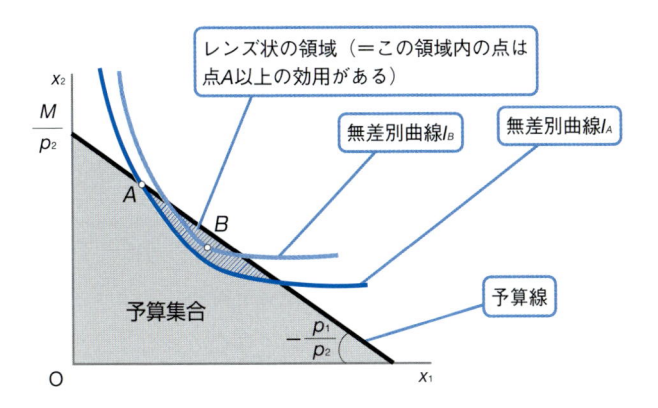

図中のラベル:
- $\frac{M}{p_2}$
- レンズ状の領域（＝この領域内の点は点A以上の効用がある）
- 無差別曲線 $I_B$
- 無差別曲線 $I_A$
- 点 $A$、点 $B$
- 予算集合
- 予算線
- $-\frac{p_1}{p_2}$
- $O$, $x_1$, $x_2$

無差別曲線 $I_A$ と予算線の位置関係がどうなっているのかが問題になる。

$I_A$ と予算線とは，図 4-17 のような位置関係にあるものとしよう。この図では，無差別曲線 $I_A$ と予算線は，点 $A$ で交わっている。すなわち，点 $A$ の左側で $I_A$ は予算線の上方にあるが，右側では下方に位置している。つまり，点 $A$ を境にして2つの曲線の位置関係が逆転しているのである。2つの曲線がこのような位置関係にあるとき，私たちは両者が交わっていると呼ぶのである。

さて，図 4-17 の点 $A$ を通る予算線と無差別曲線 $I_A$ で囲まれた部分について考えてみよう。この図では，それは斜線を付けたレンズ状の領域である。

このようなレンズ状の領域がある（＝レンズ状の領域が面積を持っている）ときには，その領域の内部にある点は必ず点 $A$ よりも大きな効用をもたらすことが簡単にわかる。実際，たとえば，図 4-17 の点 $B$ を考えてみよう。この点はレンズ状の領域の内部にあるが，この点を通る無差別曲線 $I_B$ は，点 $A$ を通る無差別曲線 $I_A$ よりも右上方にあるので，たしかに点 $B$ の効用の方が点 $A$ のそれよりも大きいのである。

レンズ状の領域はすべて予算集合の中に含まれているから，この領域のすべての点は予算制約を満たしている（つまり，(4.1) 式を満たしている）。

したがって，あなたは自分の所得 $M$ の範囲内で（借金することなく）点 $B$ で表される財の組み合わせを購入することができるのである。

こう考えてくると，点 $A$ はたしかに予算制約を満たしてはいるのだが，点 $B$ のような予算制約を満たしてなおかつ点 $A$ よりも好ましい点が存在しているわけである。その意味で点 $A$ は，予算制約の範囲内での効用最大点ではないことになる。

以上の話からわかるように，点 $A$ のような無差別曲線と予算線が交わっている消費の組み合わせは，レンズ状の領域を持ってしまうから，予算制約の範囲内でより高い効用をもたらす点が必ず存在してしまうのである。したがって，それは消費者にとっての最適点ではないということになる。

それではどういう消費の組み合わせが最適なのだろうか？

要するにレンズ状の領域がなければいいのである。すなわち，無差別曲線と予算線が交わらないで接していれば，レンズ状の領域は消滅してしまう。たとえば，図4-18 の点 $C$ では，この点を通る無差別曲線 $I_C$ と予算線は接している。ここでは，レンズ状の領域は消滅しており，点 $C$ より高い効用をもたらす点は予算線の右上方にしか存在しないので，予算の範囲内でより高い効用を享受することはできない。つまり，ここでは予算制約の下での最

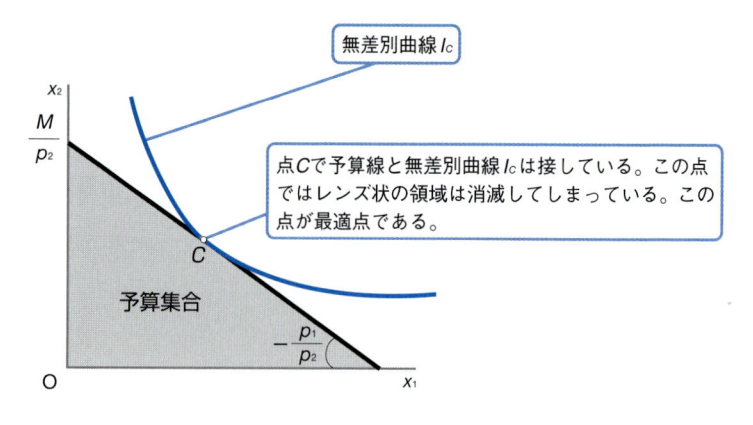

図4-18　最適な消費の組み合わせ

点 $C$ で予算線と無差別曲線 $I_C$ は接している。この点ではレンズ状の領域は消滅してしまっている。この点が最適点である。

適化が実現しているのである。

このように後で述べる例外的な場合を除いては，最適点で予算線は無差別曲線の接線になっているわけだから，当然に無差別曲線の接線の傾きと予算線の傾きも同じでなければならない。予算線の傾きは $-\dfrac{p_1}{p_2}$ だから，結局最適点では，

$$\text{最適点における無差別曲線の接線の傾き} = -\frac{p_1}{p_2} \tag{4.7}$$

という式が成り立っていることになる。

最後に「例外」について述べておく。図 4-18 の最適点 $C$ は予算線の端に位置していない。このような端でない点を内点と呼ぶが，点 $C$ のように最適点が内点である時には，そこで無差別曲線と予算線が接して，(4.7) 式は必ず成り立つ。しかし，最適点が内点でなく，予算線の端の点——このような点を端点と呼ぶ——にあるときには必ずしもこの性質が成り立たない。

たとえば，図 4-19 のように最適点が予算線の左端の点 $D$ であるならば，この点で無差別曲線と予算線は交わってしまっている[次頁17]。同様に考えると，右端の点 $E$ が最適点である場合には，2 つの線は交わってしまっている[次頁18]。

図 4-19　端点解（コーナー・ソリューション）

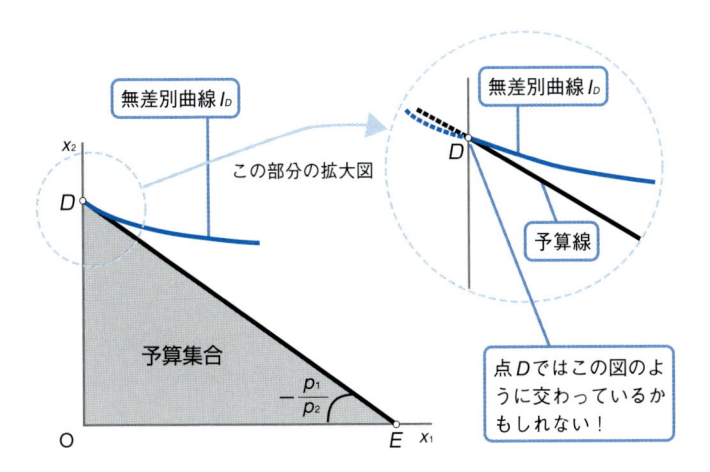

(もちろん端点でも，たまたま接しているということもある)．

## ■運賃の値上げ

前項までに消費者が自分の消費水準を決める原則を見てきたが，ここではいったん決った消費の組み合わせが，価格の変化に伴ってどのような理由で変化していくのかを検討してみたい．

話を具体的にするため，次のようなストーリーを考えてみよう．X君は，毎日学校（もしくは会社）に通うため，主に地下鉄を利用している．通学のためにはバスを利用することもできる．実はバスの方が快適ではあるのだが，渋滞時に時間がかかるなど運行の時間的正確さに不満があるので，彼は地下鉄を愛用していた．地下鉄の運賃は160円で，バスは170円だった（なお，話を簡単にするため，彼は定期券を利用していないものとする）．

第1財が地下鉄の運送サービスで，第2財がバスの運送サービスだとしよう．X君は親からの送金で生活しており，毎月の送金額は$M$円である．また，X君の1ヶ月間の地下鉄利用回数を$x_1$と表し，バス利用回数を$x_2$と表すことにする．議論を簡単にするため，X君はこの2種類の財だけしか消費しないものとする．

さて，最近地下鉄運賃が190円に値上げされることが決まった．その結果，彼は毎日地下鉄に乗るのをやめて，急ぎの時だけ利用することにした．

つまり，地下鉄の価格上昇は，X君の地下鉄サービスへの需要量を減少させたことになる．私たちは第2章で，財の価格上昇に伴って需要量が減少したとき，その財は「需要法則」を満たしていると呼ぶことにした．この言葉を使えば，いま述べている例では，X君にとって地下鉄サービスは需要法則

---

17)（前頁） この場合，最適点$D$では$x_1=0$となっている．このときには，

最適点における無差別曲線の接線の傾き$\geq -\dfrac{p_1}{p_2}$

となっていることが，図4-19からわかる．

18)（前頁） この場合，最適点$E$では$x_2=0$となっている．このときには，

最適点における無差別曲線の接線の傾き$\leq -\dfrac{p_1}{p_2}$

となっていることがわかる．

を満たす財だったということになる。

　価格が上がったときに消費量（需要量）を減らす需要法則の成立は，私たちの「常識」に照らせばごく当たり前のことにも見えるが，「なぜそうなのですか？」と問われたときに，「常識です」という以上の答えが出来る人は，そうたくさんいないのではあるまいか。

　以下では，このような私たちの常識を支える「理由」を考えてみたい。

### ■所得効果と代替効果：言葉による説明

　ここでも，前項の例（地下鉄の運賃値上げ）によって考えていこう。地下鉄料金が160円から190円に上がることには，次の2つの意味がある。第1に，他の財の価格が変化していない以上，地下鉄運賃の値上げは物価の上昇を意味する[19]。第2に，地下鉄運賃の値上げは，他の財と比べて地下鉄サービスの運賃（価格）を相対的に割高にさせる。

　まず第1の点について考えてみよう。地下鉄運賃の値上げに起因する物価の上昇は，人々が保有しているお金（貨幣）の実質的な価値（すなわち，貨幣の実質購買力）を減少させる。つまり，物価の上昇は，X君の所得である$M$円の実質的な価値を低めてしまうのである。

　物価の上昇に伴う実質所得の低下は，当然X君の消費行動を変化させる原因になるだろう。すなわち，①もし財（地下鉄サービス）が第4-1節で説明した正常財であるなら，実質所得が下がるとその消費量を減らす（つまり，地下鉄の利用回数が減らされる）ことになる。しかし，②この財が劣等財であるならば，実質所得の低下に伴って消費量が増える（地下鉄の利用回数が多くなる）ことになる。

　このように地下鉄の運賃値上げ（＝第1財の価格上昇）が実質所得の減少

---

[19] マクロ経済学では，「物価」の概念を正確に定義することが必要だが，ここではその点についてはあまり厳密に考えないで，「世の中のあらゆる財の価格の何らかの形での平均値」が物価だと理解しておこう。いま考えているケースでは，地下鉄料金だけが上昇して他の財の価格は変わっていないのだから，どのようなやり方で「平均」を計算しても，平均値としての物価が上昇するのは明らかである。

を通じてもたらす消費に対する効果を，所得効果という。

ところで，上に指摘したように，地下鉄運賃の値上げは，「地下鉄の料金が相対的に割高になる」という第2の意味も持っている。以下では，この第2の点が，どのような効果をもたらすのかを考えてみたい。

いま，地下鉄料金の値上がりを知ったX君の両親が，息子の気を遣って月々の送金額を増やしてくれたものと仮定しよう。両親が増やしてくれた金額は，彼がこれまでと同じように地下鉄に乗れるだけの金額だとする。

ここで注意しておきたいことがある。私たちがいま考えている状況は，あくまでも「所得$M$は変わらないで地下鉄料金だけが上がる」という事態だから，実際のところ両親は送金額を増やしてくれてはいないのである。しかし，当面は「仮に送金額を増やしてもらえたなら……」と頭の中で仮定して，その仮定の下で一種の「シミュレーション」をやってみよう。

さて，送金額が増やされたなら，X君はこれまでと同様，毎日の通学に地下鉄を使うことができるはずである。けれども，はたして彼は，これからもずっとその習慣を維持し続けようとするのだろうか？

X君にとって，地下鉄の方がバスを利用するよりも何かと便利なのは確かだろう。さりとて何が何でも地下鉄でなければならないという理由もない。そうだとすれば，彼は割安になったバスの利用にこれまで以上の魅力を感じるようになるのではあるまいか。つまり，X君は割高になった地下鉄の利用の一部を取りやめて，割安になったバスの利用に置き換え（＝代替）ようとするのではないだろうか。

このように，たとえこれまでの消費の組み合わせを維持できるように所得（＝仕送りの額）の補充が行われたとしても，割高になった財の消費の一部を，割安になった財の消費で置き換える（＝代替させる）動機を，消費者は持つのである。

ところで，いま私たちは「仮に送金額を増やしてもらえたなら」という前提で話を進めている。もしこの前提が満たされているなら，X君の実質所得の変化はないことになる。したがって，その場合，所得効果も生じないこと

になる。こう考えると，結局，「仮に所得効果が生じなかったとしても，価格上昇によって相対的に割高になった財から割安になった財への消費のシフトが起こる[20]」ことが，ここでの話からわかったのである。

このような相対価格の変動がもたらす消費量への影響は，代替効果と呼ばれている。

以上で地下鉄運賃が160円から190円に上がったとき，その影響は，代替効果と所得効果という2つの効果によってもたらされることがわかった。つまり，前々項で想定したように，X君がこの値上げに伴って取った行動は地下鉄の乗車回数を減らすというものであったが，彼のそのような行動は，この2つの効果を総合したもの（「2つの効果を総合して得られる効果」を全効果[21]と呼ぶことにする）として説明できるのである。

図4-20では，それぞれの効果がどのように働いて全効果にまとめあげられるのかを示している。つまり，地下鉄運賃 $p_1$ が上昇したときに，(a) 代替効果は消費量を減少させる方向で働くが，(b) 所得効果はその財が正常財であるのか否かに応じて，変化の方向も一様には定まらない。それゆえ，(c) 所得効果の方向と強さが全効果の動きを左右する決定的要因となる。こういったことが，この図をみれば一目瞭然である。

地下鉄運賃が値上がりしたときに，それに対するX君の行動として私たちが観察するのは全効果だけである。代替効果や所得効果は，彼の行動を観察してもわかるものではなく，それは私たちの頭の中の「シミュレーション」の結果として得られたものにすぎない。けれども，全効果をこの2つの効果に分解することによって，私たちが実際に観察した事実（＝全効果）——すなわち，いま考えている例では，地下鉄運賃値上げの結果，その利用回数が減ったという事実——をうまく説明することができるのである。

このように全効果を所得効果と代替効果に分解して，観察された事実を説明することをスルツキー分解という。

---

20) つまり，相対的に割高になった財の消費量（需要量）は減り，その分相対的に割安な財の消費量が増えることになる。
21) 「価格変化の結果生じる効果」という意味を込めて，全効果は価格効果と呼ばれることもある。

4　消費者行動理論の基礎

### 図 4-20　代替効果と所得効果

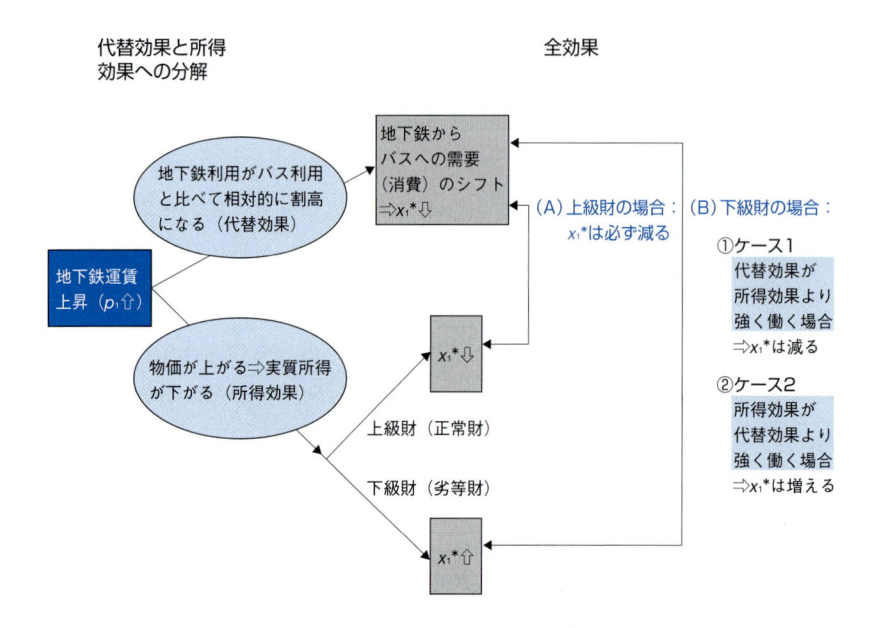

**代替効果と所得効果への分解**

地下鉄運賃上昇（$p_1 \uparrow$）

→ 地下鉄利用がバス利用と比べて相対的に割高になる（代替効果）
→ 地下鉄からバスへの需要（消費）のシフト ⇒ $x_1^* \Downarrow$

→ 物価が上がる⇒実質所得が下がる（所得効果）
　上級財（正常財）⇒ $x_1^* \Downarrow$
　下級財（劣等財）⇒ $x_1^* \Uparrow$

**全効果**

(A) 上級財の場合： $x_1^*$ は必ず減る

(B) 下級財の場合：
① ケース1　代替効果が所得効果より強く働く場合 ⇒ $x_1^*$ は減る
② ケース2　所得効果が代替効果より強く働く場合 ⇒ $x_1^*$ は増える

## ■ スルツキー分解：図を用いた理解[22]

　図を用いてスルツキー分解を理解してみよう。図 4-21 には，地下鉄の運賃（＝地下鉄利用サービスの価格）が上ったときの消費者行動の変化が描かれている。

　値上がり前の第 1 財価格を $p_1$，値上がり後のそれを $p_1'$ としよう（つまり，$p_1 < p_1'$）。第 2 財（バス利用サービス）の価格はずっと $p_2$ で，所得は $M$ とする。4-1 節で説明したように，この場合の予算線（これを直線 $\ell_1$ と呼ぶ）は，縦軸の切片が $\dfrac{M}{p_2}$ で，傾きが $-\dfrac{p_1}{p_2}$ の直線になる。第 1 財の価格だけが $p_1'$ に上昇したとしても，切片の $\dfrac{M}{p_2}$ の値は変わらない。しかし，

---

[22] スルツキー分解を図で表す方法には，「スルツキーの方法」と「ヒックスの方法」の 2 通りがある。ヒックスの方法で説明している本も多いが，ここでは前項までの言葉による説明との整合性の高いスルツキーの方法で説明する。なお，この 2 つの方法は図で表すときには代替効果の表現の仕方が若干異なるが，価格の変化が小さいときには本質的な違いはない。

## 4-3 消費者の最適化行動

図4-21 スルツキー分解:全効果

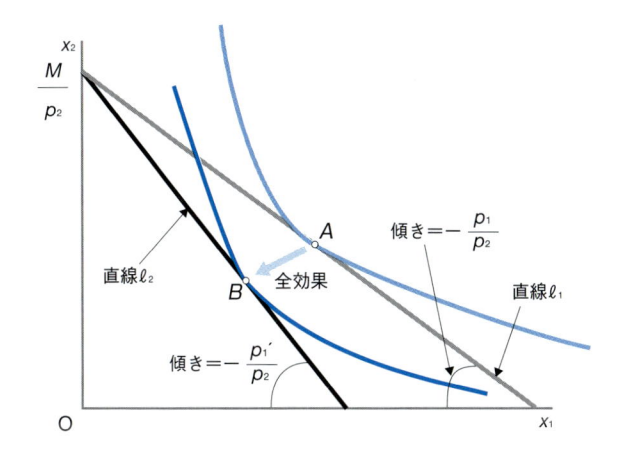

傾きは $-\dfrac{p_1'}{p_2}$ になってしまうので,予算線はこれまでよりも急な傾きを持つことになる[23]。そして,直線 $\ell_2$ が価格上昇後の予算線になる。

値上がり前の消費の組み合わせは,直線 $\ell_1$ と無差別曲線が接する点 $A$ であり,値上がり後のそれは点 $B$ である。つまり,点 $A$ から点 $B$ への変化が全効果である。第三者が観察し得る現象は,これだけである。

ここでまず,代替効果がどのように図示されるのかを考えてみよう。図4-22のように,点 $A$ を通って,直線 $\ell_2$(価格上昇後の予算線)と平行になるよう引かれた直線を $\ell_1'$ とする。直線 $\ell_1'$ と縦軸との交点の高さを $m$ とする。ここで,

$$M' = m \times p_2 \tag{4.8}$$

と置くことにする。もし所得が $M'$ であったなら,直線 $\ell_1'$ は,この所得 $M'$ の下で第1財の価格(地下鉄料金)$p_1$ だけが値上がりしたときの予算線になっている[次頁(24)]。予算線 $\ell_1'$ は点 $A$ を通るから,所得が $M'$ に増えたなら点 $A$ で表される元の消費の組み合わせが値上がり後にも消費できることに

---

[23] $p_1 < p_1'$ だから,$-\dfrac{p_1}{p_2} > -\dfrac{p_1'}{p_2}$ となる。この傾きは負(マイナス)の値を持っているわけだから,右下がりの直線である予算線の傾きはこれまでよりも急になるわけである。

### 図 4-22 スルツキー分解：代替効果

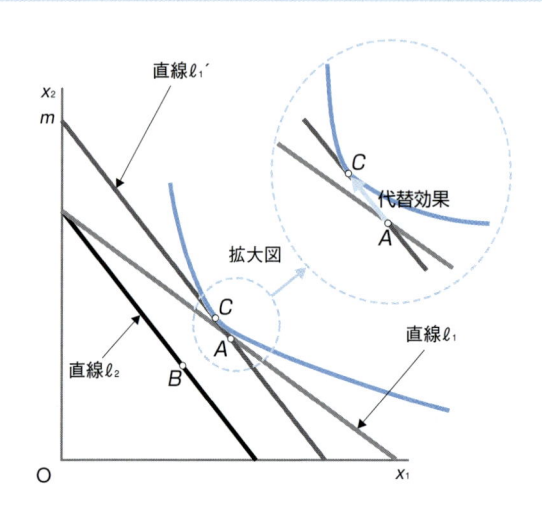

つまり，X君の両親が仕送り額をこれまでの $M$ 円に加えて，$M'-M$（円）だけ増やしてくれたなら，X君はこれまでと同じ点 $A$ での消費を続けることができるのである。しかし，図 4-22 からわかるように，この場合，X君は点 $A$ を選択せず（それが選択可能であるにもかかわらず！）点 $C$ を選ぶのである。

このような点 $A$ から点 $C$ への消費の移動は，点 $A$ を消費できるように所得が増加されたにもかかわらず起きる現象である。これがまさに「第2財が相対的に割安になった場合に生じる，第1財から第2財への消費のシフト」，すなわち，代替効果であることがわかる[25]。

---

[24]（前頁）　所得が $M'$ のとき，価格が $p_1'$ と $p_2$ であるような予算線の縦軸における切片は $\frac{M'}{p_2}$ になる。(4.8) 式から，$\frac{M'}{p_2} = (m \times p_2) \div p_2 = m$ となるので，直線 $\ell_1'$ がこの場合の予算線になっていることがわかる。

[25]　図 4-22 からわかるように，2財の消費における代替効果では第1財（＝相対的に割高になった財）の消費量は必ず減り，第2財（＝相対的に割安になった財）の消費量は必ず増える

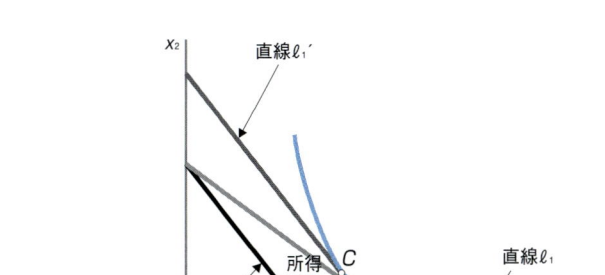

図 4-23 スルツキー分解：所得効果（第 1 財が上級財の場合）

次に図 4-23 に表されている，点 $C$ から点 $B$ への変化を考えてみよう。この変化において予算線は直線 $\ell_1'$ から直線 $\ell_2$ に平行移動しているので，価格は変化していないことになる。(4.8) 式で定義された $M'$ は「点 $A$ が依然として消費可能であり続けるために必要とされる最低限の所得」を表わしている。

つまり，$M'$ は，値上がり後にも値上がり前と同じ消費を維持できるような所得水準である。その意味で $M'$ は，値上がり前の所得 $M$ と実質的に同じ価値を持っている所得だということができる。ところが，現実には価格が変化しても所得は $M$ に止まっているわけだから，$M'$ と $M$ の差額は第 1 財の価格の上昇による実質所得の減少を表しているとみなすことができる。したがって，点 $C$ から点 $B$ への変化は実質所得の減少を反映して起こったもの，すなわち所得効果なのである。

なお，図 4-23 では，点 $C$ から点 $B$ への変化に伴って第 1 財の消費量は減少している。このことは，この図に描かれている状況では第 1 財が上級財（正常財）であることを意味している。それに対して，図 4-24 では，第 1 財の消費量は増えている。これは，第 1 財が下級財（劣等財）であることを意

## 4 消費者行動理論の基礎

図4-24 スルツキー分解：所得効果（第1財が下級財の場合）

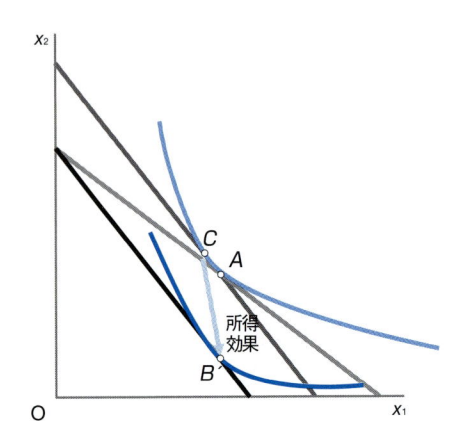

味している。

このように，図4-21で表される全効果は，代替効果（図4-22）と所得効果（図4-23または図4-24）に分解して，その2つの効果の総和として理解することができるのである。

---

●練習問題

1．第4-1節の「価格の変化がもたらす効果」の項（p.94）で，第2財の価格 $p_2$ だけが下落した場合に，予算線がどう変化するのかを調べなさい。

2．財の数が2種類だけだとする。効用関数が

$$u(x_1, x_2) = \min\{2x_1, x_2\}$$

という式で表される場合の無差別曲線を描きなさい。この効用関数は限界代替率逓減の法則を満たすといえるか。さらに，$p_1=3$，$p_2=2$，$M=10$ のときの各財の消費量を求めなさい。

# 第 5 章

# 消費者行動理論の応用

　この章では，第4章で学んだ消費者行動理論の応用を考えてみたい。最初の応用は，労働供給の水準を，消費者が自分の意思で決定するモデルである。これは同時に，消費者が自分の所得金額を自己決定するモデルでもある。第2の応用は，異時点間の消費の決定モデルである。ここでは，預金や借金の水準が，どのように決まるのかが考察される。第3の応用は，異なった自然の状態間での財の選択問題が考察される。ここで考察されるモデルは，保険サービスの需要決定モデルと解することができる。

## 5-1　消費者行動理論の応用

■労働供給と所得の決定

　前章で，私たちは，消費者の行動（意思決定）の原理を明らかにする基本的なモデルを学んだ。そこでは話をできるだけ分りやすくするため，必ずしも現実的とは言い難いいくつかの仮定を置いて議論を進めた。とりわけ，①「所得 $M$ は与えられている」という仮定と，②「消費者は貯蓄をしない」という仮定は，現実とは大きく乖離したものだと言わざるを得ない。

　まず，①について。親からの月々の仕送りで生活している学生や，先祖の莫大な遺産を引き継いで悠々自適の生活をしている金持ちのどら息子などにとって，所得は「与えられたもの」なのかもしれない。しかし，多くの人はどんな仕事について，どれくらい働くのかを自分の意思で決めており，そのような自分の判断に基づいて仕事をし，報酬を得て，生計を立てている。

　このように，どんな仕事をして，どれくらい働くか——つまり，どんな仕事をして，どれくらいの量の労働を供給するか——という労働供給に関する意思決定をすることは，同時にどれくらいの所得を得るのかという，所得 $M$ の大きさを決める意思決定を行うことを意味しているのである。したがって，消費者行動のモデルにおいて「所得 $M$ は決められている」という仮定をはずすためには，労働がどういう原理に従って供給されるのかを調べなければならないことがわかるだろう。そこで，次の節（第5-2節）では，労働供給の決定原理について考えていきたい。

■異時点間の消費と貯蓄の決定

　次に②について。序章でみたように，預金[1]と借金とは表裏一体の関係に

---

[1] 日本では，伝統的に銀行等にお金を預けることを「預金」，郵便局へのそれを「貯金」と呼んできた。しかし，郵政民営化後の現在において，この区別は無意味である。

ある。

　たとえば，あなたは今月25万円の給料をもらったものとしよう。このうち15万円を生活費などに充てて，残りの10万円を銀行に預金したとする。あなたが10万円の預金をしたのは，いうまでもなく将来それを口座から引き出して，何らかの消費をするためである。このように，預金とは，いまの所得（お金）を将来の消費に充てる——つまり，「いまの所得を将来の消費のために利用する」——ために行われるものである。

　それに対して，借金とは，その逆で，将来の所得をあてにしていま欲しいものなどを買うこと，つまり「将来の所得をいまの消費のために利用する」ために行われるものである。このように考えれば，借金とは「負の貯蓄」だということがわかる。

　そこで，これからは預金と借金をひとまとめに貯蓄と呼び，それが正の値を取れば，いわゆる預金を表していると考えることにする。そして，それが負の値ならば，借金を表すことにする（ゼロならば，預金も借金もしない）。

　ところで，人も企業も過去・現在・未来と長い時間を生きていくのだから，所得を得るタイミングと所得として得たお金を使うタイミングにはズレがあるのが普通である。たとえば，30代か40代前半ぐらいの年齢で自分の家を買いたいと思う人は多いだろうが，そのときに現金で家を買うだけのお金がなければローンを組むなどして借金をすることになる。

　つまり，私たちの人生における各段階でのお金の支出（家の購入など）を必要とするタイミングと，所得が発生するタイミングとのギャップを埋め，生涯を通じて所得を有効に利用できるようにするという点に，借金を含めた貯蓄の意義があることになる。

　現実社会で貯蓄が果たす重要な役割を考えると，それがないと仮定してきた前章の議論は，かなり不本意なものであったと言わざるを得ない。そこで，第5-3節では，どのようにして貯蓄が決まるのかを説明していきたい。

　本章の目的は，これまで勉強してきた消費者行動の理論にさらに磨きをかけ，それをより有用性と現実性の高い理論へと拡張していくことにある。以

5 消費者行動理論の応用

下では、上に概説した2つのテーマを第5-2節と第5-3節で議論した後、第5-4節では、不確実性下の意思決定問題について考えることにする。

## □ 5-2 労働供給と所得の決定 □

### ■労働と余暇

「仕事をしないで、一生遊んで暮らせるものなら、そうしたい」と望んでいる人は、世の中にたくさんいるのではないだろうか。「仕事をする」、すなわち「労働する」ことは、私たちにとって決して楽しいことではない。それにもかかわらず私たちが働くのは、それと引き替えにお金（報酬）をもらい、それをさまざまな用途に支出することで、より実り多き人生を送ることができるからである。

私たちは全員、毎日24時間という時間を平等に与えられている。そして私たちは、この24時間のうちのある時間を労働に充て、残りの部分を「レジャー（余暇）」に充てることになる[2]。

消費者があらかじめ持っている時間を $L_0$ としよう[3]。次に労働時間を $L$、余暇の時間を $\ell$ と書くことにする。すると、これらの間には

$$L_0 = L + \ell \tag{5.1}$$

という関係が成り立つ。(5.1) 式より、

$$L = L_0 - \ell \tag{5.1}'$$

を得るが、この式から余暇の時間 $\ell$ を決めれば自動的に $L$ が決まることが

---

[2] 日本語での「レジャー」は、旅行に出かけたり、遊園地で遊んだりするといった、何か格別な楽しみを行う時間を意味するのが普通だが、経済学における「レジャー（余暇）」は「労働をしていない時間」を表すにすぎない。

[3] 「時間」の単位は、「分」、（狭い意味での）「時間」（=60分）、「日」、「月」、「年」などが考えられる。また、労働についての意思決定の単位（1日にどれくらい働くかを決めるか、1ヶ月にどれくらい働くかを決めるか、など）もさまざまなので、問題に応じてこれらを設定すればよい。たとえば、もし（狭い意味での）時間を単位にして、1日に何時間ぐらい働くのかを決めようとしているアルバイトの意思決定問題なら、$L_0 = 24$（時間）と考えればいいだろう。

わかる。つまり，①「何時間働くか？」という問題を考える代わりに，②「何時間の余暇をとるか？」という問題を考えても (5.1)′ 式を通じて「何時間働くか？」の答えが得られることがわかる。

私たちは序章の第2節で，その量が増えるほど効用が低くなる財を bads，量が増えるにつれて効用も大きくなる財を goods と呼ぶことにした。労働は，その時間が増えれば増えるほど私たちの効用を低めるものなので bads とみなせる。それに対して余暇は goods である。

前章では明示的に断らなかったが，実はそこで用いた2財モデルで2つの財はともに goods であることが暗黙のうちに前提されていた[4]。bads を伴ったモデルを考えると，前章の議論をそのまま応用できなくなるので，できれば goods だけから成るモデルをここでも考えたい。そのためには，労働ではなくて余暇を決定するモデルを考えればよい。そのモデルで最適な余暇時間が決まれば，(5.1)′ 式を通じて最適な労働時間も決まるのである。

■ **最適な労働供給量**

ここでも図を用いて話を進めていきたいので，財の種類を2つだけに限定することにしよう。すなわち，①余暇と②消費財という2種類の財だけがあるものとし，消費財の量を $x$ とする。

さて，賃金率（＝単位時間あたりの報酬金額）を $w$，消費財の価格を $p$ と書くことにする。このとき，消費者が $L$ 単位の労働時間を働くならば，彼の所得は $wL$（円）になる。

消費者（労働者）は，$wL$（円）の所得を消費財の購入に充てることになる。ここでは，貯蓄ができないと仮定するので，この消費者は所得のすべてを消費財の購入に充てることになる。そこで，消費量 $x$ と労働量 $L$ で表し

---

[4] 第4章第4-2節で，無差別曲線には，「より右上方に位置する無差別曲線ほど，より高い効用を表している」という性質があると指摘した。2つの消費点 $(x_1, x_2)$ と $(x_1', x_2)$ について，もし $x_1 < x_1'$ であるならば，後者は前者よりも右上方に位置するので，そこを通る無差別曲線はより高い満足を表している。したがって，消費点 $(x_1', x_2)$ の効用は $(x_1, x_2)$ の効用よりも高いことになる。これは，第1財の量だけが増えたときに効用が高まることを意味しているので，第1財は goods だということになる。同様に考えると，第2財も goods であることがわかる。

## 5 消費者行動理論の応用

**図5-1 労働供給**

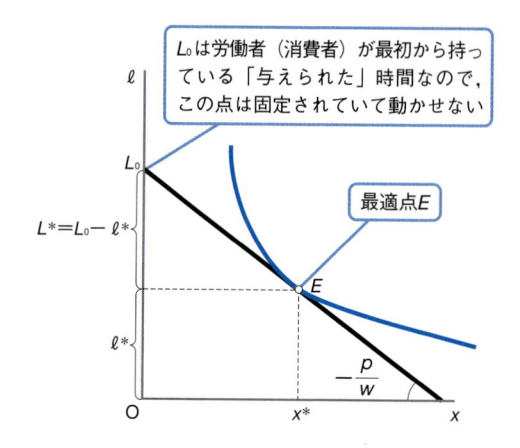

$L_0$は労働者（消費者）が最初から持っている「与えられた」時間なので，この点は固定されていて動かせない

最適点$E$

た予算制約は，

$$px = wL \tag{5.2}$$

となる。(5.1)′式を (5.2) 式に代入すると，

$$px = w(L_0 - \ell) \iff px + w\ell = wL_0 \tag{5.2}′$$

を得る。(5.2)′の右側の式は，消費量$x$と労働時間$L$を決める問題を，消費量$x$と余暇$\ell$を決める問題に変換したときの予算制約である。

図5-1のように，横軸に$x$，縦軸に$\ell$を取ると，(5.2)′式を満たす$x$と$\ell$の組み合わせは，縦軸の切片が$L_0$で，傾きが$-\dfrac{p}{w}$の右下がりの直線である[5]。この直線がいま考えている問題の予算線である。

消費財も余暇もともにgoodsであるから，図5-1の平面において無差別曲線は，前章（第4章）で考えてきたものと同様，右下がりで原点に対して凸な曲線になる。そして，右上方の無差別曲線ほどより高い効用水準に対応していることも前章と同様だから，効用最大点は予算線と無差別曲線の接点$E$になる。

点$E$における消費財の量は$x^*$で，余暇の量は$\ell^*$である。(5.1)′式から，

---

[5] (5.2)′式の両辺を$w$で割って，左辺第2項を移項し，整理すると，$\ell = -\left(\dfrac{p}{w}\right)x + L_0$となるので，この式が切片が$L_0$で，傾きが$-\dfrac{p}{w}$の右下がりの直線であることがわかる。

最適な労働量 $L^*$ は，

$$L^* = L_0 - \ell^*$$

となる。このようにして，消費財の価格が $p$ で，賃金率が $w$ のときの労働供給量が $L^*$ であることがわかった。

## 5-3　貯蓄の決定

### ■異時点間の予算制約

　序章で指摘したように，経済学では，利用される時点が異なる財を別個の財と考える。ここでは，前章で学んだ2財モデルの応用で話を進められるようにするため，今期と来期の2期間しかない世界を考えることにしよう[6]。消費者は，毎期一定額の所得を得て，それを今期と来期の消費支出に振り分ける。今期の所得を $M_1$（円），来期のそれを $M_2$（円）とする。また，今期の消費支出を $x_1$（円），来期の消費支出を $x_2$（円）と書くことにする。

　この消費者が，今期に行う貯蓄を $S$ と書くことにする。$S$ は正(プラス)の値と負(マイナス)の値を取ることがある。なお，$S=0$ は預金も借金もしないことを意味している。さらに今期から来期への預金もしくは借金の利子率を $r$ としよう。たとえば，利子率が 2% ならば $r=0.02$ である[7]。

　さて，今期の予算制約をまず考えてみよう。消費者は今期 $M_1$ の所得を得て，それを消費 $x_1$ と貯蓄 $S$ に振り分けるので，それらの間には

$$x_1 + S = M_1 \tag{5.3}$$

という関係が成り立つ。これが今期の予算制約式である。

---

[6]　つまり，ここで考えている消費者は来期を終えると死んでしまうことになる。たとえば，「今期」は若い時代で，「来期」は老年期だと思えば，2期間で死んでしまうという仮定は，さほど非現実的なものではないだろう。
[7]　現実の社会では，借金をしたときの利子率は，預金のそれよりも高いのが普通である。ただし，ここでは話を簡単にするため，どちらの利子率も同じとする（練習問題2を参照）。

次に来期の予算制約を考えてみよう。この人の来期の収入源は2つある。一つは所得 $M_2$ であり、もう一つは前期の貯蓄 $S$ が返済されて得られる「元本＋利子」である。後者については、元本が $S$ であり、利子の額は「元本×利子率」、つまり $rS$ になるので、

$$S+rS=(1+r)S$$

になる（$S<0$ のときは、$(1+r)S$ が返済総額になる）。

よって、来期の総所得は $M_2+(1+r)S$ である。この消費者は来期が終わると死んでしまうわけだから、来期にすべての所得を使い切ってしまうはずである。したがって、来期の予算制約式は、

$$x_2 = M_2+(1+r)S \tag{5.4}$$

となる。このように（5.3）式と（5.4）式の2つの式で予算制約が表されることがわかった。2つの式があると大変なので、今度はこれを1つの式にまとめてみよう。（5.3）式から、

$$S = M_1 - x_1$$

なので、これを（5.4）式に代入して整理すると、

$$(1+r)x_1 + x_2 = (1+r)M_1 + M_2 \tag{5.5}$$

を得る。(5.5)式が今期と来期を統合した「一本化された予算制約式」である。これを **異時点間の予算制約** という。なお、(5.5) 式の両辺を $1+r$ で割ると、

$$x_1 + \frac{x_2}{1+r} = M_1 + \frac{M_2}{1+r} \tag{5.5}'$$

となる。(5.5) 式と (5.5)′ 式は全く同じ式の別表現なので、(5.5)′ 式を異時点間の予算制約といってもよい。

なお、(5.5)′ 式のような形に書き直すと、異時点間の予算制約の興味深い経済学的意味が読み取れる。(5.5)′ 式にある $\frac{x_2}{1+r}$ と $\frac{M_2}{1+r}$ は、それぞれ「来期の支出額 $x_2$ の現在価値」と「来期の所得 $M_2$ の現在価値」である[8]。したがって、(5.5)′ 式の左辺はこの消費者の「生涯にわたっての支出額を現在価値で表した合計額」であり、右辺は「生涯にわたっての所得を現在価値

---
8) 現在価値については、序章第2節を参照。

で表した合計額」を表していることになる。

そう理解すると，(5.5)′式は，現在価値で評価したときに，「総支出額＝総所得額」でなければならないことを意味している。

## ■最適貯蓄の決定

(5.5) 式または (5.5)′ 式のグラフを，横軸に $x_1$，縦軸に $x_2$ を取った平面に描いてみよう。簡単な計算によって，この式のグラフは，傾きが $-(1+r)$ で，縦軸の切片が $(1+r)M_1+M_2$ の直線であることがわかる[9]（図 5-2）。なお，この直線は，必ず $M=(M_1, M_2)$ という点を通る[10]。

ここで，どのように貯蓄が決まるのかを考えてみよう。

今期の消費も，来期の消費もともに goods であるから，図 5-2 の平面上には，原点に対して凸な形状をした右下りの無差別曲線が無数に存在していることになる。ここでも右上方の無差別曲線ほど高い効用水準に対応しているので，無差別曲線と予算線の接点が効用最大点になる。つまり，図 5-2 の

図 5-2 貯蓄の決定

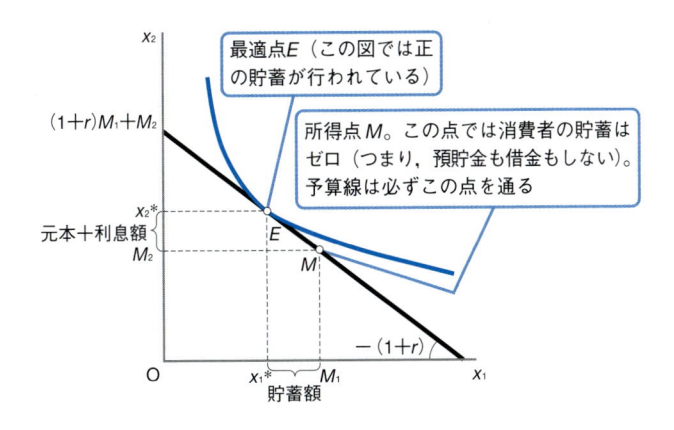

最適点 $E$（この図では正の貯蓄が行われている）

所得点 $M$。この点では消費者の貯蓄はゼロ（つまり，預貯金も借金もしない）。予算線は必ずこの点を通る

---

9) (5.5) 式の左辺第 1 項を右辺に移項すると，$x_2=-(1+r)x_1+\{(1+r)M_1+M_2\}$ なので，傾きは $-(1+r)$ で，縦軸の切片が $\{(1+r)M_1+M_2\}$ になることがわかる。
10) $x_1=M_1$ を (5.5) 式に代入して計算すると，$x_2=-(1+r)M_1+\{(1+r)M_1+M_2\}=M_2$ となるので，予算線は必ず点 $(M_1, M_2)$ を通ることがわかる。なお，これは貯蓄がちょうど 0 になる点である。

## 5 消費者行動理論の応用

**図 5-3 負の貯蓄（＝借金）が行われる場合**

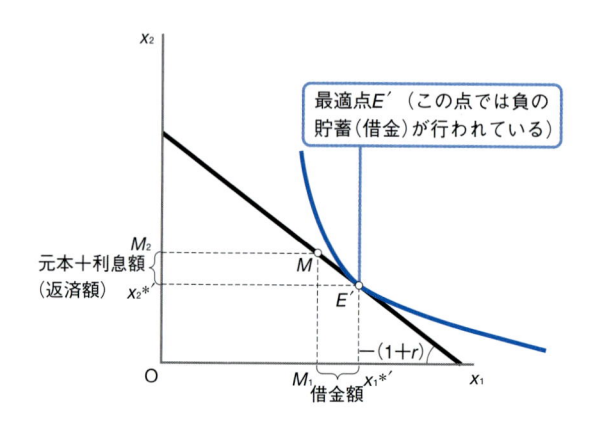

点 $E$ が効用最大点である。

図 5-2 では，点 $E$ は点 $M$ の左上方に位置している。しかし，図 5-3 では，最適点である点 $E'$ は点 $M$ の右下方にある。効用関数（無差別曲線）の形状次第で，どちらのケースも起こり得る。それぞれのケースの意味は以下の通りである。

まず，図 5-2 の場合，今期の消費額 $x_1^*$ は，今期の所得 $M_1$ より小さい。つまり，今期に消費者は，所得より少ない額の消費をしているのだから，正の貯蓄（つまり，預金）が発生していることになる。

それに対して，図 5-3 の場合，今期の消費額 $x_1^*$ は，今期の所得 $M_1$ より大きいので，負の貯蓄，すなわち借金が発生していることになる。

## □ 5-4 リスクの売買 □

### ■保険について

私たちは，日々さまざまなリスク（危険）に晒されて生きている。たとえ

ば，昨日まで元気いっぱいで仕事をしていた一家の働き手が，突然の交通事故で死んでしまうかもしれない。あるいは，突然家に落雷があって，建てたばかりの自宅が全焼してしまうかもしれない。

リスクは人々に経済的な損失をもたらす。一家の働き手の交通事故死は，残された家族に生活苦をもたらすだろう。自宅の消失も大変な経済的損失をもたらすはずである。

「保険」は，私たちの生活でいつ起こるかもしれない予期せざる「事故」に備えるものである。すなわち，それは交通事故や火災などが万一生じてしまったときに，保険加入者がこうむる経済的損失の一部ないしは全部を，保険会社が負担してくれる仕組みである。

何らかの「事故」に遭う危険に直面している消費者（Aさんとしよう）がいるものとしよう。「事故」の具体的中身は何でもよい。たとえば，生命保険をイメージしながら考えるのだったら，事故は「死亡する」ことを意味している。火災保険ならば，「火事で家が焼失する」ことが事故である。

話を簡単にするため，この人が直面している可能性は，「事故に遭う」と「事故に遭わない（＝安全に生活する）」の2通りしかないものとしよう。

Aさんは，もし事故に遭わなければ $M$ 円の所得を得ることができるが，事故に遭うと $L$ 円の損害が生じる（ただし，$0 < L \leq M$ とする）。つまり，$M - L$（円）が事故に遭ったときのこの人の所得である。

ここで保険に関する用語をいくつか紹介しておく。まず，保険加入者が万一事故に遭ったときに受け取れるお金を保険金と呼ぶ。次に消費者が保険に加入するために——つまり，事故の場合に保険金をもらう権利を獲得するために——支払わなければならない料金を，保険料という。保険金1円あたりに支払わなければならない保険料を，保険料率という。つまり，

$$\text{保険料率} = \frac{\text{保険料}}{\text{保険金}}$$

である。保険料率は，「保険を1円分（1単位）購入するために支払わなければならない金額」だから，それは商品としての「保険サービスの価格」とみなすことができる。

保険金が $K$（円）の保険の保険料率が $r$ であったなら，保険料は $rK$（円）となる[11]。たとえば，1,000万円の保険金（$K=1,000$ 万）の生命保険の保険料率 $r$ が 0.01 であったなら，

$$保険料 = rK = 0.01 \times 1,000 \text{万} = 1 \text{万（円）}$$

となる[12]。

ここで再びAさんに話を戻そう。彼にとって「保険に入る」ことが，何を意味しているのかを考えてみたい（図5-4参照）。Aさんは，「事故に遭う」という自然の状態（これを「状態1」と呼ぶことにする）か，それとも「事故に遭わない」という自然の状態（「状態2」と呼ぶ）のいずれかが将来顕在化するだろうと見込んでいることになる。なお，彼が主観的に見込むそれぞれの自然の状態が生じる可能性の程度は，確率で表されるものとする。Aさんが見込む状態1が生じる確率を $p$，状態2が生じる確率を $1-p$ と書くことにしよう。

さて，状態1が生じたときに $L$ 円の損失が生じて所得が減ってしまうわけだから，状態間での所得の格差がこの場合のリスクの源だということになる。そして，たとえば $K$ 円の保険金がもらえる保険に加入することで，状態1での所得が $M-L+K$ に増える代わりに，状態2での所得が $M-rK$ に減ることになる。つまり，保険に入ることで状態間の所得格差が小さくなるわけである。「リスクの軽減」とは，このような格差是正を意味している。

以上より，保険に加入することは，状態2から状態1への所得の移転を意味していることがわかった。

これまでに見てきたように，保険とは，状態2での所得の一部と引き換え

---

[11] 現実の保険契約では，保険料は事前に徴収される。したがって，事故に遭ったときに保険加入者は，たとえば1,000万円の保険金をもらったとしても，彼の正味の保険金受取額は，1,000万円からあらかじめ支払った保険料を差し引いたものになる。ここでは，$K$ は保険料を控除した正味の保険金額とする。

[12] 保険料率 $r$ は 0 以上でありさえすれば一般論としてはさまざまな値を取りうる。しかし，$r$ が 1 を超える保険は，その保険に入るために保険金の額を上回る保険料を支払わなければならないものである。そのような保険に入るぐらいなら保険料を預金して事故に備えた方がいいので，実際問題として加入する人はいないだろう。その意味では，$r$ の値は 1 未満だと仮定しても差し支えないことになる。

図 5-4　保険に加入する効果

(a) 保険加入前

- 確率 $p$ → 事故に遭う ⇔ 状態 1（所得 $M-L$）
- 確率 $1-p$ → 事故に遭わない（安全に暮らす）⇔ 状態 2（所得 $M$）

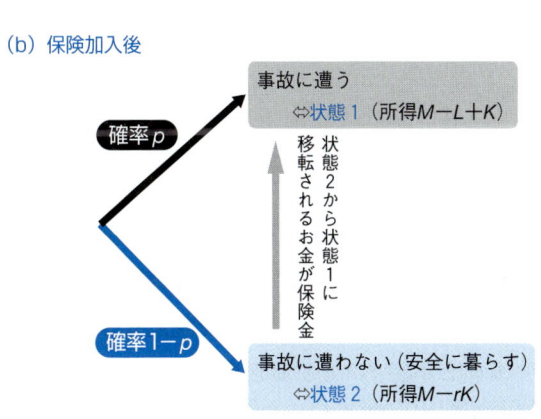

(b) 保険加入後

- 確率 $p$ → 事故に遭う ⇔ 状態 1（所得 $M-L+K$）
- 確率 $1-p$ → 事故に遭わない（安全に暮らす）⇔ 状態 2（所得 $M-rK$）

状態 2 から状態 1 に移転されるお金が保険金

に，状態 1 での所得を獲得できるサービスである。$K$ 円の保険金を受け取るために $rK$ 円の保険料を支払うということは，保険料率 $r$ の保険契約では，保険料の $\frac{1}{r}$ 倍の保険金がもらえることになる。(注12) で指摘したように，$r$ は，通例，$0<r<1$ の範囲にあるので，$\frac{1}{r}$ の値は 1 を超えている。しかし，このことをもって，保険加入者が不等価交換していることだと解釈してはな・ら・な・い・。

その理由を説明しよう。まず，前節で考えた貯蓄のモデルでは，今期の所得や消費額（すなわち，今期使われるお金）と来期の所得や消費額（すなわち，来期使われるお金）は，外見上は同じように見えても別の財として認識されなければなかった。つまり，異なる時点や環境で利用される財（お金も

5 消費者行動理論の応用

財の一種である)は異なる財とみなされなければならないのである。

したがって，貯蓄の場合と同様に考えれば，状態1の所得（すなわち，状態1が生じたときに与えられるお金）と状態2の所得（すなわち，状態2が生じたときに与えられるお金）は，異なる環境下で利用されるものなのだから，別個の財として認識されなければならないのである。

このように考えると，保険は，状態2の貨幣（＝保険料）と状態1の貨幣（＝保険金）という別個の財を交換する契約と理解することができる。そして，その交換における交換比率が $\frac{1}{r}$ なのである。つまり，状態2の貨幣1単位を，状態1の貨幣 $\frac{1}{r}$ 単位と交換するのである。両者は別個の財なのだから1：1の交換がなされなくても，それを不等価交換だとみなしてはならないことになる。

■保険の需要

ここでは，これまでにやってきたような予算線と無差別曲線を用いて，消費者がどれくらいの金額の保険に入るのかを考えてみよう。前項で指摘したように状態1の貨幣と状態2のそれは別の財とみなされなければならないので，それぞれの「財」の消費量を2次元平面上で描くことにする。

状態1の貨幣量を $x_1$，状態2のそれを $x_2$ と書くことにしよう。この消費者が保険金 $K$ 円の保険に加入したなら，状態1での貨幣量 $x_1$ は，

$$x_1 = M - L + K \tag{5.6}$$

となる。彼は，その代わりに状態2で保険料 $rK$ を支払わなければならないので，

$$x_2 = M - rK \tag{5.7}$$

である。(5.6) 式より，$K = x_1 - M + L$ なので，これを (5.7) 式に代入して整理すると，

$$x_2 = -rx_1 + (1+r)M - rL \tag{5.8}$$

を得る。横軸に $x_1$，縦軸に $x_2$ を取って (5.8) 式のグラフを描いてみると，傾きが $-r$ で，縦軸の切片が $(1+r)M - rL$ の右下りの直線となる。図5-5

### 図 5-5　保険に関する予算制約

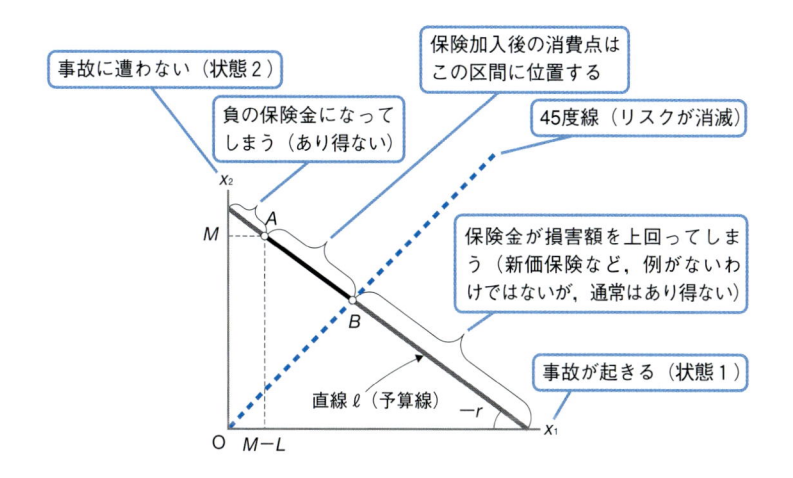

図中ラベル：
- 事故に遭わない（状態 2）
- 負の保険金になってしまう（あり得ない）
- 保険加入後の消費点はこの区間に位置する
- 45度線（リスクが消滅）
- 保険金が損害額を上回ってしまう（新価保険など，例がないわけではないが，通常はあり得ない）
- 事故が起きる（状態 1）
- 直線 $\ell$（予算線）
- 軸：$x_2$，$x_1$，$M$，$M-L$，$-r$，$A$，$B$

の $\ell$ 線がその直線である。

直線 $\ell$ は必ず点 $A$ を通る。点 $A$ は，$x_1 = M - L$，$x_2 = M$ という点だから，この点は消費者が全く保険に入らない状況（つまり，$K = 0$）を表している。

さらに，図 5-5 の原点から引いた 45°線上では $x_1 = x_2$ だから，この線上での消費は事故に遭っても遭わなくても同じ所得が確保されるような保険が購入された状況を表していることになる。このような保険契約を完全保険という。点 $B$ は予算線上の完全保険点である。

直線 $\ell$ は，保険に加入することによって消費可能になる状態 1 の財（貨幣）の量と状態 2 の財（貨幣）との組み合わせを描いたものだから，その意味で，「保険の購入に関する予算線」とみなすことができる。

もっとも，この予算線は，これまでにみてきた予算線とはちょっと違っていて，この線上のすべての点が消費点として実現し得るわけではないことに注意して頂きたい。

つまり，点 $A$ より左上方の領域は，負（マイナス）の金額の保険に入ることを意味している。言うまでもなくそのような保険契約は，そもそもありえないことである。

また，点 $B$ より右下方の領域で，消費者は自分の損害額である $L$ を上回る保険金を受け取ることができる。通常，保険会社は，損害額を上回る保険を引き受けないので[13]，消費者は点 $B$ より右下の領域の保険は選べないことになる。

したがって，この人が選べるのは予算線線上のすべての点でなく，点 $A$ と点 $B$ ではさまれた区間（つまり，線分 $AB$）上の点だけなのである。

この2次元平面上には，原点に対して凸で右下りの無差別曲線が無数にたくさん存在しているので，無差別曲線と予算線が接したところが保険に関する最適な消費点となる。図 5-6 では，点 $E$ がそのような点である。この点では状態1で $x_1^*$ 単位，状態2で $x_2^*$ 単位の消費が行われる。この場合の保険金額は，$x_1^*$ から状態1の所得 $M-L$ を引いたものだから，

$$\text{保険金} = x_1^* - (M-L) = x_1^* - M + L$$

となる。同様に考えると，

$$\text{保険料} = M - x_2^*$$

である。つまり，この消費者は，状態2での所得 $M-x_2^*$（円）と引き換えに，状態1で $x_1^*-M+L$（円）を獲得することになる。保険料率 $r$ は保険料を保険金で割ったものだから，

$$r = \frac{M-x_2^*}{x_1^*-M+L}$$

である。

図 5-6 の場合，無差別曲線と予算線の接点 $E$ は線分 $AB$ 上に位置しているので，その点が最適点になった。しかし，無差別曲線の形状（凸性の程度など）と予算線の傾き次第では，たとえば図 5-7 の点 $E'$ のように，線分 $AB$

---

[13] これはあまりに過大な保険契約を許すと，保険金詐欺や保険金殺人などの保険をめぐる犯罪を誘発する危険性が高まるからである。
ただし，損害額を上回る保険金額を許容する保険契約がないわけではない。たとえば，住宅用火災保険では，住宅の時価までしか保険をかけられないのが原則であるが，それでは老朽化した住宅などが火事で焼失してしまうと，とても代わりの家を建てることができなくなってしまう。そのような場合火災保険に「新価特約」を付けておくと，建物を新築する費用をもらうことができる。火災における損害額は建物の時価なので，新価特約の下では損害額を上回る保険金額が填補されることになる。

5-4 リスクの売買

図 5-6 保険需要の決定

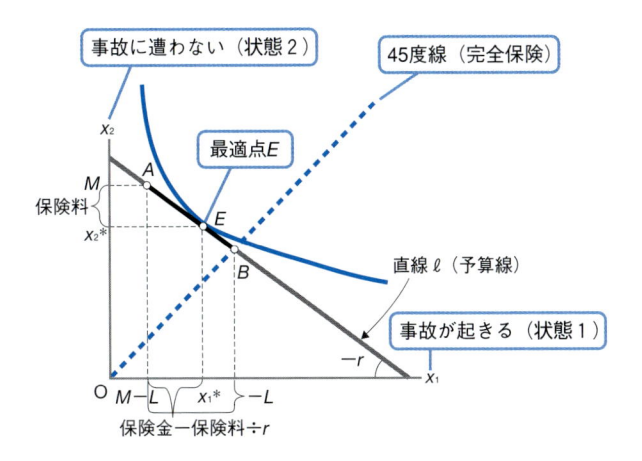

図 5-7 端点解の場合

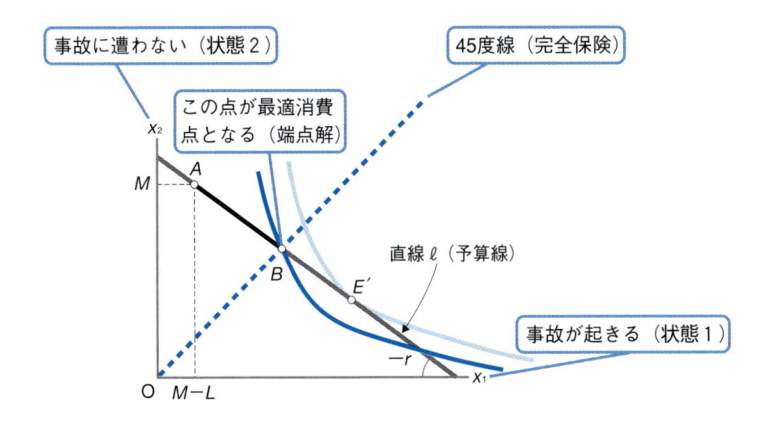

の外側で 2 つの線が接してしまうこともある。

　もし損害額を上回る保険契約ができないなら，当然 $E'$ 点を実現させるような保険に加入することはできない。その場合に，線分 $AB$ 上で効用を最大化する点 $B$ が選ばれることになる（このような最適解も，端点解またはコーナーソリューションと呼ばれる）。したがって，このケースでは，最適点で無差別曲線と予算線が接しないことになる。

## 5 消費者行動理論の応用

●練 習 問 題

1．①第5-2節で取り上げた労働供給の決定モデルで，もし賃金率 $w$ が上昇したなら，最適点はどのように変化するのかを説明しなさい。
　②①の変化を，代替効果と所得効果に分解して説明しなさい。

2．現実の社会では，借金をしたときの利子率 $r_1$ は，預金の利子率 $r_2$ より高いのが普通である（つまり，$r_1 > r_2$）。
　①この場合の予算線はどのような形になるか？
　②消費の最適点はどのように決まるか？

# 第 6 章

# 生産と費用

　この章では，企業の生産活動について学ぶ。生産とは，企業が自社固有の技術を利用して，生産要素を生産物に変形する活動である。ここでは，最初に生産関数と等量線の概念を導入した後，等量線の性質を述べる。続いて等量線上での費用最小化問題を考察し，短期と長期の費用関数を導出する。さらに，短期および長期での総費用曲線，平均費用曲線および限界費用曲線のグラフを描き，それぞれの曲線間の図形的な関係を明らかにする。

6　生産と費用

## 6-1　生産の構造

■生産とは？——投入と産出

　この章と次の章では，消費者と並ぶ重要な経済社会のプレイヤーである企業の活動について学ぶことにしよう。「企業とは何か？」について包括的に学ぶのは次章に持ち越すことにして，この章では企業が行う基本的な活動である生産について考えてみたい。

　生産活動とは，何通りかの財を投入して別の財を産出する一連の活動である[1]。たとえば，自動車工場では，さまざまな部品——タイヤ，ドア，ネジ，ガラス，……，など——と労働力，さらには生産設備を動かす電力などのエネルギー，……，等々の財を投入して，自動車という新たな財を産出する活動が行われている。

　生産の過程（生産プロセス）で投入される財を生産要素と呼ぶ（投入物といわれることもある）。また，産出される財を生産物と呼ぶ（産出物といわれることもある）[2]。

　さらに，生産プロセスで生産要素を生産物に変形させるためのノウハウを総称して，技術（あるいは生産技術）と呼ぶ。たとえ同じ生産物を作るための生産プロセスであっても，一般に技術は企業ごとに異なっているので[3]，必要とされる投入物の種類や量についても企業ごとの差異がある。

　たとえば，良い技術を持っている企業は，相対的に少ない生産要素の投入でたくさんの生産物を作ることができるだろう。それとは逆に劣悪な技術を持っている企業は，わずかの生産物を作るためにも大量の生産要素を投入し

---

[1]　あるいは，「生産活動とは，何種類かの財を組み合わせて別の財に変形する一連の活動である」ということもできる。
[2]　ある生産プロセスで生産要素として用いられた財が，別の生産プロセスでは生産物になることもある。たとえば，タイヤは，タイヤを製造する生産プロセスでは生産物だが，自動車の生産プロセスでは生産要素である。
[3]　一般的にいって，各企業が持つ技術は，それ自体が無形の資産であるとみなすことができる。

### 図 6–1　生産プロセス：結合生産がある場合

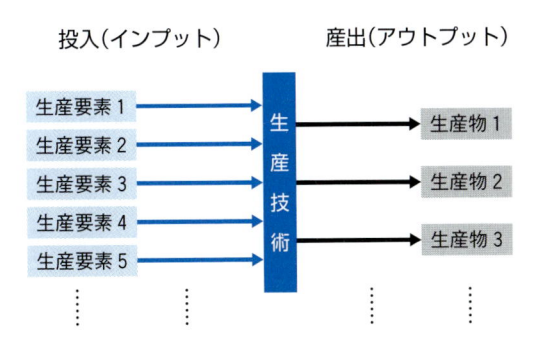

なければならないかもしれない。

　図 6–1 は生産プロセスの概念図である。この図からわかるように，一般に企業は複数の生産要素を投入して複数の生産物を作っている。たとえば，石油精製工場は，原油や労働力，電力などを投じて，重油，軽油，ガソリン，灯油などの生産物を産出している。このように複数（2 種類以上）の財が産出されるとき，「結合生産が行われている」という。それに対して 1 種類の生産物しか生産されないときには，「結合生産が行われない」という。

　生産要素については，複数種類の財の投入が普通である。ただし，どのような財が生産要素として必要とされるかは，生産プロセスごとに異なっている。たとえば，自動車の生産プロセスで原油がそのままの形で投入されることはないだろうし，灯油や軽油の生産プロセスでタイヤが投入されることもないだろう。

　しかし，労働力は，ほとんどすべての生産プロセスで必要とされる生産要素である。また，たいていの生産プロセスでは，工場などの生産設備も生産要素として必要とされるものである[4]。

---

[4]　より正確ないい方をすれば，工場などの生産設備それ自体が生産要素というわけではなく，そういった生産設備によって生産物が作り上げられるサービスが生産要素なのである。各企業は生産設備それ自体を所有しても，レンタル料を支払って借用しても，「生産物を作り上げるサービス」を利用できることになる。「生産設備を利用できる権利」のことを総称して資本と呼ぶことがある。

## ■生産技術と生産関数

前項で見たように,一般的な生産プロセスは図6-1のように表されるが,以下では議論を出来るだけわかりやすくするため,①結合生産は行われず1種類の財だけが生産され,②生産要素の種類は2種類だけである生産プロセスを考えることにしたい(図6-2)。この2つの仮定を置くことで,私たちは簡単なグラフを用いて,生産の構造をわかりやすく理解できるようになる。

第1生産要素の投入量を $x_1$,第2生産要素の投入量を $x_2$,そして生産物の産出量を $y$ と書くことにしよう。生産量 $y$ の大きさは,一般に第1生産要素の投入量と第2生産要素の投入量に依存するだろう。つまり,$y$ は $x_1$ と $x_2$ に依存して決まるわけである。このことから,$x_1$ と $x_2$ の組み合わせと $y$ との間に,

$$y = f(x_1, x_2)$$

という関数関係があることがわかる。この関数は,「第1生産要素を $x_1$ 単位,第2生産要素を $x_2$ 単位投入したときには,生産物が $y$ 単位生産される」という関係を表している。これを生産関数という。

両方の生産要素の投入量が増えるにつれて,生産量が増えていくのが普通である。このような性質を「生産関数の単調性」という[5]。生産関数は,企業が持っている技術を数学的に表したものである。したがって,一般に生産

図6-2 2財投入1財産出(結合生産なし)

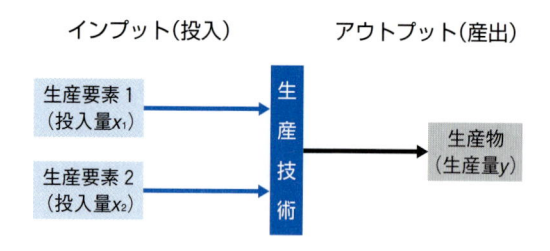

---
[5] 数学的に表すと,生産関数の単調性とは,$x_1 \leq x_1'$ かつ $x_2 \leq x_2'$ であるならば,$f(x_1, x_2) \leq f(x_1', x_2')$ となることである。なお,第1生産要素の投入量が増えても第2生産要素の投入量が減った場合などには,生産量が増えることもあれば減ることもある。

関数の形状は，企業ごとに異なっている。

**例1**：ここでは代表的な生産関数の例を3つあげる。なお，3つの生産関数を区別するため，それぞれを $f_1(x_1, x_2)$，$f_2(x_1, x_2)$ および $f_3(x_1, x_2)$ と書くことにする。

①$\alpha$ と $\beta$ を正の定数とするとき（つまり，$\alpha > 0$ かつ $\beta > 0$），$f_1(x_1, x_2) = \alpha x_1 + \beta x_2$：この生産関数を完全代替的な生産関数という。

②$\alpha$ と $\beta$ を正の定数とするとき，$f_2(x_1, x_2) = \min\{\alpha x_1, \beta x_2\}$[6]：この生産関数をレオンチェフ型生産関数という。

③$A$ を正の定数，$\alpha$ と $\beta$ を，$\alpha + \beta = 1$ である正の定数とする。このとき，$f_3(x_1, x_2) = A x_1^{\alpha} x_2^{\beta}$：この生産関数をコブ=ダグラス型生産関数という[7]。

いま，第1生産要素を3単位，第2生産要素を7単位投入して生産が行われているものとしよう。それぞれの生産関数での生産量を求めてみよう。

①**完全代替的**（ただし，$\alpha = \beta = 1$ とする）：$f_1(3, 7) = 3 + 7 = 10$ なので，10単位の生産物が作られる。

②**レオンチェフ型**：$f_2(3, 7) = \min\{3\alpha, 7\beta\}$ なので，（ⅰ）$3\alpha \geq 7\beta$（つまり，$\frac{3}{7} \geq \frac{\beta}{\alpha}$）ならば，$7\beta$ 単位の生産物が作られ，（ⅱ）$3\alpha \leq 7\beta$（つまり，$\frac{3}{7} \leq \frac{\beta}{\alpha}$）ならば，$3\alpha$ 単位の生産物が作られる。

③**コブ=ダグラス型**（ただし，$A = 1$，$\alpha = \beta = \frac{1}{2}$ とする）：$f_3(3, 7) = 3^{\frac{1}{2}} \times 7^{\frac{1}{2}} = \sqrt{3 \times 7}$ なので，$\sqrt{21}$ 単位の生産物が作られる（例終）。

## ■ 等 量 線

最近のファミリーレストラン（ファミレス）やチェーン店の居酒屋などでは，ほとんどプロの調理師やウエイトレスなどが働いておらず，大多数の働き手はアルバイトというのが実情らしい。そのため，厨房には最新式の調理器具が整備されており，素人でも簡単に「プロの料理人の味」が出せるよう

---

[6] $\min\{\alpha x_1, \beta x_2\}$ は，「$\alpha x_1$ と $\beta x_2$ のうち小さい方」を意味している。たとえば，$\alpha x_1 = 5$ で，$\beta x_2 = 4.3$ ならば，$\min\{\alpha x_1, \beta x_2\} = \min\{5, 4.3\} = 4.3$ である。

[7] たとえば，$A = 1$，$\alpha = \beta = \frac{1}{2}$ ならば，$f_3(x_1, x_2) = x_1^{\frac{1}{2}} \cdot x_2^{\frac{1}{2}} = \sqrt{x_1 \cdot x_2}$ である。

な工夫がなされているという[8]。

しかし，そのような高度な機械を設置する代わりに，ベテランの板前を雇って文字通りの「料亭の味」を提供する料理屋もいまだ健在である。

要するに，美味しいてんぷらを作るためには，①労働投入を控えめにして，その代わりに高価な機械を導入するというやり方もあれば（ファミレスの場合）[9]，それとは逆に②高価な機械を導入しないで，労働投入を増やすというやり方（高級料理屋の場合）もあるわけだ。どちらを選ぶかは，各企業が個別に判断すべき事柄である。

ここで，生産関数 $y = f(x_1, x_2)$ に従った生産の話題に話を戻そう。てんぷらを作るためにさまざまな生産要素投入の方法があったのと同様，企業が一定量の財を生産するためにもさまざまな生産要素の投入方法がある。

いま，この企業は，$y_0$ 単位の財を生産しようとしているものとしよう。この企業の生産関数においては，第1生産要素を $a_1$ 単位，第2生産要素を $a_2$ 単位投入することで，$y_0$ 単位の生産物が作れるものとする。つまり，

$$y_0 = f(a_1, a_2)$$

である。図6-3の点 $A$ は，$a_1$ と $a_2$ の組み合わせをプロットしたものである。

てんぷらの例に戻ると，第1生産要素が生産設備で，第2生産要素を労働と考えるなら，点 $A$ は労働力に頼って設備を節約するプロの板前を雇う高級料理屋の投入パターンを表しているとみなすことができるだろう。

それに対して，同じ $y_0$ 単位の生産のためでも，第1生産要素の投入量をより多くして（$b_1$ 単位投入），その代わりに第2生産要素の投入量を減らす点 $B$ のような投入の組み合わせも可能かもしれない（$B = (b_1, b_2)$ である）。

---

[8] ある和食中心のファミレスの調理場には，自動てんぷら揚げ器（ロボット）が設置されていて，最適な温度に設定された油の「プール」の中を，てんぷら粉をまぶした具材の入ったバスケットが，ケーブルカーのように移動しているのだそうだ。「ケーブルカー」がプールの端に到着すると，カラッとした仕上がりのてんぷらの一丁揚がり，ということになる。

[9] 単純に働いている時間を「労働時間」と捉えることにすれば，アルバイトもプロの板前も，働く時間は同程度かもしれない。しかし，両者の技量の差を明示的に考慮して「労働時間」を捉えれば，板前の1時間は，アルバイトの数時間に匹敵するといえるだろう。このように考えることによって，板前を雇った場合は「多労働・少設備」で，ファミレスの場合は「少労働・多設備」だとみなすことができる。

図 6-3　等量線

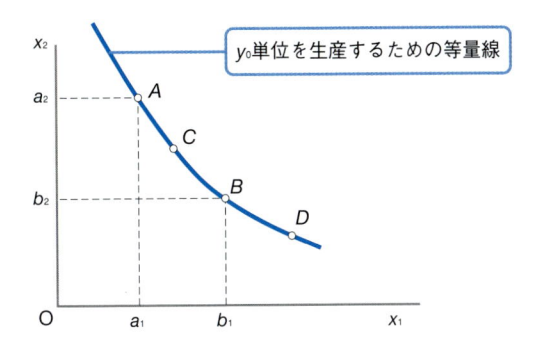

$y_0$ 単位を生産するための等量線

すなわち，

$$y_0 = f(b_1, b_2)$$

である。点 $B$ はオートメーション化された設備に頼るファミレスの投入パターンということになる。

　一般に $y_0$ 単位の生産物をつくるための投入のパターンは，図 6-3 の点 $A$ や点 $B$ 以外にもさまざまなものがあり得るだろう。たとえば，点 $A$ よりも第 1 生産要素の投入量が少ないが，点 $B$ ほど多くない点 $C$ のような投入のパターンも考えられる。あるいは，点 $B$ よりも第 1 生産要素を増やした点 $D$ のような投入のパターンもありうる。

　このように，同じ $y_0$ 単位の財を生産するために可能な生産要素の組み合わせを結んで得られる曲線を，「$y_0$ 単位を生産するための等量線」という（等量線は，等産出量曲線と呼ばれることもある）。図 6-3 の右下がりの曲線（太線）が等量線である。

■等量線の形状

　第 4 章で学んだ無差別曲線は，効用を一定に保つような $x_1$ と $x_2$ の組み合わせだった。つまり，効用関数を $u(x_1, x_2)$ と書くことにすれば，

　　$u(x_1, x_2) =$ 一定値

## 6　生産と費用

となるような $(x_1, x_2)$ の軌跡が無差別曲線である。

一方，等量線は生産量を一定に保つような $x_1$ と $x_2$ の組み合わせなので，

$$f(x_1, x_2) = 一定値$$

となるような $(x_1, x_2)$ の軌跡ということになる。

つまり，非常に形式的に理解すれば，無差別曲線と等量線は，一定値を取る関数の名前が $u$ か $f$ かという違いがあるだけで，あとは同じものだということになる。したがって，実は等量線も無差別曲線とは，基本的に同じ性質（第4章第4-2節参照）を持っているのである。

まず，等量線も右下がりで，しかも $x_1 - x_2$ 平面上に無数にたくさん存在している。つまり，この平面の第Ⅰ象限は無数の等量線で埋め尽くされている。さらに右上方にある等量線ほどより大きな生産量に対応している。

たとえば，図6-4 には，図6-3 の等量線に加えて典型的な等量線がさらに2本（生産量が $y_1$ 単位と生産量が $y_2$ 単位の等量線）描かれている。この図で，一番右上に位置している等量線は $y_1$ 単位を生産するためのもので，一番左下方にあるのは $y_2$ 単位を生産するためのものである。そして，$y_0$ 単位を生産する等量線はその間にあるので，結局 $y_0$，$y_1$ そして $y_2$ の間には，

$$y_2 < y_0 < y_1$$

**図6-4　さまざまな等量線**

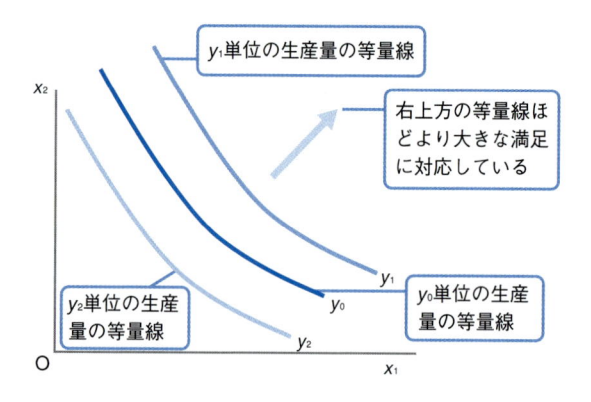

という大小関係があることがわかる。

次に無差別曲線と同様,等量線も原点に向かって凸な形をしている。無差別曲線の場合こういう形になるのは「限界代替率逓減の法則」が成り立つからであったが,等量線についても同様である。

ただし,等量線の場合,限界代替率に相当する概念は,技術的限界代替率 (Marginal Rate of Technological Substitution：$MRTS$ と略す) と呼ばれる。

その定義は,限界代替率と似ていて,「第1生産要素の投入量をさらに1単位だけ増やしたときに,同じ生産量水準を保つために減らすことのできる第2生産要素の量」が技術的限界代替率である。

図 6-5 では,第1生産要素を生産設備の水準(量),第2生産要素を労働力の量と考えている。このとき,点 $A$ のようにほとんど設備のないところで設備の水準をさらに1単位だけ増加すれば相当な労働力の削減が図れるかもしれない。しかし,だんだんと設備が増えるにつれて使い勝手なども悪くなっていくので,点 $B$ のような状況のときにさらに設備を1単位増やしても,たいした労働力削減効果は期待できないことになってしまう。

このように技術的限界代替率においても逓減の法則が働く。これが,無差別曲線と同様,等量線も原点に対して凸になる理由である。

### 図 6-5　技術的限界代替率逓減の法則

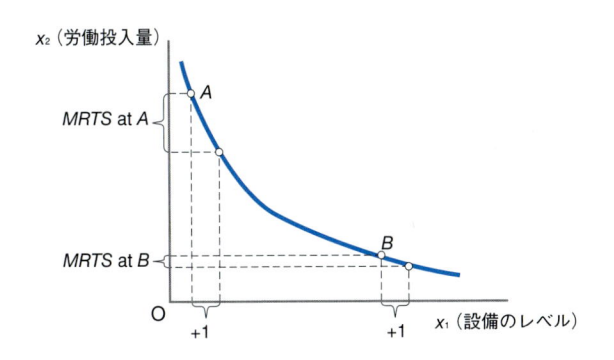

## 6-2 費用の最小化と費用関数

### ■費用の最小化

一般に企業は，生産活動を通じてできるだけたくさんの利潤を獲得したいと望んでいる。そのためには，できる限り安く財を生産すること——つまり，生産にかかる費用をできるだけ小さくすること——が必要である。

企業が行う利潤最大化行動の全貌については次章で詳しく説明することにして，ここではその不可欠な要因である**費用の最小化**について考えてみたい。

さて，ある企業が，$y$ 単位の生産物を作ることを決めたものとしよう[10]。第1生産要素の価格を $w_1$，第2生産要素の価格を $w_2$ とする。いま，この企業が生産のために，第1生産要素を $x_1$ 単位，第2生産要素を $x_2$ 単位投入したとすれば，総支出額は $w_1 x_1 + w_2 x_2$ （円）となる。このとき，$C$ 円の支出（費用）で購入できる $x_1$ と $x_2$ の量は，

$$C = w_1 x_1 + w_2 x_2 \tag{6.1}$$

を満たしていなければならない。(6.1) 式を満たす $x_1$ と $x_2$ の組み合わせの軌跡を**等費用線**という。これを $x_1$ と $x_2$ の平面上に描くと，傾きが $-\dfrac{w_1}{w_2}$ で，縦軸の切片が $\dfrac{C}{w_2}$ の直線となる。図6-6からわかるように，費用（支出額）$C$ が大きくなればなるほど，等費用線は右上方にシフト（平行移動）していく。

一番安い費用で $y$ 単位の生産を可能にする生産要素の組み合わせを求めるためには，生産量 $y$ の等量線上で出来るだけ左下方にある等費用線との共有点を見つけてやればよい。図6-7からわかるように，等費用線と等量線の接点 $E$ がまさにそのような点であり，そこで費用が最小化されることになる。

---

[10] この企業がなぜ $y$ 単位の生産物を作ることを決意したのかは，ここでは問わないことにする。それについては，次章で考える。

## 6-2 費用の最小化と費用関数

### 図 6-6 等費用線

この線上のどの点も，C円の費用で購入できる$x_1$と$x_2$の組み合わせを表している。この直線を費用C円の等費用線という

Cが大きくなると，等費用線は右上方に平行移動する

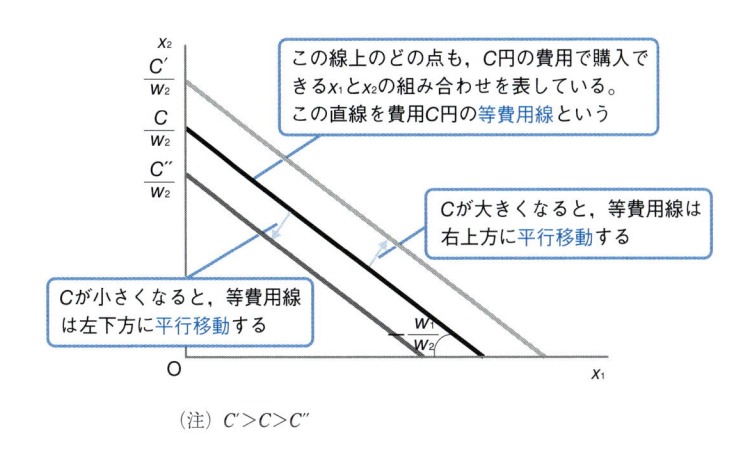

Cが小さくなると，等費用線は左下方に平行移動する

（注）$C' > C > C''$

### 図 6-7 費用最小化

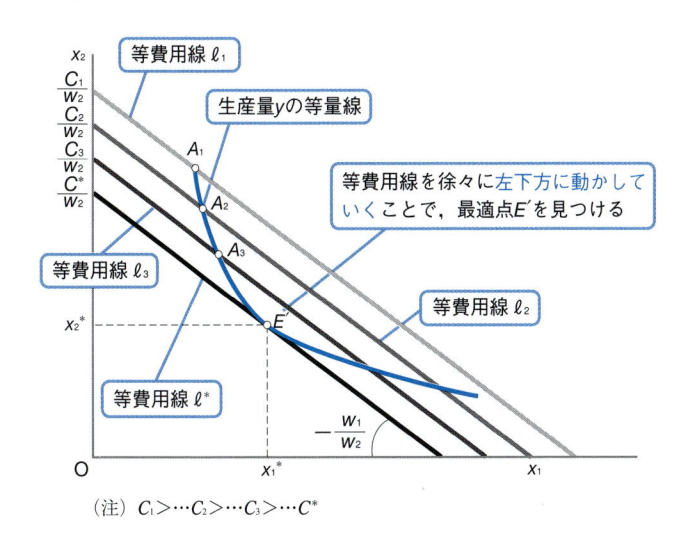

等費用線を徐々に左下方に動かしていくことで，最適点$E'$を見つける

（注）$C_1 > \cdots C_2 > \cdots C_3 > \cdots C^*$

このようにして最小化された費用を，$C^*$と書くことにする。$C^*$は生産量$y$と生産要素価格$w_1$と$w_2$に依存するので，これらの変数の関数として，

$$C^* = C(y : w_1, w_2)$$

と表すことができる。$C(y : w_1, w_2)$を総費用関数という。

6　生産と費用

　さらに，費用を最小化するような生産要素の投入量を $x_1^*$, $x_2^*$ と書くことにする。これらも $y$ と $w_1$, $w_2$ に依存して値が決まるので，

$$x_1^* = d_1(y; w_1, w_2) \text{ および } x_2^* = d_2(y; w_1, w_2)$$

と書くことができる。関数 $d_1(y; w_1, w_2)$ と $d_2(y; w_1, w_2)$ は，それぞれ，第1生産要素と第2生産要素に対する要素需要関数と呼ばれる。

### ■要素価格の変化と要素需要

　著者が子どもの頃，日本の路線バスには必ず「車掌さん」が乗車していた。当時，運転手は文字通り運転することに専念し，ドアの開閉や運賃の徴収，停留所の案内などは全部車掌の仕事だった。それがいつごろからであろうか，私が育った地域では東京オリンピック（1964年開催）の少し後ぐらいから，バスはワンマン化されて行き，いまのように運転手が一人ですべてを取り仕切るようになった。

　ワンマン化される前のバスでは，ドアは手動で開閉され，案内は車掌の肉声で行われていた。そこで当時のバスには，マイクやスピーカーなどの放送設備は設置されていなかった。ところが，ワンマン化するとなると，自動ドアや放送設備，あるいは両替機や整理券発券機などを設置しなければならない。いまでこそ何ということのない機器ばかりだが，当時は路線バスの設備としてはどれももの珍しくまた高価なものばかりだった。

　ところで，1964年の東京オリンピック以前の高度経済成長期前期の日本では，まだ労働者の給与水準は低かったので，ワンマン化のための設備の導入費用と比べて，労働者に支払われる賃金は相対的に低めだった。しかし，高度成長の進展に伴って給与水準は急激に高くなり，それとは対照的に大量生産技術の確立によって設備費はどんどん安くなっていった。

　路線バスのワンマン化の過程を，バス輸送サービスの生産という観点から理解すると，①労働力の価格が設備のそれよりも相対的に安かったときには，労働力をたくさん用いるような生産活動が行われていたのに対して，②労働力の価格が相対的に高くなると，労働力の投入を控えめにする方向に，生産

## 図6-8 要素価格の変化

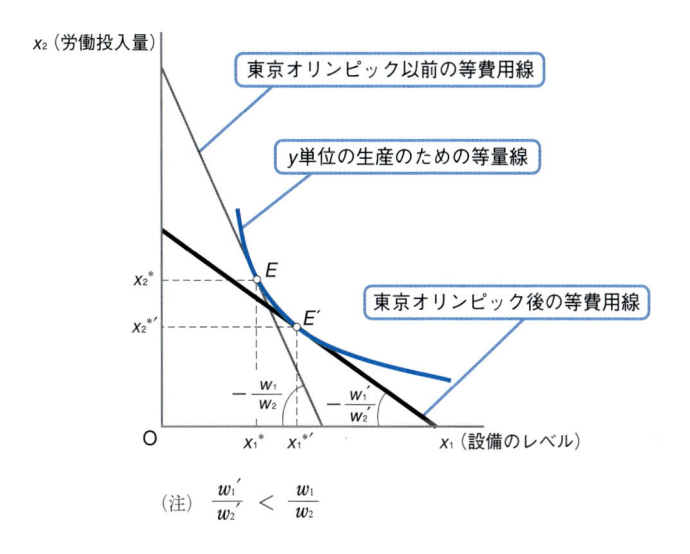

図6-8 要素価格の変化を示す図。縦軸は $x_2$（労働投入量）、横軸は $x_1$（設備のレベル）。東京オリンピック以前の等費用線（傾き $-\frac{w_1}{w_2}$）と均衡点 $E$（$x_1^*, x_2^*$）、東京オリンピック後の等費用線（傾き $-\frac{w_1'}{w_2'}$）と均衡点 $E'$（$x_1^{*\prime}, x_2^{*\prime}$）、$y$単位の生産のための等量線が描かれている。

（注） $\dfrac{w_1'}{w_2'} < \dfrac{w_1}{w_2}$

要素の投入の仕方が変化していったということになる。

これを図で理解してみよう（図6-8）。図での理解を容易にさせるために、生産要素は「設備」（＝第1生産要素）と「労働力」（＝第2生産要素）だけだとしよう。$w_1$ と $w_2$ は東京オリンピック以前の設備の価格[11]と労働の価格（賃金率）である。また、$w_1'$ と $w_2'$ は東京オリンピック以降のそれらである。

東京オリンピック以前に設備が労働と比べて相対的に高額だったということは、$\dfrac{w_1}{w_2}$ の値が比較的大きかったことを意味している。それに対して、東京オリンピック以降は賃金率が相対的に高くなり、設備の価格は低下していったので、東京オリンピック前後の要素価格比の変化を数式で表せば、

$$\frac{w_1}{w_2} > \frac{w_1'}{w_2'} \tag{6.2}$$

---

11) （注4）で説明したように、より正確には「設備をレンタルするための価格」である。

ということでなる。

図 6-8 に灰色の細線で描いた右下りの直線は，東京オリンピック以前（ワンマン化以前）の等費用線である。それに対して，黒い太線はオリンピック以後の等費用線である。なお，この図の等量線は，$y$ 単位の生産を可能にする $x_1$ と $x_2$ の組み合わせである。

(6.2) 式によって，黒の太い等費用線の傾きの方が灰色の細い等費用線の傾きより緩やかであることがわかる。図 6-8 で，東京オリンピック前の費用最小点は，点 $E$ であり，東京オリンピック後のそれは点 $E'$ である。

この 2 つの点を比べてみれば，たしかにバスの東京オリンピックの後には，①設備の使用量が増やされ（すなわち，$x_1^{*'} > x_1^*$），②労働の使用量が減らされている（すなわち，$x_2^{*'} < x_2^*$）ことがわかる。

## 6-3 短期の費用

■短期総費用関数

第 2 章第 2-2 節で私は，生産要素には，①必要に応じてすぐに投入量を変更できるようなもの（たとえば，電力など）と，②投入量の変更に時間がかかるもの（たとえば，工場などの設備）とがあることを指摘した。

そして，すべての生産要素の投入量を変更するに十分な時間を長期と呼び，長期よりも短くて，投入量の変更ができない生産要素が存在してしまう期間を短期と呼ぶことにした。つまり，短期においては固定的生産要素と可変的生産要素とに，生産要素は区分されることになる。

前節で費用最小化問題を考えたときに明示的には述べなかったが，実は生産プロセスで用いられる生産要素の種類がどのようなものであるのかということに応じて，前節で考えた費用最小化問題は，長期の問題としても，または短期の問題としても解せるのである。

6-3 短期の費用

　たとえば，生産要素がただ2種類しかない生産プロセスでは，図6-7 ですべての生産要素が動かされて費用最小化が図られていることになるので，それは長期の話だということになる。

　しかし，もし3つ以上の生産要素が生産に必要とされるのなら，図6-7 で動かされているのは2種類の生産要素だけなので，残りの生産要素の量は固定されていることになる。その場合には，第1生産要素と第2生産要素のみが可変的生産要素で，残りの生産要素は固定的だということになる。この場合には，固定的生産要素が存在している以上，それは短期の話だということになる[12]。

　図6-9 では横軸に生産量 $y$ を，縦軸に費用（総費用）の大きさを取っている。いま，短期を考えることにしよう。前節で見たように，生産量 $y$ が変われば当然に最小化された費用 $C$ も変化していくことになる。図6-9 の右上がりの太線は，生産量の各水準 $y$ に対して，$y$ 単位の生産を行うための最小化された費用がいくらかを示すグラフである。このグラフを，短期の**費用曲線**または**総費用曲線**という。

　生産量が増えれば当然に費用も増大するので，費用曲線は右上がりの形状をしている。ところで，図6-9 で費用曲線のグラフが縦軸と交わる位置は原点よりも上方になっている。つまり，全く生産をしない（$y=0$）のときにも正（プラス）の費用がかかっているのである。

　全く生産しないときでもかかる費用が固定費用である。この総費用曲線は短期のものなのだから，当然に固定費用が存在していなければならないのである[13]。このように短期の総費用曲線は，それが原点よりも上のところで縦

---

[12] 前節では生産関数を $f(x_1, x_2)$ と書いた。しかし，第1生産要素と第2生産要素以外にも固定的生産要素があるならば，たとえば全部で3種類の生産要素があって，第3生産要素が固定的であるならば，生産関数は $f(x_1, x_2, x_3)$ ということになる（ただし，$x_3$ は第3生産要素の量である）。しかしながら，第3生産要素が固定的であるならば $x_3$ の値は一定値となる。これを $\bar{x}_3$ と書くことにすれば，結局生産関数は $f(x_1, x_2, \bar{x}_3)$ ということになり，変数は $x_1$ と $x_2$ の2つだけになる。先ほどの $f(x_1, x_2)$ は，$f(x_1, x_2, \bar{x}_3)$ において定数である $\bar{x}_3$ を省略して書いたものだと理解することができる。
[13] 注12のように，3つの生産要素のうち第3生産要素の投入量が $\bar{x}_3$ の水準に固定されているとしよう。第3生産要素の価格が $w_3$ であるなら，$w_3 \bar{x}_3$ が固定費用になる。実際，生産を取りやめて $x_1 = x_2 = 0$ としても，企業は $w_3 \bar{x}_3$ 円だけは負担しなければならないのである。

### 図6-9 短期の総費用曲線

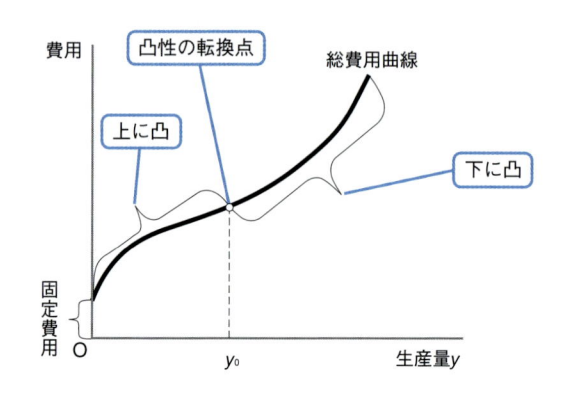

軸と交わるという特徴を持っている。

■**限界費用**

　前項で見たように短期の総費用曲線は，(1) 右上がりで，(2) 原点より上の点で縦軸と交わる。これらの性質に加えてこの曲線は，図6-9のように，(3) $y$ が小さいところでは上に凸だが，$y$ が大きくなるにつれて下に凸な形になる，という性質を持っている。

　(3) の性質を理解するために，限界費用という概念を導入しよう。企業が財の生産を増やせば当然生産にかかる費用も増大するが，「生産量が1単位だけ増加したときの費用の増分」を限界費用（Marginal Cost：$MC$ と略す）という。

　たとえば，これまである財を54個製造していた企業が生産量を54個に増やしたとする。53個の生産に要した費用が12万円で，54個のそれが12万7,800円であるなら，限界費用は，

　　　$127{,}800 - 120{,}000 = 7{,}800$（円）

となる。なお，限界費用の値は生産数量によって変化しうるので，この7,800円はあくまでも「生産量が53個から54個に変化するときの限界費用」である。

## 6-3 短期の費用

さて，結論を先に述べておけば，①総費用曲線の形が上に凸になることは，「生産量が増えるにつれて，限界費用が小さくなっていく」ことを意味しており，②下に凸になることは，「生産量が増えるにつれて，限界費用が大きくなっていく」ことを意味している。①の場合を限界費用の逓減といい，②を限界費用の逓増という。

この項の残りの部分では，限界費用の増減と総費用曲線の形状の間に，なぜいま述べたような関係があるのかを説明したい。

まず図6-10（a）を見て頂きたい。この図には，上に凸な形をした総費用曲線が描かれている。

まず，点$A$に注目しよう。この点から生産量$y$を1単位だけ増やすと点$B$に至る。点$B$の高さと点$A$の高さとの差が「点$A$における限界費用」である。図6-10（a）では，それを"$MC$ at $A$"と書いてある。同様にして，点$B$，点$C$，……，等々における限界費用も図示されている。この図から一目瞭然にわかるように，生産量$y$が増えるにつれてたしかに限界費用は小さくなっている。つまり，限界費用は逓減しているのである。

次に，下に凸なグラフが描かれている図6-10（b）をご覧になって頂きたい。先ほどと同様に考えると，今度のケースでは，生産量$y$が大きくなるにつれて限界費用の"$MC$ at $A$"，"$MC$ at $B$"，……，等々は徐々に大きくなっている。つまり，限界費用は逓増している。

限界費用の逓減・逓増と総費用曲線の凹凸との間には，このような規則的関係があることがわかった。

### ■限界費用曲線

生産量$y$と限界費用の関係をグラフに描いてみよう。図6-10（a）と（b）では，生産量$y$の値が自然数（またはゼロ）となるように$A$，$B$，$C$，…を取っていった。しかし，$y$は必ずしも自然数の値を取る必要はないので，生産量を$y$から$y+1$に増やしたときにいくら費用が増えるのかを計算していけば，$y$がどのような値であっても限界費用を求めることができる。

## 6 生産と費用

### 図 6-10 限界費用の逓減と逓増

(a) だんだん小さくなっていく

(b) だんだん大きくなっていく

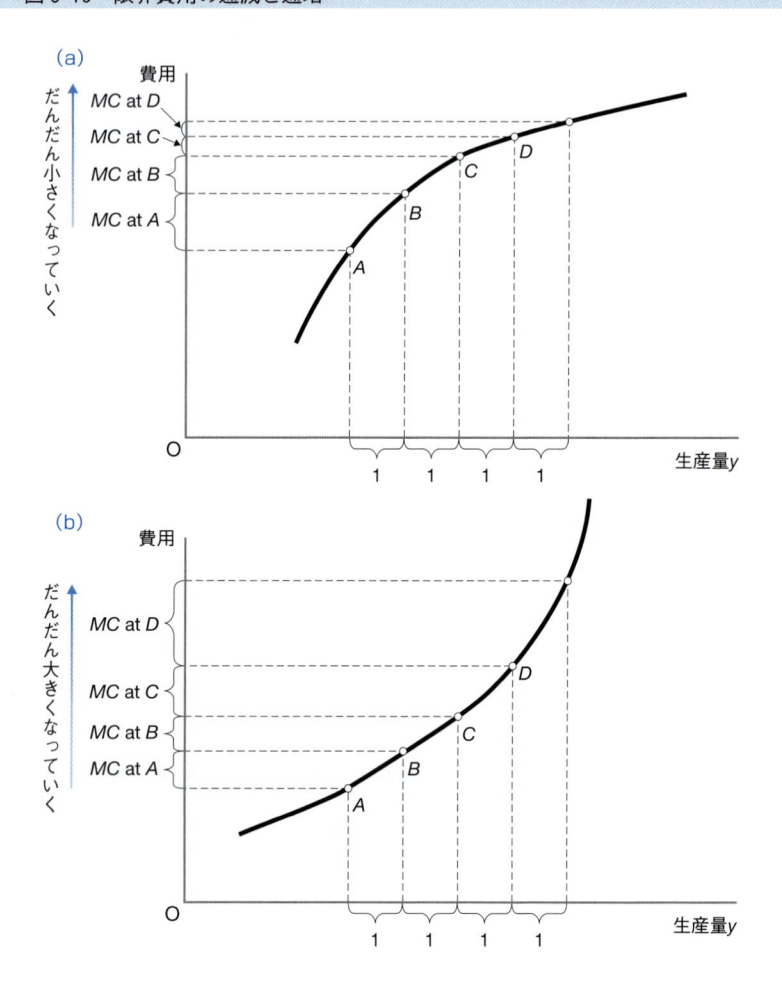

　図 6-11 には，横軸に生産量 $y$ の値を，縦軸に限界費用 $MC$ の値を取って，$y$ と $MC$ の関係をグラフに表している。このようなグラフを**限界費用曲線**（$MC$ 曲線）と呼ぶ。

　図 6-9 の総費用曲線では，生産量 $y_0$ のところで，グラフの形状が上に凸（つまり，限界費用が逓減）から下へ凸（つまり，限界費用が逓増）へと変

### 図 6-11　限界費用曲線

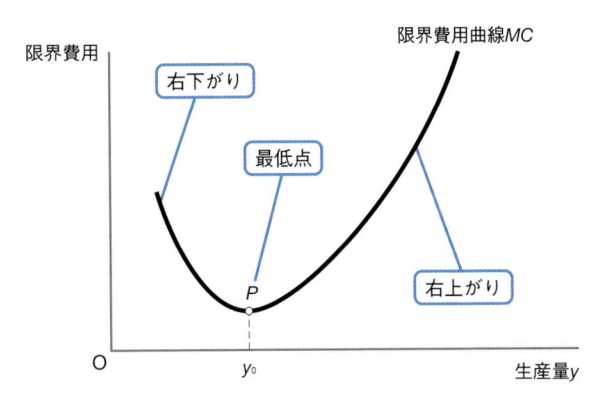

限界費用曲線 MC、右下がり、最低点 $P$、右上がり、生産量 $y$、$y_0$

化している。したがって，限界費用曲線は，図 6-11 のように，$y_0$ までは右下がりになり，その先では右上がりになる。

このように，限界費用曲線は，アルファベットの「U」と似た形をしている。そこで，「限界費用曲線は U 字型をしている」としばしばいわれる。

ところで，生産量が $y$ 単位のときの総費用を $C(y)$ と書くとき，生産量が $y'$ に増加したなら総費用も $C(y')$ に増加する。この場合，総費用の増分 $C(y') - C(y)$ と生産量の増分の $y' - y$ との比 $\dfrac{C(y') - C(y)}{y' - y}$ を取ると，それは「生産量 1 単位についての総費用の増分」を表していることになる。こう考えて，$\dfrac{C(y') - C(y)}{y' - y}$ を限界費用とみなすことができるのである。

さて，図 6-12 には，総費用曲線の拡大図が描かれているが，この図において $\dfrac{C(y') - C(y)}{y' - y}$ は，灰色の太線で囲った直角三角形の傾きになっている。一方，点 $A$ における接線の傾きは，図中に示した通りである。図 6-12 では，直角三角形の傾きとこの接線の傾きは同じではないが，$y'$ が $y$ に十分近いのなら，この 2 つの傾きはほぼ一致する。

したがって，総費用曲線の各点における接線の傾きは，その点における限界費用の近似値とみなすことができる。以上の理由により，以下では限界費用と接線の傾きをほぼ同一視して話を進めたい（総費用曲線の接線の傾きは，その曲線のもとになる総費用関数を微分することで求められる）[次頁14]。

### 図6-12 限界費用の近似

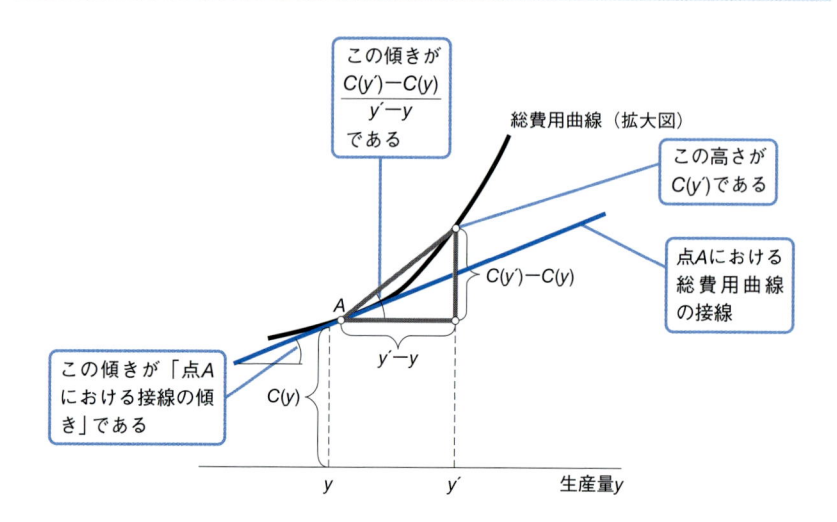

図中注釈:
- この傾きが $\dfrac{C(y') - C(y)}{y' - y}$ である
- 総費用曲線（拡大図）
- この高さが $C(y')$ である
- 点$A$における総費用曲線の接線
- $C(y') - C(y)$
- $y' - y$
- この傾きが「点$A$における接線の傾き」である
- $C(y)$
- 生産量$y$

■可変費用曲線と固定費用曲線

　総費用（Total Cost：$TC$ と略す）から固定費用（Fixed Cost：$FC$ と略す）を引いたものは，総費用のうち生産量$y$に依存して変動する部分なので，可変費用（Variable Cost：$VC$ と略す）と呼ばれる。

　総費用（$TC$），固定費用（$FC$）および可変費用（$VC$）の間には，

　　　総費用($TC$) ＝ 固定費用($FC$) ＋ 可変費用($VC$)

または，

　　　可変費用($VC$) ＝ 総費用($TC$) － 固定費用($FC$)

という関係がある。

　図6-13には，可変費用曲線（$VC$ 曲線）と固定費用曲線（$FC$ 曲線）が描かれている。

　まず可変費用曲線であるが，可変費用は総費用から固定費用（一定値）を引いたものだから，可変費用曲線は，固定費用の大きさだけ総費用曲線（図

---

14)（前頁）　以上の説明は，$y$から生産量を増やした場合（つまり，$y < y'$の場合）についてのみ行ったが，$y$から生産量を少しだけ減らした場合についても同じように議論することができる。

### 図6-13 可変費用曲線と固定費用曲線

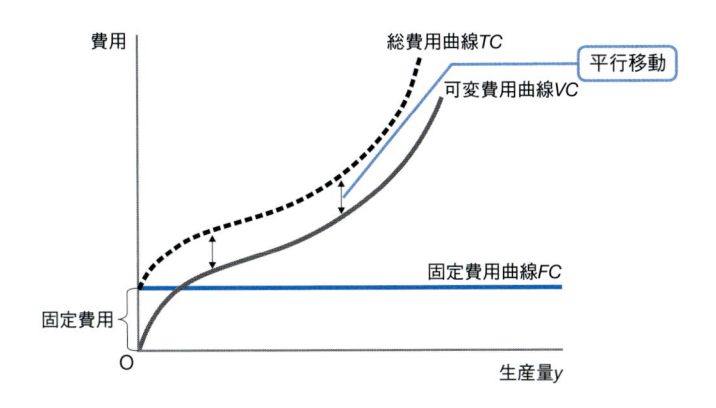

6-13では点線で描かれている）を下に平行移動したものになる。

それに対して，固定費用は$y$の大きさに関わりなく一定の値になるので，固定費用曲線のグラフは高さ一定の横軸との平行線になる。

■ 平均費用と平均可変費用

先に説明した限界費用は，生産量をさらに1単位増やそうとするときに，その追加的な1単位の生産にかかる費用であったが，財を$y$単位生産したとき，1単位あたりに平均でかかる費用は，平均費用（Average Cost：$AC$と略す）と呼ばれている。平均費用$AC$は，

$$AC = \frac{TC}{y}$$

と定義される。たとえば，12個の財を作るために（つまり，$y = 12$），6,000円の総費用がかかったなら（$TC = 6000$），

$$AC = \frac{6000}{12} = 500$$

であるから，この場合の平均費用は500円である。

平均費用$AC$は総費用から導かれるものだが，可変費用に注目して「1単位あたり平均の可変費用」を考えることもできる。これが平均可変費用（Average Variable Cost：$AVC$）である。可変費用の大きさを$VC$で表すと，

$y$個の生産のための平均可変費用は,

$$AVC = \frac{VC}{y}$$

である[15]。たとえば,いま述べた例で,固定費用が720円ならば,12個の生産のための可変費用は5,280円である。したがって,

$$AVC = \frac{5280}{12} = 440$$

なので,この場合の平均可変費用は440円である。

総費用は固定費用の分だけ可変費用よりも大きいから,平均費用と平均可変費用を比べたときにも,

$$AC > AVC \tag{6.3}$$

という関係が成り立つ。

ここで,平均費用曲線と平均可変費用曲線の形状を調べてみよう。

図6-14（a）において,$y_0$単位の財を生産するものとしよう。このときの総費用は$TC_0$である。この図でスミアミをつけた直角三角形の底辺の長さは$y_0$であり,高さは$TC_0$なので,線分$OA$の傾きは$\frac{TC_0}{y_0}$となる。つまり,この傾きが,生産量$y_0$のときの平均費用$AC_0$である。

したがって,平均費用は,原点Oと総費用曲線$TC$上の点を結んだ直線の傾きとして図形的に表されることになる。

平均可変費用$AVC$についても,同じように考えることができる。つまり,原点Oと可変費用曲線$VC$上の点を結んだ直線の傾きが,平均可変費用である（図6-14（b））。

つぎに,平均費用曲線のグラフを描いてみよう。図6-15を見て頂きたい。まず,原点から総費用曲線$TC$への接線を引く。その接線を$\ell^*$,接点を$P$,そして接点における生産量を$y^*$とする。

さて,生産量$y$が$y^*$よりも小さいときには,$y$が大きくなるにつれて,原点と総費用曲線状の点を結ぶ直線の傾きは,どんどん小さくなっているこ

---

[15]「1個あたり平均の固定費用」である平均固定費用（Average Fixed Cost：$AFC$）も同様に定義することができるが（$AFC = \frac{FC}{y}$),それは企業の生産に関する意思決定において参照されることのない指標なので,ここでは説明を省略する。

## 6-3 短期の費用

### 図6-14 総費用曲線と平均費用の関係

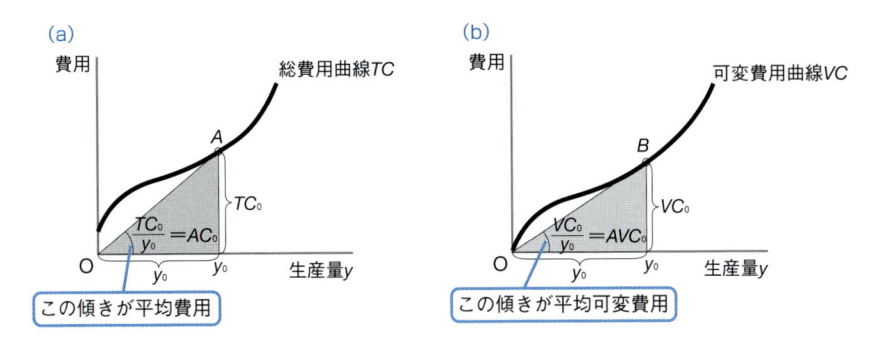

(a) 費用／総費用曲線TC／点A／$TC_0$／$\frac{TC_0}{y_0} = AC_0$／生産量$y$／この傾きが平均費用

(b) 費用／可変費用曲線VC／点B／$VC_0$／$\frac{VC_0}{y_0} = AVC_0$／生産量$y$／この傾きが平均可変費用

### 図6-15 平均費用の変動（$y^*$の左側）

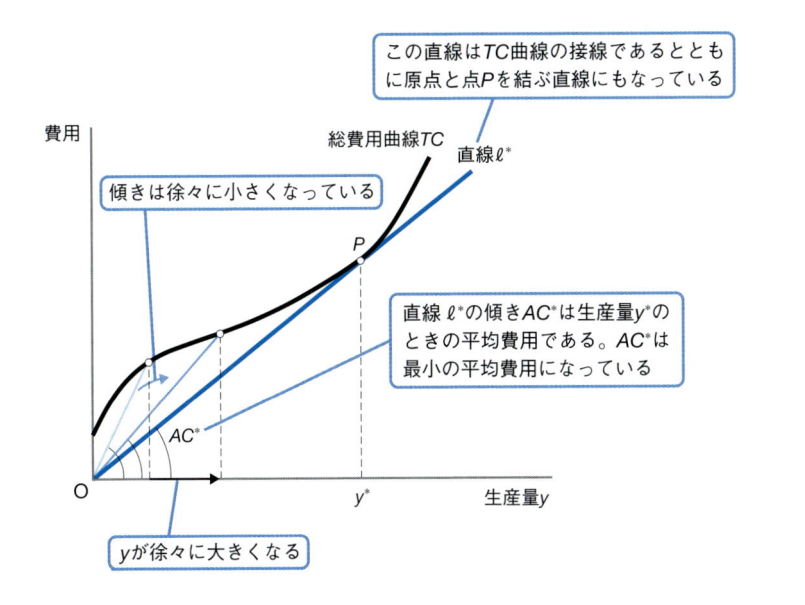

費用／総費用曲線TC／直線$\ell^*$／点P／$AC^*$／$y^*$／生産量$y$

- この直線はTC曲線の接線であるとともに原点と点Pを結ぶ直線にもなっている
- 傾きは徐々に小さくなっている
- 直線$\ell^*$の傾き$AC^*$は生産量$y^*$のときの平均費用である。$AC^*$は最小の平均費用になっている
- $y$が徐々に大きくなる

とがわかる。つまり，この領域では，$y$が大きくなるにつれて平均費用がどんどん小さくなっていくのである。

このように，①$y$が0から始まって$y^*$に至るまでは，平均費用がどんどん小さくなっていくのだが，②$y^*$をすぎると，今度は$y$の増大につれて平均費用がどんどん大きくなっていく（図6-16）のである。

6 生産と費用

図 6-16　平均費用の変動（$y^*$ の右側）

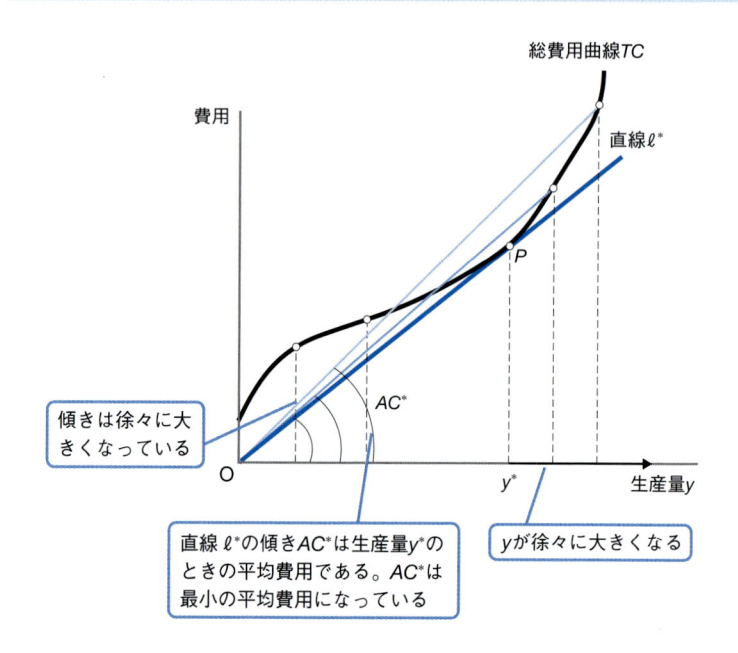

以上より，①平均費用は $y^*$ の左側では減少していき，②右側では増加していくので，結局 $y^*$ で平均費用は一番小さくなる。つまり，$y^*$ で平均費用曲線のグラフは，最小値を取るのである。

図 6-17 には，平均費用曲線（$AC$ 曲線）のグラフが描かれている。上で説明したように，平均費用は生産量が $y^*$ のときに最小となる。したがって，平均費用曲線のグラフは，$y^*$ の左側で右下がり，右側で右上がりになる。つまり，平均費用曲線の形も U 字型なのである。

次に平均可変費用曲線（$AVC$ 曲線）のグラフを描いてみよう。図 6-18 は，平均費用における図 6-15 と図 6-16 に対応するグラフである。点線が総費用曲線 $TC$ で，網線が可変費用曲線 $VC$ である。

原点を通り，可変費用曲線 $VC$ と接する直線を $\ell^{**}$ とする。直線 $\ell^{**}$ と可変費用曲線の接点における生産量を $y^{**}$ とする。この図より明らかなように

$$y^{**} < y^*$$

166

6-3 短期の費用

### 図 6-17　平均費用曲線

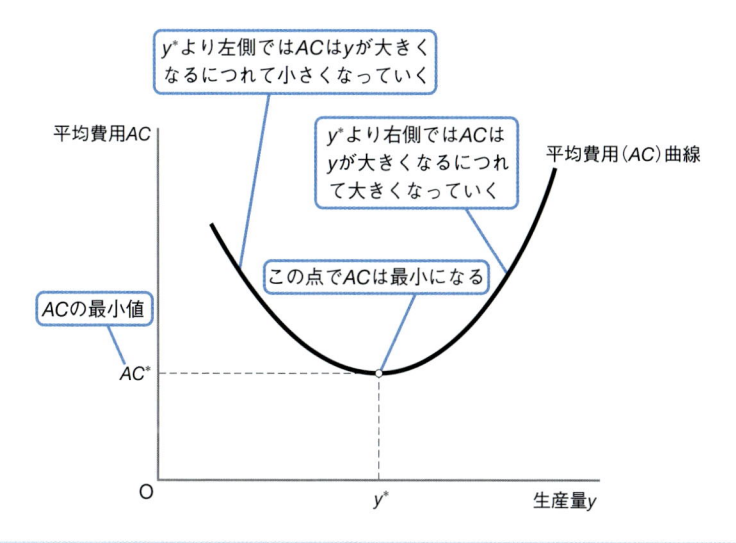

- $y^*$ より左側では $AC$ は $y$ が大きくなるにつれて小さくなっていく
- $y^*$ より右側では $AC$ は $y$ が大きくなるにつれて大きくなっていく
- この点で $AC$ は最小になる
- $AC$ の最小値

### 図 6-18　平均費用曲線と平均可変費用

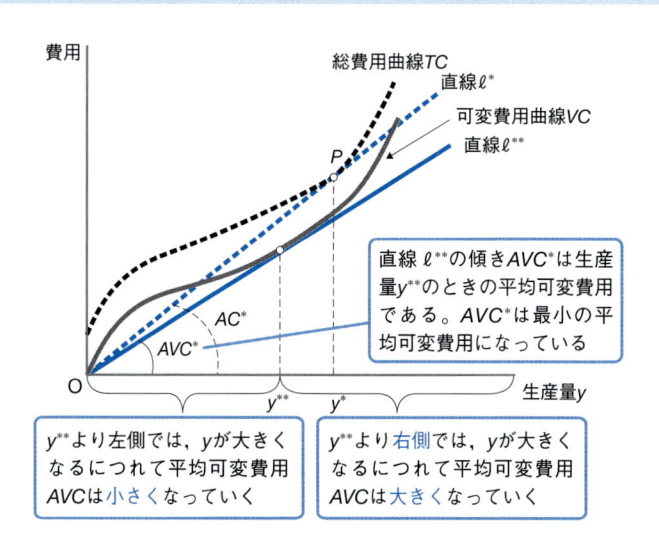

- 直線 $\ell^{**}$ の傾き $AVC^*$ は生産量 $y^{**}$ のときの平均可変費用である。$AVC^*$ は最小の平均可変費用になっている
- $y^{**}$ より左側では，$y$ が大きくなるにつれて平均可変費用 $AVC$ は小さくなっていく
- $y^{**}$ より右側では，$y$ が大きくなるにつれて平均可変費用 $AVC$ は大きくなっていく

である。

また，図 6-15 と図 6-16 で平均費用曲線の形状がどうなるのかを考えたときと同様，図 6-18 においても，①生産量 $y$ が $y^{**}$ よりも小さな領域では，$y$

167

### 図6-19 平均可変費用（AVC）曲線

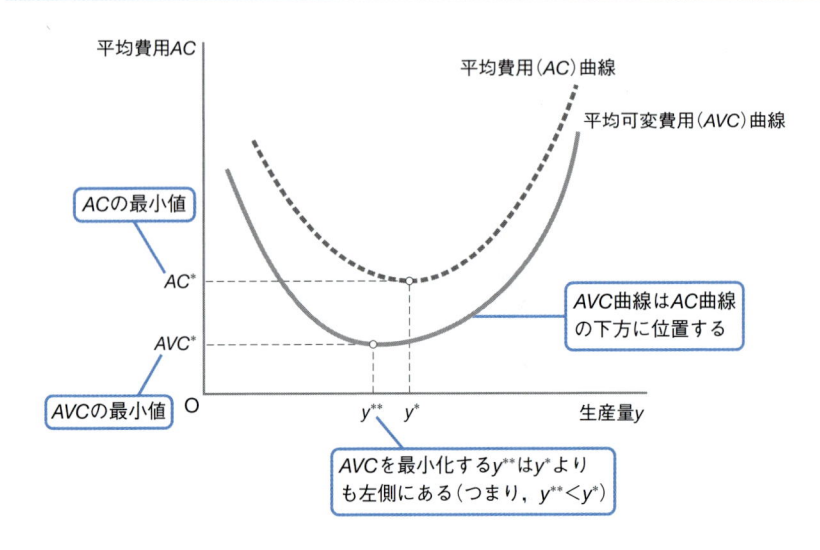

*図中ラベル：*
- 平均費用AC
- 平均費用（AC）曲線
- 平均可変費用（AVC）曲線
- ACの最小値
- $AC^*$
- $AVC^*$
- AVCの最小値
- $y^{**}$、$y^*$
- 生産量$y$
- AVC曲線はAC曲線の下方に位置する
- AVCを最小化する$y^{**}$は$y^*$よりも左側にある（つまり、$y^{**} < y^*$）

が大きくなるにつれて平均可変費用は小さくなっていき，②$y$が$y^{**}$よりも大きくなる領域では，平均可変費用は$y$とともに大きくなっていくことがわかる。

さらに，(6.3) 式より，常に$AVC < AC$なので，平均可変費用曲線は常に平均費用曲線よりも下方に位置していることもわかる。

以上のことから，平均可変費用（AVC）曲線の形は，（ⅰ）$y^{**}$で最小値を取るU字型をしており，（ⅱ）$y^{**}$の位置は$y^*$よりも左側にあり，さらに（ⅲ）平均費用（AC）曲線よりも下方に位置していることがわかった。図6-19において網線で描かれているのが，平均可変費用曲線AVCのグラフである。

最後に，平均費用曲線または平均可変費用曲線と限界費用曲線の関係を考えてみよう。

可変費用曲線は，総費用曲線を固定費用の大きさだけ下に平行移動したものであるから，当然どの$y$における接線の傾きも総費用曲線のそれと変わらない。つまり，限界費用とは，総費用曲線の接線の傾きであると同時に，

可変費用曲線の接線の傾きのことでもあると理解できるのである。

さて，図 6-15 と図 6-16 の点 $P$ では，原点から引いた直線 $\ell^*$ が総費用曲線と接している。つまり，直線 $\ell^*$ は総費用曲線の接線になっているので，その傾きは生産量が $y^*$ のときの限界費用である。それと同時に，直線 $\ell^*$ は原点から総費用曲線に引かれているのだから，その傾きは生産量 $y^*$ のときの平均費用でもある。つまり，生産量 $y^*$ のときには，

限界費用（$MC$）＝平均費用（$AC$）

なのである。したがって，図 6-20 において，限界費用曲線と平均費用曲線は生産量 $y^*$ のところで交わらなければならない。

同様に考えると，図 6-18 において，直線 $\ell^{**}$ の傾きは，生産量 $y^{**}$ のときの平均可変費用（$AVC$）であると同時に限界費用（$MC$）にもなっている。したがって，図 6-20 は，限界費用曲線と平均可変費用曲線とが，生産量 $y^{**}$ のところで交わっているのである。

図 6-20　平均費用曲線と限界費用曲線

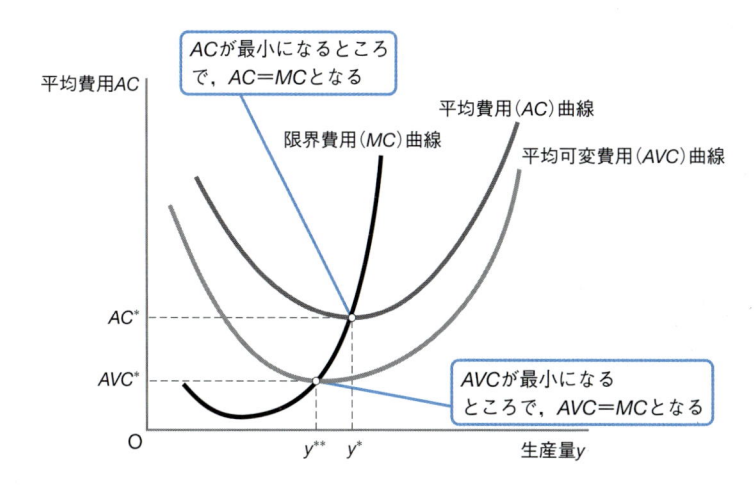

## 6-4 長期の費用

■長期の費用曲線（1）：3つの生産設備が選べる場合

　工場などの生産設備には，それぞれの規模に応じて適正な操業水準がある。たとえば，小規模な工場は，維持管理のための費用はたいしてかからず，固定費用はさほど高くないだろうから，少量生産に向いている。しかし，そのような工場で無理にたくさんの財を作ろうとすれば，中規模や大規模の工場での生産と比べてかなり割高な費用がかかってしまうかれしれない。

　それに対して，大工場は，固定費用もかさみ，少量生産には向いていないが，その代わり大量生産のときには，きわめて安価に生産することができるだろう。

　このように工場の規模（＝固定設備の水準）に応じて，大量生産向きか，少量生産向きか，……が決まってくる。

　いま話を簡単にするため，ある財を生産する工場（＝固定設備）の規模には，「小規模」，「中規模」，「大規模」の3通りの可能性しかないものとしよう。

　①小規模の設備は，固定費用が安い代わりに，ちょっと生産量を増やしただけで総費用が急激に大きくなってしまう。

　②中規模の設備は，固定費用は少し高めだが，その分小規模設備に比べるとやや多めの生産でも総費用はさほど高くならない。ただし，あまりにも少ない生産量の時には小規模設備で生産した方が有利であるし，生産量が非常に多いときは大規模設備がコスト面で断然有利である。

　③大規模の設備は，固定費用が非常に高い。しかし，大量生産を行った場合，小規模や中規模の設備よりもはるかに有利な費用での生産が可能である。

　図6-21には，それぞれの設備を用いたときの総費用曲線が描かれている。$TC_1$は小規模設備の，$TC_2$は中規模設備の，そして$TC_3$は大規模設備の総

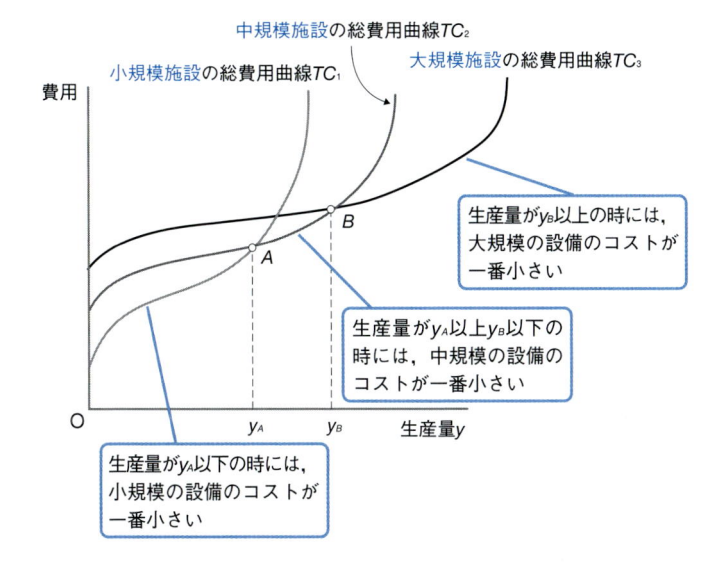

### 図 6-21　3 種類の生産設備と短期総費用曲線

費用曲線である。点 $A$ は $TC_1$ と $TC_2$ の交点であり，点 $B$ は $TC_2$ と $TC_3$ の交点である。それぞれの点に対応する生産量は，$y_A$ と $y_B$ である。

さて，①生産量が $y_A$ 以下であるとき（すなわち，$y \leq y_A$ のとき），3 つの総費用曲線の中で $TC_1$ が一番下にある。つまり，小規模設備を使ったときの費用が一番安くなるので，小規模設備が選ばれることになる。

同様に考えると，②$y_A \leq y \leq y_B$ のときには中規模設備を利用すると費用が一番安いので，その設備が選ばれることになる。

さらに，③$y_B \leq y$ のときには大規模設備の利用がもっとも安上がりなので，それが選ばれることになる。

以上のことから，生産設備の選択ができない短期の状態を脱して，企業に「3 種類の生産設備のうちから，もっともふさわしいものを選ぶ」ことができるぐらいの時間的余裕のある期間（これは短期よりも長い期間である）になると，どの生産設備が選ばれるのかは，その企業が見込んでいる生産量に依存することがわかる。

### 図 6-22 最適設備の選択

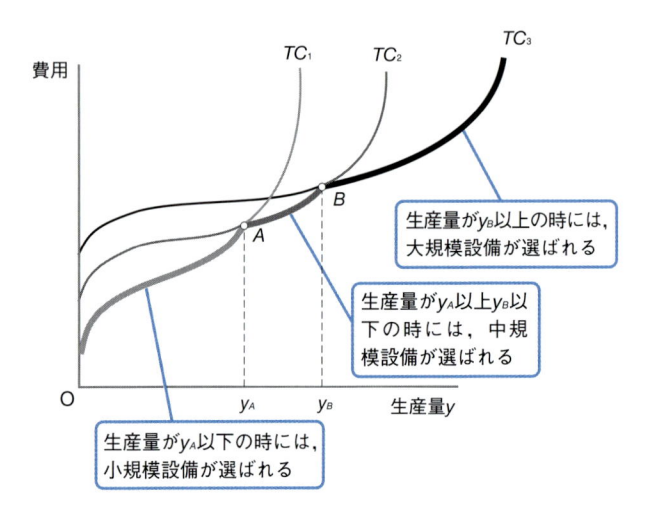

費用曲線の図：$TC_1$、$TC_2$、$TC_3$の3つの短期総費用曲線。点$A$は$TC_1$と$TC_2$の交点（$y_A$）、点$B$は$TC_2$と$TC_3$の交点（$y_B$）。

- 生産量が$y_B$以上の時には、大規模設備が選ばれる
- 生産量が$y_A$以上$y_B$以下の時には、中規模設備が選ばれる
- 生産量が$y_A$以下の時には、小規模設備が選ばれる

そして、この期間における総費用曲線は、3つの曲線の一番低いものを結んで得られることになる。図 6-22 の太線でなぞったものが、この期間における総費用曲線である。

■ 長期の費用曲線（2）：一般的な場合

前項では、3つの生産設備が選べるという程度に長い期間で、企業がどのような生産設備を選び、その結果としてこのような期間の総費用曲線がどのような形になるのかを検討した。

「長期」という期間は、前項で考えた期間よりもさらに長い期間である。つまり、長期において企業は3つなどという限られた数でなく、自由に自分たちにとってもっともふさわしい（つまり、費用を最小化できる）生産設備を選ぶことができるのである。

図 6-23 を見てみよう。いま、企業は$y_0$単位の生産を目指しているものとしよう。この図では5つの短期総費用曲線を例示してあるが、長期では企業が選択できる生産設備の規模には無数の可能性がある[16]。そのような無数に

6-4 長期の費用

図 6-23 最適な生産設備の選択

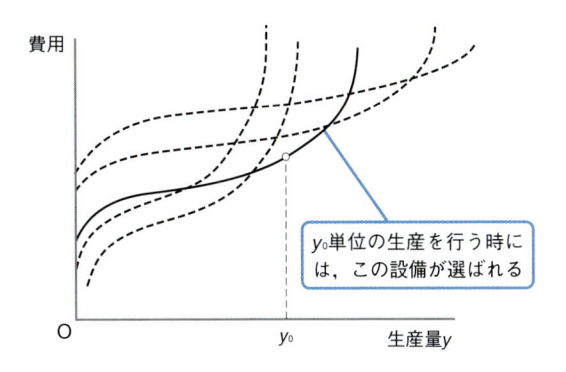

$y_0$ 単位の生産を行う時には，この設備が選ばれる

たくさんの生産設備の可能性の中で，$y_0$ 単位の生産のための費用が一番安いのは，この図に実線で描いた総費用曲線で表される設備だとしよう。

それでは，企業が生産量を $y_0$ から少しだけ変化させようとしたらどうだろう？　たとえば，$y_0$ よりもごくわずかに大きい $y_1$ 単位の生産を目指すものとしよう。このときには図 6-23 で選ばれた生産設備（実線で描かれた総費用曲線）はもはや選ばれないだろう。なぜなら，企業には十分な時間があるのだから，こんどは $y_1$ 単位の生産にベストフィットする生産設備を選べばいいのである。

このように，長期では，それぞれの生産量ごとに，潜在的には無数にたくさんある生産設備の中から，もっとも費用を小さくするものを企業は選ぶことができるのである。

長期の総費用曲線（Long-term[17] Total Cost Curve：$LTC$）は，そのようにして選ばれた費用最小点を結んでいったものである。図 6-24 の太線が長期総費用曲線である。

無数の曲線群があったときに，その一番端の点を結んで描かれる曲線を，

---

16）たとえば，工場を建設するにあたっても設計や建築作業に費やす時間が十分にあれば，いかようにも設計できるので，自由なプランニングが可能である。
17）Long-run でもよい。

### 図 6-24　長期費用曲線

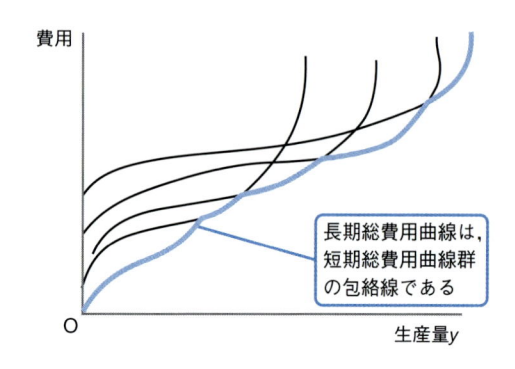

長期総費用曲線は，短期総費用曲線群の包絡線である

元の曲線群の<u>包絡線</u>という。この言葉を用いると，長期総費用曲線は，さまざまな設備水準に応じて無数にたくさん存在している短期総費用曲線群の包絡線になっているということもできる。

ところで，長期総費用曲線（包絡線）上の各点における接線は，その点で選択された短期総費用曲線の接線と一致することが知られている（図 6-25）。また，図 6-24 からわかるように，長期総費用曲線の形は，生産量が小さいときには上に凸であるが，生産量が大きくなると下に凸になっている[18]。

さらに，長期において企業が生産をとりやめたいなら（すなわち，$y=0$ とする），生産設備を廃棄または売却してしまえばよいので，$y=0$ のときの費用はかからなくなる。つまり，長期においては固定費用が生じなくなるので，長期総費用曲線は必ず原点を通ることになる。

■長期限界費用曲線と長期平均費用曲線

長期平均費用（Long-term Average Cost：$LAC$）は，長期で財を生産するためにかかる 1 単位あたりの費用である。つまり，生産量を $y$ とするとき，

$$LAC = \frac{LTC}{y}$$

---

[18] つまり，形状という点では，長期総費用曲線は短期総費用曲線と同じ形をしていることになる。

6-4 長期の費用

図 6-25 長期費用曲線の接線

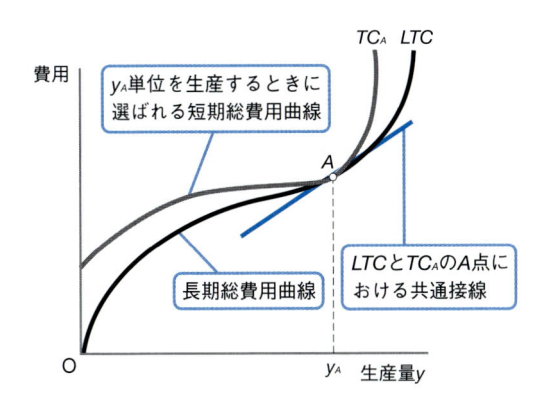

[図：縦軸「費用」，横軸「生産量 $y$」，$TC_A$ と $LTC$ が $y_A$ において点 $A$ で接している様子。吹き出し「$y_A$ 単位を生産するときに選ばれる短期総費用曲線」「長期総費用曲線」「$LTC$ と $TC_A$ の $A$ 点における共通接線」]

と定義される。

　長期総費用（$LTC$）曲線は，「$y$ が小さいときには上に凸な形状をしていて，$y$ が大きくなるにつれて下に凸になっていく」という形をしていた。したがって，短期平均費用曲線と同様，長期平均費用曲線も U 字型をしている。さらに，短期の場合と同様，長期平均費用曲線の最低点で，長期限界費用（Long-term Marginal Cost：$LMC$）曲線と長期平均費用曲線は交わることもわかる（図 6-26）。

　ところで，各生産量水準 $y$ に関して，長期総費用（$LTC$）は，利用可能な設備における短期総費用の中で最小のものであったが，$LAC$ の定義 $\frac{LTC}{y}$ を見ればわかるように，$y$ に対して，$LAC$ もさまざまな生産設備における短期平均費用の中での最小値だということがわかる。したがって，長期平均費用（$LAC$）曲線もまた無数にたくさんある短期平均費用（$AC$）曲線群の包絡線になっているのである（図 6-26）。

　さて，図 6-27 を見てみよう。企業は，$y_B$ 単位の財を生産するものとする。このときに選ばれる短期総費用曲線が $TC_B$ だとする。$TC_B$ に対応する短期限界費用曲線 $MC_B$ は，$AC_B$ 曲線の最低点である点 $B$ で交わることになる。

　ところで，長期総費用曲線は短期総費用曲線群の包絡線なので，生産量

6　生産と費用

### 図 6-26　長期平均費用曲線と長期限界費用曲線

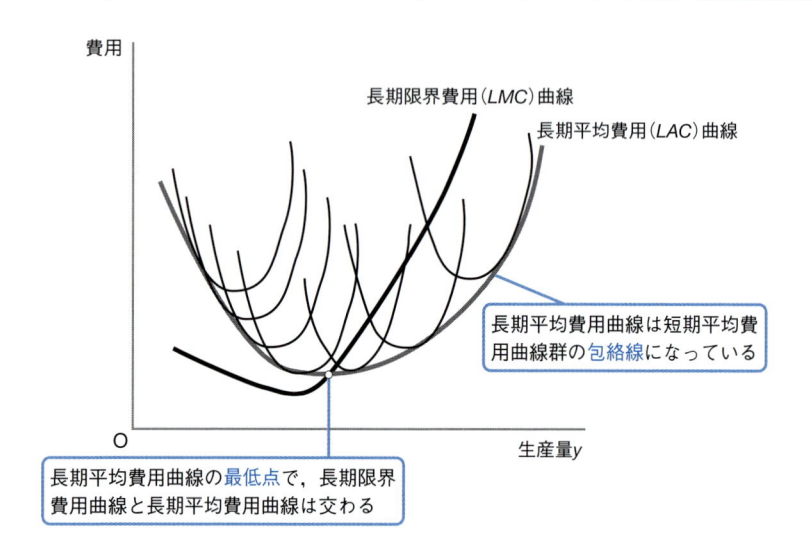

長期限界費用(LMC)曲線

長期平均費用(LAC)曲線

長期平均費用曲線は短期平均費用曲線群の包絡線になっている

長期平均費用曲線の最低点で，長期限界費用曲線と長期平均費用曲線は交わる

### 図 6-27　長期限界費用曲線と短期限界費用曲線の関係

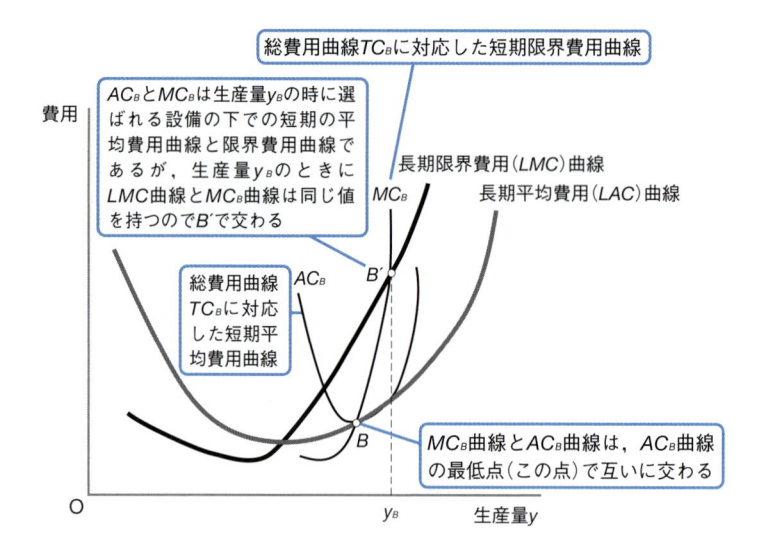

総費用曲線$TC_B$に対応した短期限界費用曲線

$AC_B$と$MC_B$は生産量$y_B$の時に選ばれる設備の下での短期の平均費用曲線と限界費用曲線であるが，生産量$y_B$のときにLMC曲線と$MC_B$曲線は同じ値を持つので$B'$で交わる

長期限界費用(LMC)曲線

$MC_B$

長期平均費用(LAC)曲線

総費用曲線$TC_B$に対応した短期平均費用曲線

$AC_B$

$B'$

$B$

$MC_B$曲線と$AC_B$曲線は，$AC_B$曲線の最低点（この点）で互いに交わる

$y_B$

生産量$y$

$y_B$ のときには，長期総費用曲線 $LTC$ と短期総費用曲線 $TC_B$ は，$y = y_B$ で接している。したがって，両者の接線も同じだから，$LTC$ 曲線の接線の傾き

である長期限界費用と $TC_B$ 曲線の接線の傾きである短期限界費用も一致する。

以上より，$y=y_B$ のときに，短期限界費用曲線 $MC_B$ と長期限界費用曲線 $LMC$ は交わることになる。その交点が図6-27の点 $B'$ である。なお，点 $B'$ は点 $B$ よりも右側にある。

●練習問題
1．第6-1節例1の3つの生産関数について，以下の問いに答えよ。
①第1生産要素を8単位，第2生産要素を $\frac{7}{3}$ 単位投入するときの生産量を求めよ。
②①の投入量をどちらの生産要素についても同時に3倍にしたときの生産量は①で求めた生産量の何倍になっているか？ また，同時に4.2倍にしたときは何倍になるか？
③第1生産要素と第2生産要素の投入量を同時に $a$ 倍（$a>0$）したときに，生産量も $a$ 倍になる生産関数は一次同次であるという。例1の3つの生産関数はいずれも一次同次であることを示しなさい。
④この3つの生産関数の代表的な等量線を，第1生産要素の量を横軸，第2生産要素の量を縦軸にとって，図示しなさい。
2．東南アジア諸国（タイなど）や中国の地方都市などを旅行すると，車掌が乗務したバスによく出会うが，その理由を説明せよ。

# 第 7 章

# 企業の理論

　この章では，企業行動について学ぶ。まず，企業の基本的な行動原理である短期の利潤最大化問題が考察され，短期の供給曲線が導出される。次に，長期における企業行動が検討される。そこでは，長期の供給曲線が導出され，さらに参入・退出の動機がなくなり，市場が安定した状態になる産業の長期均衡の概念が定義される。最後に，組織についての考察が行われる。資源配分機構としての組織と市場との関係が議論され，続いて組織に内包される情報上の制約によって，企業活動では次善の意味での効率性しか実現できないことが明らかにされる。

# 7 企業の理論

## ◻ 7-1 最適生産量の決定と供給関数 ◻

■ 企業とは？

私たちは，企業がどのようにして生産量を決めるかについて，その概要を第2章で学んだ。さらに前章では，生産と費用の最小化についてより詳しく学んだ。これらを踏まえて企業行動の全貌を捉えるのが，この章の目的である。

企業とは，そもそも何なのだろうか？

この問いへの答えは，人それぞれだろう。たとえば，次の意見はいずれも，「企業」のとらえ方としてそれなりに説得的なものであるといえる。

- 「株式会社などの『会社』こそが，企業だ」
- 「いやいや，個人商店だってやっていることは『会社』と同じなんだから，株式会社であるかどうかといった法的地位の有無だけで企業を捉えようとするのは間違っている。生産活動にさえ携わっていれば，みんな企業だ」
- 「いくらなんでも，1人だけでやっている店や露店を企業というのはマズいだろう。少なくとも従業員がいて，何らかの組織がなければ企業とはいえないはずだ」
- 「やっていることの類似性というなら，生協や農協などの協同組合の業務内容のほとんどは『会社』と大差ない。だから，生協や農協などの非営利団体を企業といってもおかしくない」
- ……

このように「企業」のイメージは多種多様なので，一般論としていえば私たちは考える文脈に応じて，「企業」という言葉の意味を使い分ける必要がある。

ここでは，最大公約数的に「企業」を捉えて，「企業とは，(i) 利潤の獲

得を目指して，(ii) 生産活動を行う，(iii) 何らかの形での組織を伴うプレイヤーである」と理解しておこう．このうち (iii) の条件は，1人ですべての業務をこなしている個人商店などでは成り立たないが，その種の例外を別にすれば，たいていの「企業」に当てはまることだろう．

　もっとも，「組織」に関する論点は多岐にわたるので，最初からそれを考慮して話を進めると議論が難しくなってしまう恐れがある．そこで，組織を考えるのは次節の課題として，この節では，企業の (i) と (ii) の側面だけに関心を限定して話を進めたいと思う．

　ところで，(i) と (ii) の側面のうち，(ii) の「生産活動を行う」という側面についてはすでに前章で学んだ．そこで，前章で学んだことを踏まえて，この節では主に (i) に関連した話を進めていきたい．

　(i) の利潤獲得に関して，ほとんどの企業は，「できるだけたくさんの利潤が欲しい」と思っているはずである．つまり，自分たちが直面している環境下での利潤最大化こそが，大多数の企業の目的なのである．

　ところで，前章で生産を考えるに際して，私たちは「費用最小化」の原理を学んだ．企業が利潤をできるだけ大きくするためには，当然費用はできるだけ小さく抑えられていなければならないだろう．その意味で費用最小化は，利潤最大化が達成されるための必要条件になっている．

　しかし，費用を最小にしただけでは，利潤が最大になるとは限らない．利潤最大化のためには，費用最小化に加えて，別のステップが必要なのである．

　以上述べたことを整理しておこう．すなわち，企業は，生産関数で表される技術水準を所与として利潤を最大化しようとするが，利潤最大化は次の2つのステップで行われるのである．

【ステップ1：費用最小化問題】$y$ 単位の生産物を作るため，もっとも安い費用での生産要素の投入の組み合わせは何か？

【ステップ2：利潤最大化問題】生産物の価格が $p$ であるときに，もっとも利潤が大きくなる生産量はどれくらいか？

　このうちステップ1についてはすでに前章で説明済みなので，ここではス

7 企業の理論

テップ2について考えていきたい。

## ■短期の利潤最大化

利潤とは，収入から費用を引いたものである。たとえば，生産物の価格が $p$ で，生産量が $y$ であるとき，

$$収入＝価格\times 生産量＝p\times y$$

である。通常文字式では「×」の記号を省略するので，収入は $py$ と書かれることになる。したがって，利潤を $\pi$ [1]，費用を $C$ と書くことにすれば，

$$\pi = py - C$$

となる。

まず，短期の場合を考えてみよう。短期総費用関数を $C(y)$ とするときに，利潤 $\pi$ は

$$\pi = py - C(y)$$

となる。企業はプライス・テイカーであると仮定されるから，価格 $p$ は企業が自分の意思でコントロールできない数（つまり，この企業にとっては定数）である。したがって，$\pi$ の値は $y$ の大きさだけに依存していることになる[2]。

価格が $p$ のときに利潤を最大化させる $y$ を求めるためには，限界費用 $MC$ が重要になる。図7-1には，限界費用曲線が描かれている[3]。縦軸に価格 $p$ の大きさをとって，そこから水平線を描いてみよう。この水平線と限界費用曲線の交点を点 $A$ とする。点 $A$ を実現させる生産量は $y_0$ であるが，いまこの企業の生産量は $y_0$ よりも小さい $y_1$ だったとしよう。生産量 $y_1$ のときの限界費用を $MC_1$ と書くことにする。図からわかるように，生産量 $y_1$

---

1) 利潤は英語で profit なので，その頭文字だと $p$ で利潤を表すことにしてもよさそうに見えるかもしれない。しかし経済学では，価格（price）や確率（probability）など，頭文字が $p$ の用語がいくつかあるので，ここではそれらとの混乱が生じないようにするため，ギリシャ文字の $p$ にあたる $\pi$ を利潤の意味に使うことにする。
2) 数学的な言い方をすれば，「$\pi$ は $y$ を変数とする関数である」ということになる。その意味で，$\pi$ を $\pi(y)$ と書くこともできる。
3) これは図6-19などにおける限界費用曲線と同じく U字型をしているが，ここでは以下の議論に関係ない右下がりの部分はカットして，やや大きめに図を描いてみた。

182

## 7-1 最適生産量の決定と供給関数

**図 7-1　利潤最大化**

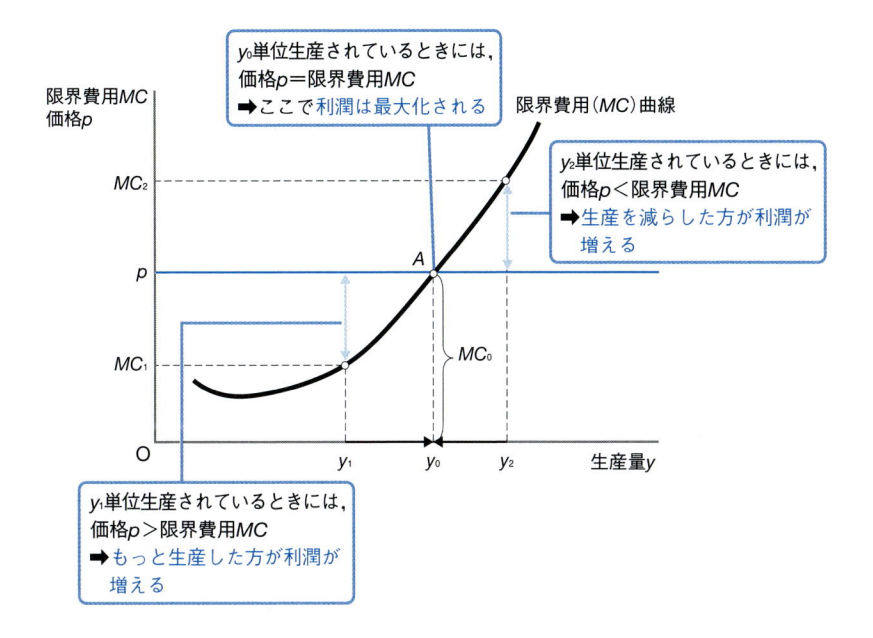

- $y_0$単位生産されているときには，価格$p$＝限界費用$MC$
  ➡ ここで利潤は最大化される
- $y_2$単位生産されているときには，価格$p$＜限界費用$MC$
  ➡ 生産を減らした方が利潤が増える
- $y_1$単位生産されているときには，価格$p$＞限界費用$MC$
  ➡ もっと生産した方が利潤が増える

のときには，

$$MC_1 < p \tag{7.1}$$

である。限界費用とは，「生産量を1単位増やすときに，この企業が追加的に負担しなければならない費用の額」であった。

さて，いま，この企業が，$y_1$単位から $(y_1+1)$ 単位へと，生産量を1単位だけ増やすことを考えているものとしよう。1単位生産を増やすことによって企業の収入はちょうど$p$円だけ増えることになる。一方，そのために$MC_1$円の追加的支出を覚悟しなければならない。

つまり，1単位生産を増やすことによる正味の利潤増加額は $(p-MC_1)$ 円だということになる。(7.1) 式より，

$$p - MC_1 > 0$$

だから，結局生産量をさらに1単位増やすことで，この企業の利潤は正味で増大することになる。

183

このように，(7.1) 式が成り立っている場合，企業は生産量を増やすことによって正味の利潤を増やすことができる。したがって，このとき利潤は最大化されていないことになる。

これとは逆に，この企業が $y_0$ を超える生産を行う場合を考えてみよう。たとえば，$y_2$ 単位生産しようとしているものとする。このときの限界費用を $MC_2$ とすれば，

$$MC_2 > p \tag{7.2}$$

である。ここで，もしこの企業が生産量を $y_2$ から1単位だけ減らしたとすると，収入は $p$ 円だけ減るが，費用はそれを上回るだけ減る。つまり，この場合，生産量を減らした方が正味の利潤が増えるのである。

このように，(7.1) 式と (7.2) 式のいずれが成り立っても，利潤は最大化されていないことになる。それに対して，$y_0$ 単位が生産されているときには，そのときの限界費用を $MC_0$ とすると，

$$MC_0 = p \tag{7.3}$$

が成り立っていることになる。このときには，生産量を増やしても減らしてもこれ以上利潤が増える余地はなく，ここで利潤が最大化されていることになる。このように，

$$限界費用＝価格 \tag{7.4}$$

となる生産量が，企業の利潤を最大化させることになる。

もっとも，この条件は利潤最大化のための原則的条件であって，例外がある。つまり，価格がある程度大きい時には (7.4) 式は利潤最大化の条件になっているが，価格が非常に小さいときには，必ずしもこの式は利潤を最大化させるための条件になっていないのである。次項ではこれについて説明しよう。

■ 短期の供給曲線

図 7-2 には，限界費用（$MC$）曲線，平均費用（$AC$）曲線そして平均可変費用（$AVC$）曲線が描かれている。

7-1 最適生産量の決定と供給関数

#### 図 7-2 損益分岐点と操業停止点

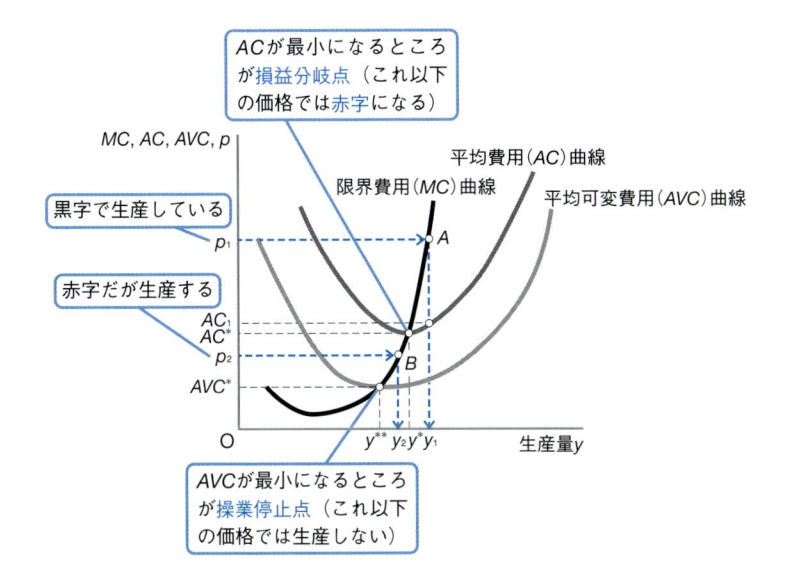

*ACが最小になるところが損益分岐点*（これ以下の価格では赤字になる）

黒字で生産している

赤字だが生産する

*AVCが最小になるところが操業停止点*（これ以下の価格では生産しない）

（縦軸：$MC, AC, AVC, p$、平均費用($AC$)曲線、限界費用($MC$)曲線、平均可変費用($AVC$)曲線、点 $A$、$p_1$、$AC_1$、$AC^*$、$p_2$、点 $B$、$AVC^*$、横軸：生産量 $y$、$y^{**}$、$y_2$、$y^*$、$y_1$）

 いま価格が高めの $p_1$ の水準にあるとしよう。図のように，縦軸の $p_1$ の高さの位置から引いた水平線と限界費用曲線の交点を $A$ とする。点 $A$ における $y$ の大きさは $y_1$ である。つまり，生産量が $y_1$ なら，ちょうど価格 $p_1$ と $MC$ が等しくなるのである。したがって，このとき，(7.4) 式が満たされていることになる。

 点 $A$ は，平均費用曲線よりも上方に位置しているので，$y_1$ 単位を生産したときの平均費用 $AC_1$ は，価格 $p_1$ より小さい（つまり，$p_1 > AC_1$）。ところで，

$$\text{利潤 } \pi = 収入 - 費用 = p_1 y_1 - AC_1 \cdot y_1 = (p_1 - AC_1) y_1 > 0$$

であるから，このとき企業は正の利潤（プラス）を享受していることになる。

 それに対して，価格が，図 7-2 の $p_2$ のように，$AC^*$（＝平均費用の最小値）と $AVC^*$（＝平均可変費用の最小値）の間にあるときはどうだろうか。このとき，「価格＝限界費用」の原理に従って $y_2$ 単位[4]の生産を行ったなら，

---

4) $p_2$＝限界費用となる生産量が $y_2$ である。

平均費用より価格 $p_2$ は低くなってしまう。つまり，企業は赤字をこうむることになる。しかし，実はこの場合，たとえ赤字であろうとも企業は $y_2$ 単位の財を生産し続けるのである。

なぜなら，短期においては固定費用が存在するので，企業は生産をやめてしまうと，固定費用分だけの赤字を負担しなければならなくなってしまう。点 $B$ は，$AVC$ 曲線よりも上方に位置しているので，価格 $p_2$ で $y_2$ 単位の生産が行われたときには，企業は可変費用の部分だけに限定して考えれば黒字を享受していることになる。

この黒字を固定費用の赤字補填に向ければ，赤字額は生産しなかった場合（この場合，固定費用全額が赤字になってしまう）と比べて小さくなる。つまり，たとえ赤字であろうとも，$y_2$ 単位を生産したときには，生産しなかった場合よりも赤字額が小さくなるので，生産は継続されるべきだということになる。

それに対して，価格が $AVC^*$ よりも小さくなってしまった場合，企業は可変費用の部分からも赤字をこうむることになる。こうなると生産をやめてしまって固定費用分相当の赤字をこうむった方が，企業にとってトクになる。したがって，この場合生産は行われなくなるのである。

以上をまとめると，

【ケース1：価格 $p$ が $AC^*$ 以上のとき】企業は $p = MC$ となる $y$ を生産する。なお，このときは黒字である。

【ケース2：価格 $p$ が $AVC^*$ と $AC^*$ の間にあるとき】企業は $p = MC$ となる $y$ を生産するが，利潤に関しては赤字が生じている。

【ケース3：価格 $p$ が $AVC^*$ 以下のとき】企業は生産を中止する。

平均費用（$AC$）曲線の最低点は，その点を境にして黒字と赤字の分かれ目となるので，損益分岐点といわれる。また，平均可変費用（$AVC$）曲線の最低点は，それを境にして企業が生産を続行するか停止するかの分かれ目なので，操業停止点と呼ばれる。

以上のことから，①価格が操業停止点の水準以上のときには，限界費用曲

### 図7-3 短期の供給曲線

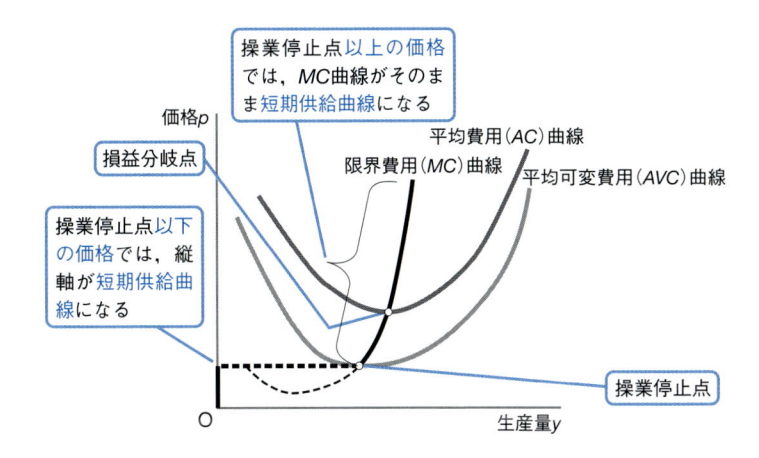

操業停止点以上の価格では、*MC*曲線がそのまま短期供給曲線になる

価格*p*

損益分岐点

操業停止点以下の価格では、縦軸が短期供給曲線になる

平均費用（*AC*）曲線
限界費用（*MC*）曲線
平均可変費用（*AVC*）曲線

操業停止点

O　　　生産量*y*

---

線（$MC$ 曲線）がそのまま個別企業の短期の供給曲線になる（図7-3）。さらに、②価格が操業停止点の水準以下にあるときにはこの企業の生産量はゼロになるので、縦軸がこの企業の短期供給曲線になる。

つまり、個別企業の短期の供給曲線は、価格＝$AVC^*$ のところで不連続になることがわかった。なお、短期の市場供給曲線は、上述のようにして求められた個別企業の短期供給曲線を水平方向に足し上げていくことで得られる[5]。

## ■長期の供給曲線と産業の長期均衡

短期におけると同様の議論を行えば、長期でも原則的には

　　　価格＝限界費用

となるところで、企業利潤が最大化されることがわかる。ただし、長期では、生産しないとき（$y=0$ のとき）の費用はゼロだから、可変費用と総費用を

---

[5] 操業停止点の位置は、企業がどのような技術を持つのかに依存して変化しうるので、個別企業の短期供給曲線の不連続点の価格は企業ごとに異なり得る。したがって、それらを水平方向に足し上げた市場供給曲線においては、各企業の不連続点を反映して、複数の不連続点が生じることがある。

## 7 企業の理論

### 図7-4 長期の供給曲線

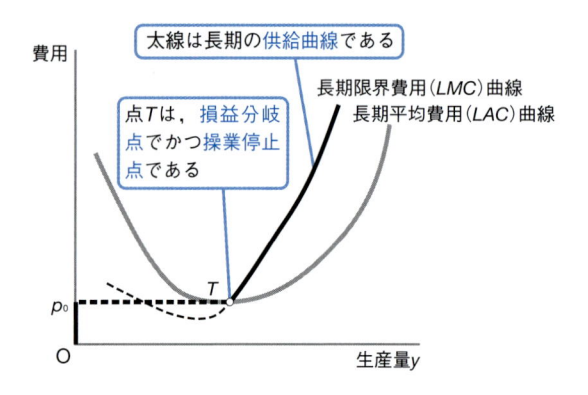

太線は長期の供給曲線である

点$T$は，損益分岐点でかつ操業停止点である

長期限界費用($LMC$)曲線
長期平均費用($LAC$)曲線

費用
$p_0$
O
生産量$y$

区別する必要はない。したがって，長期平均費用曲線の最低点の高さより低い価格になってしまったとき，企業は操業を続けても正(プラス)の利潤を獲得できないので操業を停止（すなわち，$y=0$を選択）した方がトクだということになる。

このようにして長期の場合には，長期平均費用曲線の最低点は，損益分岐点かつ操業停止点であることがわかる。そして，この操業停止点での価格を$p_0$とするとき，企業の長期における供給曲線は，①価格$p \geqq p_0$ならば，長期限界費用曲線が供給曲線となり，②$p \leqq p_0$ならば，縦軸が供給曲線になる（図7-4の黒い太線が供給曲線）[6]。

ところで，長期で固定費用はゼロなので，企業は，自由に生産をやめて産業から退出できることになる。つまり，固定費用がゼロということは，退出のための費用もゼロであることを意味しているのである。これは同時に，新規参入に際しても，参入のための格別な費用が必要ないことを意味している。つまり，長期では，企業の産業への参入・退出が自由なのである[7]。

---

[6] $p=p_0$のときには，点$T$で生産してもよいし，生産しなくてもよい。どちらにしても利潤はゼロである。

[7] 英語で「自由な」は"free"であるが，いうまでもなくfreeには「無料の」という意味もある。"free entry"（自由な参入）や"free exit"（自由な退出）という言葉には同時に，「無料での参入（＝参入にあたって費用がかからない）」および「無料での退出（＝退出にあたって費用がかからない）」という意味合いがあることに注意されたい。

## 図7–5 企業数が1または2の場合

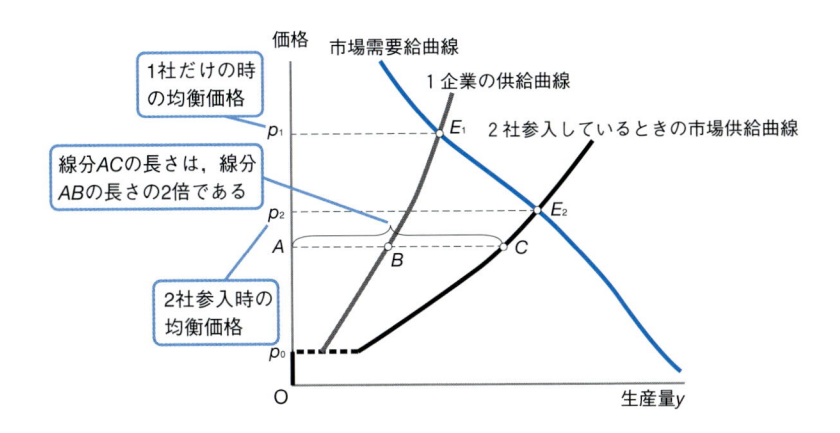

価格
市場需要曲線
1社だけの時の均衡価格 $p_1$
1企業の供給曲線
$E_1$
2社参入しているときの市場供給曲線
線分ACの長さは，線分ABの長さの2倍である
$p_2$
$E_2$
A　B　C
2社参入時の均衡価格
$p_0$
O
生産量 $y$

　ある産業で企業が正（プラス）の利潤を得ているなら，それを知った未参入の企業は，参入に費用がかからない以上，自分も参入したいという思いに駆られるだろう。このような参入・退出の可能性まで考慮に入れたとき，市場で成立する「均衡状態」はどのようなものになるのだろうか。

　この市場への参入を考えている企業は，多数あるものとしよう[8]。議論の簡単化のため，これらの企業はすべて同じ生産技術を持っているものとする。

　したがって，すべての企業の長期総費用曲線は（したがって，長期平均費用曲線や長期限界費用曲線なども）みな同じである。そこで，各企業の供給曲線と操業停止点（＝損益分岐点）の価格（$p_0$ とする）も同じということになる。

　さて，最初，この市場には1社しか参入していないものとしよう。この企業の供給曲線と市場需要曲線が図7–5のようであるなら，1社だけが市場にいるときの暫定的な均衡は点 $E_1$ で，均衡価格は $p_1$ となる。

　この企業の利潤がちょうどゼロになるのは，価格が $p_0$ のときだから，それよりもずっと高い価格である $p_1$ で企業は正（プラス）の利潤を得ていることになる。

---

[8] ここでは，実際に参入した企業を「参入が顕在化した企業」と呼び，参入していないが参入する可能性のある企業を「参入の潜在的可能性がある企業」と呼ぶことにする。

7 企業の理論

**図7-6 市場の長期均衡**

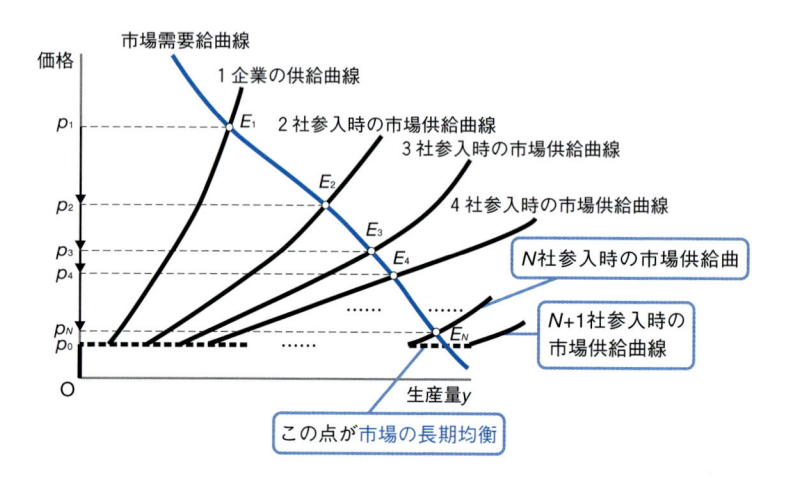

[図：市場需要給曲線、1企業の供給曲線、2社参入時の市場供給曲線、3社参入時の市場供給曲線、4社参入時の市場供給曲線、$N$社参入時の市場供給曲線、$N+1$社参入時の市場供給曲線。価格$p_1, p_2, p_3, p_4, p_N, p_0$と均衡点$E_1, E_2, E_3, E_4, E_N$。点$E_N$が市場の長期均衡。横軸は生産量$y$。]

このとき潜在的企業は，参入するための強い動機を持つことになる。そこで，潜在企業のうちの1社が新たに参入してきたものとしよう。

このとき，市場には同じ費用曲線を持った2企業がいるわけだから，市場供給曲線は，各価格ごとに1社の供給量をちょうど2倍することで描ける。

このようにして描かれたのが，図7-5の右側にある右上がりの曲線である。この曲線と市場需要曲線の交点$E_2$が，2社の場合の均衡点（これも長期均衡に至る前の暫定的なものである）であり，$p_2$が均衡価格である。

$p_2$も$p_0$より大きいので，両企業は正(プラス)の利潤を得ていることになる。そこでさらにもう1社が参入してくることになる。

その結果，図7-6の点$E_3$が均衡で，$p_3$が均衡価格になる。この均衡価格も$p_0$を上回っているので，さらに参入が生じる。引き続き，点$E_4$，点$E_5$，…，という具合に均衡点が定まっていき，それに対応して$p_4, p_5, \cdots$，と均衡価格の水準もだんだんと低くなっていく。

このような参入は，いつまで続くのだろうか？

参入が続くにつれて，均衡価格はどんどん下がっていき，利潤ゼロの価格$p_0$へと近づいていく。均衡価格が$p_0$にもっとも近づいて，さらにもう1社

参入すると利潤が負(マイナス)になってしまう（つまり，均衡価格が $p_0$ を下回ってしまう）という状態になったとき，参入はストップすることになる。

このときの企業数を $N$ としよう。この市場は，$N$ 社目の企業が参入し終わった時点で，もはやそれ以上参入も退出も生じない安定した状態になる。この状態を産業の長期均衡と呼ぶ。図 7-6 の点 $E_N$ がそれであり，そのときの均衡価格は $p_N$ である。この均衡価格は，利潤がゼロになる価格である $p_0$ に非常に近いので，「産業の長期均衡での企業利潤は，ほぼゼロになる」のである。

## 7-2　企業と組織

### ■市場と組織

私たちは，これまで企業を，(i) 利潤獲得を目指して，(ii) 生産活動を行うプレイヤーとしてとらえてきた。しかし，この章の冒頭で指摘したように，現実の企業を特徴づけるもう一つの重要な要因は，(iii) 組織を伴っていることである。この章の残りの部分では，この要因を考慮に入れたとき，これまでに考察してきた企業像がどのように修正されるのかを考えてみたい。

「組織」とは，それ自体が市場と異なるもう一つの資源配分メカニズムである。例を用いてこのことを理解してみよう。

X さんは，東北地方の Q 温泉でこけし人形を売る土産物屋を 1 人で経営していた。売り物であるこけしを近所に住むこけし職人の A さんや B さんなどから仕入れて，それを観光客に売るという単純な商売である。つまり，経済学的に捉えれば，X さんは市場を介して職人たちからこけしを仕入れ，それをまた市場を介して客に売っているということになる（図 7-7）。

店を始めた当初は，こういうやり方で商売が成り立っていた。

その後テレビで取りあげられたりしたため，Q 温泉の名は全国に知られる

### 図7-7 市場を介しての資源配分

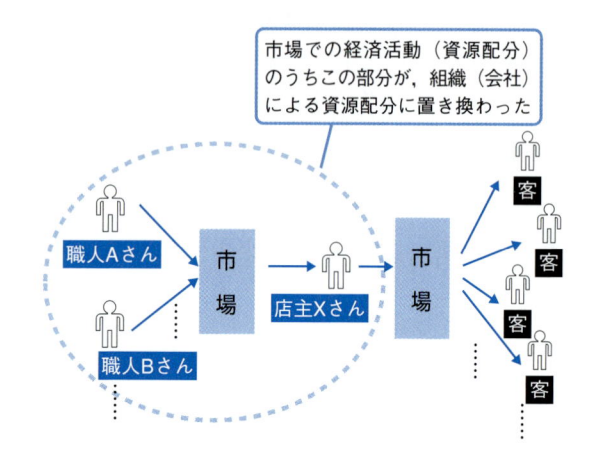

市場での経済活動（資源配分）のうちこの部分が，組織（会社）による資源配分に置き換わった

職人Aさん → 市場 → 店主Xさん → 市場 → 客
職人Bさん ↗

---

ようになった。それにつれて観光客も増え，彼の店の売り上げは年々増大していった。その一方で，職人のAさんとBさんには，他の土産物店からもたくさんの注文が舞い込んでくるようになった。それに伴って，彼らがXさんの店に卸すこけしの数量は減っていった。そこで，Xさんは，隣町の職人のCさんやDさんにも注文を出すようになった。

「Qこけし」が有名になるにつれて，温泉街にはたくさんのこけし屋が軒を並べだした。それらの店が競って限られた数の職人たちに注文を出すので，Xさんの店では必要な数量の確保に始終困難をきたすようになってきた。ときには品切れで，早めに店じまいをしなければならないこともあった。

そこで，ついにXさんは重大な決断をした。職人のAさんとBさんを雇うことにしたのである。そして，店の裏手に作業場を設けて，2人の職人にこけしを作らせることにした。こうして，「製造直売・株式会社Xこけし工房」が誕生した。Xさんは社長兼営業担当で，AさんとBさんはここで働くサラリーマンになったわけである（図7-8）。

図7-8 Xこけし工房の誕生

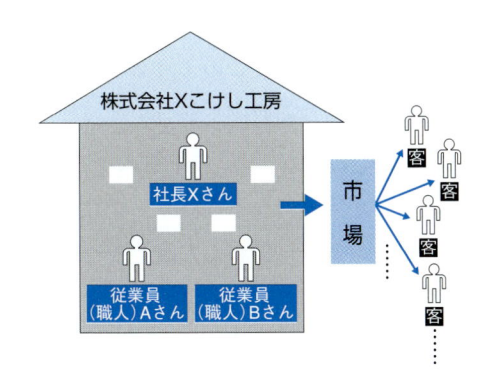

## ■市場と組織の利用費用[9]

資源配分の仕組みの変遷という観点に立って，前項で述べたXこけし工房の成立に至る経緯を理解してみよう。図7-7からわかるように，Xこけし工房の設立前には，Xさんはこけしの調達（仕入れ）と販売の双方に市場を用いていた。しかし，工房の開業後は，①販売は相変わらず市場経由で行われるが，②調達は市場からでなく，会社内でこけしを製造するという形で行われることになった。

つまり，こけしの調達に関して，これまで市場で行われていた資源配分活動が，Xこけし工房という組織の中で行われるようになったのである。

さて，Xさんが会社の設立を決意した最大の理由は，需要の増大の結果，これまでのように市場からのこけしの調達では，安定した仕入れが難しくなったからである。

つまり，市場を利用していたのでは，必要な品数を確保できることもあれば，確保できないこともあるというリスクから逃れられない。このリスクは，①将来の需要や供給の変動を，神ならぬ人間は正しく予想できないことや，②競合する他の土産物屋やこけし職人たちの動向が読めないため，どのタイ

---

9) この論点については，R. Coase, "The Nature of the Firm," *Economica*, Vo.4, No.16（November 1937）が基本的な文献である。

ミングでどれくらいの数のこけしを仕入れたらいいのかがわからない，といったことに起因して生じるものである。

われわれは，組織を利用することで，このようなリスクをかなり軽減させることができる。もちろん将来の需給動向や競合店等の動きなどは，そう簡単にわかるものでないが，それでも社内にこけし職人がいるのならば，急な注文の増大に対応することなどが容易になるだろう。また，ある程度計画的にこけしを作っておいて，それを倉庫に貯蔵しておくことなどもやりやすくなる。

さらに市場だけでこけしを調達していると，たとえば大きな注文が入ったときなどに製造業者（職人）に足下を見られて，高い値段（仕入れ価格）を吹っかけられるといった不安もある。それに対して，社内製造なら，こけしを調達するためのコストが安定化するというメリットもある。

ところで，市場での円滑な取引のためには，事前の交渉や契約の締結などが不可欠であり，そのために手間がかかる。もちろんＸさんがやっているような小さな商売の場合，取引のたびにいちいち仰々しく契約書を取り交わしたりすることはないかもしれないが，それでも注文や納品，さらには代金の支払いなどにはそれなり手間のかかる仕事である。

つまり，市場は無料で利用できるものではない。それを利用するためには，契約書の作成コストなど，応分の市場利用費用がかかるのである。市場利用費用はこれに限ることなく，たとえば上に述べた市場の利用に伴って生じるリスクなども，市場利用費用の一部を構成するとみなすことができるだろう。

それに対して，組織を使って資源配分を行う場合にも，それを維持管理するための費用（組織利用費用）が不可欠である。一般的にいって，組織利用費用は，そこで行われる資源配分活動の規模——つまり，組織の規模——に応じて増大していくだろう[10]。しかも，その費用は，組織が巨大化すればするほど急激に増えていくだろうから，組織利用費用曲線は図7-9（a）のよ

---

10) たとえば，小さな組織ならわざわざ人事部などを置かなくても，社長の奥さんが給与計算をする程度のことで十分かもしれない。しかし，組織が大きくなるにつれて，人事部などの専門部署を置かなければうまく人事管理が出来なくなってしまうだろう。このように，組織が肥大化するとそれを維持管理するための費用も逓増せざるを得ないのである。

7-2 企業と組織

図 7-9 組織と市場の利用費用

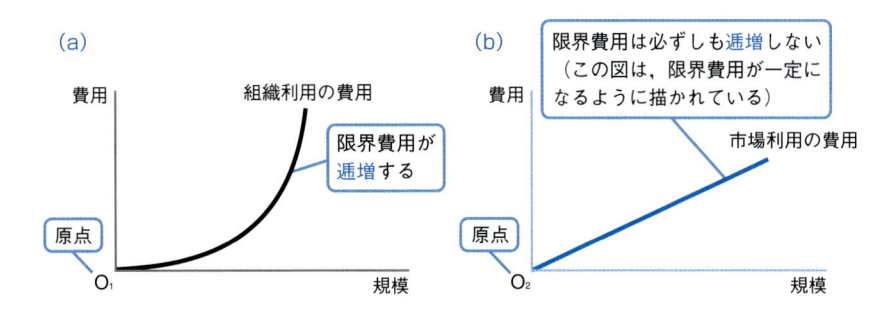

(a) 費用／組織利用の費用／限界費用が逓増する／原点／$O_1$／規模

(b) 費用／限界費用は必ずしも逓増しない（この図は，限界費用が一定になるように描かれている）／市場利用の費用／原点／$O_2$／規模

うに下に凸な形をする（つまり，限界費用が逓増する）ものと思われる。

それに対して，たとえば一つの契約書を書くための費用は，取引回数や取引規模が増えたからといって急激に増えたりはしないだろうから，市場利用費用は，組織利用費用のように急激な速度で増大しない可能性が高い。したがって，ここでは市場利用費用曲線は，図7-9（b）のような形状（つまり，限界費用が一定）をしているものと仮定しよう。

以上のことから，われわれの社会で資源配分メカニズムとして，組織と市場が併用されている理由が明らかになる。Xこけし工房の例からもわかるように，資源配分のために，われわれは市場を使ってもいいし（図7-7），組織を使ってもいい（図7-8）。しかし，それぞれの利用費用の構造の違いが，組織と市場の使い分けを促すのである。

Xさんの例にもどれば，彼は市場を利用するためのコストが大きくなってしまったため，会社を設立してコストの低減を図ったと理解することができる。

■組織の最適規模

前項で見たように，市場利用費用が大きくなったため，Xさんは，会社を設立して，市場に頼っていた仕事の一部を組織に代替させた。彼の会社は順調に発展していって，いまや数百人の従業員を擁し，レストハウスなどまで

## 7 企業の理論

兼営する町一番の企業になった。

Xこけし工房が大きくなっていくにつれて，日常業務でさまざまな軋轢が生じるようになってきた。まず，数百人もの従業員が働くようになると，人々の間でいざこざが目立つようになり，職場環境が悪化してきた。その結果，やる気を失う人が出現したり，同僚とのトラブルなどにうんざりした熟練職人が突然退職する，などといった困った事態が生じるようになった。

また，これだけ会社が大きくなると，X社長が社内のすべての状況を掌握などすることが難しくなり，彼の目の届かないところで手抜き仕事をしたり，サボったりする従業員も出現するようになった。

さらに，十分すぎる数の人が雇用された結果，観光客が閑散とするオフシーズンには，ほとんど仕事がないのに給料だけをもらう従業員が見受けられるようになってきた。

X社長は，自分の会社が大きくなりすぎたことを悟り，これまでのこけしを全部社内生産するという体制を改めて，職人の数をいくらか減らした上で，社内生産で不足するこけしは近隣の職人から買い上げるという方針の転換に踏み切った。

つまり，彼は，こけしの調達に関して，組織と市場を併用することにしたのである。このようなX社長の決断はきわめて妥当なものであり，彼の会社はますます繁盛していった。

以上のことからわかるように，組織には最適規模があり，組織と市場を適切に使い分けることが企業の繁栄にとって必要なのである。

それでは，最適規模はどのように決まるのだろうか？

いま，ある企業で行わなければならない資源配分活動の総量を $T$ としよう。この $T$ の達成のため，どれぐらいの割合で市場を用い，どれぐらいの割合で組織を用いたらいいのだろうか？

これについて調べるため，次のような手順で図を作ってみよう。

①図7-9（a）をそのまま描く。

②縦軸を対称軸にして，元の図と線対称になるように図7-9（b）をひっ

### 図 7-10 組織と市場の使い分け

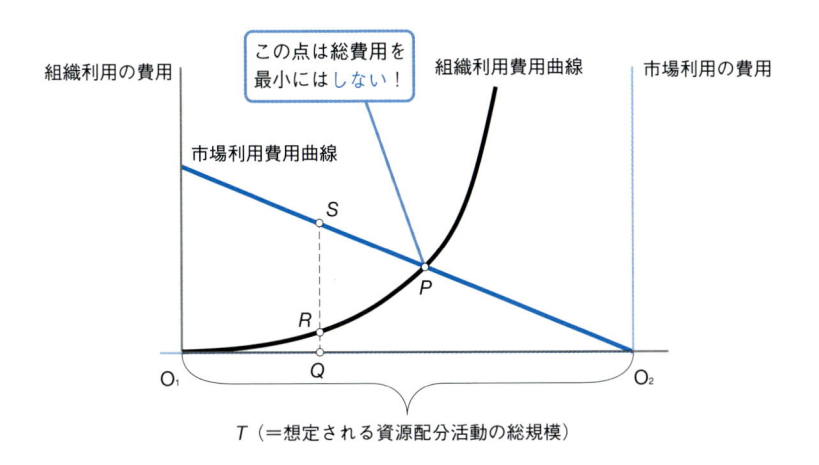

組織利用の費用／市場利用の費用

この点は総費用を最小にはしない！

市場利用費用曲線／組織利用費用曲線

点：$O_1$, $Q$, $R$, $P$, $S$, $O_2$

$T$（＝想定される資源配分活動の総規模）

くり返す。

③ それを（1）で描いた図 7-9（a）と横軸が一緒になるように重ね合わせる。さらにそれぞれの原点 $O_1$ と $O_2$ の距離がちょうど $T$ になるように，原点の位置を定める。

こうして作成されたのが，図 7-10 である。この図を見ると，$T$ を組織と市場に割り振ったときに，それぞれにかかる費用がわかる。たとえば，点 $Q$ のように割り振ったなら（つまり，$T$ のうち線分 $O_1Q$ の長さ分だけ組織に資源配分活動を委ね，線分 $QO_2$ の長さ分だけ市場に委ねる），組織利用費用は線分 $QR$ の長さだけかかり，市場利用費用は線分 $QS$ の長さだけかかることになる。

資源配分活動にかかる総費用は，組織と市場にかかる費用の合計である。たとえば，図 7-10 の点 $Q$ の場合，$\overline{QR}+\overline{QS}$ が総費用になる。より一般的には，図 7-10 の組織利用費用曲線と市場利用費用曲線を縦方向に足し上げていけば総費用曲線が得られる。図 7-11 の黒い実線で描かれた曲線が総費用曲線である。

総費用を最小にする点が，組織と市場の使い分けの最適点である。図 7-

## 7 企業の理論

**図 7-11　組織の最適規模の決定**

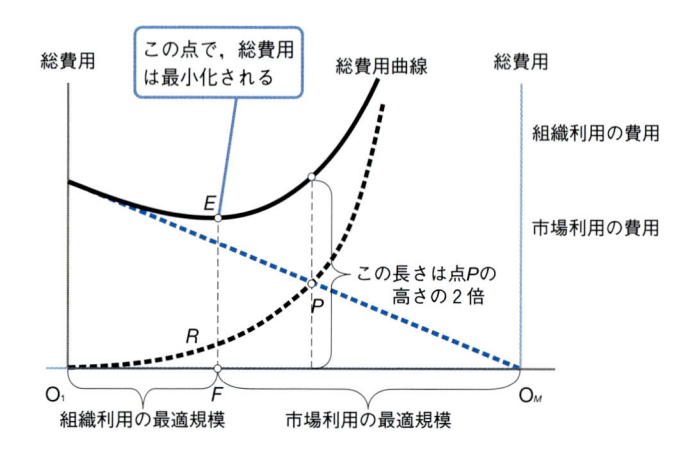

（グラフ：縦軸＝総費用、総費用曲線、点 $E$ で総費用は最小化される、点 $P$、点 $R$、「この長さは点 $P$ の高さの2倍」、$O_1$ から $F$ までが「組織利用の最適規模」、$F$ から $O_M$ までが「市場利用の最適規模」、組織利用の費用、市場利用の費用）

11では点 $F$ がそのような点であり，その点で割り振るのが最適なのである。このようにして，最適な組織利用規模と市場利用規模が求められることがわかった[11]。

■ 組織と階層構造

ただ1人の経営者兼従業員が切り盛りしているごく小規模な個人商店などを別にすれば，たいていの企業は複数の人々によって構成されている。そこでは，円滑で適切な企業運営のため，階層構造を伴った組織が形作られている。つまり，組織はたしかに人の集合ではあるが，単なる人の集合ではなくて，そこに所属する人々の間には役割分担がある。その中で，もっとも基本的な役割分担は，経営者と従業員の間のそれであろう。

しかし，現実の企業で役割分担はさらに細分化されており，企業組織は図

---

[11] 以上の費用に関する考察から，なぜ社会主義経済がうまく機能しないかの理由の一端がわかる。つまり，もし仮に純粋な（究極の）「社会主義経済」があったとすれば，それは一国の資源配分のすべてを単一の組織に委ねる制度だと考えることができるだろう。そのような巨大組織を維持管理しているためには莫大な費用がかかるだろうから，そのようなシステムが永続的に機能するのは困難なのである。

図7-12　組織と階層

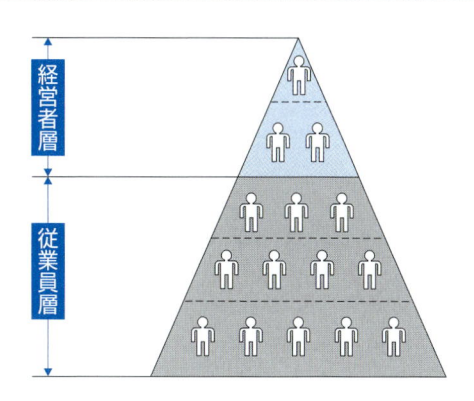

▶表7-1　プロジェクトへの評価

|  | 第1位 | 第2位 | 第3位 |
|---|---|---|---|
| A氏 | プロジェクト1 | プロジェクト2 | プロジェクト3 |
| B氏 | プロジェクト2 | プロジェクト3 | プロジェクト1 |
| C氏 | プロジェクト3 | プロジェクト1 | プロジェクト2 |

7-12のように階層的に形作られている。より高位の階層に属する者とより低位の階層に属する者との間は，支配（命令）と服従の関係で結ばれている。

　なぜこのような階層構造が生まれたのであろうか？　この項ではその理由を考えてみたい。そのために，もしこのような階層構造がなく，企業（組織）の構成員が対等な発言権を持っていたらどうなるのかを考えてみよう。

　複数の人が企業の意思決定への発言権を持つなら，何らかの形でこれらの人々の意見を集約しなければならない。しかし，一般に人の意思は多種多様であり，それを全体の意思にまとめあげるのは大変難しい。

　次の例を考えてみよう。A氏，B氏そしてC氏の3人が対等な発言権をもっている企業があったとしよう。この企業では，3つのプロジェクト，すなわち，プロジェクト1，プロジェクト2，プロジェクト3のどれを実行するかを検討中である。

　各人のプロジェクトへの評価は，表7-1のようであったとする。たとえば，

7　企業の理論

▶表7-2　どのプロジェクトが選ばれるか？

| | STEP①　最初の比較対象 | | | STEP①　多数決で選ばれたもの | STEP②　多数決で選ばれたもの | |
|---|---|---|---|---|---|---|
| | プロジェクト1 | プロジェクト2 | プロジェクト3 | | | |
| CASE 1 | ○ | ○ | | プロジェクト1 | プロジェクト3 | プロジェクト1とプロジェクト3を比較 |
| CASE 2 | ○ | | ○ | プロジェクト3 | プロジェクト2 | プロジェクト2とプロジェクト3を比較 |
| CASE 3 | | ○ | ○ | プロジェクト2 | プロジェクト1 | プロジェクト1とプロジェクト2を比較 |

A氏はプロジェクト1がその企業にとってもっとも良い計画であり，次がプロジェクト2，そして一番劣るのがプロジェクト3だと考えている。

3人がほとんど同じ考えを持っているならプロジェクトの選定は簡単であるが，表7-1に記載された各人の評価には大きな隔たりがあるので[12]，合意形成は容易でないだろう。このようなときに私たちの生活でよく用いられるのが**多数決**であろう。

選定は次のように行われるものとしよう。

①まず，プロジェクト1とプロジェクト2を比較して，多数決でどちらが良いのかを決定する。

②①で選ばれたプロジェクトと残りのプロジェクトであるプロジェクト3を比べて，再び多数決で良い方を選ぶ。

上のステップ①において，プロジェクト1と2を比べると，A氏とC氏は「プロジェクト1の方が良い」と主張することが表7-1からわかる。そして，「プロジェクト2の方が良い」というのはB氏だけだから，多数決によって全体としては「プロジェクト1の方が良い」と判断されることになる。

このようにしてステップ①ではプロジェクト2は落選したので，次のステップ②でプロジェクト1と3が比較されることになる。このとき，プロジェクト1を推すのはA氏だけであり，プロジェクト3を推すのはB氏とC氏だから，多数決で「プロジェクト3が良い」と判断されることになる。した

---

[12] 各人が「一番良い」と考えるプロジェクトだけを見ても，みな異なっている。二番目以下と評するプロジェクトについても，三人三様である。

がって，この会議の結果プロジェクト3が選定されることになる。

　この選定結果に対して，ステップ②で自分の意見が通らなかったA氏が，次のような異議を申し立てたらどうなるだろうか？

　「この結論は承服しがたいので，『敗者復活戦』をやってほしい。つまり，最初のステップで『落選』したプロジェクト2とプロジェクト3の間でも決を取ってもらいたい」と。

　実は表7-1からわかるように，このような採決をしてしまうと，今度はA氏のみならずB氏までもがプロジェクト2を支持してしまって，プロジェクト3は採択されなくなってしまう。

　このような場合には，どうしたらいいのだろうか？　プロジェクト1と2を比べればプロジェクト1が選ばれ，1と3を比べると3が，そして2と3を比べると2が選ばれてしまう。この3人は，いったいどのプロジェクトを採用することに合意するのだろうか？

　実はいま述べた例は，社会選択理論の創始者でノーベル経済学賞受賞者であるケネス・アロー（Kenneth J. Arrow：1921～）が，その著書『社会選択と個人的価値』で与えた有名な例を，企業における意思決定のケースにアレンジしたものである。

　この例が与える重要な教訓は，複数の個人の自由で多様な意思を，各人の個別の意思との整合性を保ちつつ集団の意思へとまとめあげることの難しさである。この例を着想の原点として，アローが確立した一般不可能性定理と呼ばれる定理は，「そのような個人の意思の集計方法として，唯一考えられるのは独裁制だけである」ということを主張する。つまり，表7-1のケースでも，たとえば，A氏が独裁者であり，彼の意思がそのまま組織の意思になるなら，何の問題も生じないのである。

　この定理にはいくつかの解釈が可能であろうが，企業統治の観点からこの主張を評価すれば，「集団としての企業の意思決定は，できるだけ少数の人間で行った方が効率的である」といえるだろう。もっとも，意思決定の容易さという点では，ただ1人の人間が「独裁的に」意思決定を行った方がスム

ーズかも知れないが,その一方で完全な独裁制は,独裁者が十分な情報を欠いていたり,バランスの取れた判断能力を持っていなかったりした場合には,組織を誤った方向に導いてしまうかもしれない。

　そういう観点に立てば,効率性を損なわない程度に多数の人間が意思決定に参画できる仕組みが,もっとも望ましいものであるように思える。

　したがって,現在多くの企業で行われている,(a) 複数の人間が経営陣として組織の意思決定に参画するが,(b) その他の人間は従業員として命令に服す立場に置かれるという,図7-12に示したような階層的組織構造は,①意思決定の効率性を図りながら,②独裁制の弊害やリスクを軽減させる,という点で優れた仕組みだということができそうである。

## ■エージェンシー問題

　前項で見たように,企業がその業務を円滑かつ適切に遂行するためには,階層的に形作られた組織が不可欠である。企業組織におけるもっとも基本的な階層区分は経営者層と従業員層の2つであるが,たいていの企業では,経営者層と従業員層の中にさらに細い階層が設定されているのが普通である(図7-12参照)。より高位の階層に属する者とより低位の階層に属する者との間は,支配(命令)と服従の関係で結ばれている。

　このような厳然とした階層構造は,企業内での情報の円滑な流通を妨げる恐れがある。すなわち,下位の階層に属する人間の行動を上司や経営陣が正確に把握できないのは多くの企業でしばしば観察される現象であろう。それに加えて,個々の従業員の利害と企業全体の利害が合致しないことも多い[13]。したがって,従業員は経営者に気づかれないのをいいことに,自分の利益のため企業の利益を損なうような行動に走る可能性がある。

　このように何らかの仕事を依頼する者(依頼人。むしろ英語のままでプリ

---

[13] たとえば,社外での営業活動のため外出中の従業員が,仕事をしないで喫茶店でサボっていたとしても,上司はなかなかその事実を把握することができないだろう。この場合,従業員がサボるのはいうまでもなくその方が彼にとって楽だからであり,上司がそれを好ましいと思わないのはそれが会社の利益を損なうからである。つまり,ここでは従業員と会社の利害の不一致が生じているのである。

ンシパルということが多い）と依頼される者（代理人。エージェントと呼ばれることが多い）の間で利害の不一致があり，しかもプリンシパルがエージェントの行動を正確に把握できていないときに，プリンシパルがこうむる困難をエージェンシー問題という。

企業では，経営陣と従業員の間のエージェンシー問題が基本的であるが，図 7-12 のように経営者層および従業員層の内部にも細かい階層構造がある以上，それらの細分化された階層間でもエージェンシー問題が発生しうる。

さらに，株式会社の所有者が株主であるというタテマエに立てば[14]，経営陣はプリンシパルである株主に依頼されて経営に従事するエージェントだといえる。このような株主と経営者の間のエージェンシー関係において，株主の関心が株価の上昇[15]にあるのに対して，経営者の関心は自らの報酬を多くすることにある。つまり両者の利害は一致せず，しかも株主たちが経営者の日々の行動を正確に監視することは困難であろうから，株主と経営者の間に

---

[14] 法律上のタテマエからいえば確かに企業は株主のものなのだろうが，企業はただ単に株主の利益だけのために活動していいものか？という問題提起（「会社は誰のものか？」）に基づいた議論が昨今活発に行われている。
 たしかに企業には，株主以外にも従業員，取引先，あるいは社会（国民一般や近隣住民など）など多数の利害関係者（企業を取り巻く利害関係者を総称して，ステイクホルダーという）がおり，企業はその活動において，それらの利害関係者たちとの関係を意識せざるを得ず，もっぱら株主の利益最大化だけを目指して行動することは許されないだろう。
 そういう観点に立つと，株主の企業に対する支配権は限定的なものにならざるを得ず，少なくとも通常のモノの所有者が自然に発揮している支配権を，株主は自己の「所有物」である企業に対して発揮することができないというのが実情である。
[15] 資本市場が完全であり，法人税がないなどの一定の条件が満たされるならば，企業価値は（したがって，それを反映して決まる株価は）どういうタイミングでいくらぐらいの配当を出すかという配当政策の影響から独立であることが知られている（モジリアーニ=ミラーの定理）。
 たとえば，ある企業（株式会社）が今期 100 万円の利益を出したとする。一方この企業は 70 万円の投資プロジェクトの実施を計画しているものとしよう。この場合，企業には，①70 万円以上の額を株主に配当金として分配してしまい，投資資金は銀行から借りて，将来利息とともに返済するという選択肢と，②70 万円を配当金に回さず内部留保して，その資金を投資資金に充てるという選択肢がある（あるいは，投資資金の一部を内部留保した資金でまかない，残りを銀行から借りるという，①と②を折衷した選択肢もある）。
 ①の場合，投資から得られる将来の利益の一部は返済に充てられるので，株主が受け取るお金は今期多めになる代わりに将来少なくなる。他方，②の場合には，今期の受け取りが少なくなってしまう代わりに将来多額の配当を受け取ることが期待できる。
 つまり，この 2 つの配当政策が株主に対して与える効果は実際に配当を受け取るタイミングの違いだけであって，現在価値で評価したときの株主の収益は同じなのである。したがって，株式の保有から得られる収益が同じである以上，どちらの配当政策が採用された場合にも株価は変わらないはずだということになる。

もエージェンシー問題が存在することになる。

このように企業においては，経営者と従業員の関係だけでなく，さまざまな形のエージェンシー問題が錯綜しているといえる。

### ■誘因システムと次善の効率性

ここで再び従業員と経営者の関係に話を戻すことにしよう。両者の目的に違いがある以上，経営者は従業員の怠業（サボり）や不正行為などを防止するための策を講じる必要がある。そのためのもっとも手っ取り早く直接的な方法は，従業員の行動を監視（モニター）することだろう。しかし，監視のための費用（モニタリング・コスト）は決して安くない上に，どのように費用を投じても 100% 完全な監視などできるものではない。

そこで，経営者には，彼ら自身の目的と従業員の目的とがある程度一致するような（完全な一致は難しくてもそこそこ一致できるような）報酬の仕組みなどを整備することが求められることになる。

たとえば，同一職種の従業員には同額の給与を与えるという報酬システム（固定給制）を採用したのでは，従業員は会社のために一生懸命働いても働かなくても月々もらえるお金は変わらなくなってしまう。

そうであるならば，一生懸命働くよりも，上司の目を盗んで（すなわち，監視の目を逃れて）サボった方が得になってしまう。つまり，固定給制が採用されると，従業員は「できるだけサボって楽をする」という動機をより持ちやすくなるのである。その結果，経営者の目的（たとえば，「会社の業績を向上させる」）との間に齟齬が生じることになる。

それに対して，従業員の報酬を彼が仕事で上げた成果（たとえば，彼の売り上げ額など）と連動させると事態は大きく変化する。成果を上げるための努力は確かにつらいものではあるが，それが自分の報酬と連動しているならば彼としては自発的に頑張ろうとするだろう。個々の従業員の成果が企業業績と連動するならば[16]，このような報酬体系の導入によって従業員の利害と企業や経営者の利害とはほぼ一致することになるだろう。

あるいは従業員に株式を所有させたり，ストックオプション[17]を持たせたりすることで従業員のやる気を引き出す方法もある。この場合には，株価の上昇が従業員の個人的利益と連動するので，企業価値（株式市場が有効に機能するならば，それは株価に反映される）を高めるという企業の目的との一致が生まれることになる。

監視や懲罰といった強権的なやり方でなく，報酬体系のような誘因システムを導入することで，従業員に「一生懸命仕事をすることは，自分の利益にもなる」という気を起こさせて，彼らの自発的な意思の下で企業の利害と従業員の利害を整合的なものにするやり方は多くの企業で採用されている。

このように，適切な誘因システムを構築することによって，企業はエージェンシー問題が引き起こす問題をある程度回避することができるのだが，その一方で誘因システムの導入は企業に多かれ少なかれ負担を強いることになる。

つまり，効率的企業経営のために，企業にはできる限り支出を切り詰めること（費用最小化）が求められる。そのために，重要な生産要素である労働力に対する支払いを，できるだけ切り詰めようとするのはきわめて自然なことである。しかし，その一方で誘因システムを維持するためには，支払い報酬額のある程度の増加が避けられない。

実際，たとえば，良い仕事上の成果を上げた者に成功報酬としてボーナスを与えることは，誘因システムとして有効に機能する可能性があるが，企業はボーナス支出のための追加的な出費を強いられることになる。このように，エージェンシー問題を考慮に入れると，企業は前章と前節で見てきたような，

---

16) 従業員の上げた成果が必ずしも企業の長期的な業績（利益）につながらない可能性がある場合や，成果達成のための努力が従業員の緊張感を高めすぎてしまい，かえって従業員の能力発揮を妨げてしまう可能性がある場合などに，成果に連動した報酬体系を設定すると，むしろ企業業績を低迷させてしまう要因になり得ることに注意すべきである。

17) ストックオプションとは，将来のある期間に，定められた価格と数量でその会社の株式を購入できる権利である。この権利を行使するかどうかは，これを持っている者の自由であるが，彼はもし将来の定められた期間に株価が上がっていれば，権利を行使して時価よりも安く株式を購入することができる。逆に，もし株価が下がっていれば，権利を行使しなければ損をしないですむことになる（なお，前述した株主と経営者の利害の対立を克服するために，経営者にストックオプションを持たせることもよく行われている）。

技術を制約条件にしての費用の最小化を完全に実現させることができなくなってしまう。つまり，企業は技術の制約に加えて，「従業員がサボらずに自発的に一生懸命働く」という追加的な制約条件を加味した下での費用最小化を図らざるを得ないのである。

　一般にいくつかの条件が付いた下での最小化は，条件がより少ない場合の最小化問題と比べてより悪い結果（つまりあまり小さくならない）をもたらす[18]ことが知られている。費用最小化問題に即して考えれば条件がより多い場合には費用は十分に小さくできず，結局生産の効率性は十分に確保できないことになってしまう。つまり，エージェンシー問題が生じていると，企業は最善の意味で効率的（＝もっとも効率的）な生産を行うことができず，次善（セカンドベスト）の意味での効率性しか実現させることができないのである。

---

18) たとえば，「1 年 1 組の生徒の中で一番背の低い人（＝背の高さが最小の人）」を見つける問題があったとしよう。仮にその問題の解（つまり一番背の低い）は女性の花子さんだったとしよう。次にこの問題に制約条件を追加して，「1 年 1 組の男性の中で背の一番低い人」を見つける問題を考えることにしよう。もはや女性である花子さんはこの問題の解にはなりえない。男性の中で一番背の低い人が太郎君であったなら，明らかに太郎君が花子さんより背が低いことはありえないので，結局「男性である」という追加制約条件の下での最小化問題は，この追加制約条件がない場合と比べてあまり背が低くない人を解として選んでしまうのである。

● 練 習 問 題
1．長期の総費用関数 $C(y)$ が
 $$C(y)=y^3-4y^2+7y$$
で与えられている。
 ①限界費用関数と平均費用関数の式を求め，さらにそれらのグラフを図示しなさい。
 ②操業停止点と損益分岐点を求めなさい。
 ③総需要量を $q$，価格を $p$ とするときに，市場の需要曲線が
 $$q=-2p+59$$
という式で表されている。すべての企業の長期総費用関数が上で与えられたものだとするとき，産業の長期均衡における企業数はいくつになるか？

2．図7-10と図7-11に関して，組織と市場の利用量をそれぞれ $x$ と $y$ と書くことにする。組織利用の費用関数 $C_1(x)$ と市場利用の費用関数 $C_2(y)$ は，
 $$C_1(x)=x^2 \text{ かつ } C_2(y)=2y$$
であるとする（なお，$T≧2$ とする）。
 ①総費用関数の式を求めなさい。
 ②最適点における $x$ と $y$ の値を求めなさい。
 ③最適点は，図7-11の点 $P$ に相当する点よりも左側にあることを示しなさい。

3．本文で取り上げたケースのほかに，社会のどのような場面でエージェンシー問題が生じる可能性があるか？　例を1つ挙げ，その問題点と解決策を議論せよ。

# 第 8 章

# エッジワースの箱と完全競争市場

　本章では，完全競争市場の基本的な構造が明らかにされる。まず，部分均衡分析と一般均衡分析の違いが説明された後，2人2財のミニチュア一般均衡モデルが「エッジワースの箱」を用いて構築される。続いて，ワルラス法則の概念が導入され，このミニチュア一般均衡モデルにおいてもワルラス法則が成り立っていることが示される。最後にこのモデルにおける競争均衡が示され，さらに多数の消費者と企業，そして多数の財があるより一般的なモデルでも均衡解が存在することが指摘される。

# 8 エッジワースの箱と完全競争市場

## ☐ 8-1　部分均衡分析と一般均衡分析 ☐

### ■相互依存関係にある市場

　私たちは，第4章と第5章で消費者行動の理論を，第6章と第7章では企業行動の理論を学んだ。この章では，企業と消費者が出会い，

　　　　生産⇨交換⇨消費

という一連の経済活動を行う場である市場について考えてみたい。

　本書の第3章で，私たちはすでに市場についていくつかのことを学んでいる。そこでは，横軸に財の数量を取り，縦軸に財の価格を取った平面上に需要曲線と供給曲線を描き，その図に基づいて話が展開されていった。

　ところで，ある財の需要曲線と供給曲線を2次元の平面上に描くということは，需要量も供給量もその財の価格だけに依存して決まっていることを意味している。つまり，この場合，他の財の価格は需要量や供給量に全く影響力を持たないことが暗黙のうちに仮定されているのである。

　財の需要や供給にもっとも大きな影響力を持つのが，その財自身の価格だというのは確かだろうが，だからといって他の財の価格がまったく影響力を持たないと言い切ってしまっていいのだろうか？

　たとえば，ある人の家から空港に行くのにバスと電車という2つのルートがあったとしよう。バスと電車を比べてみると，速さ，時刻の正確さ，乗り心地，出発の頻繁さ，所要時間，……，等々，それぞれに一長一短があることがわかる。したがって，結果的にどちらを選ぶかは人それぞれだろう。しかし，いずれにせよそれを決めるにあたって，たいていの人は少なくとも両者の価格（運賃）を比較するのではないだろうか。

　たとえ電車の運賃が多少高めであったとしても，その価格差を凌駕するだけの利便性が電車にあると判断して，電車を利用する人がいるかもしれない。あるいは，多少不便であってもバスの安さを魅力的と捉える人もいるだろう。

しかし、たとえ前者のように考える人であったとしても、電車の運賃が大幅に値上げされ、その一方でバス運賃は据え置かれたままであれば、電車の利用をやめてバスを利用するようになるかもしれない。これはバスの運賃が変化しないのに、バス利用に対する需要量が増えるケースだといえる。

このことから、電車による運輸サービスの市場とバスによる運輸サービスの市場の間には相互関係があることがわかる。このような相互関係を考慮に入れると、ある財の需要量や供給量は、少なくとも一般論としては、その財の価格だけでなく他の財の価格にも依存するといわざるを得なくなるだろう。

■ 部分均衡分析と一般均衡分析

2次元平面上に需要曲線と供給曲線を描くことで、市場経済のさまざまな性質を説明しようとする第3章の方法は、前項で述べた市場間の相互関係についてはあえて見て見ぬ振りをして、1つの財の市場の動きだけに関心を集中させる分析の手法だといえる。

換言すれば、このような分析の手法は、さまざまな市場が相互に影響力を持ちながら経済社会が成立しているという現実をあえて無視して、1つの財の市場という経済社会のごく一部分だけに限定した分析を行うことを意味している。そこで、そのような分析手法は、部分均衡分析（あるいは部分均衡アプローチ）と呼ばれている。

それに対して、市場間の相互依存関係を無視せずに、さまざまな市場を一括して捉えて分析していこうとする手法を、一般均衡分析（一般均衡アプローチ）という。

それぞれの分析手法には、長所と短所がある。

まず、部分均衡分析についていえば、短所は上述のように、現実の経済社会で一般的には無視し得ない市場間の相互依存関係を無視していることである。長所としては、平面上の図を有効利用して議論を進められるので、視覚的にも理解しやすく、より人々の直感に訴える分析を行うことができる。

一般均衡分析の長所と短所はちょうどその逆である。すなわち、市場間の

複雑な絡み合いを考慮に入れているという点で,より詳細に市場の姿をモデル化できるのが長所である。それに対して,図を用いた直感に訴える議論の展開が難しくなり,随所で数学(しかもかなりハイレベルな)の助けを借りなければならなくなってしまう。その点で分析が複雑で難しくなりがちなのが,一般均衡分析の短所である。

ミクロ経済学においては,それぞれのアプローチが持つ上記のような長所と短所を明確に意識した上で,部分均衡分析で十分に市場の姿を近似していると思われる場合[1]にはそれを利用し,そうでない場合には一般均衡分析を使うことになる。

このように一般均衡と部分均衡という形で市場を分析するアプローチの仕方を分類すると,第1章から第3章までに議論したことは,部分均衡論的であることがわかる。それに対して,第4章以降の内容は,一般均衡論的な立場からの消費者行動と企業行動に関する議論だったといえる。本章では,それらの議論を踏まえて,一般均衡論的に市場を捉えてみたいと思う。

## □ 8-2 ミニチュア一般均衡モデル □

### ■2人2財純粋交換経済

2人2財純粋交換経済とは,①プレイヤーは2人の消費者だけで,②財は2種類しかなく,さらに③生産活動は行われない(したがって,企業は存在しない)という市場経済モデルである。

市場では複数のプレイヤーが集まって,財を交換する活動が行われるのだ

---

[1] たとえば,他の市場からの影響が少ない比較的孤立した市場は部分均衡分析で十分に表現できる。また,他の財の価格等の変化がもたらす影響を需要曲線や供給曲線のシフトによって説明できるのなら,部分均衡分析で間に合うこともある。一例を挙げれば,本文で例示した電車サービスとバスサービスの選択問題で,もしバスサービスの需要量に大きな影響を与えるのがそれ自身の価格と電車サービスの価格だけであったなら,電車賃の上昇は電車からバスへの需要者のシフトを意味するので,バスサービスの需要曲線が右上方にシフトしたとみなすことで分析が行えることになる。

## 8-2 ミニチュア一般均衡モデル

#### 図 8-1　2 人の無差別曲線群

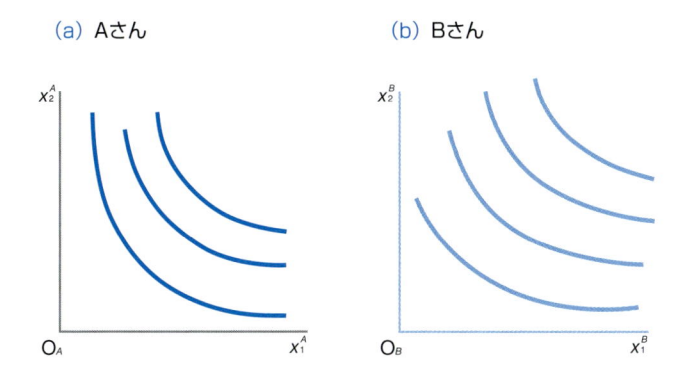

(a) Aさん　　　　　　　(b) Bさん

から，そこには 2 人以上のプレイヤーと 2 種類以上の財がなければならない。つまり，2 人 2 財純粋交換経済は，市場経済が持つべき最低限の条件だけを備えたミニチュア市場経済モデルなのである。複雑な一般均衡モデルを説明するのはこの本の範囲を超えるので，ここではシンプルであるがゆえに分析も容易な[2]このモデルに限定して話を進めたい。

さて，これから考える経済には，A さんと B さんという 2 人の消費者がいるものとしよう。また，この経済に存在する 2 種類の財を，第 1 財と第 2 財と呼ぶことにする。図 8-1 には，それぞれの消費者についての代表的な無差別曲線が描かれている[3]。

なお，$O_A$ と $O_B$ は，それぞれの消費者の座標系の原点を表している。さらに，$x_1^A$ と $x_2^A$ は A さんの第 1 財と第 2 財の消費量を，$x_1^B$ と $x_2^B$ は B さんの第 1 財と第 2 財の消費量を表している。

この経済では生産が行われないので，各消費者はあらかじめ何単位かの財を持っていて，それらを市場に持ち寄って自分の必要性を充足させるために交換することになる。A さんは第 1 財を $W_1^A$ 単位，第 2 財を $W_2^A$ 単位持っ

---

[2] 後述する「エッジワースの箱」を用いて，図だけでの分析が可能なのが，2 人 2 財純粋交換経済のメリットである。
[3] この図では，B さんの無差別曲線は A さんのそれと比べて緩やかな傾きに描かれているが，これは 2 人の無差別曲線が異なっていることを強調するために，こう書いたにすぎない。

## 8 エッジワースの箱と完全競争市場

**図 8-2　初期保有点**

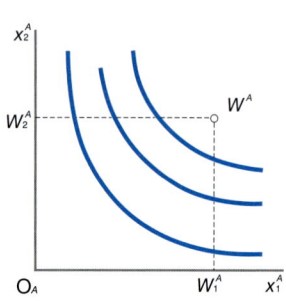

(a) Aさん

(b) Bさん

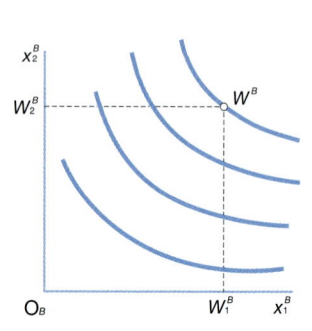

ているものとし，Bさんは第1財を $W_1^B$ 単位，第2財を $W_2^B$ 単位持っているものとしよう。これらをそれぞれの消費者の**初期保有量**（初期賦存量といわれることもある）という[4]。図 8-2 には，図 8-1 の座標系にそれぞれの消費者の初期保有を表す点 $W^A$ と $W^B$ が書き込まれている。これらの点を**初期保有点**という。

次に，

$$W_1 = W_1^A + W_1^B$$
$$W_2 = W_2^A + W_2^B$$

とする。$W_1$ と $W_2$ は，この社会に存在する第1財と第2財の総量をそれぞれ表している。

### ■ エッジワースの箱

この項では，図 8-2 から始めていくつかのステップを踏んで，ある長方形の「箱」を作ってみたいと思う。

**【STEP 1】** Bさんの無差別曲線が描かれている座標系全体を（無差別曲線や初期保有点などもすべて一緒に），図 8-3 のように 180 度回転させる。

---

[4] 初期保有量は，いずれも 0 以上の値を取る。0 のときにはその財を持っていないことを意味する。たとえば，$W_2^A = 0$ なら，Aさんは当初第2財を持っていないことになる。

8-2 ミニチュア一般均衡モデル

図 8-3 STEP 1

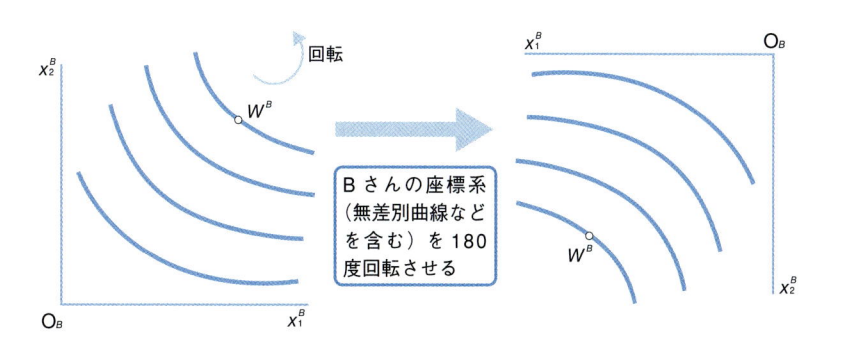

図 8-4 STEP 2

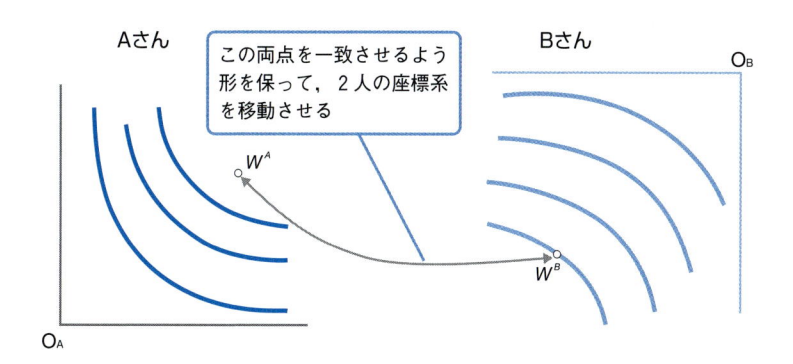

【STEP 2】Aさんの座標系（図 8-2 のまま）と【STEP 1】で回転させたBさんの座標系とをそのままズラしていき，両者の初期保有点（$W^A$ と $W^B$）がぴったりと重なるように移動させる（図 8-4）。

【STEP 3】このようにして長方形の箱（図 8-5）が得られる。重なり合った初期保有点を改めて $W$ と書くことにする。点 $W$ は，Aさんの原点 $O_A$ から見れば $W^A$ を表しており，Bさんの原点 $O_B$ から見れば $W^B$ を表している。また，この箱（長方形）の底辺の長さはちょうど $W_1$ であり，高さは $W_2$ である。

上の3つのステップで作られた長方形の箱（図 8-5）は，エッジワースの

## 8 エッジワースの箱と完全競争市場

図 8-5　STEP 3

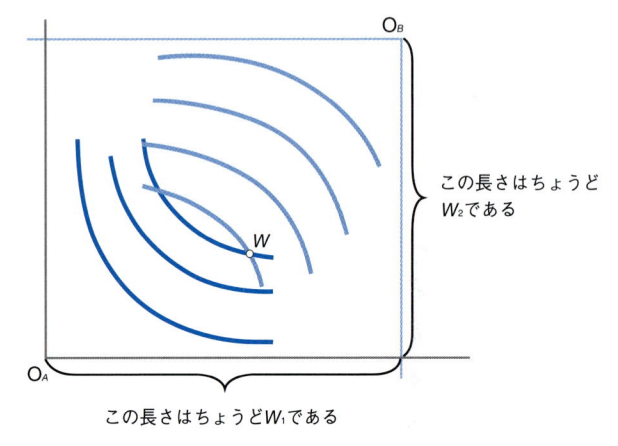

この長さはちょうど $W_2$ である

この長さはちょうど $W_1$ である

（注）$W = W^A = W^B$

箱と呼ばれている[5]。

さて、図 8-6 は、エッジワースの箱から無差別曲線の記載を省略したものである。点 $P$ をこの箱の中で自由に選ばれた点とする。

まず、点 $P$ の位置を、A さんの原点 $O_A$ から測ってみよう。するとこの位置は、A さんが第 1 財を $a_1$ 単位、第 2 財を $a_2$ 単位だけ消費する点であることがわかる。次にこれを B さんの原点 $O_B$ から測ってみよう。すると点 $P$ は、B さんが第 1 財を $b_1$ 単位、第 2 財を $b_2$ 単位だけ消費する点であることがわかる。このようにエッジワースの箱の中の任意の点は、それぞれの人の原点から測ることによって、各人がどれぐらいの財を消費するのかを表している。

しかも、点 $P$ に戻ってみれば、$a_1$ と $b_1$ の長さを合計すればちょうど長方形の底辺の長さである $W_1$ と一致し、$a_2$ と $b_2$ の長さを合計すればちょうど長方形の高さである $W_2$ と一致することも図からわかる。つまり、

$$a_1 + b_1 = W_1 \quad かつ \quad a_2 + b_2 = W_2$$

---

[5] エッジワース（Francis Ysidro Edgeworth：1845-1926）は、イギリスの社会科学者。主著は *Mathematical Psychics*（これを『数理心理学』などと訳す人もいるが、適訳とは思えないので、あえて原題を提示することにした）。

#### 図8-6 エッジワースの箱と資源配分

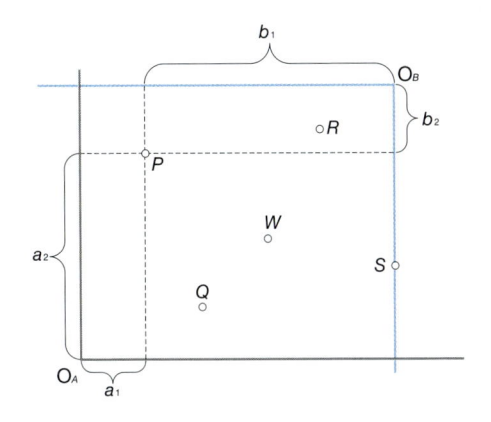

となっている。$W_1$ と $W_2$ はこの2人から成る「社会」に存在する第1財と第2財の総量であった。したがって，消費者たちが点 $P$ で表されているような消費を行うことで，この社会に存在する資源（財）は，この社会の全メンバーに余すところなく分け尽くされることになる。

このことから私たちは，点 $P$ だけに限らず，エッジワースの箱の内部および外枠（境界）上のどの点（たとえば，点 $Q$，点 $R$，点 $S$ など。もちろん点 $W$ も）で消費を行っても，この社会に存在する資源は余すところなく（過不足なく）使い尽くされることがわかる。

すなわち，この箱の中の各点は，この社会で人々に資源がどのように配分されるのかについてのすべての可能性を示していることになる。そこで，エッジワースの箱のひとつひとつの点を資源配分と呼ぶ。

換言すれば，エッジワースの箱は，この2人2財純粋交換経済におけるすべての資源配分の集合を図形的に表していると理解することができる。

■ 予 算 制 約

この章の残りの部分では，エッジワースの箱をうまく用いて，この2人2財純粋交換経済の競争均衡（市場均衡）がどのような点になるのかを作図し

てみたいと思う。

第1財の価格を $p_1$，第2財の価格を $p_2$ と書くことにしよう。

このような生産のない市場では，消費者は，①まず，自分が初期保有として持っている財（初期保有）をすべて売却し，②その売却で得た資金で消費に必要な財を購入する，という順番で行動するものと考えられる。

最初に，Aさんの行動を考えてみよう。①彼が自分の持つすべての財を売却して獲得できる金額は，$p_1 W_1^A + p_2 W_2^A$（円）である。②彼が購入する（消費する）財の量をそれぞれ $x_1^A$, $x_2^A$ とすると，それへの支出額は $p_1 x_1^A + p_2 x_2^A$（円）なので，彼の予算制約式は，

$$p_1 x_1^A + p_2 x_2^A = p_1 W_1^A + p_2 W_2^A \tag{8.1}$$

になる[6]。この式のグラフを描いてみよう。(8.1) 式に含まれている文字（記号）のうち $p_1, p_2, W_1^A, W_2^A$ は，Aさんが自分の意思で自由にコントロールすることができないものである。したがって，それらは定数とみなされるので，結局 A さんがコントロールできる (8.1) 式の変数は $x_1^A$ と $x_2^A$ だけである。

横軸に $x_1^A$ を，縦軸に $x_2^A$ を取って作図するために，(8.1) 式を変形すると，

$$x_2^A = -\left(\frac{p_1}{p_2}\right) x_1^A + \frac{p_1 W_1^A + p_2 W_2^A}{p_2} \tag{8.1}'$$

を得る。(8.1)′ 式から，この予算制約式のグラフ（＝予算線）は，縦軸の切片が $\frac{p_1 W_1^A + p_2 W_2^A}{p_2}$ で，傾きが $-\frac{p_1}{p_2}$ の直線（右下がり）であることがわかる。

ただし，この直線については，もう少し興味深いことがわかる。いま，(8.1) 式の左辺に

$$x_1^A = W_1^A \quad かつ \quad x_2^A = W_2^A$$

---

[6]「支出額は収入を上回ってはならない」ことを表すのが予算制約だと理解すれば，$p_1 x_1^A + p_2 x_2^A \leq p_1 W_1^A + p_2 W_2^A$ がここでの予算制約と考えた方が良いのではないか，という疑問を持つ人もいるかもしれない。しかし，いま考えているごく単純なモデルでは，貯蓄などは考えないので，少なくとも効用最大化がなされているならば，予算制約が厳密な不等式で成り立つ（すなわち，お金を余らせてしまう）ことはありえない。したがって，(8.1) 式のように等号で成立するものを予算制約と考えても，議論の一般性が失われることはないことになる。

を代入してみよう。すると，代入後の (8.1) 式の左辺はちょうど右辺の値と一致する。つまり，(8.1) 式のグラフは，$x_1^A = W_1^A$ かつ $x_2^A = W_2^A$ という点を必ず通るのである。この点は，図 8-2 に即していえば A さんの初期保有点 $W^A$ なので，結局 A さんの予算線（(8.1) 式）は

傾きが $-\dfrac{p_1}{p_2}$ で，点 $W^A (=(W_1^A, W_2^A))$ を必ず通る右下がりの直線

だということがわかった。図 8-7 (a) がそれである。

同様に考えると，B さんの予算制約式は

$$p_1 x_1^B + p_2 x_2^B = p_1 W_1^B + p_2 W_2^B \tag{8.2}$$

であり，そのグラフは，図 8-7 (b) にあるように，傾きが $-\dfrac{p_1}{p_2}$ で，彼の初期保有点 $W^B$ を通る右下りの直線である。

このように，2 人の予算制約式のグラフ（=予算線）は，いずれも各人の初期保有点を必ず通るので，価格が変化し，その結果として $-\dfrac{p_1}{p_2}$ が変化したときには，初期保有点を中心とした予算線の回転が生じることになる。

図 8-7　2 人の行動

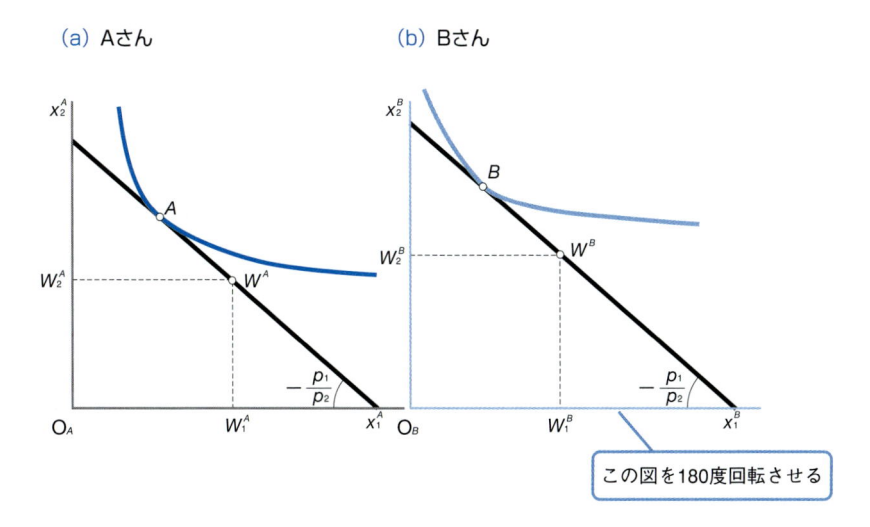

(a) A さん　　(b) B さん

この図を 180 度回転させる

## 8 エッジワースの箱と完全競争市場

■**ワルラス法則**

前項の (8.1) 式と (8.2) 式の左辺同士，右辺同士を加えてみよう．すると，

$$(p_1 x_1^A + p_2 x_2^A) + (p_1 x_1^B + p_2 x_2^B) = (p_1 W_1^A + p_2 W_2^A) + (p_1 W_1^B + p_2 W_2^B)$$
$$\iff p_1(x_1^A + x_1^B) + p_2(x_2^A + x_2^B) = p_1 W_1 + p_2 W_2 \tag{8.3}$$

を得る．(8.3) 式は予算制約式から導かれたものであり，価格 $p_1$ と $p_2$ の下での最適消費量（これは各人の各財への需要量である）$x_1^{A*}, x_2^{A*}, x_1^{B*}, x_2^{B*}$ についても，(8.3) 式は成り立っていなければならない．つまり，

$$p_1(x_1^{A*} + x_1^{B*}) + p_2(x_2^{A*} + x_2^{B*}) = p_1 W_1 + p_2 W_2 \tag{8.3}'$$

が成立する．

このミニチュア経済では生産が行われないので，(8.3)′ 式の右辺にある $W_1$ は第1財の総供給量であり，$W_2$ は第2財の総供給量である．したがって，右辺の $p_1 W_1 + p_2 W_2$ は供給される財がすべて売却されたときの収入の合計，すなわち社会全体での総収入額となる．一方，(8.3)′ 式の左辺は各人の各財への需要量に価格をかけて合計したものだから，社会全体での総支出額となる．

価格がどのような水準にあっても，その価格水準での総需要量を用いれば，(8.3)′ 式は常に成立してはずである．実は，財の数が $n$ 種類（$n=1,2,3,\cdots$）ある一般的な場合でも，どのような価格水準であろうとも (8.3)′ 式を一般化した等式が常に成り立つことが知られている．

つまり，第1財から第 $n$ 財までの価格が $p_1, p_2, \cdots, p_n$ で，それぞれの財への総需要量を $D_1, D_2, \cdots, D_n$，供給量を $S_1, S_2, \cdots, S_n$ [7] と書くときに，社会全体での総支出額は $p_1 D_1 + p_2 D_2 + \cdots + p_n D_n$，総収入額は $p_1 S_1 + p_2 S_2 + \cdots + p_n S_n$ となる．このとき，価格 $p_1, p_2, \cdots, p_n$ がどのような水準にあっても，(8.3)′ 式を一般化した

$$p_1 D_1 + p_2 D_2 + \cdots + p_n D_n = p_1 S_1 + p_2 S_2 + \cdots + p_n S_n \tag{8.4}$$

---

[7] より正確ないい方をすると，$D_1, D_2, \cdots, D_n$ および $S_1, S_2, \cdots, S_n$ は，いずれも $p_1, p_2, \cdots, p_n$ を変数とする関数である．すなわち，各 $i=1, 2, \cdots, n$ について，$D_i = D_i(p_1, p_2, \cdots, p_n)$ かつ $S_i = S_i(p_1, p_2, \cdots, p_n)$ である．

が成り立つのである。需要関数と供給関数が持つこのような性質をワルラス法則という。

■2人2財純粋交換経済での一般均衡

前々項で描いた各消費者の予算線を，エッジワースの箱の中に埋め込んでみよう。その前の項でエッジワースの箱を作成したときと同じ考え方で，図8-7 (b) のBさんに関する座標系を予算線や無差別曲線などすべて込みで180度回転させた上で，Aさんの初期保有点とBさんのそれが一致するように座標系と図をズラしていってみよう。

図8-8 がそのようにして得られたものであるが，ここで特に注意すべきことは，Aさんの予算線とBさんのそれとが，同じ直線で表されていることである（なぜか？）。

さて，予算線等に加えて各人の無差別曲線を考慮したとき，Aさんの最適点（つまり，予算線と無差別曲線が接する点）は図8-8の点$A$，Bさんのそれは点$B$になったものとしよう。

図8-8 価格が$p_1$, $p_2$の場合

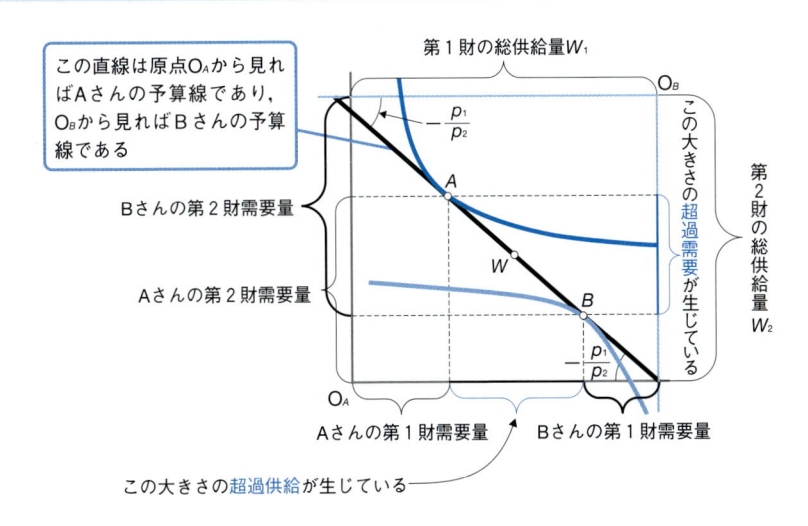

このとき，図8-8で第1財について見てみると，Aさんの需要量（点$A$における原点$O_A$から測った第1財の量）とBさんの需要量（点$B$における原点$O_B$から測った第1財の量）の合計は，エッジワースの箱の横幅よりも小さくなっている。エッジワースの箱の横幅は$W_1$であり，これはこの経済における第1財の総供給量とみなせるので，結局第1財については超過供給が生じていることになる。

同様にして図8-8で第2財について見てみると，2人の需要量の合計は，エッジワースの箱の高さ（＝第2財の総供給量$W_2$）を上回っている。つまり，第2財については超過需要が生じていることになる。

図8-8の状態では，すなわち第1財と第2財の価格がそれぞれ$p_1$と$p_2$のときには，超過供給や超過需要が生じているので，経済は全体としての均衡状態にないといえる。

このような場合，超過供給の状態にある第1財の価格は下落し，超過需要の状態にある第2財の価格は上昇していくだろう。その結果，価格比$\frac{p_1}{p_2}$が小さくなるので，$W$点を中心にしてより傾きがゆるやかになるよう予算線が回転することになる。

このような調整が働いて，もはやこれ以上価格が変化し得ない状態が成立したなら，それが均衡状態である。均衡を与える価格を$p_1^*$，$p_2^*$と書くことにする。そのとき，どの財についても超過需要と超過供給のいずれもがなくなっていなければならない。

その状態（均衡）をエッジワースの箱上に表したのが，図8-9である。この図の点$E$が，均衡における資源配分である。明らかに点$E$では，2人の効用は最大化されており，またどちらの財についても，2人の需要量の合計はちょうど供給量に一致している。

価格$p_1^*$と$p_2^*$で実現される資源配分$E$では，すべての市場での需給の均衡が同時に達成されているので，これがこの経済の一般均衡である[8]。なお，この点を市場均衡もしくは競争均衡と呼ぶこともある。

以上，消費者と財の数が2つずつしかなく，生産もないミニチュア一般均

## 8-2 ミニチュア一般均衡モデル

**図 8-9　競争均衡の成立**

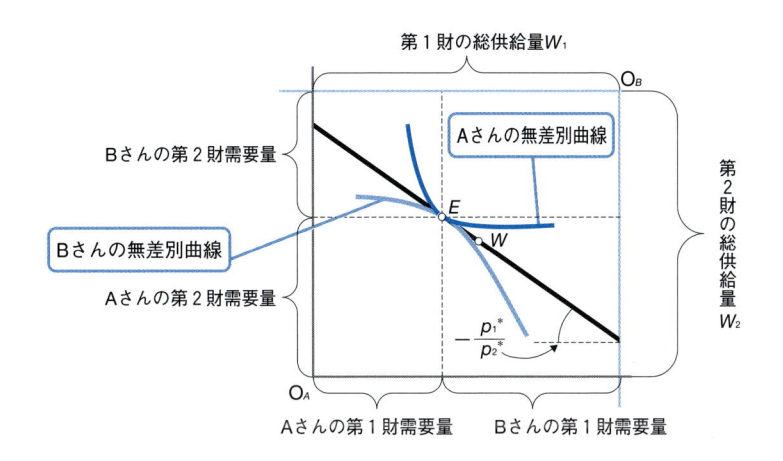

衡モデルを考えてきたが，ここで得られた結論はより一般的なモデル（すなわち，たくさんの消費者と企業がおり，多種類の財が生産・消費される一般均衡モデル）でも成立することが知られている。

　一般均衡理論それ自体は，ワルラス[9]が基本的なモデルを提起して以来の長い研究の伝統があるのだが，第2次世界大戦後，この理論は飛躍的な発展を遂げることになった。

　とりわけ，そのモデルの複雑さゆえに「はたして一般均衡モデルにおいて，競争均衡は本当に存在するのか？」という疑問に対する厳密な数学的解答は，ワルラス以来の長期にわたって得られなかったが，1950年代になってから，ケネス・アロー，ジェラール・デブリュー（Gérard Debreu：1921-2004），ライオネル・マッケンジー（Lionel W. Mckenzie：1919-2010），そして二階堂副包（1923-2001）によって，この問題を肯定的に解決する研究成果が相次いで発表された[次頁10]。こうして，ワルラス以来の経済学の懸案は，第2次大戦後になってようやく解決されたのである。

---

[8]　$p_1^*$ と $p_2^*$ を一般均衡価格という。
[9]　レオン・ワルラス（Léon Walras：1834-1910）は，一般均衡理論の創設者で，主著は『純粋経済学要論』（上巻は 1874 年に出版，下巻は 1877 年に出版）。

## 8 エッジワースの箱と完全競争市場

● 練 習 問 題

1. 2人2財純粋交換経済で，消費者AとBは全く同じ選好を持ち，初期保有量も全く同じとする。このときには，2人がそれぞれ自分の初期保有量を消費するような配分が競争均衡であることを示しなさい。

2. $n$ 種類の財がある一般均衡モデルを考える。もし第1財から第 $n-1$ 財までの市場で競争均衡が成立しているなら，第 $n$ 財の市場も均衡していることを示しなさい。

---

10)（前頁） アローとデブリューの研究は共同研究である。なお，(i) アロー=デブリュー，(ii) マッケンジー，(iii) 二階堂副包の研究は独立に行われているので，現在では一般均衡解の存在問題の解決は，彼らの等しい貢献だと考えられている。

# STEP 3
# 展 開

# 第 9 章

# さまざまな市場

　この章では,さまざまな形態の市場が紹介される。まず,市場を分類するための参照基準として,完全競争市場と独占市場が説明される。続いて,寡占市場が紹介される。ここでは,差別化のない市場での寡占モデルであるクールノーの複占モデルが説明された後に,差別化のある市場での複占モデルが構築される。最後に独占的競争市場と,そこにおける均衡の性質について議論が行われる。

## 9 さまざまな市場

## ☐ 9-1 市場分類の切り口 ☐

### ■企業数と差別化の程度

　世の中には，さまざまな形態の市場がある。たとえば，カッターナイフは，それを発明したオルファ株式会社が，日本国内で 50% ほどという非常に大きなシェアを1社で占めている。また，ビールは，キリン，アサヒ，サッポロ，サントリーの4社が合計して，国内で 100% 近いシェアを占めている。

　このように，一言で「市場」といっても多種多様であり，ひとつひとつの市場を仔細に観察すれば，そこに参加している企業数や売買される商品の性質など，いろいろな面での違いがある。このように多様性のある市場の形態や構造を分類するための切り口として，ここでは①市場における企業数と②製品差別化の程度を考えることにしよう。

　このうち「企業数」の意味するところは明らかだろうから，「製品差別化」について簡単に説明しておこう。

　話をわかりやすくするため，自動車の製造・販売を例にとって話を進めたい。たとえば，排気量 2,000CC のクラスの乗用車は，各メーカーからさまざまなものが販売されている。それらはいずれも，燃料としてガソリンを使用し，アクセルを踏むと加速され，ブレーキを踏むと減速される，……，等々の基本機能においてはすべて共通している。

　しかし，各自動車メーカーは，デザインや使い勝手，あるいは乗り心地などいくつかの点で，他社と異なる乗用車を販売することを競い合っている。自動車のように，基本的な機能や構造などは一緒でも[1]，ライバルとの競争上の優位に立つためや消費者のニーズに応えるためなどの目的で，製品間に若干のバラエティが付けられているものがある。このような場合に，それらの

---

1) したがって，各自動車会社が製造している同サイズの乗用車は，財の種類の大きな括りとしては，同じ財とみなされる。

製品は,「差別化されている」といわれる。

ここでは,市場で売られている財にどの程度のバラエティーがあるのかに応じて,「差別化の程度」という言葉を用いることにしたい。すなわち,市場でほとんど同じような財しか売られていないならば,差別化の程度は低いことになるし,逆に非常に多種多様な製品が売られているならば差別化の程度が高いということになる。

### ■多種多様な市場

図 9-1 を見て頂きたい。この図は,横軸で企業数を表し,縦軸で差別化の程度を表している。このうち,一番右下の点は,そこで売られている財は全く差別化されておらず（つまり,完全に同じものが売られている）,しかも企業数が非常にたくさんあることを表している。このような市場は,完全競争市場と呼ばれる[次頁2)]。

完全競争市場と対極的なところに位置しているのが独占市場である。そこでは,ただ1種類の財が1つの企業によって供給されている。ただ1種類の

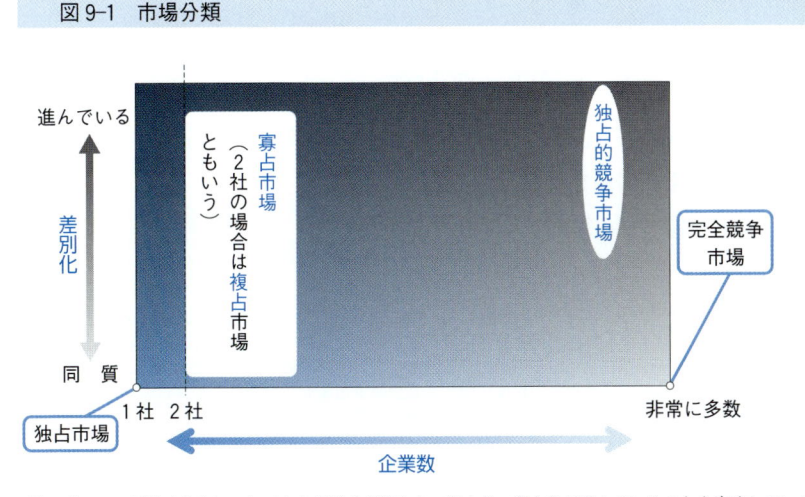

**図 9-1　市場分類**

（縦軸：差別化　進んでいる／同質、横軸：企業数　1社／2社／非常に多数）
- 独占市場（1社）
- 寡占市場（2社の場合は複占市場ともいう）
- 独占的競争市場
- 完全競争市場（非常に多数）

注　イロアミが濃くなるにつれてより差別化が進みかつ独占化・寡占化が進んでいることを意味している。

財しかない以上，財の差別化をしようにもできないので，この市場は完全競争市場と同様，差別化されていない市場だということになる。

次に，企業数が2社以上で，あまり多くない市場は寡占市場と呼ばれる[3]。寡占市場の形態は多種多様である。差別化が進んでいるものもあれば，ほとんど差別化されていないようなものもある。なお，企業数が2つだけの寡占市場は，特に複占市場と呼ばれることがある。

最後に，非常に多数の企業があるという面では完全競争市場と同様であるが，個々の企業が生産する財は差別化されており，企業がその財の販売に関してある程度独占的に振る舞えるような市場は，独占的競争市場と呼ばれる。

## 9-2 「参照基準」としての市場──完全競争市場と独占市場

### ■完全競争市場

完全競争市場は，企業数と差別化の程度については，
① 非常にたくさんの売り手と買い手がいる
② そこで取引される製品は，差別化されていない

という条件を満たす市場である。通例はこれらに加えて
③ 売り手も買い手も，取引される財や価格，あるいは市場の仕組みなどについて完全な情報を持っている
④ 市場への参入や市場からの退出が自由である[4]

---

2)（前頁）「非常にたくさん」が，どの程度の大きさを指しているのかを厳密に考える必要はない。後述するように，どの企業も価格支配力を持てないぐらいに市場の中で小さな存在になってしまうほど「たくさん」の企業が存在している市場だ，と理解しておけば十分である。なお，ここで述べたのは市場における企業数および差別化の程度に関して完全競争市場を特徴づける条件についてである。この市場を特徴付けるその他の条件については，次項を参照されたい。

3) 何社ぐらいまでの市場を寡占市場と呼ぶのかについて，厳格な定義はないが，せいぜい十数社ぐらいから成る市場までをそう呼ぶのが普通である。

4) ここでいう「自由」には英語のfreeが持っている「無料の」という意味もかぶせられていて，この市場に参入や退出するためには一切のコストもかからない（第7章注7参照）。

ことも，完全競争市場の条件とされる。

　この市場では，売り手も買い手も価格形成に影響を及ぼし得ず，市場で成立している価格を受動的に受け入れる プライステイカー（price-taker：価格受容者）として行動せざるを得ない。

　なぜなら，ここでは一人一人の売り手や買い手は市場全体の規模と比べてきわめて小さな存在だから，もし彼らが需要量や供給量を変化させたとしても，それは市場全体の需要量や供給量にはほとんど影響を与えない。したがって，それが価格を上昇させたり下落させたりする圧力になることはあり得ない[5]。つまり，売り手や買い手は，市場でいま成立している価格をそのまま受け容れざるを得ないのである。

　図9-1からわかるように，完全競争市場は数ある市場の中でもっとも極端なところに位置している。その具体的な例を現実経済で見出すのは難しく[6]，化学における「理想気体」と同様，市場のある種の理想状態を表している概念なのである。実際，第10章で説明するように，「効率的な資源配分」という理想的状況が実現する市場は完全競争市場だけである。その意味で，完全競争市場は，さまざまな市場のパフォーマンスの善し悪しを評価するための参照基準であると考えることができる。

## ■独占市場（1）──独占価格の形成

　独占市場では，ただ1つの企業（供給者）がただ1つの財を供給（生産）

---

[5] もう少し具体的にいうと，たとえば売り手（企業）について考えてみれば，ある企業が価格を引き上げたなら，差別化がない以上，買い手はまったく同じ財を他の企業から購入できるので，結局その企業は顧客を失ってしまうことになる。したがって，企業は価格を引き上げる動機を持ち得ない。
　それとは反対に，その企業が価格を引き下げた場合には，他の企業も顧客を奪われないために価格を引き下げざるを得ない。つまり，仮に価格を引き下げても他の企業の追随によって価格引下げのメリットはなくなってしまうので，やはり企業は価格引下げの動機を持たなくなる。

[6] 買い手（消費者）が非常にたくさんいるのでプライステイカーになる，という状況は比較的自然なものであるが，売り手である企業までもが非常にたくさん存在している市場を具体的に思い浮かべるのは難しいだろう。
　たとえば，学生街によく見かけるたくさんの定食屋が軒を並べている光景などは，「非常にたくさんある」という点では完全競争市場に似ているように思われるかもしれないが，各定食屋は独自のメニューを持っているだろうから（味付けなども店ごとに違っている），その意味で彼らの生産物は差別化されているということができる。したがって，この市場は「差別化がない」という完全競争市場の条件を満たしていないのである（むしろこの市場は，後述する独占的競争市場に近いだろう）。

## 9 さまざまな市場

している[7]。この市場は，あらゆる面において（差別化がないという点を別にして）完全競争市場と対極にある。以下では，この市場で効率的な資源配分が達成できないことを見てみよう。

いま，この市場の需要曲線が

$$q = -ap + b \quad (ただし，a > 0, \ b > 0) \tag{9.1}$$

という式で表されているものとしよう。(9.1) 式を「$q$ が与えられると，それに対して $p$ が決まる」という形の式に変えると，

$$p = -\left(\frac{1}{a}\right)q + \frac{b}{a} \tag{9.1}'$$

を得る。

横軸に生産量 $q$ を取り，縦軸に価格 $p$ を取ってこの式のグラフを描くと，図 9-2 の $D$–$D$ 線のようになる。独占市場において企業は 1 社しかないわけだから，何度も取引をした経験に基づいて，この企業は消費者の反応や考え方等を熟知していくことになるだろう。したがって，企業は需要曲線の形をほぼ正確に知っているとみなすことができる。

**図 9-2　需要曲線**

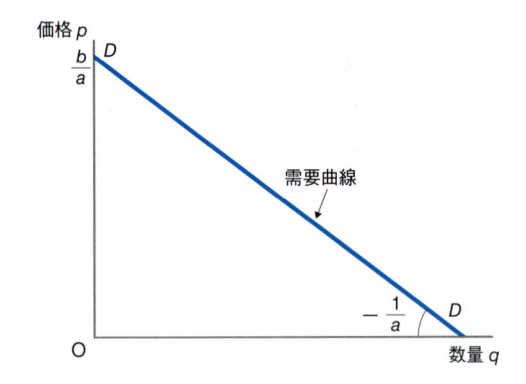

---

[7) このような市場を特に売り手独占市場と呼ぶ場合もある。独占市場には，ほかに，ただ 1 つの需要者がただ 1 つの財を購入する買い手独占市場や，購入者も需要者も 1 つずつの双方独占市場もある。ここでは，標準的な売り手独占市場だけを考える。

## 9-2 「参照基準」としての市場——完全競争市場と独占市場

企業の利潤を$\pi$[8]，収入（revenue）を$R$，そして費用（cost）を$C$と書くことにすると，

$$\pi = R - C$$

である。このうち，収入$R$は，価格×生産量だから，

$$R = pq$$

となる。一方，費用は費用関数

$$C = C(q)$$

で表されるものとしよう。したがって，

$$\pi = pq - C(q) \tag{9.2}$$

となる。この式は，見かけ上完全競争市場における企業利潤を表す式（第7章7-1節参照）と同じであるが，実は大きな違いがある。

完全競争市場では，企業もプライステイカーだから，価格$p$は企業が意思決定をするにあたって，定数として扱われるべきものである。それに対して，独占市場で企業は，需要曲線（(9.1)式）で表される消費者の意思を制約条件として，生産量$q$をコントロールすることで価格$p$を上げ下げすることができる。したがって，価格$p$は定数でなくて，(9.1)′式を通じて企業がコントロールできる数なのである。

(9.1)′式を(9.2)式に代入すると，

$$\pi = \left\{ -\left(\frac{1}{a}\right)q + \frac{b}{a} \right\} q - C(q) \tag{9.3}$$

となる。(9.3)式における$\pi$は，もはや価格$p$に依存しておらず，生産量$q$だけに依存している。企業は，この$\pi$を最大にするように$q$を決めればいいのである。

ここで，具体的に独占企業の最適解，つまり最大利潤をもたらす$q$を求めるために，費用関数$C(q)$の形を特定化しておこう。すなわち，

$$C(q) = cq + d \qquad (c > 0, \; d > 0) \tag{9.4}$$

---

[8] 第7章注(1)で述べたように，ここではギリシャ文字の$p$にあたる$\pi$を利潤を表す記号として用いることにした。

> 図9-3　$\pi$ のグラフ

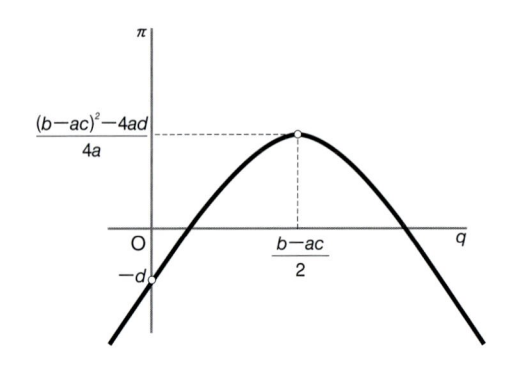

とする[9]。(9.4) 式を (9.3) 式に代入して，さらに整理すると，

$$\pi = \left\{-\left(\frac{1}{a}\right)q + \frac{b}{a}\right\}q - \{cq + d\}$$

$$= -\left(\frac{1}{a}\right)q^2 + \frac{b-ac}{a}q - d$$

$$= -\frac{1}{a}\left(q - \frac{b-ac}{2}\right)^2 + \frac{(b-ac)^2 - 4ad}{4a}$$

を得る。横軸に $q$ の値を取り，縦軸に $\pi$ の値を取って，上の最後の式に基づいて $\pi$ のグラフを描いてみると，それは頂点が

$$q = \frac{b-ac}{2} \quad \text{かつ} \quad \pi = \frac{(b-ac)^2 - 4ad}{4a} \text{[10]}$$

で，上に凸な放物線となる（図 9-3 参照）。この図から，利潤 $\pi$ は，

$$q = \frac{b-ac}{2} \tag{9.5}$$

のときに最大になることがわかる。この $\frac{b-ac}{2}$ が，独占企業の生産量である。独占市場で企業が設定する価格（これを特に $p_M$ と書くことにしよう。$M$ は「独占」が "monopoly" であることに由来している）は，(9.5) 式を

---

[9] この式において $c$ は限界費用であり，$d$ は固定費用になる。つまり，このように費用関数を特定化することは，①限界費用が常に一定値 $c$ を取り，②固定費用がない（＝短期の）費用関数を考えていることになる。

[10] $d$（＝固定費用）がさほど大きくないなら，$\frac{(b-ac)^2 - 4ad}{4a} > 0$ となる。したがって，その場合にはこのグラフの頂点は図 9-3 のように横軸よりも上方にあることになる。

(9.1)′ 式に代入することで，簡単に求まる．すなわち，
$$p_M = -\left(\frac{1}{a}\right)q + \frac{b}{a} = -\left(\frac{1}{a}\right)\left(\frac{b-ac}{2}\right) + \frac{b}{a} = \frac{ac+b}{2a}$$
となることがわかる．

## ■独占市場（2）——独占の社会的損失

図 9-4 を見ると，独占価格 $p_M$ は，限界費用 $c$ と需要曲線の縦軸における切片 $\frac{b}{a}$ の中点になっていることが簡単な計算でわかる[11]。

ところで，$c$ は限界費用であり，ここでは $q$ の大きさに関係なく一定値だと仮定しているので，限界費用曲線（MC 曲線）は高さ $c$ の水平線になる．第7章で見たように，企業がプライステイカーである完全競争市場では，基本的に限界費用曲線が供給曲線になる．

そこで，もし今考えている市場が完全競争的であるならば，競争均衡は限界費用曲線と需要曲線の交点の $E_C$ 点（添字の $C$ は「競争」が competition であることにちなんでいる）になるはずである．つまり，競争均衡価格 $p_C$ は限界費用 $c$ に一致する（すなわち，$p_C = c$ となる）．ところが，実際には

■ 図 9-4　需要曲線

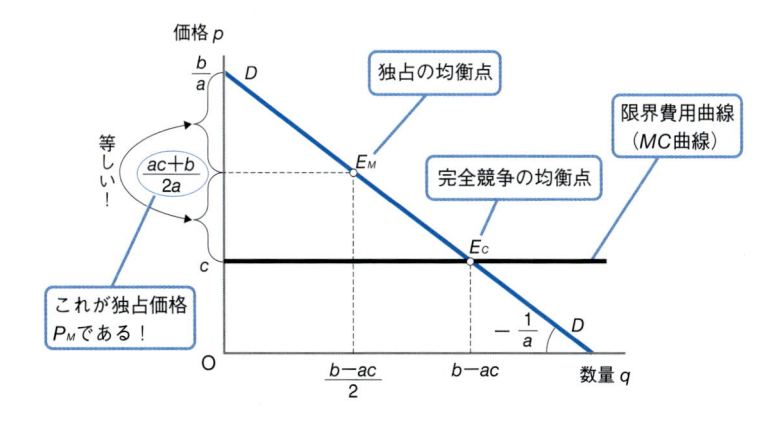

---
11) $c$ と $\frac{b}{a}$ の中点は，$\frac{1}{2}c + \frac{1}{2} \cdot \frac{b}{a}$ なので，これを計算すると，$\frac{1}{2}c + \frac{1}{2} \cdot \frac{b}{a} = \frac{ac}{2a} + \frac{b}{2a} = \frac{ac+b}{2a}$ を得る．

## 9 さまざまな市場

**図9-5　完全競争市場の場合**

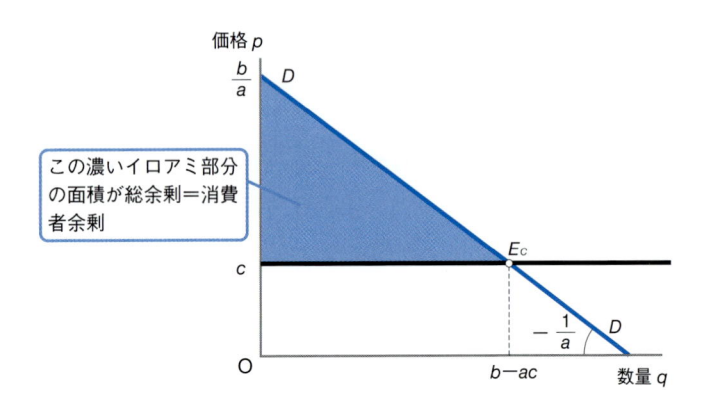

独占企業は $c$ よりも大きい $p_M$ を価格に設定してしまうわけで，この $p_M = \dfrac{ac+b}{2a}$ と $p_C = c$ の差額こそが，企業が独占力を行使して価格をつり上げた結果生じたものだといえる。

　独占が，このような価格のつり上げで消費者に損害を与えることは，直感的にも推察できるだろう。しかし，実はこの問題が及ぼす「被害」は甚大で，独占は社会全体に多大な損害を与えるのである。図9-5と図9-6でそのことを見ておこう。

　図9-5には，完全競争市場の場合が図示してある。今考えているケースでは供給曲線は水平線なので，生産者余剰はゼロである。したがって，消費者余剰がそのまま社会的余剰（総余剰）に一致している。この図では，社会的余剰＝消費者余剰は，ちょうどイロアミをかけた三角形の面積になっている。

　それに対して，図9-6には，独占のケースが図示されている。このケースでは，生産量が完全競争の時の $b-ac$ のちょうど半分 $\left(\dfrac{b-ac}{2}\right)$ になってしまっている。それに対応して，消費者余剰は，図9-6で濃いイロアミをかけた三角形の面積へと減っている。その代わりに，価格つり上げの効果が出て生産者余剰が，競争均衡の場合のゼロからこの図で薄いイロアミをかけた長方形の面積へと増えている。

## 図 9-6　独占市場の場合

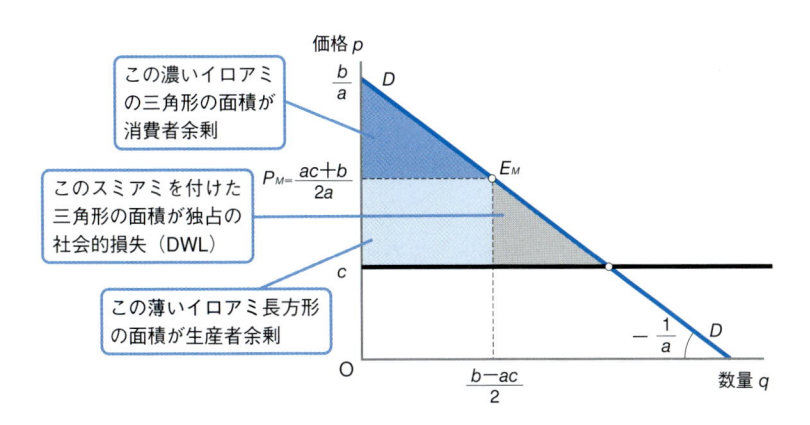

- この濃いイロアミの三角形の面積が消費者余剰
- このスミアミを付けた三角形の面積が独占の社会的損失（DWL）
- この薄いイロアミ長方形の面積が生産者余剰

図中の記号：価格 $p$、$\frac{b}{a}$、$D$、$P_M = \frac{ac+b}{2a}$、$E_M$、$c$、$-\frac{1}{a}$、$D$、$O$、$\frac{b-ac}{2}$、数量 $q$

　ところで、図 9-6 において、社会的余剰は消費者余剰と生産者余剰の合計だから、イロアミをかけた台形（＝濃いイロアミの部分＋薄いイロアミの部分）の面積である。これを図 9-5 の場合の社会的余剰と比べると、図 9-6 ではスミアミを付けた三角形の面積分だけ社会的余剰が減っていることがわかる。このように、このスミアミを付けた三角形の面積に相当する大きさだけ独占は社会的損失をもたらすことになる。第 3 章で指摘したように、これはデッド・ウエイト・ロス（DWL）とも呼ばれている。

　このように独占は、①消費者に損害を与え、②独占企業にはよりたくさんの利益を与えるという効果を持っているが、それらに加えて、③社会全体に損害を与える（すなわち社会的余剰を減らしてしまう）という効果もある。

　以上、①②③の 3 つに要約した独占の効果は、ここで考えた特定の数値例についてのみ成立するわけでなく、独占市場で一般的に見出される性質である。とりわけ、③の社会全体に損害を与える点は、独占禁止法などによって政府が独占を直接規制することの根拠を与えている。

### ■市場と戦略

　完全競争市場と独占市場は、対極的な市場である。前者は市場機構が非常

237

9 さまざまな市場

に望ましい形で機能したときの理想的姿を表わしており，後者は市場が競争構造を完全に失ってしまったときの悪しき姿を現していると解釈すれば，これらは，いわば市場経済の「天国と地獄」ともいうべき両極端な姿を象徴しているともいえそうである。

現実の経済社会でたいていの市場は，完全競争市場と独占市場という両極の間に存在している。したがって，この2つの極端な市場概念は，多種多様な市場を評価するための参照基準とみなすことができるだろう。

ところで，実は完全競争市場と独占市場は，そこでのプレイヤーの活動のあり方に関して，興味深い共通点をもっている。すなわち，このいずれの市場においてもプレイヤーは（消費者のみならず企業も！），戦略的に振る舞う余地がないのである。

一般に市場のプレイヤーは，自分がどのように市場で振舞うかを決めるに際して，他のプレイヤーの振る舞いを気にせざるを得ないだろう。

とりわけ，可能な限りたくさんの利潤を獲得することを目指して日々奮闘している企業は，自己の行動を決めるに際して自分の利害に密接に関係するライバル企業などがどのような出方をするのかを，利用可能な全情報を使って予想し，そのような予想の下で自分にとってもっとも有利な行動の予定表（行動計画）を策定しようとするだろう。

第12章で説明するように，戦略とは「行動の予定表」である。つまり，この言葉を使えば，企業に代表されるプレイヤーは，互いに相手が取るであろう戦略を全力で予想した上で，自分にとって最善の戦略を立てるはずだということになる。

戦略形成にいたる一連のプロセスは，熟慮した思考を伴って行われるべきものである。このような思考のプロセスを戦略的思考と呼ぶことにしよう。こうした思考方法は，経済活動を行うどのようなプレイヤーにとって不可欠のものであるように思えるが，実は完全競争市場と独占市場で活動する企業は，戦略的思考に基づく意思決定をする必要がないのである。

独占市場で戦略的思考が必要ないのは明らかだろう。なぜなら，この市場

に企業は1社しかないのだから，ライバルたちの振る舞いを予想するために熟慮を重ねる必要などないからである。しかし，興味深いことに，これと対極にある完全競争市場においても，戦略的思考は不必要なのである。

その理由を説明しよう。完全競争市場には無数にたくさんの企業があるのだが，このことは個々の企業の規模が市場の規模に比べてきわめて小さいということを意味している。つまり，市場での個別企業の影響力はほぼゼロなのである。

したがって，各企業の生産に関する意思決定が他の企業の生産計画や利潤獲得の可能性などに影響を与えることもないし，他の企業の生産計画が自社の生産計画や利潤獲得の可能性などに与える影響力も皆無なのである。

このように完全競争市場では，どの企業も他社のことは気にせずに行動計画を立てることができるのである。したがって，この市場ではプレイヤー（企業）相互間に依存関係がないので，どの企業も戦略的思考を駆使する必要がないことになる[12]。

しかし，独占と完全競争の狭間にあって複数の（しかし，非常にたくさんではない）企業が互いに競い合っている寡占市場では，企業は自分の行動計画を立てるに際して，ライバルがどう出るかを考えざるを得ない。したがって，寡占市場において企業は，戦略的に思考しなければならないのである。

## □ 9-3 寡占市場 □

### ■差別化のない寡占市場（1）——複占モデル

寡占市場を特徴付ける基本的要因は，「2社以上の比較的少数の企業が市場にいる」ということだけなので，現実の寡占市場の形態はさまざまである。

---

[12] どの市場においても，消費者は無数にたくさんいると想定されているので，彼らは当然にプライステイカーであり，さらに他者の振る舞いを気にする必要がないので，戦略的に思考する必要もないことになる。

9 さまざまな市場

寡占市場の多様な形態や性質について研究するのは産業組織論の課題なので，本書ではそれについて深く立ち入らず，差別化のない場合とある場合のシンプルかつ典型的な寡占市場モデルを紹介したい。

まず，この項と次の項では，複数の企業が全く同じ財を売っている差別化されていない寡占市場を考えることにしよう。差別化されている市場なら，企業は他社とちょっとだけ違ったものを売りに出してライバルを出し抜く，といった戦略をとるなどのことができる。しかし，差別化されていない市場では，差別化の程度を戦略に含ませることができないので，企業は価格や生産数量を操作することで戦略を形成するしかすべがないのである。

この場合に，価格が戦略として用いられたならば，際限のない価格引き下げ競争が起きてしまうことが知られている。つまり，市場で売られている財が差別化されていない以上，消費者はどの企業から財を買っても同じであるから，少しでも安く販売している企業から購入しようとする。したがって，ちょっとでも安く販売する企業は，全市場を奪い取ることができるのである。

そこで，どの企業にとっても，赤字にならない限り他企業よりも安い価格を提示することが有利になる。こうして価格の引き下げ合戦が生じて，最終的には「これ以上安くするぐらいだったら市場から退出した方がよい」という水準にまで価格が下がった状態が均衡になるのである。このような均衡は，ベルトラン均衡と呼ばれている。

このような企業同士がひたすら価格を引き下げあおうとする不毛な競争に陥るのを避けるため，差別化のない寡占市場でときに繰り広げられるのは，数量を戦略とした競争である。以下では，企業数が2つの複占のケースでそのような競争のモデルを紹介したい。

需要曲線が

$$q = -ap + b \quad (ただし，a > 0, b > 0)$$

で与えられている差別化のない市場を考える。第1企業も第2企業も，それぞれ限界費用 $c$ ($c > 0$)，固定費用ゼロの費用関数を持っているものとする[13]。つまり，第1企業と第2企業の生産量を $q_1$ と $q_2$ とするとき，費用関数は

$$C_1(q_1) = cq_1 \quad \text{および} \quad C_2(q_2) = cq_2$$

である。

ここで，需要関数を $q$ が変数になるように書き直すと，
$$p = \frac{-q+b}{a}$$
となる。さらに，それぞれの企業の利潤関数を $\pi_1(q_1, q_2)$ および $\pi_2(q_1, q_2)$ と書くことにする。

$\pi_1(q_1, q_2)$ は，第1企業と第2企業がそれぞれ $q_1$ 単位と $q_2$ 単位を生産したときに，第1企業が獲得できる利潤を表しているので，それは
$$\pi_1(q_1, q_2) = \left\{\frac{-(q_1+q_2)+b}{a}\right\}q_1 - C_1(q_1) = \left\{\frac{-(q_1+q_2)+b}{a}\right\}q_1 - cq_1$$
となる。第1企業は $q_1$ は自分の意思でコントロールできるが，$q_2$ はコントロールできないので，利潤関数 $\pi_1(q_1, q_2)$ において，$q_1$ は変数だが，$q_2$ は定数とみなさなければならない。そして，上の式より，$\pi_1(q_1, q_2)$ は $q_1$ を変数とする2次関数であることがわかる。これを変形して，
$$\pi_1(q_1, q_2) = \frac{-q_1^2 + (-q_2 + b - ac)q_1}{a}$$
$$= -\frac{1}{a}\left(q_1 - \frac{-q_2+b-ac}{2}\right)^2 + \frac{(-q_2+b-ac)^2}{4a}$$
を得る。上の最後の式から，横軸に $q_1$ の値を取り，縦軸に $\pi_1(q_1, q_2)$ の値を取ってグラフを描いてみると，図9-7のような放物線になる。したがって，第2企業の生産量が $q_2$ のときに，第1企業の利潤を最大にする $q_1$ は，

$$q_1 = \frac{-q_2+b-ac}{2} \tag{9.6}$$

という式で与えられることになる。(9.6)式で表される最適な $q_1$ は，$q_2$ の値が変わると，それに応じて変化していく。つまりその意味で最適な $q_1$ は，$q_2$ を変数とする関数になっている。

横軸に $q_2$ を，縦軸に $q_1$ をとって，(9.6)式のグラフを描いてみよう。(9.

---

13) 両社の費用関数が同じというのは，議論の単純化のための仮定にすぎない。つまり，こう仮定しておけば，2つの企業の意思決定問題は同じになるので，ひとまとめに企業行動を説明することが可能になる。もしそれぞれの企業が異なった費用関数を持つなら，それぞれについての企業行動を分析しなければならなくなってしまうので，分析に多少手間がかかることになる。

## 9 さまざまな市場

**図9-7　$\pi_1$のグラフ**

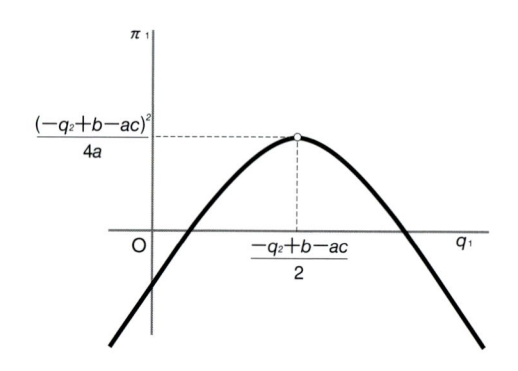

6) 式の右辺を書き直すと，結局 (9.6) 式は，

$$q_1 = -\frac{1}{2}q_2 + \frac{b-ac}{2} \tag{9.6}'$$

となる。(9.6)' 式のグラフは，傾きが $-\frac{1}{2}$ で，縦軸の切片が $\frac{b-ac}{2}$ の右下がりの直線を表している。

この直線は，「第2企業が選んだ戦略に対して，第1企業がどう反応するのか」を表しているので，**第1企業の反応曲線**[14]と呼ばれている。

同じように考えれば，**第2企業の反応曲線**も描くことができる。この例では，第1企業と第2企業は全く同じ費用関数を持っているので，両者の行動も同様である。したがって，単純に $q_1$ と $q_2$ を入れ替えれば，(9.6) 式に対応する第2企業の反応関数が得られる。すなわち，

$$q_2 = \frac{-q_1 + b - ac}{2} \tag{9.7}$$

である。そこで，横軸が $q_1$ で，縦軸が $q_2$ だと考えれば，図9-8 のグラフはそのまま企業2の反応曲線になる。

---

14) (9.6) 式を $q_2$ を変数とする関数と見たとき，これを**第1企業の反応関数**と呼ぶ。

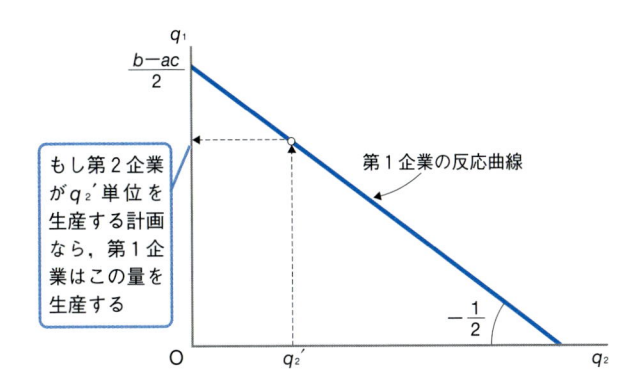

図 9-8 第1企業の反応曲線

もし第2企業が $q_2'$ 単位を生産する計画なら，第1企業はこの量を生産する

## ■差別化のない寡占市場（2）——クールノー均衡

前項で得られた2つの企業の反応曲線を，同じ座標系に描いてみよう。そのために，横軸が $q_2$ で，縦軸が $q_1$ となるように (9.7) 式を変形してみる。すなわち，(9.7) 式を $q_1=\cdots$ の形に変えてみよう。簡単な計算によって，(9.7) 式を書き換えると

$$q_1 = -2q_2 + (b-ac) \tag{9.7}'$$

となる。これは，傾きが $-2$ で，縦軸の切片が $b-ac$ の右下がりの直線である（図 9-9）。

さて，反応曲線は各企業の意思（ライバルに対する意思）を表しているものといえるが，このような意思を持った企業が互いに競争した結果，いかなる均衡状態が生じるのだろうか？

この市場でどの企業も自分の生産量を決めるに際して，他企業の生産量がどの水準なのかを予想しなければならない。つまり，第1企業は第2企業の生産量 $q_2$ を，第2企業は第1企業の生産量 $q_1$ を予想しなければならないのである。だが，実際問題として，他企業がどういう生産計画を立てようとしているのかなどということがすぐにわかるはずもない。そこで，その予想形成に際して，各企業は試行錯誤を繰り返さざるを得ないのである。そして，試行錯誤して予想の見直しをしていく中で，最初の予想はたとえラフなもの

## 9 さまざまな市場

**図9-9　第2企業の反応曲線**

**図9-10　クールノー均衡**

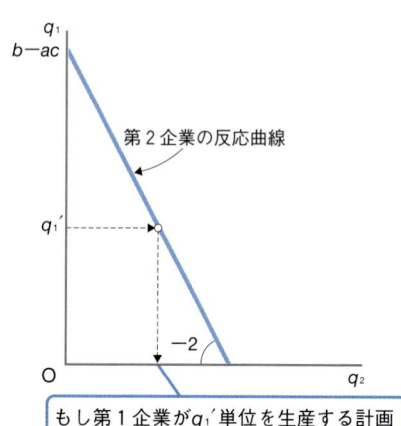

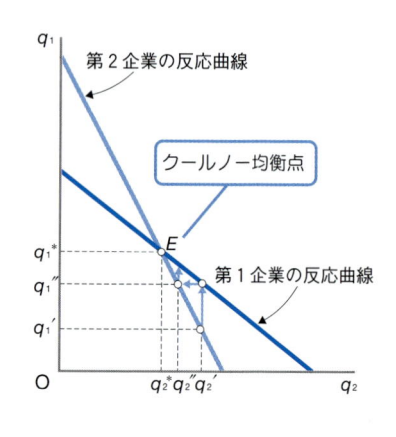

であったとしても，徐々に正しい予想に近づくことができるのである。

たとえば，①第2企業は，図9-10の縦軸に示された $q_1'$ 単位の生産を第1企業が計画していると仮に予想したとしよう[15]。②もし第1企業が $q_1'$ 単位を生産するならば，第2企業にとって最適な生産量は $q_2'$ 単位である[16]。③次に，第2企業が $q_2'$ 単位を生産するなら，第1企業にとって最適な生産量は $q_1'$ でなくて $q_1''$ である[17]。④さらに，第1企業が $q_1''$ 単位を生産するなら，それに対する第2企業の最適生産量は $q_2''$ 単位ということになる。

このような生産量の調整過程を繰り返して，それぞれの企業の生産量は最終的に点 $E$（図9-10）にどんどん近づいていくだろう。つまりこのプロセスでは，最初の予想（$q_1'$）が徐々に修正されて点 $E$ に至るのである。点 $E$ における第1企業と第2企業の生産量は，それぞれ $q_1^*$ と $q_2^*$ である。

点 $E$ が実現すれば，そこでは，①第1企業にとって，第2企業の生産量を $q_2^*$ 単位と見込んだときの最適生産量が $q_1^*$ 単位となり，②第2企業にと

---

[15]　最初の段階の予想は格別の根拠を必要としないので，この $q_1'$ も第2企業の単なる思い付き程度のものだと考えれば十分である。
[16]　第2企業の反応曲線において，第1企業の生産量 $q_1'$ に対応する生産量が $q_2'$ である。
[17]　第1企業の反応曲線において，第2企業の生産量 $q_2'$ に対応する生産量が $q_1''$ である。

って，第1企業の生産量を $q_1^*$ 単位と見込んだときの最適生産量が $q_2^*$ 単位になっているわけである。

このように，点 $E$ に至って，どちらの企業も互いの予測が的中し合っている状況が生じるのである。したがって，どの企業も点 $E$ の生産水準からの変更は望まなくなるので，結局ここでの生産が永続することになる。

このような意味で，点 $E$ は均衡点であるということができる。点 $E$ をこの寡占モデルを考案した学者であるクールノー（Antoine Augustin Cournot：1801-1877）にちなんで，クールノー均衡という。

## ■差別化のある寡占市場（1）

差別化のある寡占市場については，さまざまなモデルが構築されている。ここでは，ホテリング（Harold Hotelling：1895-1973）の立地に関するモデル（空間的市場モデル）を，差別化を伴った寡占市場のモデルと読み替えてみたい。これは，差別化を伴う寡占市場の研究でよく行われるやり方である。

真っ直ぐな道路沿いに，ぎっしりと家が並んでいる住宅街があったとしよう。この道路沿いにあるひとつひとつの家には，同数の人間が住んでいて，人々は皆，同数（たとえば6個入り）のたこ焼きを欲しがっているものとしよう。

図 9-11 の点 $A$ がその住宅街の左の端で，点 $B$ が右の端である。さらに，点 $C$ は，この線分の中点である。この路上に，$α$ 屋と $β$ 屋という2軒のたこ焼き屋が屋台を出そうとしていた。両店とも，限界費用が一定で，固定費用がゼロの費用関数を持っているものとする[18]。

さて，両店で売られているたこ焼きの味にはほとんど差はないものとしよう。つまり，売られているたこ焼きそれ自体は差別化されていない。また，値

---

[18] つまり，限界費用を $c$（ただし，$c$ は正の定数）とするとき，どちらの店の費用関数も $C(y) = cy$ という形をしている（ただし，$y$ は生産量＝販売量である）。$c$ は，たこ焼きを1個生産するためにかかる費用（＝平均費用）でもあることに注意されたい。

## 9 さまざまな市場

**図9-11　直線上の立地**

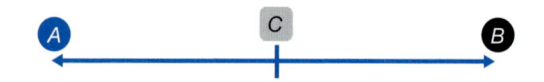

段も同じだとしよう[19]（たこ焼きの価格は，限界費用$c$を上回っているものとする）。しかし，客であるこの住宅街の住人は，たこ焼きを買いに行くために歩く距離をできるだけ短くしたいと願っている。したがって，たとえ同じ個数のたこ焼きであっても，より遠いところで売られているものの効用は，より近いところで売られているものの効用よりも小さいということになる。

このように，今考えている例では，それぞれの店が売っているモノ（狭義の財）としてのたこ焼きそれ自体は同じでも，店の位置（＝歩く距離）の違いから商品としてのたこ焼きに差別化が生じていることになる[20]。

### ■差別化のある寡占市場（2）

前項で紹介した差別化を伴う市場で，両店はそれぞれどの位置で屋台を営業するのが均衡になるのだろうか？

いま，図9-12のように，両店が異なる位置に出店したとしよう（なお，この図で，$\alpha$屋と$\beta$屋は中点$C$をまたいで左右に位置しているが，以下の議論で本質的なのは，$\alpha$屋と$\beta$屋の位置が異なっていることだけである）。$D_0$を，$\alpha$屋と$\beta$屋の間のちょうど真ん中の点（中点）としよう。この場合，点$D_0$より左側に住んでいる人は$\alpha$屋でたこ焼きを買い，右側に住んでいる

---

[19]　たこ焼きの価格が限界費用$c$以上であるならば，生産量を増やせば増やすほど利潤が大きくなる（なお，価格が限界費用を下回っているなら，たこ焼き屋はたこ焼きの生産をやめて，この市場から撤退することになる）。
[20]　このモデルはいろいろな解釈が可能である。差別化のモデルと考えても，本文で述べたように位置が差別化を引き出すとみなすこともできるが，この直線自体が地理的立地とは違う，差別化の程度を表すものだと理解することもできる。たとえば，この直線が乗用車のボディー・カラーの濃淡を表すものと解釈しよう。つまり，$A$点は非常に濃い色を表し，$B$点は非常に淡い色を表しているものとしよう。ボディーカラーを変えることは，差別化の一つの方法であるから，この直線上の各点が差別化の程度を表していることになる。
　また，このモデルは政治学でも投票のモデルとしてよく使われる。その場合には，この直線上の各点をイデオロギーだとみなせばいい。そう解釈すれば，$A$点は最左翼のイデオロギーで，$B$点は最右翼のイデオロギーを表しており，その間にさまざまな中道的イデオロギーがあるとみなせる。

### 図 9-12　出店競争（その 1）

ここに住む人は $\alpha$ 屋のたこ焼きを買う

ここに住む人は $\beta$ 屋のたこ焼きを買う

$\alpha$ 屋　　$\beta$ 屋

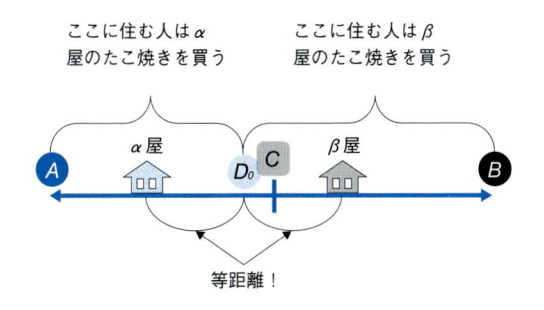

A　　$D_0$　C　　B

等距離！

### 図 9-13　出店競争（その 2）

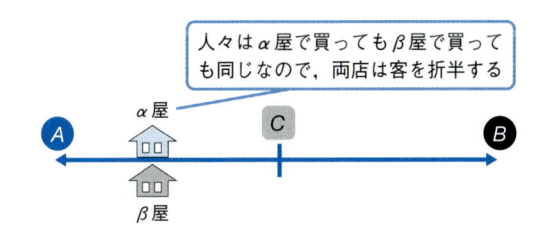

人々は $\alpha$ 屋で買っても $\beta$ 屋で買っても同じなので，両店は客を折半する

$\alpha$ 屋

A　　　C　　　B

$\beta$ 屋

人は $\beta$ 屋で買うことになる。この図のような位置状態のときには，どちらの店も屋台の位置を動かすことによって，利潤をいまよりも増やすことができる。

たとえば，$\alpha$ 屋が今の位置よりも右方向に屋台を動かしたなら，$D_0$ 点も右に移動することになる。そうすると，$\alpha$ 屋で買おうとする人が増えるので，この店の利潤は増える。$\beta$ 屋についても同様で，$\alpha$ 屋とは逆に左方向に屋台を動かすことで，$D_0$ 点をより左に寄せることができ，結果として利潤を増やせることになる。

このように，各店が屋台の移動によってより利潤を増やせる余地があるなら，現状が永続することはあり得なくなる。つまり，それは均衡状態といえないので，図 9-12 に表わされている状態は均衡でないことになる。

それでは，図 9-13 のように，両店が同じ位置（ただし，線分 $AB$ の中点 $C$ でない位置）に屋台を出したらどうだろうか？

## 9 さまざまな市場

**図9-14　出店競争（その3）：均衡**

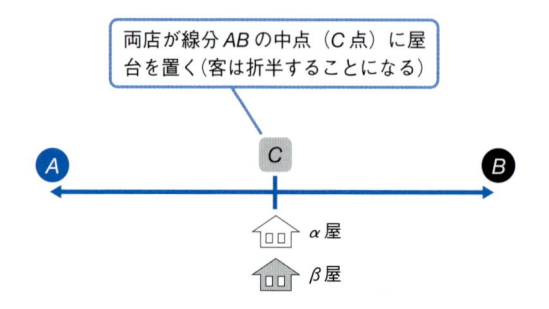

両店が線分 $AB$ の中点（$C$ 点）に屋台を置く（客は折半することになる）

　この場合，たとえば $\alpha$ 屋の立場に立ってみれば，彼らはいまよりもちょっと右側（ただし，$C$ 点よりは左側の位置）に屋台を移動させるだけで，両店の中点より右側に住む客の全員を自分の客にできる。こうすることで住民の半数を超える客数を獲得できるので，$\alpha$ 屋は，図9-13 の位置に出店をして住民の半数しか客にできない現状よりも，より多くの客を（したがって，より多くの利潤を）獲得できる。

　同様のことが，$\beta$ 屋についても言える。$\beta$ 屋もまた，屋台を少しだけ右にずらすことで，現状よりたくさんの利潤を獲得することができる。したがって，どちらの店も現状を変えようとする動機を持ってしまうので，図9-13 の状態も均衡とはいえないのである[21]。

　最後に，図9-14 のケースを考えてみよう。この場合，両店は同じ場所に出店しているが，その位置は線分 $AB$ の中点の点 $C$ である。

　ここで，たとえば，$\alpha$ 屋がこの位置よりも左側に移動してしまった場合のことを考えてみよう。このとき，この店は半分よりも少ない顧客（移動後の $\alpha$ 屋の位置と点 $C$ との中点よりも左側に住む顧客だけを獲得できる）しか獲得できなくなってしまう。つまり，$\alpha$ 屋の利潤は，左に移動することで減ってしまうのである。同様なことは，右に移動した場合についても成立する。さらに，$\beta$ 屋についても，$\alpha$ 屋の場合と同様，右に移動しても左に移動して

---

[21] 図9-13 で両店は，点 $C$ より左側の同じ場所に位置しているが，同様の論法を用いれば，点 $C$ より右側の同じ場所に両店が屋台を出している場合にも均衡でなくなることがいえる（その場合には，どちらかの店が現状よりも若干左側に移動することで，利潤を増やせてしまう）。

も利潤を減らしてしまう。

このように，図9-14のケースでは，どちらの店もこの位置から移動する動機を持たないのである。したがって，いったんこの状態が成立してしまえば，現状からの逸脱が生じないという意味で，図9-14の状態は均衡状態だといえる。

以上のことから，ここで考えている差別化のある複占市場では，両店が共にちょうど真ん中で出店する，という状態が均衡になることがわかった[22]。

## 9-4　独占的競争市場

### ■弁当屋の戦い

X大学は学生数の多いマンモス大学なので，学生たちは短い昼休みに昼ご飯を食べる店を探すのに四苦八苦していた。限られた時間内に安くて，おいしくて，しかも混んでいない食堂を見付けるのは一苦労だ。

このような状況を察知して，最近，大学の周辺の道端で弁当を売り始めた者がいる。それは，大学から少し離れた駅前で食堂を営んでいる新世軒の主人である。

当初，道端で弁当を売っているのは，新世軒の主人一人だけだった。彼が売っていたのは，海苔弁当だった。これが昼食の店探しに苦労していた学生たちの間で大人気になって，毎日あっという間に売り切れるようになった。

---

[22] この結論は企業数が2つの複占であることに強く依存している。企業数が3つ以上になった場合には，この市場には均衡が存在しないことが知られている。

また，注20で述べたように，このモデルは政治学的な投票のモデルと解釈することもできる。その場合には，α屋とβ屋は，α党とβ党という二大政党だと考えればよい。有権者はA点（最左翼）からB点（最右翼）の間に位置していて，少しでも自分の考え方に近い政策を主張する政党に投票する。両党は少しでも多くの支持者を得るよう競った結果，結局共にC点の政策を主張するようになり，それが均衡状態になる。

このことは，二大政党が競い合っている状況下では，両党の政策が似通ってしまうという現実をうまく説明している（実際，現在の日本では，自民党の政策と民主党の政策の間には，細部を別にすればほとんど違いがなくなっている）。

## 9 さまざまな市場

　そうなると，いろいろな業者が加わって，道端で弁当を売るようになるのは自然の道理である。そこで売られている弁当の種類も，おにぎり，カレーライス，焼肉弁当，カツ丼，サケ弁当，幕の内弁当など，学生たちの多様な好みにあわせてバラエティに富んできた。

　経済学部の学生のA君は，ここにいたるまでの過程を冷静に観察して，いくつかの興味深い事実に気付いた。

**【観察結果1】** 最初に弁当を売り出したとき，新世軒は海苔弁当の値段を480円に設定した。A君は，弁当の中身から判断するとやや高めかもしれない，と思わないでもなかったが，近隣の食堂の定食が500円以上することから考えると暴利をむさぼっているとまではいえない気がした。ところが，弁当屋の数が増えるにつれて，新世軒の主人は弁当の値段を徐々に下げていった。いまでは，海苔弁当の値段は390円になっている。

**【観察結果2】** 現時点では，たくさんの業者が多種多様な弁当を売っているので，値段もまちまちである。ただし，他と大きくかけ離れた値段をつける業者はいなくて，全員が概ね400±50円ぐらいの範囲のところで値付けしている。

**【観察結果3】** 最近の傾向としては，いくらか過当競争の傾向が見られるようになってきた。少し前までは，どの業者も持参した弁当を完売していたが，最近では売れ残ることもあるようだ。その結果，売れ残りを恐れて，持参する弁当の個数を減らす業者が増えてきた。

### ■独占的競争市場

　前項の3つの観察結果は，独占的競争市場で一般的に生じ得る現象である。この市場では，各企業の生産物が差別化されているので，どの企業も固有の顧客を持っている。その限りにおいて，各企業は，自分の財を販売する小市場であたかも独占企業であるかのように振る舞えるのである。したがって，各企業は，第9-2節でみた独占企業の行動に似て，自社の製品に対する需要曲線を念頭に置きながら生産制限をして，ある程度は価格を吊り上げること

ができる。

　これが「独占的競争」のうちの「独占」の側面であるが、この市場が第9-2節の独占市場と大きく違うのは、密接な代替財を生産している企業がたくさんいるという点にある。

　つまり、弁当の市場でいえば、店ごとに味やおかずの種類などが違うから、それぞれの店は固有のファンを持っている。その限りでは「独占的」に振る舞えるのだが、その一方で、いくら「ファン」だからといっても、その店の弁当以外のものは絶対に受け入れないというほどの確固たる信念をもっているわけではない。したがって、ある店が非常に値段を高くしてしまうと、たとえその店のファンといえども他の店のもっと安い弁当ですませようとするだろう。さらに、この市場では、企業規模がどれも小さいので、参入や退出が容易である。こういった点が「独占的競争」の「競争」の側面である。

　上の【観察結果1】で、当初弁当が高かったという事実は、市場の「独占的」な側面を反映している。それに対して、【観察結果1】の後半や【観察結果2】の事実は、「競争的」な側面を反映している。つまり、少数の弁当屋が高い利潤を享受していることに気づいた他の企業（弁当屋）は、積極的にこの市場に参入して自分も利潤を獲得しようとする。しかし、そのような参入が続けば、個々の企業に対する需要は縮小していかざるを得ず、結局弁当の価格は下落し、企業利潤もどんどん小さくなっていくのである。

　ただし、この市場が完全競争市場とも異なっていることも、【観察結果2】からわかる。つまり、完全競争市場なら、そこで売られている財はすべて同質なので、一物一価の法則が働いてどの企業が売る財の価格も同一にならなければならない。しかしこの市場では、財は差別化されているので、完全に同じ価格が成立する必然性はないのである。

　このように【観察結果1】と【観察結果2】で述べられていることは、独占的競争市場で一般的に成り立つことなのだが、【観察結果3】は独占的競争市場であることに加えて、平均費用曲線がU字型をしていることに依存して成り立つ現象である。以下で、このことを説明しよう。

9　さまざまな市場

**図 9-15　独占的競争の均衡状態**

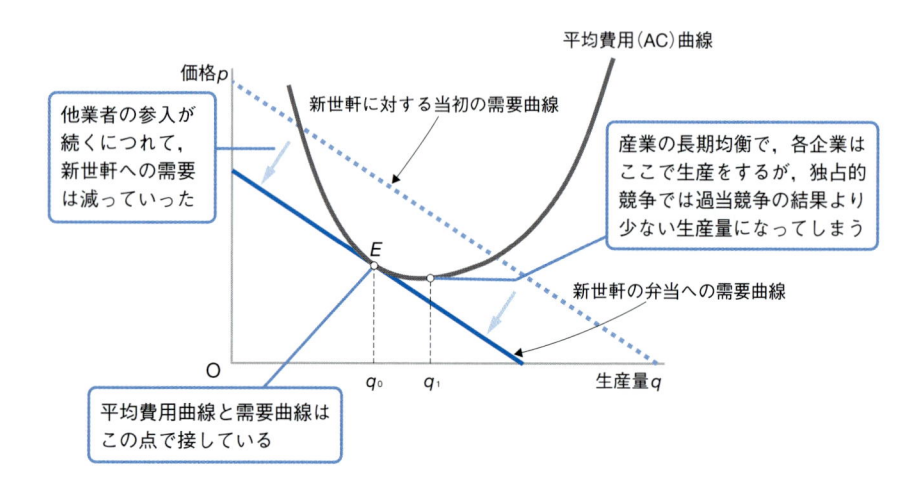

- 他業者の参入が続くにつれて、新世軒への需要は減っていった
- 平均費用(AC)曲線
- 新世軒に対する当初の需要曲線
- 産業の長期均衡で、各企業はここで生産をするが、独占的競争では過当競争の結果より少ない生産量になってしまう
- 新世軒の弁当への需要曲線
- 平均費用曲線と需要曲線はこの点で接している

（価格 $p$、生産量 $q$、点 $E$、$q_0$、$q_1$）

　独占的競争市場では、市場に現存する企業が正（プラス）の利潤を上げている限り新たな企業が参入を試みることになる。新たな企業が参入してくると、既存企業が生産している財に対する需要はだんだんと小さくなっていく。つまり、需要曲線は左下方にシフトしていくことになる。

　この市場の均衡状態は、そのような参入が（参入だけでなく退出も）止まって、市場が安定的に推移する状態である。利潤がゼロでないと参入または退出の動機が生じてしまうので、結局、独占的競争均衡では、企業利潤がゼロになっていなければならない。

　図 9-15 には、独占的競争均衡が成立しているときの各企業の生産等の状況が図示されている。できるだけ具体的に理解できるようにするため、これは新世軒に関する図だと考えることにしよう[23]。

　最初の段階、つまり新世軒だけが弁当を売っているときには、新世軒は完全な独占企業であるので、需要も十分たくさんあったはずである。この図において点線で描かれている直線が、新世軒に対する当初の需要曲線だったとしよう。この段階では、第 9-2 節で考えたのと同様の多大な利潤を新世軒は

---

23)　もちろん他の企業（弁当屋）についても、同様の図が描ける。

## 9-4 独占的競争市場

図 9-16　独占的競争市場

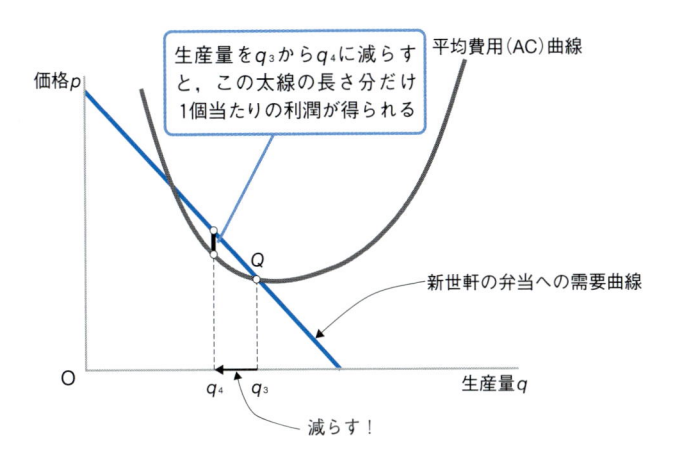

> 生産量を $q_3$ から $q_4$ に減らすと、この太線の長さ分だけ1個当たりの利潤が得られる

享受しており，彼らが設定する価格も高かった（480 円）わけである。

ところが他企業がどんどん参入するにつれて，新世軒への需要は減ってくるので，需要曲線も左下方にシフトしていくことになる。新世軒の平均費用曲線は，この図のように U 字型をしているものとしよう。

結論を先に述べておくと，独占的競争均衡では，平均費用曲線と需要曲線とは接していなければならない。つまり，図 9-15 の点 $E$ が独占的競争均衡を表しているのである。

その理由を説明する。上述したように独占的競争均衡での利潤はゼロでなければならないので，接点 $E$ では価格と 1 個あたりの費用（平均費用）が一致しているので，利潤はたしかにゼロになっている。

これに対して，たとえば，図 9-16 の $Q$ 点のように，平均費用曲線と需要曲線が交わっているところでも利潤はゼロになっている。しかし，図 9-16 の場合，もし新世軒が点 $Q$ で生産している——つまり $q_3$ 単位生産する——ならば，生産量を少しだけ減らす（たとえば，$q_4$ 単位に減らす）ことで，この会社は正(プラス)の利潤を獲得することができるのである[24]。

---

24) $q_4$ 単位を生産したなら，この点では平均費用曲線は需要曲線よりも下方にあるので，1 個あたりの利潤は正になる。

## 9 さまざまな市場

このように,平均費用曲線と需要曲線が交わっているなら,企業(新世軒)はより利潤を大きくする余地が出てしまうので,その点は均衡点とはいえない。したがって平均費用曲線と需要曲線が交わるような位置関係なら,この企業は正(プラス)の利潤を享受できるようになるので,結局参入が生じて需要曲線はシフトすることになる。

以上のことから,独占的競争均衡では,少なくとも需要曲線と平均費用曲線は,図9-15の $E$ 点のように接していなければならないことがわかった。

ところで,$E$ 点は平均費用曲線の最低点よりも左側にある。第7-1節で説明したように,完全競争市場における長期均衡では企業利潤がゼロになり,さらに各企業は平均費用曲線の最低点で生産する。それに対して,独占的競争均衡では,各企業の生産量は完全競争均衡よりも少なくなり,価格は若干高めになるのである。このような生産量の縮減は,独占的競争市場における企業間競争が過当競争に陥りがちであることの帰結と考えることができる。

---

●練習問題

1. ある財の市場において,価格を $p$,数量を $q$ で表すことにする。市場需要関数が
    $q = -3p + 30$
という式で表され,独占企業の費用関数 $C(q)$ が
    $C(q) = 2q + 1$
で表されるとき,独占の均衡とそのときのデッド・ウエイト・ロスを求めなさい。

2. 2つの企業から成る複占市場を考える。市場需要曲線は,
    $q = -2p + 40$
という式で与えられ,第1企業の費用関数 $C_1(q_1)$ と第2企業の費用関数 $C_2(q_2)$ は,それぞれ,
    $C_1(q_1) = 3q_1$, $C_2(q_2) = 4q_2$
で与えられる。このとき,クールノー均衡を求めなさい。

# 第 10 章

# 市場経済の評価
―― 効率と公平

　この章では，市場経済分析の規範的な側面について考える。まず，パレート効率性の概念が導入され，部分均衡分析において均衡で総余剰が最大化されるなら，それはパレート効率性の成立を意味していることが示される。続いて，完全競争市場における均衡が，必ずパレート効率的になる（厚生経済学の基本定理）ことが示される。最後に，公平性の概念について議論した後，市場経済においては効率性と公平性の両立が非常に難しいこと（効率と公平のトレードオフ）が指摘される。

# 10 市場経済の評価——効率と公平

## 10-1 実証分析と規範分析

■理想と現実

　Xさん一家は，親から引き継いだ家に住んでいた。だいぶ古ぼけてきた上に，子だくさんの家族構成にもそぐわなくなってきたので，大幅に改築することになった。彼は，設計を建築士である友人のYさんに頼んだ。Yさんは，早速，家や敷地の現状を調査するとともに，Xさんと会って彼の希望を詳しく聞いた。

　Xさんは，自分の家についてさまざまな夢を持っていた。それは，「住まい」に対する彼の理想に根ざした夢である。
- 自分の家は，周囲の景観と調和の取れたものであるべきだ。
- 自分の家は，高齢になってからも楽に生活できるものであるべきだ。
- 自分の家は，家族が円滑にコミュニケーションできる場であるべきだ。
- 自分の家は，どんな災害にもビクともしない頑丈さを持っているべきだ。
  ……

このような彼の夢は，自分が住む家の「あるべき姿」を叙述するものである。

　建築士のYさんとしては，できる限りXさんの希望を叶えてやりたいと思いつつも，予算や改築しようとする建物や土地のいま「ある姿」や，利用可能な建築技術のいま「ある姿」をも考慮せざるを得ない。予算や技術などが許容する範囲から逸脱した家を建てるのは，無理だからである。

　つまり，予算や建物・敷地の形状，あるいは現在利用できる技術の状態などのいま「ある姿」と，Xさんが理想と思い描く「あるべき姿」をどう調和させ，それを設計図の上に具体的にどう表現していくのかが，建築家としてのYさんの腕の見せ所なのである。

　家を改築する場合だけに限らず，われわれは，「理想」と「現実」の狭間(はざま)にあって，それらの調和をどうとっていくべきか，という難問にしばしば直

面する。経済学においても，「現実」を理解すること——すなわち，経済社会のいま「ある姿」を捉えること——に重きを置くか，それとも，「理想」を語ること——すなわち，経済社会の「あるべき姿」を捉えること——に重きを置くのかによって，研究の方向性が違ってくる。前者のような方向性を帯びた研究の手法を実証分析と呼び，後者のようなそれを規範分析という[1]。

## ■実証分析と規範分析

経済学は市場を中心とする資源配分メカニズムを研究する学問であるが，一口に「市場を研究する」といっても，①実証分析では，いまある市場の動きや仕組みを中心に研究が行われ，②規範分析では，市場のあるべき姿の究明を中心に研究が行われることになる。

株式市場を例に取れば，日々どのように株価が形成されていき，どれくらいの資金が買い手から売り手に渡ったのか，ということを調べることや，ある期間の株価の動きとその動きの要因を研究することなどは，どちらかといえば実証分析の課題である。

それに対して，株式市場で形成されている価格が「理想的な」ものであるのかどうかとか，「理想的な」価格形成を実現させるためにはどのようなルールを株式市場に課すべきなのか，といったことを考えるためには規範的な観点に立たざるを得ないだろう。

ところで，規範分析は，経済社会の「あるべき姿」，すなわち理想的状態が何であるか，といったことを調べようとするのだから，そもそも「何をもって理想的と考えるのか？」という価値判断の基準が設定されていなければならない。経済学で通例想定される価値判断の基準は，効率性と公平性である。これについて詳しく述べるのは次節以降にしたいが，こういう基準に基

---

[1] ここでの「実証」と「規範」の対比は，価値判断を伴わない分析アプローチと価値判断を伴う分析アプローチの対比として理解することもできるが，経済学の慣用では，実証分析をもう少し限定的に捉えて，さまざまな経済データを集め，計量経済学等の統計的分析手法によって現実経済の動きや構造を研究することを「実証分析」と呼ぶことがある。このような意味での「実証研究」に対比する言葉としては，「理論分析」がある。

づいて，市場メカニズムなどの資源配分機構が，果たして有効に機能しているのかを評価するのは，規範分析の課題である。

　前項で述べた家の設計の例で，「現実」と「理想」をうまく調和させることが大切だったのと同様，経済学の研究においても，実証分析と規範分析は背反するものでない。経済学の研究においては，両者の視点をうまく調和させながら，経済社会の多様な側面に光をあてるという姿勢が肝要である。

　たとえば，先ほどの株式市場の例でいえば，規範的な観点に立ってより良い市場，すなわちより理想的な価格形成を可能にする市場を作るためには，株式市場でいま現在どういうことが行われているのかについての認識が不可欠だろう。さらには，その市場がこれまでにどのような制度を持ち，どのような成果を上げてきたのか，といった歴史的な知見も，新たな制度的枠組みを作るに際してはきわめて有益な情報になるはずである。

　この種の知見や情報は，いずれも市場の「ある姿」を表しているという点では実証分析を通じて獲得されるものであるが，それが「市場の理想的な姿」について規範的に考えるためにも十分に有益な情報になっているのである。

　本書ではこれまで，市場経済の動きをどのように捉えたらいいのか，という視点に立って，つまり，どちらかといえば実証分析に資することを意識して，経済学のさまざまな分析道具を紹介してきた。それに対して，この章では，規範的視点をより重視した話をしていきたい。

## 10-2　資源配分の効率性

### ■パレート効率性

　第3章3-2節で，われわれは，部分均衡モデルを用いて，完全競争均衡で「社会的余剰（＝総余剰）が最大化される」ことを学んだ。したがって，「社会的余剰の最大化」という観点から評価すると，市場メカニズムはきわめて

望ましい資源配分メカニズムといえる。

　ここで，少し違った視点から問題を眺めてみたい。これまで，本書のいろいろな箇所で，「市場経済の効率性」という言葉遣いをしてきた。しかし，それらにおいて「効率性」の正確な定義を与えてこなかった。この節では，「効率性」という言葉の意味（定義）を具体的に考えてみたい。

　序章で述べたように，資源が希少な環境に生きる私たちは，いつも「限られた資源を誰が利用するのか？」という，「資源の配分問題」に直面している。私たちが利用できる資源は無尽蔵でなく，その量に限りがある以上，当然のことながら私たちは，できるだけ無駄なくそれを利用しなければならない。

　資源が何の無駄もなく人々に配分されている状態にあるとき，その資源配分は「効率的（パレート効率的あるいはパレート最適[2]と呼ばれることもある）である」といわれる。

　ここで，話をわかりやすくするために，非常にシンプルな資源配分問題を考えてみよう。いま，2人の兄弟A君とB君がいたとする。2人とも，ケーキが大好きだった。いま，母が1個のケーキを買ってきた。彼女はどういうわけか3分の1を捨ててしまい，残りを均等にして兄弟に与えた（図10-1 (a)）。

　せっかく買ってきたケーキを（しかも，2人ともケーキが大好きなのに！）一部分とはいえ捨ててしまうのは，もったいない話である。「もったいない」——つまり「無駄がある」——というのが，要するに「非効率的」ということの具体的な意味なのである。

　ところで，いまの例で，母がこのケーキを図10-1 (b) のように，余すところなく切り分けて2人に与えたなら，図10-1 (a) のような無駄は生じない。このような無駄のない切り分け方（＝ケーキという資源の配分）が，「効率的」な切り分け方（＝効率的な資源配分）なのである。

　いまの例をふまえて，もう少し違った角度から，効率性と非効率性の違い

---

[2] パレート（Vilfredo Frederico Damaso Pareto：1848-1923）はイタリアの経済学者。

## 10 市場経済の評価――効率と公平

**図10-1 ケーキをどう切り分けたらいいか？**

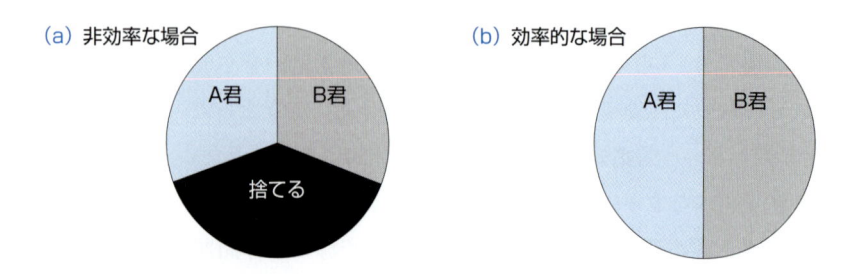

(a) 非効率な場合

(b) 効率的な場合

**図10-2 非効率的な資源配分の特徴**

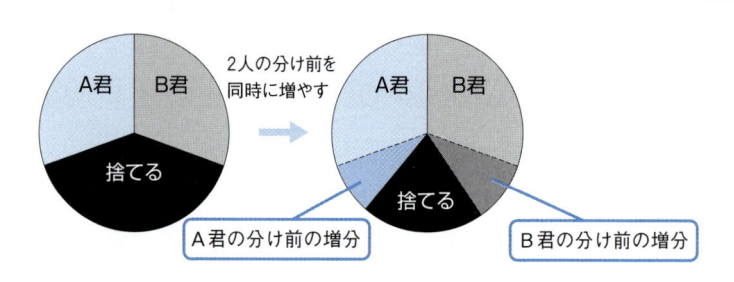

2人の分け前を同時に増やす

A君の分け前の増分

B君の分け前の増分

を特徴づけてみよう。図10-1 (a) のように非効率性（＝無駄）が生じている場合には，捨てるつもりだった部分の一部（または全部）を2人に再分配することによって，2人の取り分を同時に増やすことが可能である（図10-2）。

それに対して，図10-1 (b) のように配分が効率的である場合，2人の取り分を同時に増やすことはできない。実際，たとえばA君の取り分を増やそうとしたなら，図10-3のようにB君の取り分を減らさざるを得ない。また，この図とは逆に，もしB君の取り分を増やそうとするならば，A君の取り分が減ってしまうことも容易にわかるだろう。

以上のことに基づいて，われわれは効率性と非効率性を特徴付ける一般的な基準を述べることができる。

すなわち，①資源配分が非効率的（＝たとえば，図10-1 (a) の場合）な

図 10-3　効率的な資源配分の特徴

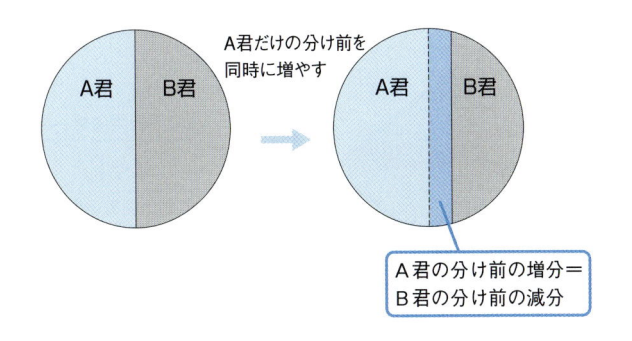

らば，それまでの配分を見直すことによって誰をも害することなく，少なくとも一人の人間が受け取る配分を改善する余地がある。それに対して，②資源配分が効率的ならば（＝たとえば，図 10-1 (b) の場合）には，誰かがより良くなるためには，他の誰かが悪くならざるを得ないのである。

いま述べた①と②は，ある資源配分が効率的であるかどうかを判断するための一般的な判定基準であり，ケーキを切り分ける場合に限らず，資源配分一般について妥当するものである。

## ■総余剰の最大化とパレート効率性

第3章の3-2節で見たように，部分均衡モデルにおける完全競争均衡では，社会的余剰が最大になっていた。実は，社会的余剰が最大化されていることは，そこで実現した資源配分が効率的（パレート効率的）であることを，同時に意味しているのである。この項では，その理由を説明したい。

完全競争均衡での社会的余剰は，図 10-4 のように消費者余剰と生産者余剰とに分解することができる。つまり，

　　　社会的余剰＝消費者余剰＋生産者余剰

である。

第1章で説明したように，消費者余剰は，消費者が財の消費から享受できる正味の便益を表している。つまり，消費者余剰は，社会的余剰のうちの消

## 10 市場経済の評価——効率と公平

**図 10-4　社会的余剰の最大化**

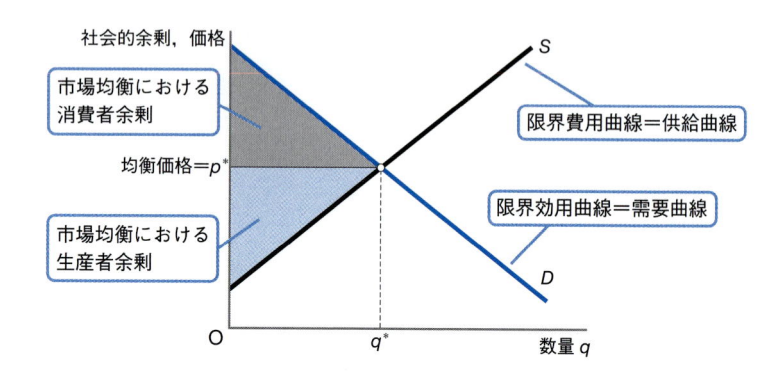

費者の「取り分」を表しているものとみなせる。

　また，第2章で述べたように，生産者余剰は，企業等が財の生産・供給によって獲得できる正味の便益を表している。つまり，生産者余剰は，社会的余剰のうちの生産者の「取り分」である。

　このように考えると，図10-4で，社会的余剰を表す三角形が消費者余剰と生産者余剰の三角形に分割されていることは，社会が全体として獲得できる利益である社会的余剰が，消費者と生産者とにそれぞれ分け与えられていることを表している。

　さて，図10-4に描かれているような形で，消費者と生産者が社会的利益を分け合っているときに，生産者が何らかの方法で（たとえば，暴力に訴えるなどをしてでも）自分たちの取り分をさらに増やすことを画策したとしよう。

　完全競争均衡で社会的余剰はすでに最大化されているわけだから，生産量を $q^*$ から増やしても，減らしても，社会的余剰は少なくなってしまう。したがって，これ以上社会的余剰を増やす余地がない以上，生産者としてはどうしても自分の取り分を増やしたいなら，消費者の取り分を奪い取るしかすべがないのである。

　この状況を図で表したのが，図10-5である。この図のようにすれば，た

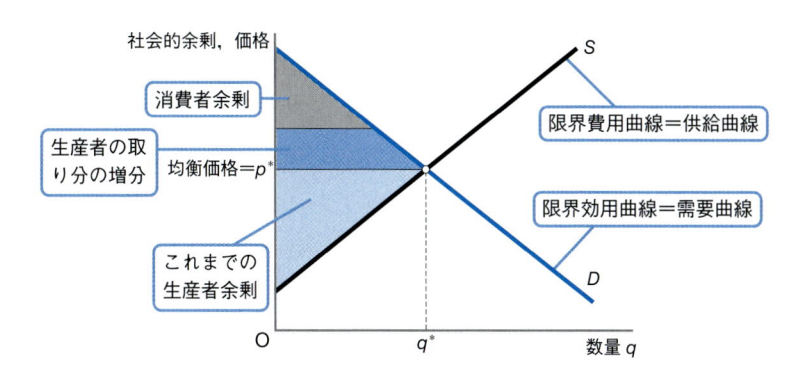

## 図10-5 社会的余剰最大化とパレート効率性

(図：社会的余剰、価格を縦軸、数量 $q$ を横軸とし、限界費用曲線＝供給曲線 $S$、限界効用曲線＝需要曲線 $D$ が交わる点で均衡価格 $=p^*$、均衡数量 $q^*$ が決まる。消費者余剰、これまでの生産者余剰、生産者の取り分の増分が示されている。)

しかに生産者の取り分は増えるが，その反面で消費者の取り分は減ってしまう。

これとは逆に，もし消費者が取り分を増やすことを画策したなら，今度は生産者の取り分から分捕ってこざるを得ない。つまり，いずれにしてもある経済主体が現状よりより良い状態になるためには，別の誰かの状態が悪化せざるを得ないのである。これはまさに市場均衡では，パレート効率性が成立していることを意味していることになる。

いま説明した「競争均衡での資源配分は，必ずパレート効率的になる」ことを主張する定理は，**厚生経済学の基本定理**と呼ばれている[3]。

「厚生経済学の基本定理」は，図10-4や図10-5のように単純な部分均衡の世界で成り立つだけでなく，一般均衡の場合にも成り立つ非常に普遍的な定理であることが知られている。

次項と次々項では，第8章で説明した2人2財純粋交換経済を例にとって，そこで厚生経済学の基本定理が成り立っていることを確認したいと思う。

---

[3] 「厚生経済学の第1基本定理」と呼ばれることもある。このような呼ばれ方をするのは，「厚生経済学の第2基本定理」もあるからである。もっとも，「第2定理」は重要度において「第1定理」に劣るので，あまり言及されることがない。そこで，単に「厚生経済学の基本定理」といったときには，「第1定理」を意味するのが慣例になっている。

10　市場経済の評価——効率と公平

■エッジワースの箱と契約曲線

　第8章で見たように，2人2財純粋交換経済では，「エッジワースの箱」と呼ばれる長方形の図を用いて分析を進めていくことができた。エッジワースの箱の中の各点は，いずれもこのミニチュア経済で配分可能な財の組み合わせ（資源配分）を表している。

　この箱の中には無数にたくさんの点があるわけだから，資源配分も無数にたくさんあることになる。その中で，パレート効率的な資源配分はどの点なのだろうか？

　図10-6には，エッジワースの箱が描かれている。点$P$をこの箱の任意の点，つまり任意の資源配分としよう。ただし，この点を通るAさんの無差別曲線$I_A$とBさんの無差別曲線$I_B$とは，点$P$で接しておらず，図のように交わっているものとする。したがって，この2つの無差別曲線で囲まれたレ・ン・ズ・状・の・領・域（スミアミの部分）が存在することになる。

　このレンズ状の領域の中から，任意の点を1つ取ってみよう。たとえば，図10-7の$P^*$のような点である。点$P^*$を通る2人の無差別曲線を，それぞれ$I_A^*$と$I_B^*$としよう。無差別曲線$I_A^*$は，無差別曲線$I_A$より右上方にあるので，この無差別曲線が表す効用は，$I_A$が表す効用よりも大きいことがわ

図10-6　エッジワースの箱とパレート効率的でない資源配分

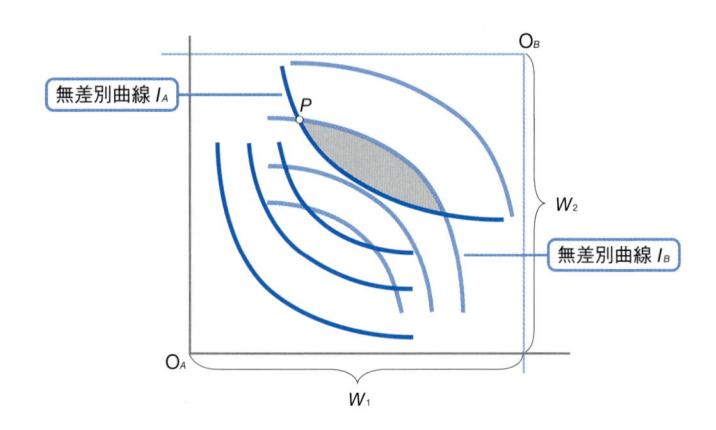

## 図10-7　拡大図

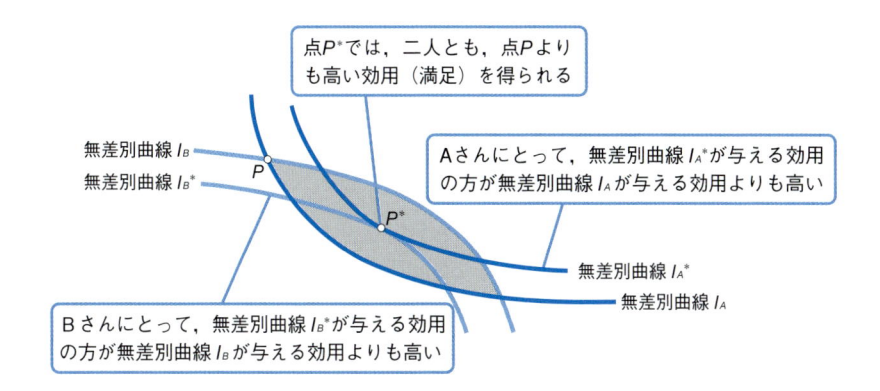

点$P^*$では、二人とも、点$P$よりも高い効用（満足）を得られる

無差別曲線$I_B$
無差別曲線$I_B^*$

Aさんにとって、無差別曲線$I_A^*$が与える効用の方が無差別曲線$I_A$が与える効用よりも高い

無差別曲線$I_A^*$
無差別曲線$I_A$

Bさんにとって、無差別曲線$I_B^*$が与える効用の方が無差別曲線$I_B$が与える効用よりも高い

かる。つまり、点$P$と点$P^*$を比べたとき、Aさんにとっては点$P^*$の方がより高い効用をもたらすのである。

同様に考えると、無差別曲線$I_B^*$は無差別曲線$I_B$よりも左下方に位置している。この図でBさんの座標の原点$O_B$は右上方にあるので、Bさんにとっては、より左下方にある無差別曲線ほどより高い効用に対応していることになる。つまり、Bさんにとっても、点$P^*$で消費した方が点$P$で消費するよりも高い効用を獲得できるのである。

以上をまとめると、点$P$と点$P^*$を比較した場合、AさんとBさんのどちらにとっても、点$P^*$がもたらす効用は、点$P$のそれよりも大きいことがわかる。つまり、点$P$ではなくて点$P^*$での消費を行うことによって、2人はともに相手を害することなく（つまり、相手の効用を低めることなく）自分の効用を高めることになる。

ある資源配分（「資源配分1」と呼ぶ）がパレート効率的で・な・いときには、別の資源配分（「資源配分2」と呼ぶ）が存在して、①資源配分2では、少なくとも1人が、資源配分1のときに享受できる効用よりも高い効用を享受でき、②すべての人が、資源配分2では、資源配分1で享受できる効用以上の効用を享受できるのであった。

図10-7では、資源配分$P$に対して、資源配分$P^*$では、「少なくとも1

## 10 市場経済の評価——効率と公平

**図 10-8 レンズ状の領域の存在とパレート非効率性**

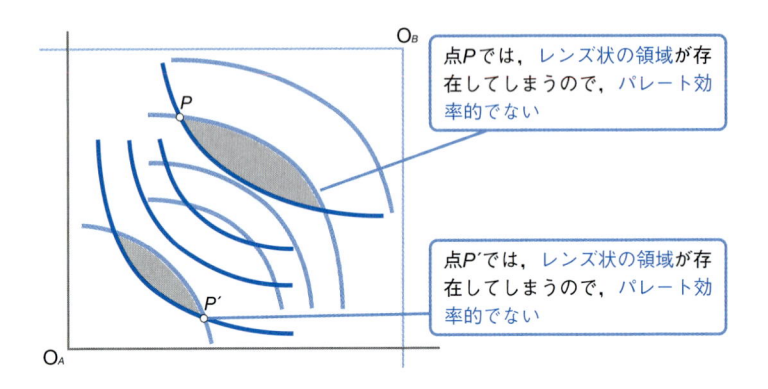

点$P$では，レンズ状の領域が存在してしまうので，パレート効率的でない

点$P'$では，レンズ状の領域が存在してしまうので，パレート効率的でない

人」どころか全員（2人とも）がより高い効用を享受できている。したがって，点$P$の資源配分はパレート効率的でないことになる。

　点$P$に限らず，2人の無差別曲線が交わっている点では，必ず図 10-8 のようにレンズ状の領域が出現するので，その領域の内側の点では2人の消費者がともにより大きな効用を享受できる。つまり，無差別曲線が交わるような資源配分は，どれもパレート効率的でないのである。

　それでは，2人の無差別曲線が接しているときは，どうなのだろうか？たとえば，図 10-9 の点$Q$を考えてみよう。点$Q$を通るAさんの無差別曲線を$\tilde{I}_A$，Bさんのそれを$\tilde{I}_B$とする。

　この場合には，もしAさんが点$Q$におけるよりも大きな効用を望んだなら，そのような効用をもたらす消費点は，無差別曲線$\tilde{I}_A$の右上方の領域になければならない。しかし，その領域のどの点も，Bさんの無差別曲線$\tilde{I}_B$の右上方に位置しているから，結局Bさんの効用は下がってしまう。つまり，Aさんの効用を高めるためには，Bさんの効用は小さくならざるを得ないのである。

　同様なことは，Bさんの消費についてもいえる。つまり，もしBさんが点$Q$よりも高い効用を望んだなら，それは必然的にAさんの効用を小さくせざるを得ないのである。

## 10-2 資源配分の効率性

**図10-9　エッジワースの箱とパレート効率的な資源配分**

点Qのように、AさんとBさんの無差別曲線が接しているところでは、レンズ状の領域が消滅してしまうので、このような資源配分はパレート効率的である

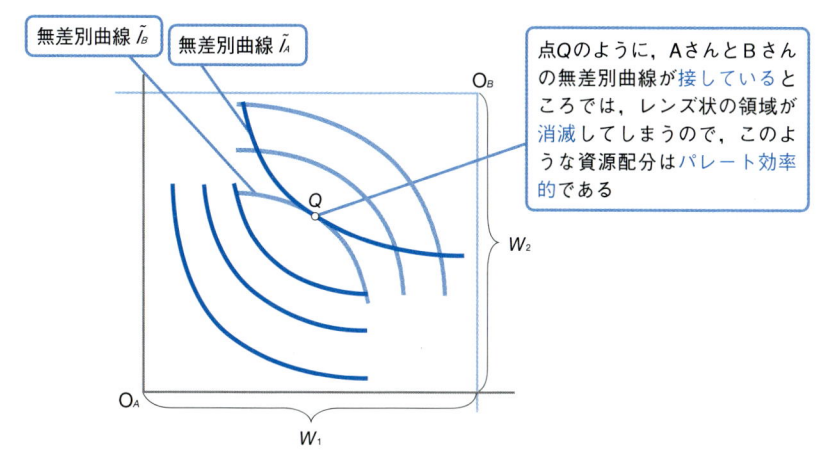

**図10-10　契約曲線**

この曲線は、AさんとBさんの無差別曲線の接点の軌跡、つまり契約曲線である。契約曲線はパレート効率的な資源配分の集合である

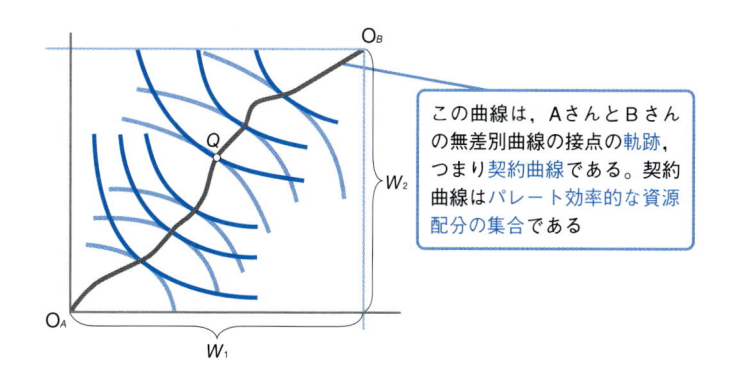

　このように、点 $Q$ のような2人の無差別曲線が接している点では、「誰かが良くなろうとすると、別の誰かが悪くなる」というパレート効率性の条件が成り立っていることがわかった。したがって、2人の無差別曲線が互いに接している点は、パレート効率的な資源配分になっているのである。

　2人の無差別曲線が接している点は点 $Q$ だけに限らず、エッジワースの箱の中に無数にたくさん存在している。そのような点を結んで得られる軌跡

が，図10-10の灰色の曲線である。この曲線は，**契約曲線**（contract curve）と呼ばれているが[4]，2人2財純粋交換経済におけるすべてのパレート効率的な資源配分の集合である。

### ■厚生経済学の基本定理

図10-11の点 $E$ を2人2財純粋交換経済の競争均衡とする。つまり，均衡価格 $p_1^*$ と $p_2^*$ の下で，初期保有点 $W$ を通る予算線 $\ell^*$ 上に点 $E$ はあり，その点において各人の無差別曲線は予算線 $\ell^*$ 線と接しているのである（第8章8-2節参照）。

このように，点 $E$ で，予算線 $\ell^*$ は2人の無差別曲線の・共・通・接・線になっているのである。したがって，点 $E$ で2人の無差別曲線は接している。すなわち，点 $E$ は契約曲線上の点なのである。したがって，競争均衡点 $E$ はパレート効率的であることがわかった。

前々項では部分均衡的な世界で，ここでは2人2財純粋交換経済という一般均衡的な世界で，いずれも競争均衡がパレート効率的な資源配分を実現させる（つまり，厚生経済学の基本定理が成り立つ）ことがわかった。

実はこの結論はさらに一般化できることが知られている。この本では取り

#### 図10-11 厚生経済学の基本定理

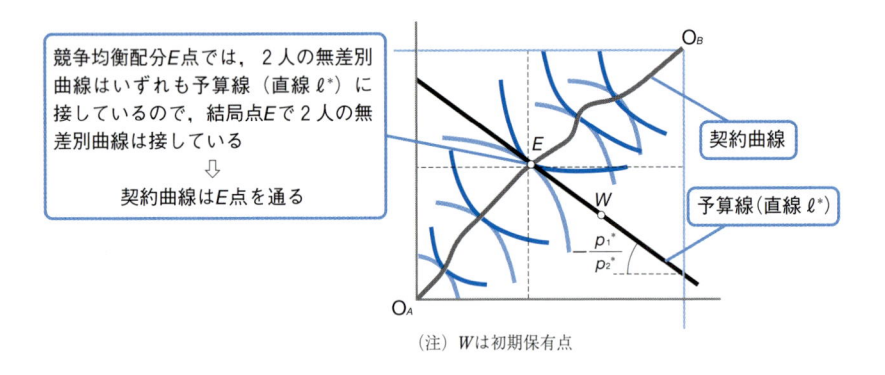

競争均衡配分$E$点では，2人の無差別曲線はいずれも予算線（直線 $\ell^*$）に接しているので，結局点$E$で2人の無差別曲線は接している
⇩
契約曲線は$E$点を通る

（注）$W$は初期保有点

---

4) **闘争曲線**（conflict curve）と呼ばれることもある。

上げないが，消費者と企業が多数いて，財の種類もたくさんあり，さらに生産を伴う一般均衡経済においても，「競争均衡はパレート効率的な資源配分を与える」ことが証明されている。この意味で，「厚生経済学の基本定理」は，完全競争市場の基本的かつ普遍的な特徴を示している定理だといえる。

## 10-3　効率性と公平性

### ■効率 vs 公平

　経済学の研究では，しばしば，「社会全体の利益」という観点から，さまざまな社会経済制度の長所や短所が評価される。そういう観点に立つと，厚生経済学の基本定理は，「『効率性』という尺度で完全競争市場のパフォーマンスを評価すると，この資源配分メカニズムにはメリットがある」ことを主張している定理だと解することができる。

　たしかに，どうせ資源を活用するならば，できるだけ無駄なくそれが使われる社会制度の方が，無駄を許容する社会制度よりも望ましいのは明らかだろう。したがって，効率性の達成に社会的意義があると考えるのは自然だろう。しかし，効率性だけが唯一の社会的望ましさの基準でない，ことにも注意を払う必要がある。

　社会的望ましさの基準として，効率性以外に経済学でよく取り上げられるものに公平性がある。たとえば，非常に限られた数の大金持ちのファミリーだけに社会の富のほとんどすべてが集中していて，大多数の人々は生存水準ギリギリの貧しい暮らしを余儀なくされている国があったとしよう。

　何をもって「公平」というのかについては，いくつかの判断基準が知られているが[次頁5]，厳密な公平性の定義はさておいても，直感的に考えていま述べたような国が公平な社会であるとは到底言えないだろう。大多数の国民にとって，そういう国が決して住みやすい社会でないのは明らかである。

269

10 市場経済の評価——効率と公平

　公平でない社会は，不安と苦悩に満ち，多くの人にとって住みづらい社会になりがちである。実際，そういう社会では，犯罪が多発したり，貧しい人々が将来への希望を失ったり，貧困層の居住地域がスラム化したり，……，というような否定的問題が生じがちである。

　したがって，少なくとも他の事情が同じであるときに，公平な社会と不公平な社会を比べたなら，公平な社会の方が望ましいのは明らかだろう。そう考えると，社会制度の善し悪しを評価するにあたって，その社会が公平であるかどうかもまた考慮すべき事柄になるべきであろう。

　ところで，効率性もまた社会的望ましさの基準であることを考慮すれば，効率性と公平性の両方が成り立つような状態が本来は望ましいはずである。けれども，両者が両立するとは限らないのである。

　図10–12 を見て頂きたい。これも，前節で扱ったのと同様なケーキの切り分け方の図である。この図における3通りの切り分け方は，いずれも無駄なく行われているので，その意味で効率的な資源配分になっている。

図10-12　公平な配分は？

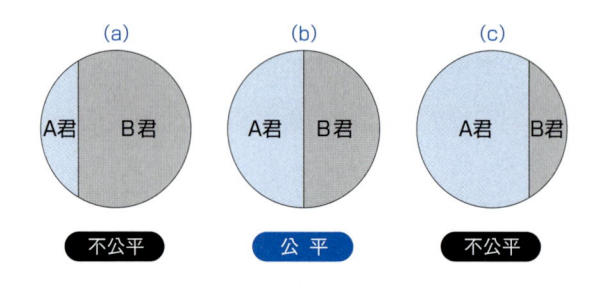

(a) A君 B君　不公平
(b) A君 B君　公平
(c) A君 B君　不公平

---

5)（前頁）　公平性の代表的な概念に「無羨望性（envy-freeness）」がある。資源配分において，自分が獲得する財の組み合わせがもたらす効用が，自分以外の誰が獲得する財の組み合わせのそれより小さくなることがないときに，その資源配分は無羨望であるといわれる。

　フォーマルに表すと，$m$ 人の消費者のいる社会で，$x^i$ を第 $i$ 消費者が受け取る消費の組み合わせ，$u_i(x^i)$ を効用関数とする。このとき，資源配分 $(x^1, x^2, \cdots, x^m)$ において，どの $i$ と $j$ についても，$u_i(x^i) \geq u_i(x^j)$ が成り立つならば，その資源配分は無羨望であるといわれる。

　たとえば，生産のない純粋交換経済で，すべての消費者に対してどの財も均等に配分されるなら，その資源配分は無羨望になっている。また，そのような均等配分を初期保有としたときに成立する競争均衡における資源配分は，無羨望かつパレート効率的になることが知られている。さらに，生産を伴う経済では，無羨望かつパレート効率的な資源配分が存在しない場合があることも知られている。

しかし、この3種類を比べると、2人の分け前がほぼ同じになっている(b)は公平な配分だと言っても間違いでないだろうが、(a)と(c)はどちらか1人に分け前が片寄ってしまっているので、不公平な配分ということができるだろう。つまり、(b)では効率性と公平性が両立しているが、(a)と(c)では両立していないのである。

■効率と公平のトレードオフ

ケーキ分けの問題から離れて、市場経済について考えてみよう。ここでは、一番単純な一般均衡モデルであるエッジワースの箱で表される、2人2財純粋交換経済を考えることにする。図10-13には、エッジワースの箱が2つ描かれている。$W$と$W^*$はそれぞれの経済の初期保有点である。

図10-13 (a) の初期保有点$W$は、箱のほぼ中央に位置している。したがって、初期保有点$W$で2人のプレイヤーは、それぞれの財をほぼ均等に所有していることになる。つまり、初期保有点$W$における資源配分は、比較的公平だといえそうである。

それに対して、図10-13 (b) の初期保有点$W^*$は、箱の右上方部分に位置している。この位置は、Aさんの原点$O_A$からかなり離れているが、Bさ

図10-13 競争均衡で公平な資源配分が達成されるか？

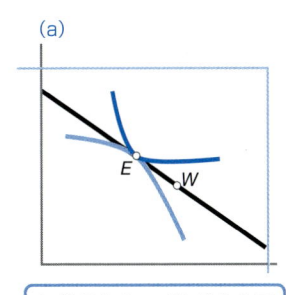

(a) 初期保有点$W$が比較的公平ならば、競争均衡$E$でも比較的公平な資源配分が実現する

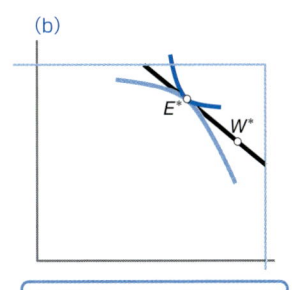

(b) 初期保有点$W^*$に偏りがあり、不公平ならば、競争均衡$E^*$でも不公平な資源配分が実現する

んの原点 $O_B$ には非常に近い。つまり，$W^*$ は，A さんがどちらの財もたくさんもらっているのに対して，B さんの取り分はかなり少ない資源配分なのである。したがって，点 $W^*$ は比較的不公平な資源配分を表しているといえる。

ここで，それぞれの場合での競争均衡 $E$ と $E^*$ について考えてみよう。この２つの点は，いずれも均衡価格体系が成立したときに実現する資源配分である。図 10–13 からもわかるように，普通，競争均衡の位置が初期保有点から大きく離れることはない。この図でも，点 $E$ と点 $W$ はそれほど離れていないし，点 $E^*$ と点 $W^*$ についても離れているわけではない。

したがって，初期保有の配分が点 $W$ のように比較的に公平ならば，競争均衡も（点 $E$ のように）比較的公平になる。しかし，初期保有点が $W^*$ のように比較的に不公平ならば，競争均衡 $E^*$ も不公平になりがちなのである。

このように考えると，市場メカニズムには，初期保有点の不公平を是正する力はないということになる。換言すれば，市場メカニズムには，公平な資源配分を達成させるための自律的な仕組みが組み込まれていないのである。

そこで，市場メカニズムが機能している社会で，公平な資源配分を達成させようとすれば，市場に備えられていない，つまり「市場の外にある」力に頼らざるを得ないことになる[6]。このような外的な力は政府によって発揮されることが多い。所得税の累進課税制度は，その典型的な例である。この制度においては，より所得の高い人には高率の所得税を課し，より貧しい人には低率の税を課し，さらに場合によっては税を免除することによって，所得分配の不公平さを是正しようとするものである。

図 10–12 では，どの資源配分も効率的であり，その中に公平性と両立するものとしないものとがあった。しかし，一般的にいえば，効率性と公平性の間にはより深刻な緊張関係があることが知られている。

たとえば，所得税の累進課税制度において，豊かな人々の税率を 80％ や

---

[6] 図 10–11 (a) のようにたまたま公平な資源配分が達成されることもないわけではないが，それは初期保有点がたまたま公平だったという僥倖があったがゆえの帰結である。その種の偶然によって公平性が保たれる場合を別にすれば，市場メカニズムには公平性達成の機能がないのである。

90％といった極端に高い率にしてしまうと，その税率で課税される可能性のある人々は，真面目に働いても自分の手元にはほとんどお金が残らなくなってしまう。そういう人々は，やる気を失ったり，もっと税率の低い外国に脱出したりしようとする可能性が高い。このような事態は当然その国の経済の活気を失わせ，経済全体の効率性を減退させる原因になるかもしれない。

そう考えると，公平性の過度の追求が，効率性の達成に悪影響をもたらす可能性があるということになる。このような効率性と公平性の深刻な対立を，効率と公平のトレードオフという。

● 練 習 問 題

1．2人2財純粋交換経済について，以下の問いに答えよ。
　①消費者Aの効用関数が $u^A(x_1^A, x_2^A) = \min\{2x_1^A, 3x_2^A\}$ で与えられ，消費者Bのそれが $u^B(x_1^B, x_2^B) = \min\{x_1^B, x_2^B\}$ で与えられるときの契約曲線を，エッジワースの箱に図示せよ。
　②消費者Aの効用関数が $u^A(x_1^A, x_2^A) = x_1^A + 2x_2^A$ で与えられ，消費者Bのそれが $u^B(x_1^B, x_2^B) = 2x_1^B + 3x_2^B$ で与えられるときの契約曲線を，エッジワースの箱に図示せよ。

2．2人2財純粋交換経済を考える。2人の消費者の初期保有が全く同じときに，そこから導かれる競争均衡は無羨望（注5参照）かつパレート効率的であることを示しなさい。

# 第 11 章

# 市場の失敗

　完全競争市場は，効率性という点だけに限定して評価すれば，きわめて優れた資源配分メカニズムである。しかし，完全競争市場が持つべきすべての条件を満たしていない市場では，効率的な資源配分さえもが実現されない可能性がある。このように，市場が効率的な資源配分の達成に失敗することを，市場の失敗という。

　第 9 章で取り上げた不完全競争市場，すなわち独占市場，寡占市場そして独占的競争市場では，効率的な資源配分が実現されないので，それらは市場の失敗の例である。しかし，市場の失敗は，不完全競争市場だけで生じる現象ではない。この章では，不完全競争市場以外の市場の失敗の代表的ケースとして，①外部効果，②公共財，そして③情報の非対称性が説明される。

# 11 市場の失敗

## □ 11-1 外部効果 □

■外部経済と外部不経済

　市場で行われる経済活動が，市場を介さないで第三者に影響を及ぼすことを**外部効果**という。このうち，第三者に良い影響を及ぼす場合を**外部経済効果**，悪い影響を及ぼす場合を**外部不経済効果**という（図11-1 参照）。

　外部経済効果の例としては，鉄道駅の開業に伴う駅周辺の商店などへの良い影響を挙げることができる。鉄道の駅は，あくまでも鉄道サービスの供給という鉄道会社の経済活動へのプラスになることを目的にして，鉄道会社自身が設置するものである。

　しかし，新駅が開業すると，たとえば駅周辺の商店などは売り上げの増加等によって，これまでにない利益を獲得するようになるかもしれない。このような利益の増大は，商店にとっては自分の商売とは直接関係ない鉄道サービスの市場から，いわば「棚からボタ餅」のように降って湧いてきたものである。つまり，これが「第三者に対する市場を介さない良い影響」——すな

**図11-1　外部効果**

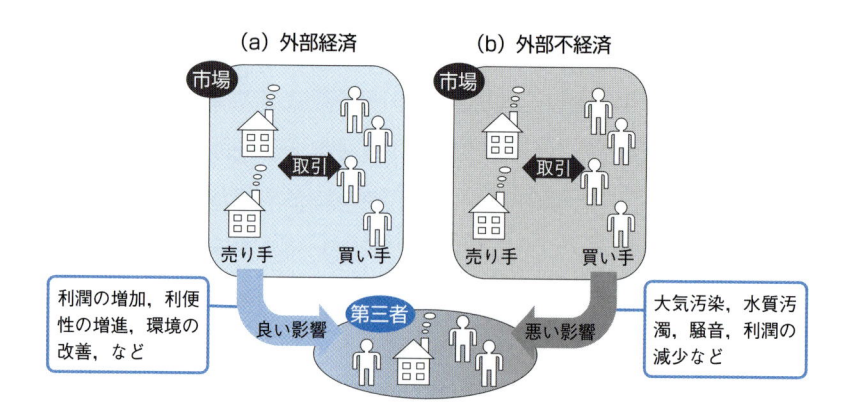

（a）外部経済　　　　（b）外部不経済

市場／売り手—取引—買い手／第三者

利潤の増加，利便性の増進，環境の改善，など　→　良い影響

悪い影響　←　大気汚染，水質汚濁，騒音，利潤の減少など

わち，外部経済効果——なのである。

それに対して，外部不経済効果の典型的な例に公害がある。公害は発生源となる企業の生産活動に付随して生じるものだが，企業は本来大気汚染や水質汚濁を目的として活動しているわけでない。あくまでも財を生産し，それを市場で売って利益を出すことが彼らの目的だったはずである。しかし，彼らの経済活動の予期せぬ副産物として大気汚染や水質汚濁等が生じ，それはこの企業の経済活動とは無縁な近隣住民等の第三者に被害をもたらすわけである。

外部経済も，外部不経済も，それを放置したままで経済活動が続行されると，資源配分の効率性が損なわれることになる。

まず，外部経済についてみていこう。第三者に対して好影響を与える経済活動を行っている者（鉄道駅の例では，鉄道会社）は，自分たちの経済活動が社会に対して持つ肯定的な面を認識することなく活動している。したがって，彼らが認識する利潤 $\pi$（すなわち，この企業の私的な利潤）は，定義通り

$$\pi = 収入 - 費用$$

ということになる。彼らは，この定義に基づく利潤 $\pi$ を最大化させるように生産量を決めている。もし外部効果がないのなら，企業と消費者が市場での経済活動から得られる社会的余剰（総余剰）[1]は，

社会的余剰＝$\pi$＋消費者余剰　　　　　　　　　　　　(11.1)

ということになる。外部効果がなければ，厚生経済学の基本定理（第10章第10-2節）より，企業と消費者の最適化行動によって，(11.1) 式の意味での社会的余剰が最大化されるはずである。ところが，外部経済効果があるなら，市場内にいる企業と消費者に加えて，市場の外で良い影響を受ける第三

---

[1) 正確にいうと，生産者余剰は費用から固定費用を控除した可変費用に一致するので，$\pi$－固定費用＝生産者余剰という関係が成り立つ。したがって，この定義に従えば，「（本来の）社会的余剰＝（$\pi$＋消費者余剰）－固定費用」でなければならない。しかし，固定費用は定数なので，（本来の）社会的余剰と (11.1) 式で定義された社会的余剰の差は一定になる。したがって，両者の動きは同じである。すなわち，（本来の）社会的余剰が最大化されているときには，(11.1) 式の社会的余剰も最大化されているし，その逆も正しいことになる。つまり，最適化問題を解くにあたり，どちらの定義による社会的余剰を考えても結局は同じことなので，ここでは (11.1) 式を社会的余剰の定義として新たに採用することにした。

## 11 市場の失敗

者も利益をこうむることになる。したがって，この場合の社会的余剰は，

$$社会的余剰 = (\pi + 消費者余剰) + 第三者が受ける利益 \qquad (11.2)$$

となる。

　企業は，自分が負担した費用が (11.2) 式の意味での社会的余剰の生産に貢献していることを意識しないで，利潤 $\pi$ のみの最大化を図ってしまうので，「もっとたくさん生産して，第三者が受ける利益をより大きくさせよう」という視点を欠いてしまうことになる。その結果，企業は社会的に最適な水準（＝ (11.2) 式の社会的利益を最大にさせる水準）よりも少なめな生産を行ってしまうことになる。

　このように，外部経済効果がある場合には，社会的な最適水準よりも過少な生産が行われてしまうのである。

　それに対して，外部不経済効果があるときには，いまと正反対のロジックが働いて，社会的な最適水準よりも過大な生産が行われてしまう。つまり，今度は第三者に悪影響が生じるのだから，(11.2) 式の「第三者が受ける利益」は負（マイナス）の値を取ることになる。したがって，公害などの外部不経済をそのまま放置しておけば第三者に被害が及ぶにもかかわらず，企業はそのような被害を気にかけず，生産を拡大してしまうのである。そうなると，(11.2) 式の社会的余剰は小さくならざるをえないだろう。

　つまり，外部不経済を放置しておけば過大生産が避けられないが，その場合にも企業が生産量を少なくすれば，「第三者への負（マイナス）の利潤」は小さくなり，社会的余剰をより大きくさせられるのである。

　以上述べたことから，外部効果が生じ得る環境では市場の自律性に期待して企業に思い通りの生産活動をやらせてしまうと，社会的最適性が保たれなくなってしまうことがわかった。このような困った事態を回避するための一つの方策は，政府などが積極的に介入して，企業の生産水準に影響力を与えるような施策を措置することである。

　まず，外部経済については過少生産が問題になるので，たとえば政府が企業に対して補助金を与えて，生産を増大させる誘引を与えることが考えられ

る[2]。また，外部経済効果によって利益を得ている第三者に対して，その便益に見合った金銭的支出を企業に対して行うよう要請する，というやり方も有効であろう。

このうち後者は，必ずしも政府が要請の主体にならなくても，企業自身が要請するなどのことでもかまわない。実際，JRは，新幹線などで新駅を開業するとき，新駅の建設費用等の一部もしくは全部を，便益の享受者である地元の自治体や商工会などに寄附してもらっている。

次に外部不経済について。これについても，政府等が介入して，市場での経済活動によって不利益をこうむった第三者（公害被害者など）を救済したり，企業の生産水準を社会的に最適な水準に戻すための方策を取る，というやり方がある。

たとえば，被害者が裁判に訴え，判決の強制力（裁判所もまた政府の機関である）によって被害の回復を図るという方法，あるいは法律によって環境基準を定めたり，有害物質の排出を規制するといったやり方である。

また，外部不経済の場合にも，内部化は有効な手法である。そのやり方としては，たとえば外部不経済を引き起こす恐れのある企業に対して，生産量水準と連動する税を課して，生産量を削減させることなどが考えられる。

### ■コースの定理と権利の配分（1）

前項で見たように，外部性がもたらす非効率性を回復する方策として伝統的によく知られているのは，政府等が何らかの影響力や時には強制力を行使して問題解決を図るというやり方である。

実際，1960年代から1970年代にかけて日本で社会問題化した，大気汚染，あるいは水俣病やイタイイタイ病などの公害病による深刻な被害に対しては，裁判（いわゆる四大公害病裁判など）によって被害者の直接的な救済が図ら

---

[2] これは，市場の「内部」にいて第三者が享受している便益を認識できないプレイヤーに，彼らが生み出している追加的便益を認識させることによって，自発的な生産増を実現させようとする試みなので，外部経済の内部化などと呼ばれることもある。

## 11　市場の失敗

れると同時に，公害防止のための立法などがなされた。

　ロナルド・コース[3]は，「権利」を売買するための市場に類したメカニズムを用いれば，必ずしも政府の強制力に頼らなくても外部性を内部化することができると主張した。ここでは，外部不経済の例でコースの考え方を説明してみたい。

　X氏は，P市郊外の人里離れた辺鄙(へんぴ)な場所で養鶏場を経営していた。この事業を始めた当初，X養鶏場の周囲は荒れ地で，そこに住む人はまったくなかった。ところが，その後，P市にも都市化の波が押し寄せてきた。人口増も著しく，開業後15年目ぐらいからX養鶏場の近くの荒れ地が住宅地として開発されるようになった。そして，いまやX養鶏場のすぐ横に巨大マンションが建設されるに至っている。

　養鶏場の近隣に住む住民たちは，毎日何万羽もいる鶏の鳴き声と耐えがたい糞尿の臭いに悩まされながら生活していた。これは明らかな外部不経済効果である。つまり，この騒音（鳴き声）と臭気は，X養鶏場の経済活動がもたらしたものであるが，それによる苦痛に悩まされる近隣住民は，X養鶏場の経済活動とはまったく無縁な第三者である。

　X養鶏場に移転してもらうか，あるいはそれが無理なら養鶏場の施設を騒音や臭気が外に漏れないように改良してもらいたいと，近隣住民が願うのは当然のことだろう。しかし，このケースで，四大公害裁判のときなどと同様に，公害発生源であるX養鶏場に対して，「被害者」の住民が移転や設備の改善を迫るのは果たして正当だろうか？

　このことを検討するためにまず注目しなければならないのは，もともとこの地で経済活動を行っていたのはX養鶏場であり，後に近隣住民となった人々は，自分が住むことになるであろう家の近くで，この養鶏場が騒音と臭気を発する業務をしていることを承知の上で引っ越してきたという事実である。

---

3)　ロナルド・コース（Ronald H. Coase：1910-2013）アメリカの経済学者。1991年にノーベル経済学賞を受賞した。

つまり，この場合，X養鶏場には「騒音や臭気を発する権利」があると考えるのが自然ではないだろうか。だから，もし近隣住民がX養鶏場に騒音や臭気の発生をやめてもらいたいなら，彼らはお金を出してX養鶏場の「権利」を買い取らなければならないのである[4]。

私たちは，公害に関しては，発生源である企業が「加害者＝悪」で，それによって不利益をこうむっている者が「被害者＝善」と考えがちである。たしかに四大公害病のケースはこの構図通りであったが，上述の養鶏場の例ではこの構図が当てはまらないのである。

養鶏場の例は，この種の紛争に起因する問題の本質が，「誰に権利があるのか？」という点に帰着されることを強く示唆している。

そして，この養鶏場の例のように「騒音や悪臭を発生させる権利」が発生源である企業にあるのならば，それがなくなることを望む近隣住民が費用を負担して彼らの望みをかなえるべきであるし，逆に近隣住民に「騒音や悪臭のない環境で生活する権利」があるならば，どうしても操業したい企業は適切な対価を支払って住民からこの権利の一部もしくはすべてを購入すべきだということになる。

以上が，コースの基本的なアイデアである。次の項では，簡単なモデルを用いてコースの考え方をもう少し詳しく説明したい。

## ■コースの定理と権利の配分（2）

隣どうしに住む2人のプレイヤーAとBがいるものとする。音楽が大好きなAは，自宅で大音量の音楽をいつも流している。A宅からの大音量の音（近隣の人にとっては騒音である）は日夜を問わず近隣に鳴り響き，とりわけ隣に住むBは不眠症に悩まされていた。

話を簡単にするため，いま考えている「経済」には生産がなく，財（消費財）はただ1種類だけだとしよう。Aが消費する財の量を$x^A$，Bのそれを

---

[4] 具体的な「権利の買い取り」の方法は，近隣住民が移転費用を負担してX養鶏場に移転してもらうとか，近隣住民が設備の改築費を負担して養鶏場の施設を改良してもらうことなどである。

11 市場の失敗

$x^B$ とし，この財の初期保有量は，Aが $e^A$ 単位，Bが $e^B$ 単位だとする。

ここでは，財に加えて，A宅からの「大音量を発する権利」が考慮されることになる。Aが持つこの権利の量を $z$ としよう。$z$ は0から1までの値を取り，$z=1$ のとき，Aは，日夜を問わず24時間にわたって大音量を発する権利を持っているものとする。また，$z=0$ ならば，彼にはその権利がまったくない。$z$ が0と1の間の値の場合には，24時間のうち $z$ の割合だけ大音量を発する権利を持っているものとみなす[5]。

Aとは裏腹に，Bにとっては「静謐な環境で生活する権利」が問題になる。Bが持つ権利の量は $1-z$ である。たとえば，$z=0$ ならば，$1-z=1$ なので，Bは完全に静謐な環境で生活する権利を持つことになる。

図11-2には，横軸に消費財の量（$x^A$ または $x^B$）を取り，縦軸に $z$ の量を取ってあり，2人の無差別曲線群が描かれている。Aにとっては $z$ が増えれば増えるほどより幸せなので，$z$ は goods である。それに対して，Bにと

### 図11-2 2人の無差別曲線群

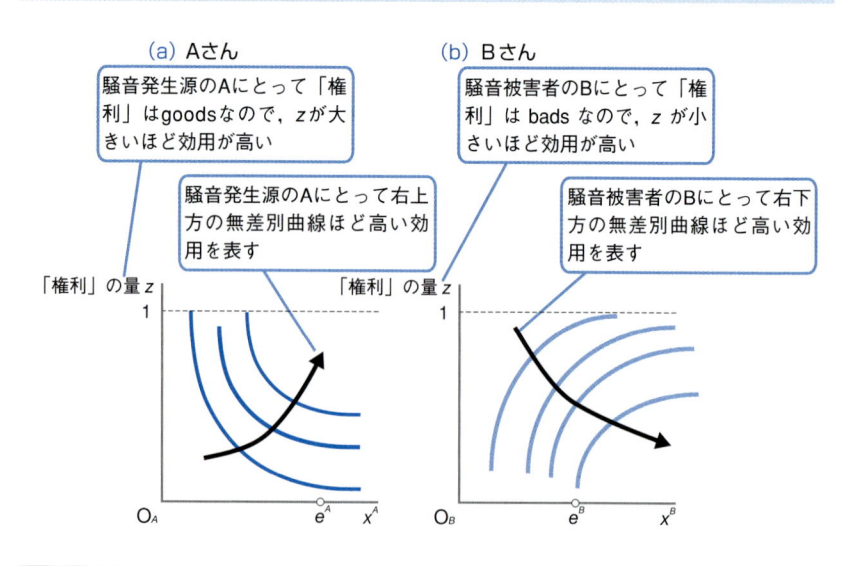

(a) Aさん
騒音発生源のAにとって「権利」は goods なので，$z$ が大きいほど効用が高い

騒音発生源のAにとって右上方の無差別曲線ほど高い効用を表す

(b) Bさん
騒音被害者のBにとって「権利」は bads なので，$z$ が小さいほど効用が高い

騒音被害者のBにとって右下方の無差別曲線ほど高い効用を表す

---

5) たとえば，$z=0.6$ ならば，1日のうち $24×0.6=14.4$（時間）だけ大音量でステレオを流していいことになる。

## 11-1 外部効果

#### 図 11-3 Bさんの座標系の変換

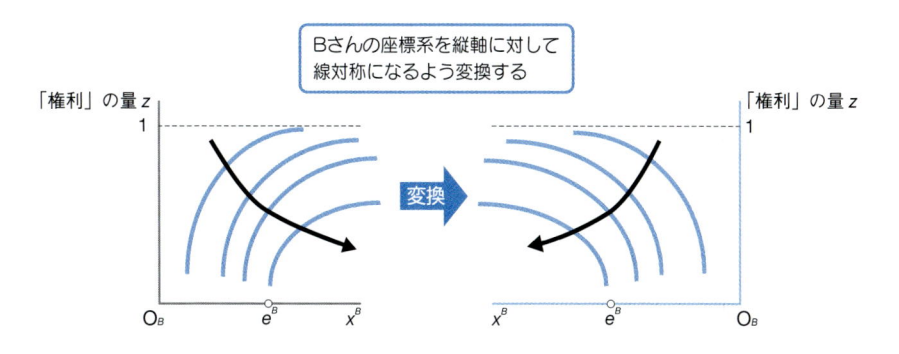

っては，$z$ が増えれば増えるほど不幸になるので[6]，$z$ は bads である。

したがって，Aの無差別曲線は図 11-2 (a) のような標準的形状をしているが，Bについてはこの平面上でより右下方にある点ほどより高い効用の点になるので，図 11-2 (b) のような形状になる。

ここで，エッジワースの箱風の図を描くため，Bの座標系を図 11-3 のように変換してみよう。すなわち，縦軸に関して線対称になるよう，座標系とそこに描かれた無差別曲線を変換する（ひっくり返す）のである。このように変換したBの座標系と図 11-2 (a) のAの座標系を，$e^A$ と $e^B$ が一緒になるよう平行移動させてできたのが，図 11-4 のエッジワースの箱風[7]の図である。

この図で初期保有点がどこになるのかは，AとBのどちらに権利があるのかによって異なる。すなわち，もしAが「1日中騒音を出す権利」を最初に持っているのなら，図 11-5 の点 $W_1$ が初期保有点になる。しかし，Bが「完全に静謐な環境で暮らす権利」を最初に持っているのなら，図 11-5 の点 $W_2$ が初期保有点になる。

---
[6] 言うまでもなくBにとっては $1-z$ が増えれば増えるほど幸せが増すので，$z$ が増えることは不幸を引き起こす。
[7] 「エッジワースの箱風」と「風」をつけたのは，これが第8章で紹介したエッジワースの箱とまったく同じものではないからである。原点の位置などがエッジワースの箱と違っていることに注意されたい。

## 11 市場の失敗

図11-4 エッジワース「風」の箱

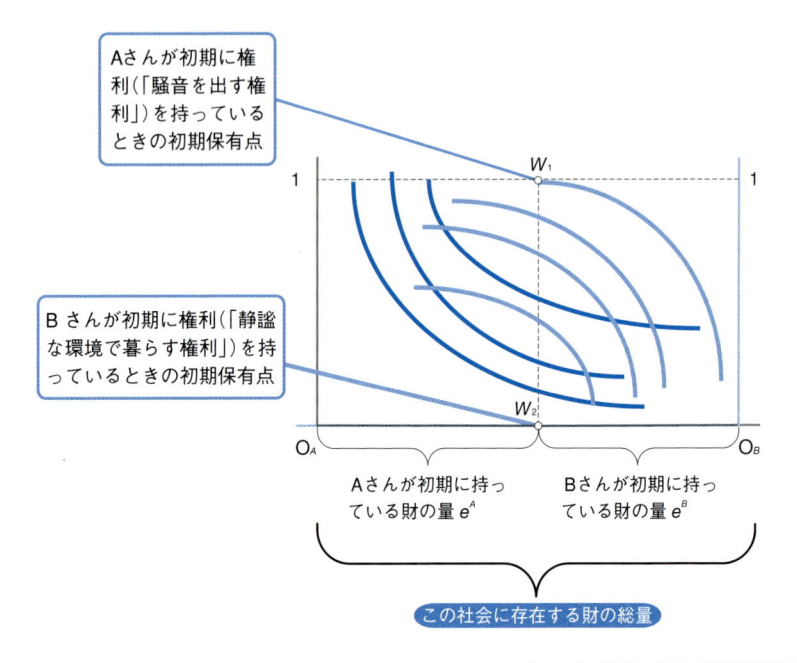

- Aさんが初期に権利(「騒音を出す権利」)を持っているときの初期保有点
- Bさんが初期に権利(「静謐な環境で暮らす権利」)を持っているときの初期保有点
- Aさんが初期に持っている財の量 $e^A$
- Bさんが初期に持っている財の量 $e^B$
- この社会に存在する財の総量

図11-5 パレート最適な資源配分の集合

- AとBの無差別曲線の接点の軌跡がパレート最適な資源配分の集合(契約曲線)である

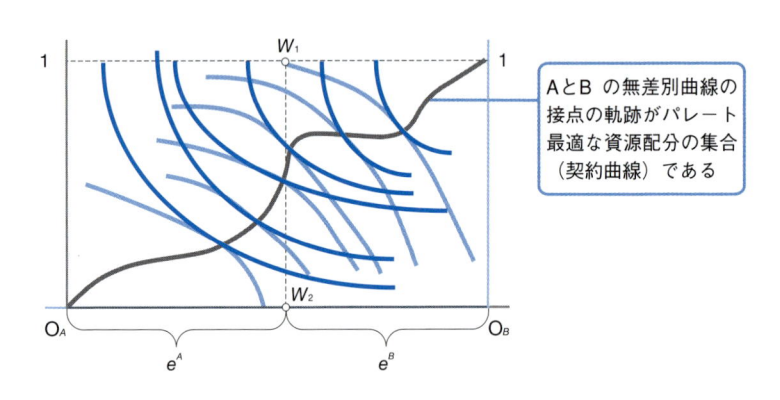

　この図で,パレート効率的な資源配分は,エッジワースの箱の場合と同様(第10章10-2節参照),AとBの無差別曲線の接点である。したがって,そのような接点を結んで得られる曲線が,パレート効率的な資源配分の集合

である。ここでもその曲線を契約曲線と呼ぶことにしよう。（図 11-5 参照）。

■ コースの定理と権利の配分（3）

前項のようなセットアップで，どのように権利と財が配分されるのかを見ていこう。

最初に，A が「騒音を出す権利」を持っている場合を考えよう。この場合には，初期保有点の $W_1$ から 2 人の交渉が始まる。点 $W_1$ を通る 2 人の無差別曲線が図 11-6 のようにこの点で交わっていて，この 2 つの無差別曲線で囲まれたレンズ状の領域が箱の中にできているものとしよう。この領域の内部の点はどれも点 $W_1$ と比べて，2 人にとってより高い効用をもたらす点である。したがって，この交渉のプロセスで，2 人は点 $W_1$ からレンズ状の領域内の 1 つの点——たとえば，点 $P$ ——に移行することに合意するだろう。

しかし，点 $P$ でも 2 人の無差別曲線が図のように交わっているのならば，レンズ状の領域が生じるから，交渉はさらに続行し，2 人にとってより望ましい点が模索される。このような交渉が繰り返された結果，$E_1$ 点のような契約曲線上の点に到達することになる。

この点からさらに別の点に移行しようとすると，どちらかの効用がもっ

図 11-6　交渉による問題解決（A に権利がある場合）

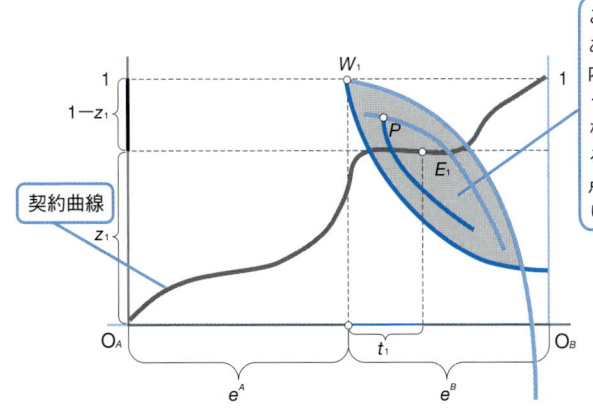

> このようなレンズ状領域がある限り，2 人はその領域内の他の点に移行するという合意ができる。$E_1$ のような契約曲線上の点に到達すると，もはやそこから別の点に移行する合意形成はありえなくなる

大きくなるためにはもう1人の効用が悪化せざるを得なくなる。そのような移行には1人（効用が大きくなる者）は賛成しても，もう1人（効用が下がる者）は反対するだろう。

つまり，2人がこの点からさらに別の点に移行することに合意することはありえないことになる。それゆえ，点 $E_1$ での資源配分に合意して，交渉は終結することになる（点 $E_1$ は，パレート効率的であることに注意されたい）。

点 $E_1$ で，Aは，初期保有点と比べて財を $t_1$ 単位だけ多く消費するが，彼の「権利」は $1-z_1$ 単位だけ減ることになる。その一方で，Bは，財を $t_1$ 単位だけ減らす代わりに，「権利」を $1-z_1$ 単位獲得することになる。つまり，AとBは，$t_1$ 単位の財と $1-z_1$ 単位の「権利」を交換するのである。すなわち，Aは大音量で音楽を流すのをある程度我慢することの対価として，$t_1$ 単位の財を受け取ることになる。

次に初期保有点が $W_2$ の場合——つまり，Aには「権利」がなくて，Bが完全に静謐な環境下で生活する権利を持っている場合——を考えてみよう。この場合にも，交渉が点 $W_1$ から出発する場合と同様な議論を繰り返せばよい。

点 $W_2$ を通る2人の無差別曲線が図 11-7 のようにこの点で交わっており，そこからレンズ状の領域が存在しているのなら，交渉が繰り返された結果，このレンズ状の領域内の契約曲線上のどこか——たとえば，$E_2$ のような点——で，契約が締結されることになる。

この場合には，AはBに対して $t_2$ 単位の財を引き渡すのと交換に，$z_2$ 単位の騒音を出す権利を獲得するのである（$t_2$ 単位の財は，騒音に対する賠償金と解することができる。なお，点 $E_2$ も，パレート効率的であることに注意されたい）。

コースは，以上のような議論の道筋で，外部不経済効果に起因する非効率性が存在したとしても，権利の所在を明確にした上で，当事者間での自発的な交渉が行われれば[8]，パレート効率的な資源配分が実現するということを主張した。この命題をコースの定理という。

図 11-7 交渉による問題解決（B に権利がある場合）

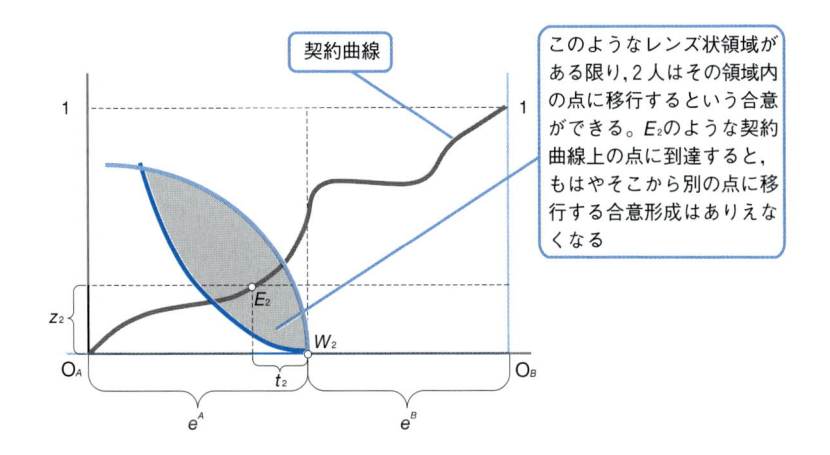

このようなレンズ状領域がある限り，2 人はその領域内の点に移行するという合意ができる。$E_2$ のような契約曲線上の点に到達すると，もはやそこから別の点に移行する合意形成はありえなくなる

## 11-2 公　共　財

### ■公共財と市場

この本で私たちがこれまでに考えてきた財——これを後述の公共財と対比させる場合，私的財と呼ぶことがある——は，①ある人が消費すると別の人は同時に消費できず，②代金を払わない人は消費できない，という性質を持っている。

つまり，私的財は，特定の人のみが消費して，それ以外の人に消費させないことができる財である。たとえば，ペットボトルの烏龍茶は典型的な私的財である。実際，誰かが飲んでしまったものを別の誰かは飲めないし，お金を払って買った人だけがそれを飲めるようにすることもできる。

---

8) この交渉プロセスは，当事者たちが自発的に参加するものだから，コースの主張には，「外部不経済に起因する非効率性の解消に，政府の介入は必要ない」という論点が含まれていることになる。
　なお，プレイヤーたちの効用の大きさがすべて貨幣の量で表されるなら（つまり，消費者余剰分析が可能ならば），権利の初期配分がどのようなものであっても，交渉の結果成立する権利の配分状態は変わらないことを示すことができる。コースの定理というときには，この主張（命題）も含めることがある。

## 11 市場の失敗

それに対して、いまの2つの性質が満たされない財、すなわち、①いったん供給されてしまうとすべての人々が同時に消費することができ、しかも②消費者のうち特定の人々（たとえば、代金を支払わない者など）の消費を不可能にさせることができない財を、公共財という[9]。

公共財の例としては、放送サービスや国防や治安維持（警察力の整備）のサービスなどを挙げることができる。

実際、放送サービスの場合、①いったん発信された放送電波はその受信エリアの人々がすべて同時に、しかも同品質のサービスを利用することができるし、②スクランブルなどをかけて制限しない限り、そのエリアに住むすべての人々は等しく受信する機会を持つので、たしかに上述の公共財の条件が満たされている[10]。

また、国防や治安維持サービスも、①その地域や国の人々は等しくこのサービスの恩恵を受けることができ、②それは国民のうちの特定の人々だけを対象にしたサービスでないので、やはり2つの条件が満たされていることになる。

公共財は、私的財とまったく性格を異にするものであり、市場を通じて配分するのが難しいことが知られている。このことを簡単な例で説明しよう。

いま、テレビ放送を手がけている会社（X社）があったとする。X社が放送をするのに2万5,000円の費用がかかるものとしよう[11]。

社会（放送エリア）には、AとBの2人の消費者がいるものとする。一般的にいって財――公共財であろうと、私的財であろうとも――に対する人の評価、つまり「その財のために、いくらまでならば支払ってもかまわないと感じる金額」は人によって異なっている。X社が供給する放送サービスに対するこの2人の評価も異なっていて、Aは2万円を支払ってもいいだけの

---

[9] ①の性質を非競合性、②を排除不可能性という。
[10] ただし、財によっては非競合性と排除不可能性の一方だけしか満たさないものもある。このような財を準公共財ということがある。
[11] 放送サービスの場合、実際には施設を設置運用するためだけでも莫大な固定費用が必要とされるが、ここでは話を簡単にするため、2万5,000円だけで一定時間の放送ができ、さらに放送しなかった場合には費用が発生しないものとする。

価値があると思っているが，Bは1万円の価値しかないと感じていた。

公共財であるこのテレビ放送サービスには非競合性があり，いったん供給されれば2人は同時に消費できるので，これによって総計3万円（＝2万円＋1万円）の価値が社会にもたらされることになる。

一方，放送サービスの供給にかかる費用は2万5,000円なので，放送して2人に視聴してもらうことで，社会は全体として，

　　3万円－2万5,000円＝5,000円

の正味の利益を得ることになる。つまり，社会的な利益という観点に立てばこのサービスは提供するに値するものなのである。

けれども，残念ながら市場を通じてこのサービスを供給するのは難しい。その理由を説明しよう。仮にこのサービスが市場で販売されたとして，価格を $p$ としよう。3つのケースを考える（図11-8参照）。

①$p$ が1万円以下の場合。AとBはともに購入を望むだろう。しかし，この価格では供給者の収入は2万円以下にしかならない。供給するためには2万5,000円かかるので，この価格での供給は不可能である。したがって，この価格は均衡価格になり得ない。

②$p$ が1万円を超えて，2万円以下の場合。このケースでは，Bは購入を希望せず，Aのみが購入しようとする。したがって，供給者の収入は2万円以下になってしまうので，この場合も供給は不可能であり，均衡になり得ない。

図11-8　価格と需要

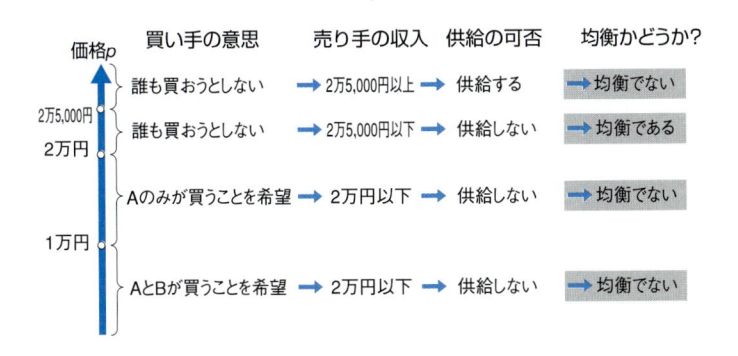

| 価格 $p$ | 買い手の意思 | 売り手の収入 | 供給の可否 | 均衡かどうか？ |
|---|---|---|---|---|
| （2万5,000円以上） | 誰も買おうとしない | → 2万5,000円以上 | → 供給する | → 均衡でない |
| （2万円〜2万5,000円） | 誰も買おうとしない | → 2万5,000円以下 | → 供給しない | → 均衡である |
| （1万円〜2万円） | Aのみが買うことを希望 | → 2万円以下 | → 供給しない | → 均衡でない |
| （1万円以下） | AとBが買うことを希望 | → 2万円以下 | → 供給しない | → 均衡でない |

11　市場の失敗

　③$p$が2万円を超える場合。この場合，2人ともこのサービスを欲しないので，需要はゼロである。ここで，供給について2つのケースを考えよう。第1に，価格$p$が2万5,000円を超える場合には，供給者は供給の意見を持つが，需要がゼロなので均衡ではありえない。第2に，$p$が2万5,000円以下の場合には，供給もゼロになる。このときは，需要量と供給量は共にゼロで等しくなっている。つまり，これは均衡である。

　このように，このサービスの市場があったとしても，2万円から2万5,000円の間の価格で市場は一応均衡するが，その均衡では財は全く取り引きされないのである。したがって，このサービスは社会的な利益という観点からは供給されるべきであるにもかかわらず，市場を通じて財は1つも供給（配分）されないのである。

　いま述べた例から示唆されることは，公共財の供給に関して市場は有効に機能できない，つまり市場の失敗が生じてしまうのである。これについて，次項でさらに考えてみたい[12]。

## ■サムエルソン条件と公共財の最適配分

　前項では，1個の公共財（たとえば，放送局）を建設するかどうか，という問題に社会が直面したとき，市場メカニズムはその最適供給に失敗してしまうことを，例を通じて明らかにした。ここでは，もう少し話を一般化して，公共財を供給するかしないかという二者択一（all or nothing）の問題を考え

---

[12] この例では公共財が全く供給されないような均衡が形式的には存在したが，公共財の場合，市場均衡が存在しないことがあり得る。均衡が存在する場合でも，しない場合でも，いずれにせよ市場では公共財の効率的配分を行えないという意味では，市場の失敗が生じていることになる。なお，公共財に関しては，市場による資源配分が必ずしもうまくいかないことに加えて，市場以外のメカニズムを用いても効率的資源配分の達成が一般に難しいことが知られている。そのような難しさの原因には，公共財の排除不可能性に起因するフリーライダー（ただ乗り）問題がある。
　つまり，公共財はいったん供給されてしまうと，費用負担をした者にも，しない者にも，等しく利用可能になってしまうので，合理的な人々は自ら費用を負担することなく，他人の負担によって供給されている財に「ただ乗り」して，利用しようとする。
　社会を構成するほとんどすべての人がこのような合理性を持っているのなら，それらの人々は皆「ただ乗り」を指向してしまって，結局費用負担に応じる人はほとんどいなくなってしまう。その結果として，ほとんどすべての人々が価値があると感じている公共財が供給されないという事態が生じてしまうのである。

11-2 公　共　財

ることから抜け出て,「どれくらいの量の公共財を供給するか?」というふうに問題を広げて考えてみよう。

　話を簡単にするために,AとBという2人の消費者がいるものとする。公共財との違いを明確にするために,彼らがある私的財を消費しようと考えている状況をまず考えてみたいと思う。

　図11-9の左のグラフはAさんのその財（私的財）への（個別）需要曲線であり,中央のグラフはBさんのそれである。市場需要曲線は,図11-9の右側のグラフであるが,それは次のようにして求められる。

　たとえば,もしこの私的財の価格が$p_0$であるなら,Aさんの需要量は図の〇で表された長さであり,Bさんのそれは×で表された長さである。図11-9の右側の図で,$p_0$の位置から水平線を引いて,〇と×の合計の長さとなる位置をプロットすると,その点で価格が$p_0$のときの市場全体の需要量が示されることになる。価格が$p_0$以外の場合にも,同じようにして2人の需要量を足した点をプロットしていくことによって,図11-9の右側の市場需要曲線が得られるのである。

　さて,いよいよ公共財について考えることにしよう。公共財の場合,財がいったん供給されてしまうとすべての消費者が同時に利用することができる。たとえば,$q_0$単位の公共財が供給された場合,AさんもBさんも同時に,

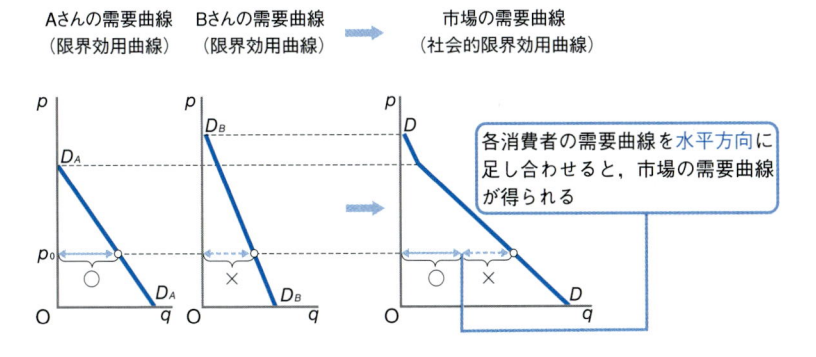

### 図 11-9　私的財の需要曲線

各消費者の需要曲線を水平方向に足し合わせると,市場の需要曲線が得られる

## 11 市場の失敗

**図 11-10 公共財の需要曲線**

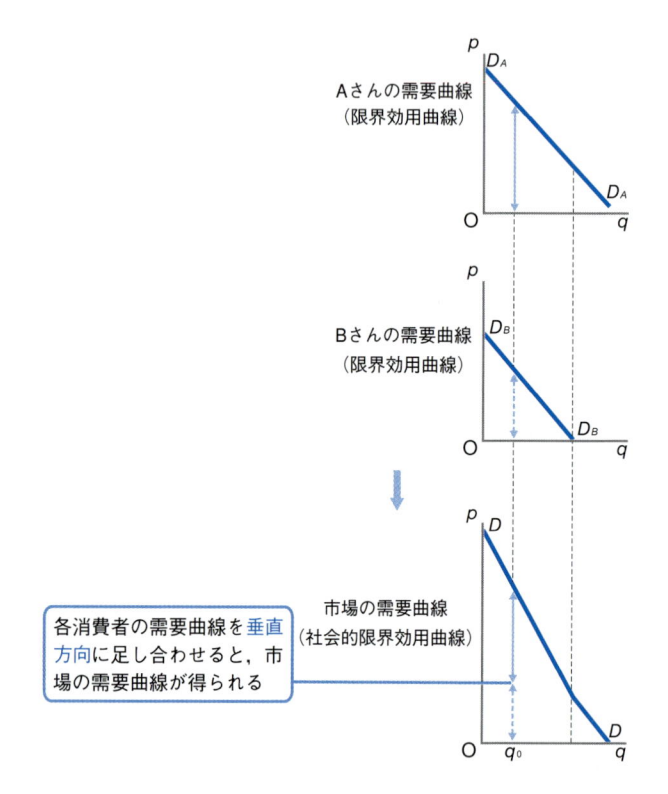

Aさんの需要曲線（限界効用曲線）

Bさんの需要曲線（限界効用曲線）

各消費者の需要曲線を**垂直方向**に足し合わせると、市場の需要曲線が得られる

市場の需要曲線（社会的限界効用曲線）

$q_0$ 単位だけこの財を消費できるのである。

　第1章で学んだように，需要曲線が同時に限界効用曲線でもあったことを思い起こすと，図 11-10 の上のグラフで，$q_0$ のところから測った需要曲線の高さが，$q_0$ 単位の公共財からAさんの享受できる限界効用である。また，中央のグラフで，同じく $q_0$ のところから測った需要曲線の高さが，Bさんの享受できる限界効用である。

　これらの限界効用は，2人が同時に享受できるものだから，市場全体としてみれば，それぞれの限界効用の合計が社会的限界効用になる。

　つまり，公共財の場合，市場全体での需要曲線（＝社会的限界効用曲線）は，各消費者の需要曲線を垂直方向に積み上げて得られるものなのである

## 11-2 公 共 財

**図 11-11　公共財の最適配分**

公共財の供給曲線（限界費用曲線）

社会的最適点。ここでは，限界費用（$MC^*$）＝$MU_A^*$＋$MU_B^*$ となっている

Aさんの限界効用 $MU_A$

Bさんの限界効用 $MU_B^*$

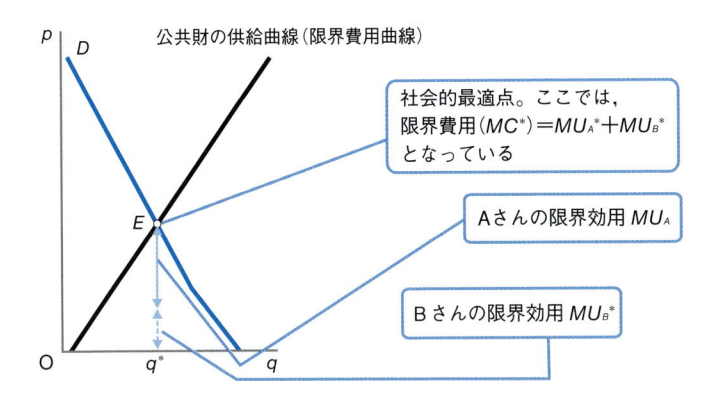

（図 11-10 の一番下のグラフ）。

　第3章で見たように，私的財の市場では，市場全体の需要曲線と供給曲線が交わったところで総余剰が最大化されたが，実は公共財の場合にも同様のことが成り立つ。つまり，図 11-11 のように，公共財に対する市場の需要曲線（各消費者の需要曲線を垂直方向に積み上げたもの）と供給曲線（これは限界費用曲線でもある）が交わったところ（点 $E$）で総余剰が最大化されるのである。すなわち，点 $E$ が社会的な最適点である。

　点 $E$ における公共財の量を $q^*$ と書くことにしよう。このときのAさんとBさんの限界効用を，それぞれ $MU_A^*$ と $MU_B^*$ と書き，限界費用を $MC^*$ と書くことにする。図 11-11 からわかるように，

$$MU_A^* + MU_B^* = MC^* \tag{11.3}$$

が成り立つ。(11.3) 式は，言葉でいうと，「公共財が最適に供給されているとき，各消費者の限界効用の合計は限界費用に一致する」ことを意味している。これは，公共財が最適に供給されるための基本的条件で，公共財の理論のパイオニアであるポール・サムエルソン[次頁13]にちなんで，サムエルソン条件[次頁14]と呼ばれている。

## 11 市場の失敗

### ■リンダール均衡

　公共財が最適に供給されているなら，その供給量は誰に対しても共通の $q^*$ である。しかし，$q^*$ 単位の公共財のために，消費者たちが支払ってもいいと感じる金額がまさに限界効用なのだから，それは人によって異なっているのが普通であろう。

　そのため，$q^*$ 単位の供給を可能にさせるような単一の価格（すなわち，すべての人が「$q^*$ 単位の公共財が欲しい」と感じる単一の価格）を見つけるのは困難である。つまり，公共財の場合，私的財のように単一の均衡価格で需給を均衡させるのは難しいのである。したがって，この点からも公共財を標準的な市場メカニズムで最適に供給させることに，私たちは絶望的にならざるを得ないのである。

　それでは，人によって限界効用が違う（つまり，$q^*$ 単位の公共財のために支払っても良いと感じる金額が違う）ことに着目して，各人の支払い意欲（＝限界効用）に応じて異なる価格を設定したらどうだろうか？

　すなわち，いま考えている2人の消費者のケースでは，Aさんに

$$p_A^* = MU_A^* \tag{11.4}$$

という価格を課し，Bさんに

$$p_B^* = MU_B^* \tag{11.4}'$$

という価格を課したらどうだろうか？

　たしかに，この $p_A^*$ および $p_B^*$ という価格が設定されたなら，その価格の下で，AさんとBさんは，共に $q^*$ 単位の公共財を需要することになる。したがって，これらの価格の下で，需要と供給はバランスし，さらに (11.3) 式も満たされるので，総余剰も最大化されることになる。その意味では，価格 $p_A^*$ と $p_B^*$ をきちんと設定できたら，市場で均衡状態が成立することになる。そのような均衡を**リンダール均衡**という。なお，リンダール均衡で

---

13)（前頁）　Paul A. Samuelson (1915-2009)。1970年にノーベル経済学賞を受賞。
14)（前頁）　より一般的に $n$ 人の消費者がいるときには，第 $i$ 消費者の最適点における限界効用を $MU_i^*$ ($i=1, 2, \cdots, n$) とするとき，サムエルソン条件は，$MU_1^* + MU_2^* + \cdots + MU_n^* = MC^*$ と表現される。

## 11-2 公 共 財

はサムエルソン条件が満たされるので,公共財は最適供給されることになる。

しかし,残念ながらリンダール均衡は,いわば「机上の空論」の均衡概念であって,実現可能なものではないのである。

すなわち,リンダール均衡がきちんと機能するためには,(11.4) 式と (11.4)′ 式で表されるような価格 $p_A{}^*$ と $p_B{}^*$ を,うまく見つけることができなければならない。しかし,この $p_A{}^*$ と $p_B{}^*$ を見出すためには大変な(ほとんど不可能といってもいいくらいの)困難が伴うのである。なぜなら,価格 $p_A{}^*$ と $p_B{}^*$ は各消費者の限界効用そのものであり,限界効用は各消費者のごく個人的な情報[15]なので,本人以外の者が正確に知ることはできないからである。

もし市場で価格の動きを司る者(たとえば,競売人)が,(11.4) 式と (11.4)′ 式に従って各消費者に課す価格を決めようとするなら,彼は各消費者から限界効用の大きさを聞き出さなければならない。

しかし,自分が伝えた限界費用の大きさがそのまま自分の負担額になるのが明らかである以上,どの消費者も少しでも自分の支払額を減らそうとするために,自分の真の限界効用よりも少な目の額を伝えるはずである。これは明らかなウソの表明だが,限界効用(=支払い意欲)が私的情報である以上,彼らがこのようなウソをついても,誰もがそのウソを見破れないのである。

このように人々がウソをつきあう結果,$q^*$ 単位の公共財の生産が実現される可能性はほとんどないのである。このように考えると,リンダール均衡を実現させるメカニズムは,一見すると公共財の最適配分を実現させるように見えるのだが,実際には市場で実行できそうにないメカニズムであり,その均衡の実現は困難なのである。

---

[15] このような情報を私的情報という。

## 11　市場の失敗

# □ 11-3　情報の非対称性 □

■情報の非対称性と逆選択

　完全競争市場で取引をするプレイヤーたちは，そこで売買されている財の品質や価格等々について，全員等しく完全な情報を持っているものと想定されている。しかし，現実の市場では，しばしば情報が特定のプレイヤーにだけ偏在することがある。

　このような情報の偏在が起こる市場として，とりわけ著名なのが中古車市場である。一般に中古車の売買に際して，現にその車を所有している売り手は，自分が売ろうとする自動車の品質や状態について詳細な知識を持っている。しかし，買い手にとって市場に出回っている自動車はどれも同じように見えてしまって，個々の車の状態の善し悪しを正確に知るのはかなり難しい。

　実際，多くの売り手は，少しでも高い値段で自分の車を買ってもらおうとして，買い手に対して悪い情報は積極的に伝えず，良い情報をたくさん伝えようとするだろう。したがって，中古車の売買交渉に際して，売り手が買い手に伝える情報には信用できないものが多い[16]。

　このような売り手と買い手の間で情報の偏り——このような情報の偏在を情報の非対称性という——がある場合には，市場での経済活動による効率的資源配分の実現が難しいことはよく知られている。

　話をわかりやすくするため，中古車市場で売り出されている車の年次や車種はすべて同一だとする。さらに，中古車の品質に関して「良い車」と「悪い車」の2タイプがあって，その割合は50％ずつだとしよう。「良い車」は150万円相当の価値があり，「悪い車」には80万円相当の価値しかないものとする[17]。

---

[16]　さらに売り手は，売買交渉にあたり，たとえば車を洗車するなどして，見かけをできるだけ良くするよう努めるだろう。

もし個々の買い手が自分の買おうとしている車が，どちらのタイプに属するのかを正確に識別できるのなら，良い車は 150 万円で，悪い車は 80 万円で売買されるはずである。

しかし，私たちがいま考えている状況では，買い手は，自分が買おうとしている車がどちらのタイプに属するのかを識別できない。つまり，彼らにとって中古車を購入することは，50% の確率で良い車が当選するが，50% の確率で悪い車が当選する抽選券（くじ）を買うのと同じことなのである。

したがって，買い手はこの中古車の価値を，150 万円と 80 万円の間の値に見積もるだろう。

一般論としていえば，買い手がリスクに対して鈍感[18]であれば，彼らはより 150 万円に近い価値を中古車に見出すだろう。反対に，買い手にリスクを避けたいという気持ちが強ければ[19]，彼らはより 80 万円に近い低い価値を中古車に見出すだろう。

ここでは議論の簡単化のため（ただし本質的ではない），買い手はリスク中立的であって，市場に出回っているすべての車の価値の平均を中古車の価値とみなす，と想定することにしたい。

つまり，50% ずつの割合で良い車と悪い車が混在している場合，買い手は中古車には 115 万円（＝(150 万＋80 万)÷2）相当の価値があると考えるのである。したがって，この場合，市場で 115 万円を超える価格が中古車に付くことはない。

しかし，その一方で中古車の売り手は，自分の車の真の価値を知っている。自分の車が 115 万円以下でしか売れないことに気付けば，少なくとも 150 万円相当の価値を自覚している良い車の持ち主は，自分の車を売却するのを諦めてそのまま乗り続けようとするだろう。したがって，市場には悪い車ばか

---

[17] 議論の簡単化のため，ここでいう「価値」は売り手にとっての最低売却価格と買い手にとっての最高購入価格の両方を意味しているものとする。つまり，ここでいう「価値」は，売り手と買い手がともに感じる，それぞれのタイプの車の「相場」だと考えればいいだろう。
[18] このような買い手は「リスク愛好的である」といわれる。
[19] このような買い手は「リスク回避的である」といわれる。

りが出回ることになる。

　買い手たちは，合理的である限り，市場がこういう事態になった結果，もはや自分たちが購入しようとしている中古車が，良い車である可能性はまったくないことを悟るだろう。そうなると115万円前後の価格でも高すぎることになってしまい，結局中古車価格は80万円まで下落していくことになる。そして，価格が80万円になった時点で市場は均衡することになる。

　以上の話からわかるように，市場に良い車と悪い車が混在しているときには，良い車は市場から放逐されてしまい，悪い車だけが市場に残存してしまうことになる。このような現象は，逆選択（アドバース・セレクション）といわれる[20]。

　逆選択が生じると，良い車の持ち手は市場を利用する機会を奪われてしまうことになる。この例において，良い車の持ち手は，もし自分の車が適正な価格で売れるのならば，それを売ってお金を得たいと思っている。それにもかかわらず，彼は市場で適正な価格付けが行われないが故に，市場の利用を諦めざるを得ないのである。この点が逆選択のもたらすもっとも深刻な問題だといえる。

■市場の消滅

　情報の非対称性がもたらす問題点を説明するときに，しばしば中古車市場が例に用いられるのは，この種の研究の創始者であるアカロフ[21]が，「レモン市場[22]」と題する有名な論文で，中古車市場における諸問題を論じたからである。なお，「レモン」は，米語の俗語で「不完全なもの」とか「欠陥

---

[20] これは，もともと保険業界の用語で，保険市場でしばしば見受けられる「リスクの高い客が積極的に保険に入ろうとし，リスクの低い客はあまり保険に入ろうとしない」という現象を記述するために使われるようになった言葉である。
　本来「選択」というのは「より良いものを選ぶ」という行為であるはずなのに，中古車市場などでは「悪いもの」が市場で選ばれてしまうため，「あるべき姿とは逆の選択が行われている」という意味を込めて，「逆選択」と呼ばれるのである。
[21] ジョージ・アカロフ（George Arthur Akerlof：1940–）。2001年にノーベル経済学賞を受賞。
[22] George A Akerlof, "The Market for 'Lemons': Quality Uncertainty and the Market Mechanism," *Quarterly Journal of Economics*, v84, n 3 (August 1970)：488-500.

品」を意味することから，「欠陥中古車」を表している。

実は情報の非対称性が存在する場合，情報を持っている者（中古車の例では売り手）の中に市場を利用する機会を奪われてしまう者が出現するという，前項で述べた困った現象が生じるだけでなく，時には・市・場・そ・の・も・の・の・消・滅という衝撃的な事態が生じ得ることが知られている。ここでは，中古車市場についての前項の例をもう少し一般化させた例を用いて，そのことを説明したい。

前項では，存在する中古車のタイプは2種類だと想定されていたが，ここでは非常にたくさんのタイプの中古車があるものとする。それらの中古車の価値は，100万円以上，200万円以下で，当初市場にどのようなタイプの中古車がどれくらい出回っているのかは，図 11-12 の累積分布関数のグラフで表されているものとしよう。

このグラフは，「価値が $x$ 万円以下の中古車の割合」を表している。価値が100万円以下の中古車や200万円以上の中古車は無いと仮定されているので，このグラフの100万円以下の部分と200万円以上の部分はいずれも水平になっている[※頁23]。さらに，図 11-12 で，たとえば $x=146$ 万のときのグラ

#### 図 11-12　累積分布関数

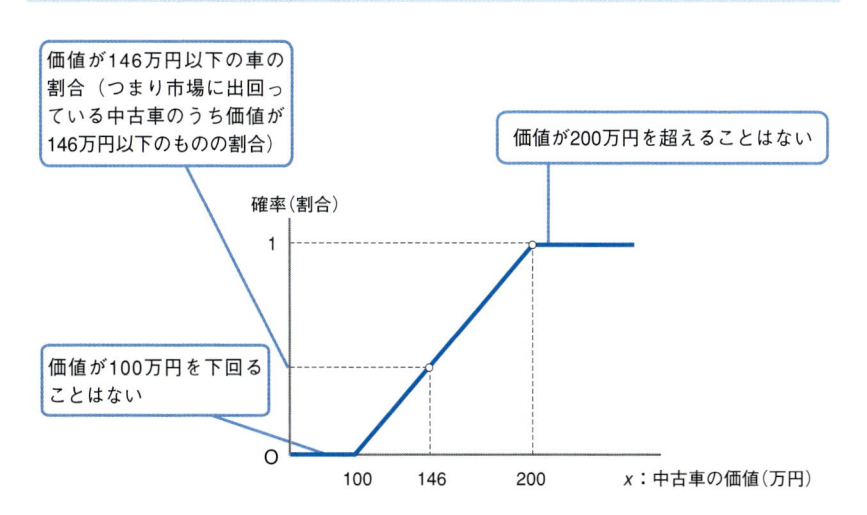

フの高さは、「146万円以下の価値を持つ中古車の割合」を表している。

図11-12の累積分布関数のグラフの右上がりの部分は直線になっている。これは、「100万円から200万円までの価値の中古車が、均等に満遍なく存在している」ことを意味している[24]。

さて、市場に出回っている中古車の分布が、図11-12で表されているという状況からスタートしよう。このとき、市場に出回っている中古車の平均価値は150万円である。

したがって、前項と同じ議論に従って、買い手がリスク中立的なら、彼らは中古車のために150万円以上を支払おうとしないだろう。つまり、中古車価格が150万円を越えることはありえない。

そうなると売り手の中で150万円を越える価値の車を持っている人は、自分の車を市場で売るのを諦めることになる。その結果、図11-13の〈STEP 1〉に描かれているような事態が成立してしまうことになる。

こういう事態を踏まえて、次のステップで買い手は、「市場に出回っている車の価値は最大150万円だ」ということに気づくことになる。つまり、いまや市場に出回っている車の分布は図11-13の〈STEP 2〉のようであり、販売されている車の平均値は125万円になる。そこで、買い手は、125万円を超える価格で中古車を買おうとしなくなってしまう。そうなると、125万円以上の価値のある中古車の持ち主は、自分の車の販売を諦めざるを得なくなってしまう。

こういったことの繰り返しで、市場に出回る車の平均価値は低くなっていき、それに対応して販売される車はどんどん少なくなっていく。そして、最終的にはすべての中古車が市場で売買されなくなってしまうのである。

もちろんこれは一つの極端な可能性であるが、少なくとも以上のことから示唆されるのは、中古車のタイプが増えれば増えるほど、市場から締め出さ

---

23)(前頁) 図11-13では水平な部分の記載は省略してある。
24) 確率論や統計学では、このような累積分布関数のグラフが直線になるような確率分布を一様分布と呼んでいる。以下の議論は一様分布を仮定することでだいぶ簡略化されるが、累積分布関数が100万円から200万円の区間で狭義単調増加(水平な部分を持たない)になるようなものであれば、同様の結論を得ることができる。

## 図11-13　レモンの原理

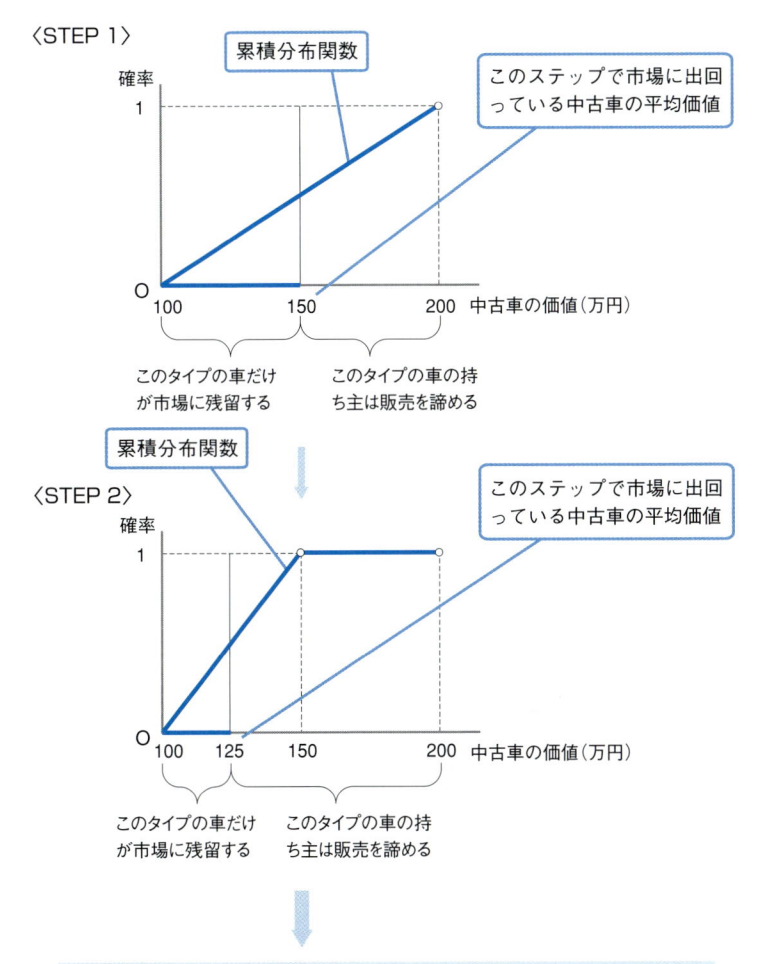

**〈STEP 1〉**

- 累積分布関数
- 確率
- 中古車の価値（万円）：100, 150, 200
- このステップで市場に出回っている中古車の平均価値
- このタイプの車だけが市場に残留する（100〜150）
- このタイプの車の持ち主は販売を諦める（150〜200）

**〈STEP 2〉**

- 累積分布関数
- 確率
- 中古車の価値（万円）：100, 125, 150, 200
- このステップで市場に出回っている中古車の平均価値
- このタイプの車だけが市場に残留する（100〜125）
- このタイプの車の持ち主は販売を諦める（125〜150）

以下同様なステップが繰り返し行われ、それぞれのステップで平均値を上回る価値を持つ中古車の所有者はこの市場での売却を諦めてしまい、市場から退出する。このような繰り返しの結果、このケースではすべての中古車が市場から閉め出されてしまう

れる車が増えていく可能性が高まるということである。
　以上見てきたように、完全競争市場の前提が崩れ、市場のプレイヤー間で

11 市場の失敗

情報が偏在すると,市場が縮小してしまい人々が財を売買する機会が制限されてしまうという,大変に困った事態が生じるのである。

なお,ここで例に挙げた中古車市場に限ることなく,現実にはたくさんの市場で情報の偏在とそれに起因する困った問題が生じている。その種の市場で,とりわけ有名なのは,労働市場,医療や弁護士による法律サービスなどの専門的技能や知識が提供される市場,保険の市場,あるいは教育サービスの市場などがある[25]。

---

### ●練習問題

1. 「コースの定理」の問題点を議論しなさい。
2. 2人の消費者AとBから成る公共財の市場を考える。それぞれの消費者の公共財に対する需要関数は

$$q=-2p_A+20 \quad と \quad q=-3p_B+39$$

という式で表されている。また,公共財の供給曲線は,

$$q=2p$$

という式で表される。このときリンダール均衡を求め,あわせてそこではサムエルソン条件が成り立っていることを示しなさい。

3. 労働市場,医療や弁護士による法律サービスなどの専門的技能や知識が提供される市場,保険サービスの市場,あるいは教育サービスの市場などでは,情報の非対称性が存在しているといわれている。それらの市場でどのような形で情報が偏在しており,そこからどのような問題が生じるのかを議論しなさい。

---

[25] 保険の市場などでは,情報の非対称性がもたらすもう一つの深刻な問題であるモラルハザードが,逆選択に加えて生じることがある。
　保険の市場で,保険の売り手(保険会社)は,個別の保険の買い手(保険加入者)が非常にリスキー(たとえば医療保険でいえば非常に病弱)であるか,それともあまりリスキーでない(非常に頑健)かの識別がつかないままに,保険の販売に臨まざるを得ない。
　この場合に,保険加入者が,自分が保険に入っているのをいいことに,自分の利益のためにあえて自分の危険度を高めてしまう現象がモラルハザード(道徳的危険)である。たとえば,生命保険金目当ての殺人や自殺,あるいは医療保険でいえば,病院に行く必要がないほどの軽微な病気でも,医療保険(健康保険)を使って診療を受けてしまうことなどがその例である。

# 第 12 章

# ゲーム理論とその応用

　この章では，ゲーム理論について概説する．まず，戦略型ゲームの概念が導入され，ナッシュ均衡が定義される．さらに，そのゲームでは，混合戦略の範囲でナッシュ均衡が必ず存在することが説明される．続いて，時間と情報構造を明示的に考慮したゲームである展開型の概念が紹介される．最後に，異なる性質を持つ複数のナッシュ均衡が存在する有名な例が紹介され，その中から妥当・適切なナッシュ均衡を選ぶための方法について考察がなされる．

# 12　ゲーム理論とその応用

## □ 12-1　ゲーム理論とは？ □

われわれの社会で，人や組織などのプレイヤーは，さまざまな相互関係の中で生きている。たとえば，ある会社が繁栄すると，同業他社の中で衰退するところが出てくるかもしれない。あるいは，同僚の昇進は自分の昇進の妨げになるかもしれない。つまり，会社にせよ，個人にせよ，自分がうまくいくかどうかは，自分自身の行動だけでなく他企業や他人がどのように行動するのかにも依存しているという点で，他企業や他人との相互関係を無視できないのである。

相互関係には，ライバル関係のような敵対的関係もあれば，協力関係や友人関係のような友好的関係（あるいは，非敵対的関係）もある。ゲーム理論は，このような相互関係のもとにあるプレイヤーたちの意思決定——これを戦略形成という——のありかたや，プレイヤー間の「闘い」の結果，いかなる社会状態が生じるのか，ということを研究する学問である。

プレイヤーたちが戦いの結果獲得できる効用や利潤の大きさのことを，ひとまとめに利得という。利得は一般に数字で表し，数字が大きくなればなるほどより高い満足の水準を表すことになる。

ゲーム理論は，協力ゲーム理論と非協力ゲーム理論の2つに大きく分類される。

協力ゲーム理論は，プレイヤー間の協力関係の成立を前提にした上で，彼らが協力して獲得できた利益を配分するためのルールの形成のありようなどを研究する。

それに対して，非協力ゲーム理論は，協力関係の形成をあらかじめ前提せずに，各プレイヤーの戦略形成のあり様やその結果生じる社会の均衡状態の成り立ちなどを研究する。

なお，一般論としていえば，協力ゲーム理論と非協力ゲーム理論は，相互

に排他的なものではなく，問題の性質に応じて適宜選択されるべきものである[1]。

ところで，経済学で取り扱うテーマには，たとえば寡占市場におけるライバル企業間の競争などのように，協力関係の存在をあらかじめ想定できない現象が多い。そこで，経済学で積極的に利用されているのは，協力ゲーム理論よりもむしろ非協力ゲーム理論である。したがって，本章でも非協力ゲーム理論の入門的な素描をしたいと思う。

非協力ゲーム理論を使って社会現象をゲームとして定式化する（＝モデル化する）方法には，①次節で説明する戦略型[2]による定式化と，②第 12-3 節で説明する展開型による定式化がある。

戦略型ゲームは，たとえばじゃんけんなどのような，プレイヤーが1回限りで同時に行うゲームを記述するのに比較的適している。それに対して，展開型ゲームでは，ゲームの木と呼ばれる図を用いて，視覚的に見やすい形でゲームの進行具合が記述されていく。それは，たとえばチェスなどのような時間をかけて行われるゲームの記述に比較的適している[3]。

## 12-2　戦略型ゲームとナッシュ均衡

### ■戦略型ゲーム

戦略型ゲームは，

---

[1] 協力ゲーム理論では，何らかの理由であらかじめ協力関係が成立していることを前提にするが，そもそも協力関係が成立するか否かは先験的に確定しているものではなくて，現実には協力関係の成立に先立って，その関係を成立させるかどうかをめぐっての非協力ゲームが行われるのが普通であろう。つまり，プレイヤーたちは，駆け引き等の非協力的プロセスを経て，「やはり協力関係を結んだ方がトクだ」という結論に達してはじめて，協力関係を実現させることになるわけである。
[2] 標準型と呼ぶこともある。
[3] 戦略型にせよ，展開型にせよ，いま述べたことはあくまでも「比較的適している」というだけの話である。したがって，たとえば，戦略型で時間をかけて行われるゲームを記述することや，展開型で同時に行われるゲームを記述することもできないわけではない。

## 12 ゲーム理論とその応用

▶表12-1　利得表

| プレイヤーA ＼ プレイヤーB | 戦略 x | 戦略 y | 戦略 z |
|---|---|---|---|
| 戦略 a | (1, 4) | (0, 5) | (2, 2) |
| 戦略 b | (0, 2) | (−6, 1) | (3, 0.5) |

①誰がプレイヤーか？
②各プレイヤーが取ることのできる戦略はどのようなものか？
③プレイヤーたちは，どれぐらいの利得を獲得できるか？
という3つの事柄を表すことで定式化される。

　一般にゲームに参加するプレイヤーの数は多数であってもかまわないが，特にプレイヤーが2人だけのゲームは，2人ゲームと呼ばれている。2人ゲームでは，利得表と呼ばれる行列に似た図表を用いることで，そのゲームの全貌を表すことができる。

　表12-1 は，利得表の具体的な例である。

　この表から直ちにわかることは，①このゲームのプレイヤーは，AとBの2人であることと，②プレイヤーAは，「戦略a」と「戦略b」の2つの戦略を取ることができ，プレイヤーBは，「戦略x」，「戦略y」そして「戦略z」の3つの戦略を取ることができる，ということである。

　さらに，③の利得については，各プレイヤーが獲得できる利得が（　）内に並べて記載されている。すなわち，（　）を「,」（カンマ）で区切って，カンマをはさんで最初の数字（カンマの左側）はプレイヤーAの利得を表しており，2番目（カンマの右側）の数字はプレイヤーBの利得を表している。

　表12-1で，たとえば，プレイヤーAが「戦略b」を，プレイヤーBが「戦略z」を取ったとする。このとき，表の第2行（＝「戦略b」の行）と第3列（＝「戦略z」の列）が交わった位置にあるのは (3, 0.5) である。これは，「プレイヤーAが戦略bを取り，プレイヤーBが戦略zを取ったとき，

Aが獲得する利得は3で，Bが獲得する利得は0.5である」ことを意味している[4]。

表12-1の場合に限らず，一般にプレイヤーが2人の場合には，このような利得表によって戦略型ゲームを表すことができる[5]。

## ■囚人のジレンマ

戦略型ゲームの有名な例に，囚人のジレンマがある。X国で，2人の容疑者（囚人）AとBが，凶悪犯罪の共犯者として取り調べを受けている状況を思い浮かべてみよう。X国は旧態依然とした国で，裁判では何よりも自白が重視されている。

被疑者には，ある種の「司法取引」が持ちかけられることがある。いまも，取調官は「もしお前だけが自白したなら，刑務所に入るのを免除してすぐに釈放してやる」と提案してきた。つまり，2人とも自白すれば，2人は共に懲役5年に処せられるが，一方だけが自白をすれば，自白した者は無罪にしてやるという提案である。もっとも，この提案には，その場合に自白しなかった者は「反省していない」ということで刑が加算されてしまい，懲役7年に処せられてしまうという条件も付加されていた。なお，2人とも自白せずに否認を貫けば，別件の微罪で処罰されるだけなので，それぞれ1年間の懲役刑ですんでしまう。

この状況を利得表に書いてみよう。まず，このゲームのプレイヤーは，容疑者AとBである。それぞれのプレイヤーが取りうる選択肢，つまり戦略は，「自白する」と「自白しない」の2通りである。

---

[4) 利得を表すときには (2, 3) のように，( ) 内にカンマで区切って数字を並べるのが普通であるが，たとえば ( ) を省略して 2, 3 などと書く本もある。

[5) それぞれのプレイヤーが取りうる戦略の数がもっとたくさんある場合（たとえば，プレイヤーAは1万個の戦略を取ることができ，プレイヤーBは1億個の戦略が取ることができるなどという場合でさえ！）でも，プレイヤーが2人である限りは，利得表の行や列の数が増えるだけで，表12-1のような形の利得表で戦略型ゲームが書き表されるということになる。ただし，プレイヤーの数が3人以上になった場合には，利得表を書こうとすると3次元以上での表示が必要になってしまうので書くのは無理である。そのような場合には，このような視覚的な「表」ではなくて，利得関数という数学的な表現で戦略型ゲームを表すことになる。

▶表12-2　囚人のジレンマ

| 容疑者A＼容疑者B | 自白する | 自白しない |
|---|---|---|
| 自白する | (−5, −5) | (0, −7) |
| 自白しない | (−7, 0) | (−1, −1) |

　次に利得であるが，これについては注意が必要である。懲役年数の多寡が利得の基本になると考えるのが自然だろうが，利得は普通「数字が大きくなればなるほど，より満足や利益が大きくなる」ように表されていなければならない。

　それに対して，懲役年数は「数が大きくなればなるほど，満足が小さくなっていく」ことを表している。そこで，懲役年数を「マイナスの効用」を表すものと考えて，年数にマイナスをつけたものをこのゲームの利得と考えることにしよう。こうすれば，当然に「より大きな数がより高い満足」を表していることになる。そのようにして作られたのが，表12-2 の利得表である。

■囚人のジレンマ (2)：支配戦略均衡

　このゲームが実行されたときに成立する最終的な状態，すなわちゲームの均衡状態はいかなるものだろうか？

　このことを調べるために，まず容疑者Aの立場に立って考えてみよう。一般論として，容疑者Aにとって，容疑者Bがどういう出方をするのかを考えることは，自分の出方を決めるために必須であろう。

　容疑者Bの出方の可能性としては，自白するかしないかの2通りしかないので，まず仮に容疑者Bが「自白した」場合のことを考えてみよう。その場合，Aにとって，自白したときの利得は−5だが，自白しなかったときの利得は−7になってしまうので，Aは「自白する」方がトクになる。

　それでは，Bが「自白しない」を選んだらどうだろうか？　この場合にも，

やはりAは自白した方がトクなのである。

　以上のことから，容疑者Bがどの戦略を取るのかにかかわりなく，容疑者Aは「自白する」という戦略を取った方がトクになる（つまり，最適戦略になる）ことがわかる。つまり，一般論としては，Aの戦略形式にあたって，Bがどのような戦略を取るのかは重要なのだが，「囚人のジレンマ・ゲーム」という特定のゲームにおいては，Bがどういう出方をするのかにかかわりなく，Aは自白した方がトクなのである。このように，他のプレイヤーがどのような戦略を取るかにかかわりなく最適な戦略を支配戦略という。この言葉を用いると，容疑者Aにとって，「自白する」ことは支配戦略なのである。

　囚人のジレンマの例では，2人のプレイヤーの利得の構造はまったく同じだから，容疑者Bの判断も，Aのそれと同じになるはずである。したがって，Bにとっても「自白する」は，支配戦略になっているのである。

　一般論としていえば，すべてのゲームが支配戦略を持っているわけではない。しかし，あるゲームに支配戦略を持つプレイヤーがいたなら，彼は他のプレイヤーが取る戦略を厳密に予想しなくても，自分が取るべき戦略を決めることができるのである。

　囚人のジレンマのように，すべてのプレイヤーが支配戦略を持っているゲームでは，全員が支配戦略を選択している状態がゲームの「均衡」として成立すると考えるのは自然だろう。このような均衡を支配戦略均衡という。

　以上より，囚人のジレンマ・ゲームでは，「2人の被疑者がともに自白する」状態が，「ゲームの均衡状態」となることがわかった。

### ■ナッシュ均衡

　「囚人のジレンマ」ゲームには，支配戦略均衡というきわめて自然に成立しそうな均衡があった。だが，どのようなゲームでも都合よく支配戦略均衡を持つわけではない。必ずしも支配戦略均衡を持たない場合を含めての一般的な非協力ゲームにおける基本的な均衡概念は，ナッシュ均衡である。

▶表12-3　プレイヤーBが「戦略x」を選んだとき

| プレイヤーB＼プレイヤーA | 戦略x | 戦略y | 戦略z |
|---|---|---|---|
| 戦略a | (1, 4) | (0, 5) | (2, 2) |
| 戦略b | (0, 2) | (−6, 1) | (3, 0.5) |

この2つの数字を比べると1は0よりも大きいので、「戦略a」が選ばれる

　それは，プレイヤーたちが利得表に表されているようなゲームのルールにしたがって闘った結果最終的に生じる状態，つまり非協力ゲームの最終的な「到達点」と考えることができる。

　ナッシュ均衡は，「プレイヤー全員が互いに，自分以外のプレイヤーが取っている戦略を所与にしたときに，自分にとって最適な（＝最大の利得をもたらす）戦略をとっている状態」である。

　表12–1のゲームに戻って，そのナッシュ均衡を求めてみよう。

　まず，プレイヤーAがどのような戦略を取るのかを考えてみたい。いま仮にプレイヤーBが戦略xを取っていたとすると，表12–3からわかるように，プレイヤーAが戦略aを取るとその利得は1である。それに対して，戦略bを取ると利得は0である。つまり，プレイヤーAは戦略bを取るよりも戦略aを取った方がより高い利得を獲得できる。

　つまり，プレイヤーAにとって，「プレイヤーBが戦略xを取っている場合の最適な戦略は，戦略aを取ることだ」ということがわかった。そこで便宜上aを取ったときのプレイヤーAの利得である1に，下線（＿）を引いておくことにする（表12–3参照）。

　同様に考えると，プレイヤーBが戦略yを取ったときの最適戦略は戦略aであり，戦略zの場合の最適戦略は戦略bである。そこで，それらの利得にも下線を引いておくことにする。

▶表 12-4　プレイヤー A が「戦略 a」を選んだとき

| プレイヤー A \ プレイヤー B | 戦略 x | 戦略 y | 戦略 z |
|---|---|---|---|
| 戦略 a | (1, 4) | (0, 5) | (2, 2) |
| 戦略 b | (0, 2) | (−6, 1) | (3, 0.5) |

この 3 つの数字を比べると 5 が一番大きいので、「戦略 y」が選ばれる

　次に，プレイヤー B について考えてみよう。プレイヤー A が戦略 a を取っているなら，プレイヤー B にとっては戦略 y を取るのが最適な選択だということになる（表 12-4 参照）同様にして，プレイヤー A が戦略 b を取っているときに最適なのは，戦略 x を取ることである。そこで，これらの最適戦略がとられたときの利得を四角の枠（□）で囲んでおこう。

　下線と四角枠がついた数字が同じカッコ内にあるような戦略の組み合わせがあったなら，それはまさに「互いが最適な戦略を出し合っている状態」になるので，ナッシュ均衡である。

　表 12-4 からわかるように，A が戦略 a を取り，B が戦略 y を取っているときに下線と四角枠が共存しているので，それはナッシュ均衡であることがわかる。表 12-1 のゲームのナッシュ均衡は，このように求めることができる。

■混合戦略

　前項で考えたゲームでは，プレイヤーたちはいずれも，ただ一つの戦略を選んだ。しかし，ゲームの状況によっては，複数の戦略を混ぜ合わせた戦略を採用することもあるだろう。

　たとえば，昼ごはんにラーメンを食べるかチャーハンを食べるのかを悩んだ末に，半チャーハンと半ラーメンの定食を頼む人を見かけることがある。この人は，「ラーメンを注文する」という戦略と，「チャーハンを注文する」

▶表 12-5　2人ゲーム

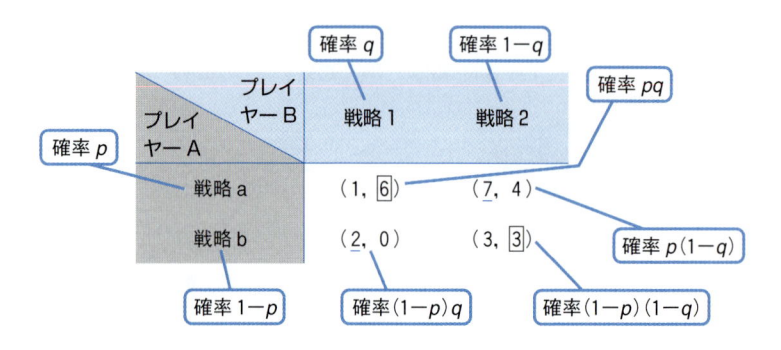

|  | プレイヤーB<br>戦略 1（確率 $q$） | 戦略 2（確率 $1-q$） |
|---|---|---|
| プレイヤーA<br>戦略 a（確率 $p$） | (1, 6)　確率 $pq$ | (7, 4)　確率 $p(1-q)$ |
| 戦略 b（確率 $1-p$） | (2, 0)　確率 $(1-p)q$ | (3, 3)　確率 $(1-p)(1-q)$ |

という戦略のどちらを取るかという選択の問題で，それらの戦略を半々に混ぜ合わせたものを選んだことになる。

　このように，複数の戦略を混ぜ合わせて作られた戦略を，混合戦略[6]という。

**例 1**：プレイヤー A と B が行う，表 12-5 で表される戦略型ゲームを考える。純粋戦略だけを考えると，このゲームにはナッシュ均衡が存在しない（**練習問題 1**）。そこで，混合戦略にまで戦略の範囲を広げて考えてみよう。

　プレイヤー A が，戦略 a を取る確率[7]を $p$（ただし，$0 \leq p \leq 1$），戦略 b を取る確率を $1-p$ とする。また，プレイヤー B が戦略 1 を取る確率を $q$（ただし，$0 \leq q \leq 1$），戦略 2 を取る確率を $1-q$ とする。

　ところで，プレイヤー A については，「戦略 a」を取る確率である $p$ が与えられれば，「戦略 b」を取る確率の $1-p$ をすぐ機械的に計算することができる。そこで，$p$ を「プレイヤー A の取る混合戦略」とみなしても差し支えないことになる。同様に考えて，$q$ を「プレイヤー B の取る混合戦略」とみなすことにしよう。

　このような枠組みで，「プレイヤーたちは，自分の利得の期待値（これを

---

[6]　それに対して，これまで考えてきた混ぜ合わせる前の戦略を，純粋戦略と呼ぶ。なお，純粋戦略を「1の割合でその戦略を取る」ことだと考えれば，それもまた混合戦略の一種だということがわかる。

[7]　要するに「割合」のことであるが，「確率」と呼んだ方が数学的になじみやすい表現になるので，こう呼ぶことにする。

期待利得と呼ぶことにする）をできる限り大きくしようとする」と想定するのは自然だろう。

ここで，プレイヤーAの期待利得を求めてみよう。そのためには，どのような戦略の組み合わせが，どういう確率で生じるのかを調べる必要がある。プレイヤーAとBが取り得る純粋戦略は，それぞれ2通りずつあるので，戦略の組み合わせは全部で4通り（＝2通り×2通り）あることになる。

そこで，①戦略aと戦略1が採用される確率は$pq$であり[8]，そのときのプレイヤーAの利得は1，②戦略aと戦略2が採用される確率は$p(1-q)$で，利得は7，③戦略bと戦略1が採用される確率は$(1-p)q$で，利得は2，④戦略bと戦略2が採用される確率は$(1-p)(1-q)$で，利得は3になる。

したがって，プレイヤーAの期待利得$\pi_A$は，

$$\pi_A = \underbrace{pq \times 1}_{①} + \underbrace{p(1-q) \times 7}_{②} + \underbrace{(1-p)q \times 2}_{③} + \underbrace{(1-p)(1-q) \times 3}_{④}$$
$$= -11pq + 4p - q + 3 \tag{12.1}$$

と計算できる。

次に，プレイヤーBについても，同じようにして期待利得$\pi_B$を求めると，

$$\pi_B = pq \times 6 + p(1-q) \times 4 + (1-p)q \times 0 + (1-p)(1-q) \times 3$$
$$= 5pq + p - 3q + 3 \tag{12.2}$$

である。

こうして期待利得がわかったので，次にプレイヤーたちがどのような混合戦略を取るのかを考えてみよう。最初に，プレイヤーBの混合戦略$q$が与えられているときに，プレイヤーAが取る最適戦略（これを「混合戦略$q$に対するAの最適反応」ともいう）を求めてみよう。

Aにとって，$p$は0以上かつ1以下の範囲で自由にコントロールできる変数であるが，$q$はコントロールできない定数である。そこで，(12.1)式を

---

[8] 「戦略aと戦略1が採用される」ことは，確率論的ないい方をすれば，「戦略aが採用されるという事象」と「戦略1が採用されるという事象」が同時に起こることを意味している。前者の事象が起きる確率が$p$で，後者のそれが$q$なのだから，それらが同時に起きる確率は，それぞれの確率の積，すなわち$p \times q = pq$ということになる。

$p$ が変数であることがわかるように書き直すと,

$$\pi_A = (-11q+4)p + (-q+3) \tag{12.1}'$$

となる。

ここで, 横軸に $p$ を, 縦軸に $\pi_A$ を取って, (12.1)′ 式のグラフを描いてみよう。(12.1)′ 式で, $-11q+4$ と $-q+3$ はいずれも定数とみなせるので, このグラフは縦軸の切片を $-q+3$ とする直線である。

ただし, その傾きが, ①右上がりになるのか, ②右下がりになるのか, それとも③水平になるのかは, $-11q+4$ の値が, ①正(プラス)であるのか, ②負(マイナス)であるのか, それとも③ゼロであるのかに依存する。

そこで, この 3 つのケースそれぞれについて考えていくことにしよう。

【①ケース 1：$q < \frac{4}{11}$ の場合】これは $-11q+4 > 0$ となるケースである。このとき, (12.1)′ 式のグラフは右上がりになるので, 図 12–1 (a) のような直線となる。したがって, $p$ が大きくなればなるほど $\pi_A$ も大きくなることがわかる。

しかし, $p$ は 1 を越える値を取れないので, 結局, $p=1$ のとき期待利得が最大になる。つまり, $p=1$ という戦略が, この場合の最適反応である。

【②ケース 2：$q > \frac{4}{11}$ の場合】これは $-11q+4 < 0$ のケースである。このとき, (12.1)′ 式のグラフは図 12–1 (b) のような右下がりの直線となる。つまり, この場合, $p$ が小さくなればなるほど $\pi_A$ は大きくなっていく。

図 12–1 プレイヤー A の期待利得関数のグラフ

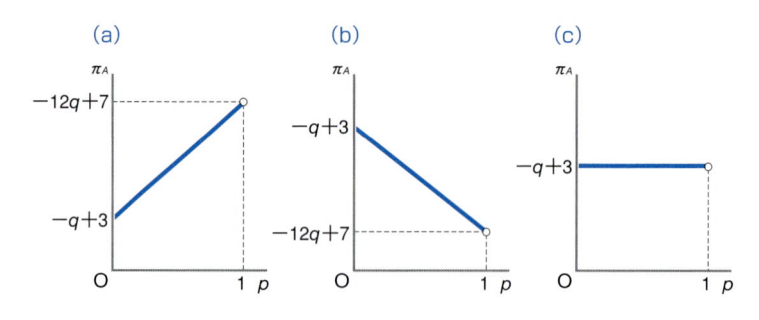

しかし，$p$ は 0 を下回る値を取れないので，結局，$p=0$ のときに期待利得がもっとも大きくなる。つまり，$p=0$ という戦略が最適反応である。

**【③ケース3：$q=\frac{4}{11}$の場合】** これは $-11q+4=0$ のケースである。この場合，(12.1)′ 式のグラフは図 12–1（c）のような水平線となる。すなわち，$p$ がどのような値を取っても $\pi_A$ の値は変わらないので，0 以上 1 以下のどの $p$ の値でも期待利得を最大化させていることになる。

つまり，0 以上 1 以下のあらゆる値が最適なのである。したがって，「0 以上 1 以下のあらゆる $p$」がこの場合の最適反応ということになる。
以上の 3 つのケースをまとめると，

$$\text{最適な } p = \begin{cases} 1 & q < \frac{4}{11} \text{ のとき} \\ 0 & q > \frac{4}{11} \text{ のとき} \\ 0 \text{ 以上 1 以下あらゆる数} & q = \frac{4}{11} \text{ のとき} \end{cases} \quad (12.3)$$

ということになる。

同じようにして，プレイヤー B の最適反応を考えてみよう。(12.2) 式を変形して，

$$\pi_B = (5p-3)q + p + 3 \quad (12.2)'$$

を得る。図 12–1 と同じようなグラフを描いて分析すると，

$$\text{最適な } q = \begin{cases} 1 & p > \frac{3}{5} \text{ のとき} \\ 0 & p < \frac{3}{5} \text{ のとき} \\ 0 \text{ 以上 1 以下あらゆる数} & p = \frac{3}{5} \text{ のとき} \end{cases} \quad (12.4)$$

となることがわかる。

次に，横軸に $p$ を取り，縦軸に $q$ を取って，(12.3) 式に基づくグラフ（すなわち，プレイヤー A の反応曲線のグラフ）を描いてみよう（図 12–2（a）の太線）。このグラフは $q$ のそれぞれの値に対して，最適な $p$ が何であるのかを表している。たとえば，$q=0.1$ のときには，(12.3) 式から最適な $p$ は 1 なので，図 12–2（a）のように，縦軸（$q$ の軸）の 0.1 の点から引い

## 12 ゲーム理論とその応用

**図12-2　反応曲線とナッシュ均衡**

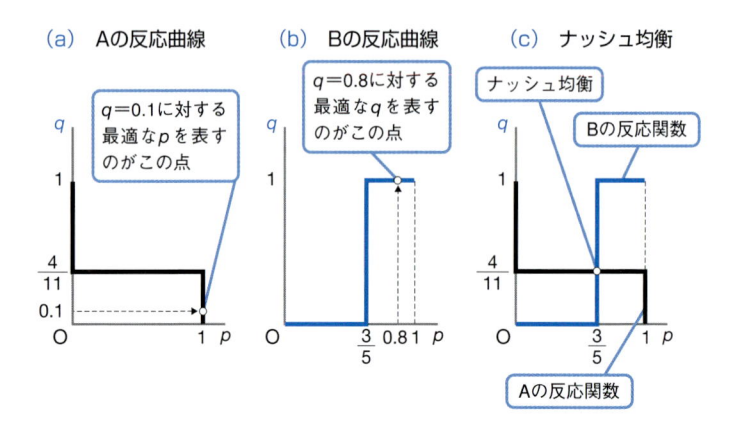

(a) Aの反応曲線　　(b) Bの反応曲線　　(c) ナッシュ均衡

（$q=0.1$に対する最適な$p$を表すのがこの点）
（$q=0.8$に対する最適な$q$を表すのがこの点）
ナッシュ均衡
Bの反応関数
Aの反応関数

た水平線が，$p=1$のところで反応曲線と交わることになる。

同様にして，図12-1 (b) は，(12.4) 式に基づいて描かれたプレイヤーBの反応曲線のグラフである。プレイヤーAの反応曲線は，$q \Rightarrow p$ と，すなわち縦軸から横軸へと，読んでいったが，プレイヤーBの反応曲線は，$p \Rightarrow q$ と，すなわち横軸から縦軸へと読んでいく。たとえば，$p=0.8$ のときの最適な $q$ は1だから，横軸の $p=0.8$ の位置から垂線を引いてそれと反応曲線の交点を見つけると，たしかに $q=1$ となっている。

図12-2 (c) には，この2つのグラフを重ねて描かれている。これらのグラフの交点が混合戦略までを許容した時のナッシュ均衡である。図からわかるように，それは $p^* = \dfrac{3}{5}$, $q^* = \dfrac{4}{11}$ という混合戦略の組み合わせである[9]（例終）。

たとえ純粋戦略でのナッシュ均衡は存在しなくても，混合戦略まで許容するとナッシュ均衡が存在するという例1に見られた現象は，実はどのような戦略型ゲームにおいても一般的に成り立つ性質であることが知られている。このことを主張する定理を，「ナッシュ均衡の存在定理[10]」という。

---

9) つまり，この混合戦略で，プレイヤーAは，戦略aを $\dfrac{3}{5}$ の割合だけ，戦略bを $\dfrac{2}{5}$ の割合だけ採用する。また，プレイヤーBは，戦略1を $\dfrac{4}{11}$ の割合で，戦略2を $\dfrac{7}{11}$ の割合で採用することになる。

## 12-3　展開型ゲーム

### ■時間と情報

　戦略型ゲームで表現されるのは主に1回限りの同時ゲームだから，そこでは時間を明示的に表示する必要がなかった。ところが，これから説明する展開型ゲームでは，チェスや囲碁などのような時間を追って進行していくゲームが取り扱われるので，時間をはっきりと表現する必要がある。

　それに加えて，時間を追って進行していくゲームを定式化する場合，ゲームの各局面でプレイヤーがどのような情報を持っているのかを，常に明らかにしておく必要がある。

　一般的にいって，プレイヤーがゲームの各局面でどのような情報を持っているのかに応じて，ゲームの特質は大きく左右されてしまう。

　たとえば，囲碁のプレイヤーは，対戦中のどんな時点でも，その時点での碁盤の様子（碁石の配置）がどうなっているのかがわかっている。つまり，囲碁の場合，プレイヤーたちはゲームの進行中に常にたくさんの情報を持っているのである。

　それに対して麻雀の場合，どのプレイヤーも自分以外の者がどのような牌を持っているのかを知らない。彼らは，対戦相手が捨てる牌を見て，相手の手の内にどのような牌があるのかを推測するだけである。つまり，麻雀のプレイヤーは，ゲームの進行中に十分な情報を持っていないのである。

　このように考えると，展開型ゲームでは，その定式化に際して時間と情報構造を明示的に表現する工夫が必要だということがわかる。そこで，このゲームでは，ゲームの木とそこに書き込まれた情報集合という図形的概念を用

---

10)　「有限個の純粋戦略を持つ戦略型ゲームは，必ず混合戦略の範囲でナッシュ均衡を持つ」というのが，「ナッシュ均衡の存在定理」の正確な表現である。なお，この定理はブラウアーの不動点定理という有名な定理を用いて証明される。

いて，視覚的にわかりやすい形で時間と情報構造が表示される．

以下では，例を用いて展開型ゲームを説明したい．まずこれから作るゲームのストーリーを述べておこう．

【ストーリー】ある日の昼頃，編集者のAが作家Bの仕事場を訪ねることになった．面会を約束する電話で，AはBに昼食を済ませてくるかどうかを告げなかった．当日，Aがやってくる前に，Bは自分の昼食のため，サンドイッチを買っておくべきかどうかを思案していた．

「もしAが昼食を済ませずにやってくるなら，むしろサンドイッチを買わずにいて，Aの好きなレストランに一緒に行けばいいだろう．でも，サンドイッチを買わないでおいて，万一Aが昼食を済ませてしまっていたら，昼食抜きでAと仕事の話をしなければいけない．それはいくらなんでも辛いから，やはりサンドイッチを買っておいた方がいいのだろうか？　けれども，そうなると万一Aが昼食を済ませてこなかったら，今度はAがひもじい思いをするかもしれない……」

このように，Bの悩みは尽きなかった．■

## ■ゲームの木と情報集合

前項のストーリーを図で表したのが，図12–3である．これが実際にそのストーリーに適合していることは，この項の最後で説明することにして，ここではこの図の基本的な成り立ちを説明しておきたい．

いうまでもなくこのゲームのプレイヤーは，AとBの2人である．この図の骨格をなすのは，左端の一点（点A）から出発して右方向に延びている点（ノードともいう）と線（枝ともいう）の連なりである．この点と線の集まりは，ゲームの木と呼ばれている[11]．

図12–3の木には，全部で10個の点があるが，このうち，そこから先は枝

---

11) 図12–3を反時計回りに90度回転させて，A点が一番下に来るようにすれば，A点から伸びている木に見える．これが，「ゲームの木」と呼ばれるゆえんである．

### 図12-3 展開型ゲーム

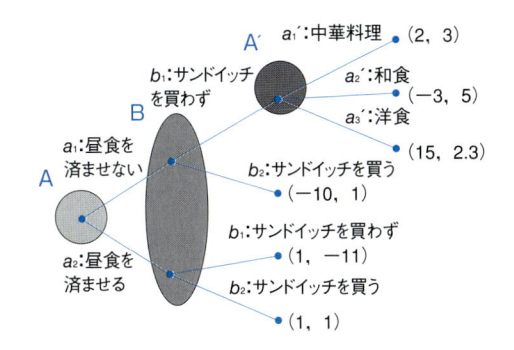

```
                    A′  a₁′:中華料理 (2, 3)
           b₁:サンドイッチ
              を買わず        a₂′:和食 (-3, 5)
        B
                              a₃′:洋食 (15, 2.3)
  a₁:昼食を
    済ませない      b₂:サンドイッチを買う
  A                           (-10, 1)
                b₁:サンドイッチを買わず
                              (1, -11)
   a₂:昼食を
     済ませる      b₂:サンドイッチを買う
                              (1, 1)
```

が伸びていない末端の点（この例では6個ある）は，**終点**（**頂点**ともいう）と呼ばれる。それ以外の点は**手番**と呼ばれる[12]。手番から延びている枝は，プレイヤーの**行動**を表す。

　終点には，（　）内に「,」で区切って数字が並べられている。このうち，カンマの左側にある数字は，ゲームが進行してこの終点に到達したときにプレイヤーAが獲得できる利得を表している。また，カンマの右側にある数字は，その場合のプレイヤーBの利得を表している[13]。

　1つまたは複数の手番を○で囲んで得られる手番の集合を，**情報集合**という（この○そのものを情報集合と呼ぶことも多い）。情報集合は，プレイヤーが意思決定をする場所である。情報集合のそばにあるA，B，A′の文字は，その情報集合の名前であるとともに，そこで意思決定をするプレイヤーが誰であるのかを表示してもいる。

　同じ情報集合に複数の手番が含まれている場合，そこで意思決定をするプレイヤーは，自分がいま情報集合上のどの手番にいるのかがわからないことを意味している。

　たとえば，情報集合Bには2つの手番が含まれているが，自分の番が来

---

[12] 特に出発点となる手番（この図では点A）を**始点**ということもある。
[13] たとえば，図12-3の一番上の終点には（2, 3）という数字の組がある。これは，もしこの点でゲームが終了したなら，プレイヤーAは2の利得を，プレイヤーBは3の利得を獲得できることを意味している。

たときにプレイヤーBは，果たして自分が上の手番で意思決定をしているのか，それとも下の手番で意思決定をしているのかがわからないのである。

それに対して，情報集合$A'$はただ1つの手番からなっているが，これは自分の番が来たときに，プレイヤーAはたしかにその手番にいるのを知っていることを意味している[14]。

情報集合が複数個（2個以上）の手番を含んでいるときには，意思決定に際してプレイヤーは情報不足を感じるに違いない。それに対して，ただ1つの手番しか含まない情報集合では，プレイヤーが今述べた意味での情報不足を感じることはないだろう。このように，情報集合に何個の手番が含まれているのかによって，ゲームの各局面でプレイヤーが持っている情報量の多寡が表されるのである[15]。

ふたたび情報集合Bに注目していただきたい。この情報集合の2つの手番からは，いずれも2本ずつの枝が延びているが，同じ情報集合に属する異なる手番から出る枝の数は，この図のように同数でなければならない。なぜなら，もし出ている枝の数が違う手番があれば，少なくともそれらの手番が違うものであることをプレイヤーは認知してしまうからである。

したがって，プレイヤーは，同じ情報集合上の異なる手番から出ている枝の違いも識別できないことになる。たとえば，図12-3の情報集合Bでは上の手番の上の枝と下の手番の上の枝には，ともに$b_1$という名前が付けられている。これは彼が$b_1$という行動を選んだとしても，どちらの枝を選んだのかの識別ができないことを意味している。

同様に，それぞれの手番から出ている下の枝には，$b_2$という名前が付け

---

[14] 情報集合Aでも，プレイヤーAは自分がどこにいるのかを知っていることになる（始点であるのだから，これは当然であるが）。
[15] どの情報集合もただ1つの手番から成る展開型ゲームでは，意思決定のどの局面においてもプレイヤーは自分で完全な情報を持っていることになる。したがって，そのようなゲームを完全情報ゲームという。それに対して，完全情報でないゲーム——すなわち，少なくとも1つの情報集合が複数の手番を持っているようなゲーム——は不完全情報ゲームと呼ばれている。
なお，「完全情報─不完全情報」と似て非なる概念に完備情報と不完備情報がある。詳しい説明はここでは行わないが，「ゲームのルールに関する情報が，すべてのプレイヤーの共有知識になっている」ときに，そのゲームは完備情報であるといわれ，必ずしもそうでないときに不完備情報であるといわれる。

## 図12-4 展開型ゲーム

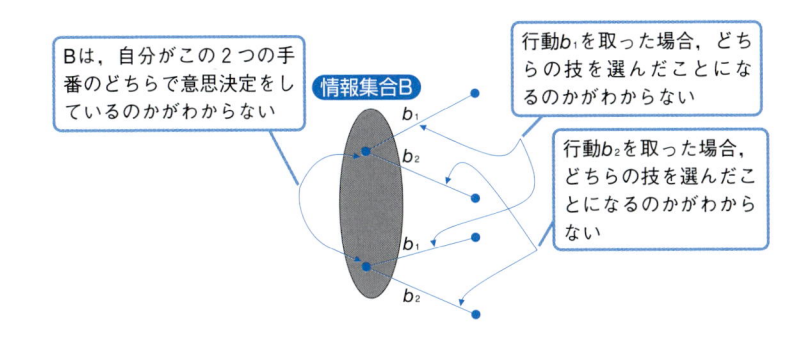

- Bは，自分がこの2つの手番のどちらで意思決定をしているのかがわからない
- 情報集合B
- 行動$b_1$を取った場合，どちらの枝を選んだことになるのかがわからない
- 行動$b_2$を取った場合，どちらの枝を選んだことになるのかがわからない

られている。これもまた，プレイヤーBが自分の$b_2$という行動が，果たしてどちらの枝なのかを識別できないことを意味していることになる（図12–4参照。なお，この図は，図12–3を部分的に表示したものである）。

最後に，図12–3から読み取れるゲームの流れを述べておこう。

【図12–3のゲームの進行】

①最初にプレイヤーA（編集者）が行動する。この局面で彼には，行動$a_1$（昼食を済ませない）を選ぶか，それとも行動$a_2$（昼食を済ませる）を選ぶかという，2つの選択肢がある。

②次に，プレイヤーB（作家）が行動するが，彼はその前の段階でプレイヤーAがどのような行動を取ったのかを知らない[16]。つまり，彼は，情報集合B上のどちらの手番で自分が行動を選択しているのかがわかっていない。この段階での彼の行動の選択肢は，$b_1$（サンドイッチを買わず）と$b_2$（サンドイッチを買う）だが，どちらの行動を選んだとしても，彼には自分が上の手番から延びている枝を選んだのか，それとも下の手番から延びている枝を選んだのかがわからない。このように情報が不足した状況の下で，彼は行動$b_1$か行動$b_2$かのいずれかを選ぶ。

③次にプレイヤーAの番が再び回ってくるが，彼はその前にプレイヤーBが取った行動が何であるのかを知っている。最初に自分が行動$a_1$（昼食

---

[16] あるいは，①と②をまとめて，プレイヤーAとBが同時に行動すると考えてもよい。

を済ませない）を取り，次に相手が行動 $b_1$（サンドイッチを買わない）を取ったときに限り，彼は情報集合 $A'$ で行動する（つまり，どこのレストランに行くのかを決める）ことができる。その場合には，行動 $a_1'$（中華料理を食べに行く），行動 $a_2'$（和食を食べに行く），そして行動 $a_3'$（洋食を食べに行く）という3つの選択肢より1つを選んでゲームが終わる。それ以外の場合には，Aが2度目の行動をすることなく，ゲームが終了することになる。

## ■行動と戦略

「戦略」とは，各プレイヤーの選択肢であるが，それは「行動の予定表」として定義される。この定義は，戦略型ゲームにも，展開型ゲームにも共通するものではあるが，実際問題として1回限りでゲームが終わってしまう戦略型ゲームでは，ゲームの各局面での行動と，「行動の予定表」である戦略とをことさらに区別すべき理由はない。しかし，時間を追って進行する展開型ゲームでは，ゲームの各局面における選択──すなわち，各情報集合における選択──を表す行動と，その予定表である戦略とは，明白に区別されなければならない。

「予定表」は，将来起こる可能性のあるあらゆる事柄について，「もし~になったら，……しよう」という条件付きの形で表されるのが普通である[17]。ところで，ゲームの各局面での意思決定が行われる場所である情報集合には，ゲームの進行具合によって実現するものもあれば，実現しないものもある[18]。

しかし，ゲームを始めるにあたって，プレイヤーは，これから展開されるゲームの全貌を見渡して戦略を策定しなければならない。その段階では，どの情報集合が実現し，どの情報集合が実現しないか，ということはわからない。

---

17) これは，日常的な「予定」にもあてはまることである。たとえば，土曜日の晩に，その翌日に何をするかの予定を立てようとするなら，「もし雨が降ったら映画を見に行こう。そして，晴れだったら屋外でスポーツをしよう」というように，条件付きで表されることになる。
18) ゲームの進行中，ある情報集合で実際に意思決定が行われたなら，「その情報集合が実現した」といい，そうでない場合に「実現しない」ということにする。たとえば，図12-3のゲームで，プレイヤーAがまず行動 $a_1$ を選択し，続いてプレイヤーBが行動 $b_2$ を取ったならその時点でゲームは終了してしまい，情報集合 $A'$ での意思決定は行われないことになる。この場合には，「情報集合 $A'$ は実現しない」ことになる。

▶表 12-6　情報集合と戦略

(a)　プレイヤー A の戦略

|  | 情報集合 A では？ | 情報集合 A′ では？ |
|---|---|---|
| 戦略 1 | 行動 $a_1$ | 行動 $a_1'$ |
| 戦略 2 | 行動 $a_1$ | 行動 $a_2'$ |
| 戦略 3 | 行動 $a_1$ | 行動 $a_3'$ |
| 戦略 4 | 行動 $a_2$ | 行動 $a_1'$ |
| 戦略 5 | 行動 $a_2$ | 行動 $a_2'$ |
| 戦略 6 | 行動 $a_2$ | 行動 $a_3'$ |

(b)　プレイヤー B の戦略

|  | 情報集合 B では？ |
|---|---|
| 戦略① | 行動 $b_1$ |
| 戦略② | 行動 $b_2$ |

したがって，彼らは自分が意思決定をする可能性のあるすべての情報集合について，「もし情報集合～が実現したら，……しよう」という形で予定を定めておく必要がある。

表 12-6 には，プレイヤーたちが取り得る戦略が記載されている。

まず，プレイヤー A については，彼が意思決定をする可能性のある情報集合は 2 つある。そこで，彼の戦略には，それぞれの情報集合でどういう行動を取るのかが記載されていなければならない。

プレイヤー A が情報集合 A で取り得る行動は 2 つで，情報集合 A′ で取り得る行動は 3 つなので，合計 6 通りの行動の組み合わせが得られる。この 6 通りの組み合わせのひとつひとつが，彼の戦略ということになる。これらの戦略に，「戦略 1」から「戦略 6」までの名前を付けることにしよう（表 12-6（a）参照）[19]。

次に，プレイヤー B については，彼が意思決定をし得る情報集合は 1 つしかないので，行動と戦略を同一視できる。一応表 12-6（b）のように，行動 $b_1$ を内容とする戦略を「戦略①」，行動 $b_2$ を内容とする戦略を「戦略②」と呼ぶことにする。

---

[19]　たとえば，「戦略 3」は情報集合 A では行動 $a_1$ を取り，情報集合 A′ では行動 $a_3'$ を取るという戦略である。

## ■展開型ゲームのナッシュ均衡

前項では，展開型ゲームにおける戦略の概念を定義した。これに基づいてわれわれは，展開型ゲームを戦略型ゲームに変換することができる。その変換によって得られたのが，表 12-7 の利得表で表された戦略型ゲームである。

この表の作り方であるが，たとえば，プレイヤー A が「戦略 1」を，プレイヤー B が「戦略①」を選ぶとする。このとき，「戦略 1」では，情報集合 A で一番上の枝が選ばれる。次に「戦略①」に従うと，情報集合 B では $b_1$ の枝が選ばれるので，その結果情報集合 A′ が実現することになる。「戦略 1」では，情報集合 A′ で行動 $a_1′$ が選ばれるので，一番上の終点に到達することになる。この点で獲得できる利得は (2, 3) なので，それを表 12-7 の 1 行 1 列目に記載すればよい。

プレイヤーたちが他の戦略の組み合わせを取ったときにも同様に考えると，表 12-7 の利得表は完成することになる。

ここで，展開型ゲームのナッシュ均衡について述べる。上述のように，展開型ゲームが与えられると，それを戦略型ゲームに変換することができるのだが，「そのようにして得られた戦略型ゲームのナッシュ均衡をもって，元の展開型ゲームのナッシュ均衡とみなす」のである。

▶表 12-7 図 12-3 のゲームの戦略型への変換

| プレイヤー A \ プレイヤー B | 戦略① | 戦略② |
|---|---|---|
| 戦略 1 | (2, ③) | (−10, 1) |
| 戦略 2 | (−3, ⑤) | (−10, 1) |
| 戦略 3 | (15, 2.3) | (−10, 1) |
| 戦略 4 | (1, −11) | (1, ①) |
| 戦略 5 | (1, −11) | (1, ①) |
| 戦略 6 | (1, −11) | (1, ①) |

表12-7においては,利得の部分を楕円で囲んだ4つの戦略の組み合わせが,ナッシュ均衡になることがわかる。

最後に,ナッシュ均衡の存在について,一つ注意をしておく。戦略型ゲームでは,戦略を純粋戦略に限るとナッシュ均衡が存在しない可能性があった。その場合でも,混合戦略まで考えるとナッシュ均衡は必ず存在することを前節で指摘した。

同様のことは展開型ゲームについてもいえる。すなわち,純粋戦略だけしか考えないとナッシュ均衡が存在しない場合もある。しかし,そのようなケースでも,戦略型に変換したゲームにおいて混合戦略を考えれば,それについては必ずナッシュ均衡が必ず存在するのである。

## ■スーパーマーケットの参入(1):2つのナッシュ均衡

展開型ゲームの例として名高いものに,「スーパーマーケットの参入ゲーム」がある。

いま,ある町でスーパーマーケットが独占的に営業していたとしよう。このスーパーマーケットを,Aスーパーとする。そこにBスーパーが新たな店舗を作って,参入しようとしている。

もしBスーパーが参入しなければ,Aスーパーは独占的な立場を堅持できるので,10億円の利潤を得られるものとする(このとき,Bスーパーの利潤はゼロである)。

Bスーパーが参入した場合,Aスーパーには,「徹底的な価格競争を仕掛けて闘う」という選択肢と,「Bスーパーと共存する」という選択肢とがある。

もし「闘う」を選んだときには,Aスーパー自身も安売りの結果利益の一部を失ってしまうので,その利潤は3億円になってしまうものとしよう。しかし,当然にBスーパーは大きな打撃を受けるので,その利潤は1億円の赤字になってしまう。

それに対して,Aスーパーが「共存」を選んだ場合には,市場が全体とし

### 図12-5　スーパーマーケットの参入

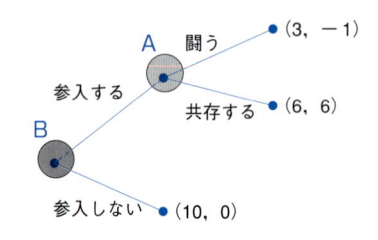

```
            A   闘う    ● (3, −1)
       参入する ●
           ／   共存する ● (6, 6)
        B ●
           ＼
         参入しない ● (10, 0)
```

てやや拡大して，市場全体で獲得できる利潤は12億円となり，各スーパーはそれを半分ずつ分け合うことになる。

　これを展開型ゲームで表してみよう。まず，時間的な推移としては，最初にBスーパーが参入するかどうかを決めて，その後にAスーパーが闘うか共存するかを決めることになる。プレイヤーが獲得する利得は，それぞれの終点で発生する利潤の大きさとしよう（なお，以下では「億円」を省略して利得＝利潤を表すことにする）。

　図12-5のように，始点はBスーパーの情報集合であり，そこから延びている枝は2本ある。上の枝は「参入する」を表し，下の枝は「参入しない」を表している。Bスーパーが参入しなかった場合にはそれでゲームが終わる。そのときのAスーパーの利得は10で，Bスーパーの利得は0となる。

　次にBスーパーが「参入する」を選んだ場合，次はAスーパーの番になる。Aスーパーは，Bスーパーが参入したかどうかを当然に観察することができるから，その情報集合はただ1点から成るわけである。

　Aスーパーの情報集合からも2本の枝が延びている。上の枝は「闘う」を，下の枝は「共存する」を表している。「闘う」が選ばれた場合，Aスーパーの利得は3で，Bスーパーのそれは−1となる。また，「共存する」が選ばれたときには，2つのスーパーはそれぞれ6ずつの利得を得ることになる。

　このようにして得られるのが図12-5のゲームの木である。さて，この展開型ゲームのナッシュ均衡はどうなるのだろうか？　それを求めるために，図12-5の展開型ゲームを戦略型ゲームに変換してみよう（表12-8）。

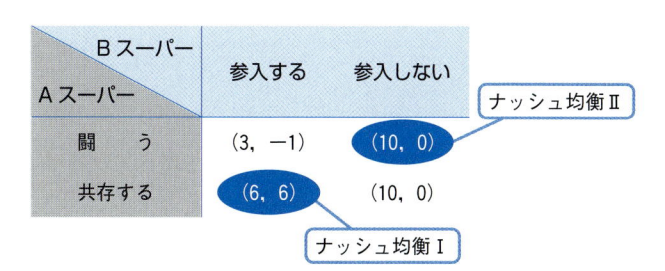

▶表12-8　「スーパーマーケットの参入」ゲームの戦略型表現

| Aスーパー \ Bスーパー | 参入する | 参入しない |
|---|---|---|
| 闘う | (3, −1) | (10, 0) ナッシュ均衡Ⅱ |
| 共存する | (6, 6) ナッシュ均衡Ⅰ | (10, 0) |

　このゲームの情報集合は2つだけである。それらの情報集合はいずれも1つの手番しか含んでいないので，各プレイヤーが取りうる戦略に記載される行動はただ1つしかない。つまり，このゲームでは，戦略と行動は同じものとみなせる。

　このように考えると，Aスーパーが取り得る戦略は「闘う」と「共存する」の2つであり，Bスーパーのそれは「参入する」と「参入しない」の2つであることがわかる。したがって，表12-8のような戦略型ゲームが得られる。

　このゲームには，明らかに2つのナッシュ均衡がある。①1つ目のナッシュ均衡は（これを「均衡Ⅰ」と呼ぶ），Aスーパーが「共存する」を選び，Bスーパーが「参入する」を選ぶというものである。そして，②もう1つのナッシュ均衡は（これを「均衡Ⅱ」と呼ぶ），Aスーパーが「闘う」を，Bスーパーが「参入しない」を選ぶというものである。

■スーパーマーケットの参入（2）：威嚇の実効性

　前項で見たように，スーパーマーケットの参入ゲームには，2つのナッシュ均衡（つまり，「均衡Ⅰ」と「均衡Ⅱ」）がある。この2つの均衡は，結果としてまったく異なる現象を呈する。すなわち，均衡Ⅰが成立すれば，この町では2つのスーパーが営業することになる。しかし，均衡Ⅱが成立すれば，この町では相変わらずAスーパーだけの独占状態が持続することになる。

このように，ナッシュ均衡を求めただけでは，この町の「スーパー戦争」の行く末を占うことができないのである．いったいどちらのナッシュ均衡が成立する可能性が高いのだろうか？

この疑問に答えるためには，性質の異なる複数のナッシュ均衡から，成立する可能性が高そうなものを選び取る方法について考える必要がある．

そのために，この2つのナッシュ均衡の成り立ちを，深く考えてみることにしよう．均衡Ⅰは，Bスーパーが断固として参入を決意するという事態を表している．このような場合に，Aスーパーが闘ってしまうと，たしかに相手を傷つけることはできるのだが，自分もいわば返り血を浴びて損をしてしまうことになる．そこで結局，Aスーパーとしては共存せざるを得なくなってしまうのである．

他方，均衡Ⅱは，なかなか面白い成り立ちになっている．この均衡でBスーパーは参入しないので，情報集合Aは実現しない．それにもかかわらず，Aスーパーがこの情報集合で「闘う」を選んでいることが，この均衡を成立させるために有効に機能しているのである．

つまり，このケースでは，情報集合Aが実現しないがゆえに，Aスーパーとしては安心して「闘う」という戦略を提示することができるのである[20]．そして，この選択はBスーパーに対する威嚇（つまり，「もしどうしても参入してくるのだったら，断固として闘うぞ！」という威嚇）として機能することになる．この威嚇に屈して参入を諦めてしまうのが，Bスーパーのこの均衡における行動なのである（図12-6参照）．

問題は，この種の威嚇が，果たして首尾よく成功するようなものなのか？ということである．これについて考えるためには，威嚇には実効性のあるものとそうでないものがある，ということを理解する必要がある．

一つの例を考えてみよう．X君は路上で見知らぬ男から，「カネをよこせ！　よこさないと殴るぞ！」と脅されたとしよう．ところが，その男は見

---

[20] もし実現する情報集合であったなら，「闘う」を選ぶことはAスーパーにとって損なのだが，実現しないのであれば損が本当に発生する心配はないので，Aスーパーは安心してこの戦略を選べるわけである．

図 12-6 「均衡Ⅱ」の仕組み

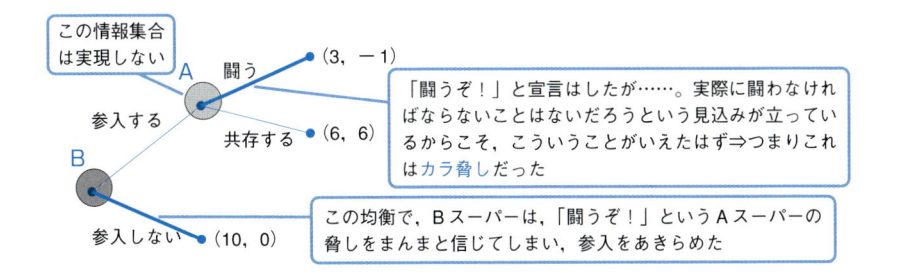

- この情報集合は実現しない
- A 闘う (3, −1)
- 参入する 共存する (6, 6)
- B
- 参入しない (10, 0)

「闘うぞ！」と宣言はしたが……。実際に闘わなければならないことはないだろうという見込みが立っているからこそ、こういうことがいえたはず⇒つまりこれはカラ脅しだった

この均衡で、Bスーパーは、「闘うぞ！」というAスーパーの脅しをまんまと信じてしまい、参入をあきらめた

るからにひ弱そうで、もしケンカしたならX君が絶対に勝ちそうな男だったとしよう。相手がそういう男だったら、X君はこの男の脅しを黙殺するだろう。つまり、この威嚇には実効性がないのである。

しかし、もしX君を脅した相手が、格闘家のような体格をしていて、本気になってケンカを仕掛けられたら、X君にはとても勝ち目がなさそうな男だったらどうだろうか？　その場合、X君は彼に屈してお金を払うのではないだろうか。つまり、こういう威嚇には実効性があるといってよさそうである。

威嚇とは、ある人が行動の潜在的な可能性を別の人に提示することによって、別の人の行動を変えさせようとする行為である[21]。そして、その「潜在的可能性」が、いざというときに本当に実行されそうだと見込まれるならば、それは「実効性のある威嚇」だということになる。しかし、それとは反対に、いざとなったときにまず実行されないだろうと見込まれる威嚇には実効性がないというべきだろう。

ここで、スーパーマーケットの参入ゲームに話を戻そう。均衡Ⅱが成立する背景には、Bスーパーが、Aスーパーの脅しにいとも簡単に屈してしまったという事情がある。しかし、Aスーパーの威嚇は、果たして実効性のあるものだったのだろうか？

---

[21] いまの例でいえば、「カネを寄こさなければ殴るぞ！」という言葉は、実際に殴ってはいないのだから、「潜在的な可能性の提示」ということになる。この場合に、本当に殴ってしまっておカネを取れば、それは恐喝ではなくて強盗だということになってしまう。

Bスーパーの経営者が，自分に突きつけられている威嚇に実効性があるかどうかを調べるのは簡単である。頭の中であるシミュレーションをすればよいのだ。それは，「もし自分たちが強引に参入した場合，Aスーパーは価格競争を本当に仕掛けてくるのだろうか？」という問題のシミュレーションである。

図12-5のゲームの木からすぐにわかるように，情報集合Aが実現して，Aスーパーが実際に行動を選択しなければならない局面に陥ったとしたら，彼らは決して闘おうとはしないはずである。なぜなら，闘ったら3まで利得が落ち込んでしまうが，闘わなければ6の利得を獲得できるからである。

Bスーパーの経営者がここまで頭の中で考えることができれば，彼はAスーパーの威嚇に実効性のないことに気付くだろう。そして，そのような実効性のない脅しに屈して，参入を諦めるのは馬鹿げていると思うだろう。したがって，Bスーパーの経営者は，Aスーパーの威嚇に屈しないのである。

このように考えると，均衡Ⅱは成り立ち得ない均衡だということがわかる。つまり，この問題で実際に生じる可能性が高いナッシュ均衡は，「均衡Ⅰ」なのである。こうして，この町では，2つのスーパーが共存する状況が出現することになるだろう[22]。

---

●練習問題

1．例1のゲームで，純粋戦略だけを考えるとナッシュ均衡が存在しないことを示しなさい。

2．第9章9-3節で説明したクールノーの寡占（複占）モデルを戦略型ゲームとして定式化するとき，①プレイヤーの集合，②プレイヤーの取り得る戦略の集合，③利得関数はどのように表されるかを説明しなさい。また，クールノー均衡は上記のように定式化されたゲームのナッシュ均衡であることを示しなさい。

---

[22]「実効性のない威嚇」に基づくナッシュ均衡を排除して生き残った均衡を，部分ゲーム完全均衡という。スーパーマーケットの参入ゲームの例では，「均衡Ⅰ」が部分ゲーム完全均衡である。

# 終章　選択と合理性

　本書では，市場とそのプレイヤーの多様な側面に光をあてて，市場経済の仕組みを理解するための分析的な枠組みを説明してきた。その説明の中で頻出したのが「合理的」という言葉である。ここでは，市場のプレイヤーが「合理的」であると想定することの意義を考えてみたい。とりわけ，ここでの議論は，需要関数や供給関数などの本書で学んだ経済学的概念が，経済社会で観察されるさまざまな現象を，どう「合理的」に説明しているのか？という問題に対する一つの基礎付けを与えてくれる。

## □ 1　事実と真実 □

■「真実」はどこにある？

　刑事裁判の法廷が，犯罪の「真実」を明らかにする場なのだと信じている人は，世の中に少なくないのではあるまいか。しかし，その信念ははたして正しいものなのだろうか？

　こんな例を考えてみよう。Aは自分が手にしていた大型ナイフで知人Bを刺し殺した。現行犯で逮捕された彼は，いま殺人事件の被告として裁かれる身である。法廷で，彼が犯行に至る経緯が詳細に明らかにされた。

　犯行当日，彼は駅前の金物屋で大型ナイフを購入した。それを買う際，金

## 終章　選択と合理性

物屋の主人に向って，「これだったら人間でも殺せそうですね」と語ったという。このことを主人は，法廷で証言した。

それから，Aは買ったばかりの大型ナイフをカバンにしまって，浜辺まで歩いた。浜辺で彼は隣に住むBと出会った。Bは，この時刻に浜辺を散歩するのを日課にしていた。近所に住むほとんどの人は，Bのこの習慣を知っていた。

Aは，Bと出会った瞬間，カバンから大型ナイフを取り出して，Bの胸に突き刺した。それは突然の出来事だった。たまたま現場を通りがかった女性が，事件の一部始終を目撃した。彼女はすぐ救急車を呼んだが，駆けつけた救急隊員の証言によると，Bはすでに即死状態だったという。

さらに，裁判の過程でAがBから多額の金を借りており，犯行当時その返済に四苦八苦していたことが判明した。

以上が法廷で明らかにされた事実である。誰の目から見ても疑問の余地のない事件だった。実際，裁判官もさして悩むことなくAに有罪を宣告した。

一般に殺人罪の場合，「殺意」の有無が争点になることも多いが，このケースではそれも問題にならなかった。判決で裁判官は，少なくとも金物屋でAが大型ナイフを購入した時点で，彼には殺意が芽生えていたと断じた。

### ■合理的な疑いを超える論証

裁判官による一連の判断は，果たしてAの行為に関する真実を物語っているのだろうか？

たとえば，こういう可能性は考えられないだろうか？　AにはBを殺す気など微塵もなく，アルベール・カミュの『異邦人』の主人公のように，たまたま浜辺の太陽が眩しかったから，「太陽のせい」でBの胸に刃を突きたてた[1]，という可能性である。

もしAの殺人が，「太陽のせい」で行われたなら，彼の金物屋での発言は単なる冗談だったということになってしまう。そうなると，判決は事件の真相を何も明らかにしていないことになる。

1 事実と真実

　そういう可能性が絶対にないと，誰が確信を持っていい切れるのだろうか？　人間はいつも論理的に行動しているとは限らず，突然の衝動によって何かをなすかもしれない[2]。Aの心の中を知っているのは，彼自身だけである。そうなると，Aの心中に「殺意」が芽生えていたと，絶対の確信を持って言い切れる他人はいないということになる。

　それだけでない。裁判で提示された証拠や証言は，Aがナイフを買ってから犯行に至るまでの連続的な時間の流れの中で起きたことの断片しか物語っていない。断片という「点」と「点」の間を埋めるものは，法律家の頭の中で展開された「推理」(すなわち，論理的な説明) のみである。そういう意味では，神ならぬ人間が，自分たちの推理の正しさに絶対的な信頼を抱けるはずもない。

　いま述べた例は，刑事裁判というものの本当の姿を如実に示しているものといえるかもしれない。なぜなら，裁判で明らかにされるべきものは，必ずしも事件の真実である必要はなく，法廷で語られるのは犯行の動機や経緯を

---

1)　「裁判長は，それは一つの主張だ，と答え，これまで，被告側の防禦方法がうまくつかめないでいるから，弁護士の陳述を聞く前に，あなたの行為を呼びおこした動機をはっきりしてもらえれば幸いだ，といった。私は，早口にすこし言葉をもつれさせながら，そして，自分の滑稽さを承知しつつ，それは太陽のせいだ，といった。廷内に笑い声があがった。弁護士は肩をすくめた。」(アルベール・カミュ『異邦人』邦訳：窪田啓作訳，新潮文庫，1954 年，p106-p107)
　なお，上記邦訳書の解説で，白井浩司氏はカミュ自身による興味深い言葉を紹介している。「母親の葬儀で涙を流さない人間は，すべてこの社会で死刑を宣告されるおそれがある，という意味は，お芝居をしないと，彼が暮らす社会では，異邦人として扱われるよりほかはないということである。ムルソーはなぜ演技をしなかったか，それは彼が嘘をつくことを拒否したからだ。(中略) ムルソーは人間の屑ではない。彼は絶対と真理に対する情熱に燃え，影を残さぬ太陽を愛する人間である。」(『異邦人』英語版自序より)
　法律家や経済学者のなすべき仕事は，人間の「真実」を解き明かすことでない。それは文学者がなすべき仕事である。
2)　経済学者の中にも，人間の不合理な行動や衝動が，重大な経済現象の原因になり得るという認識を抱く者は少なくない。
　たとえば，1973 年に「トイレットペーパー騒動」呼ばれる奇妙な事件が起きたことがある。それは，第 4 次中東戦争に端を発した物価高騰時に，「トイレットペーパーがなくなる」という噂に人々がパニックを起こし，店頭での大量買いに走ったため，品切れが続出し値段も上昇した「事件」であった。この騒動や株価の下降局面で人々が焦って売りに売るため株価がますます暴落してしまう現象など，人間行動の不合理性を示唆する例は枚挙に暇がない。
　心理学等の分析ツールを援用しつつ，この種の不合理な経済行動を解明しようとするのが，最近一部の研究者によって取り組まれている行動経済学である。いうまでもなく行動経済学の問題意識それ自体は，それなりに説得的なものであるし，それが個別具体的で特殊なパニックの事例などを有効に説明しているケースがないわけではない。しかし，経済現象一般を説明する分析用具として，あるいは規範的な立場に立った経済学の分析用具として，行動経済学が有効に機能する可能性は高くないというべきであろう。

333

## 終章　選択と合理性

示すもっともらしい物語にすぎないからである。

つまり，法廷における検察官の役割は，被告人が犯行に至った動機や犯行の具体的経緯を一点の隙もなく詳細に解明することではなくて，証拠や証言によって裏付けられた事実に基づいて，被告人の動機や事実の経緯と思われるものを合理的に説明することである。そして，弁護人の基本的な役割は，検察官が提示する証拠や論証に対して「合理的な疑い」を申し述べることにある。

裁判官がなすべきことは，検察官が語るストーリーには弁護人が呈する疑問をすべて撥ね付けるだけの合理性があるのかどうか，すなわち検察官が被告の有罪を主張するために「合理的な疑いを越えた」命題を定立しえたかどうかを判断することである。

そして，合理的な疑いを越えた論証がなされていると判断されたなら被告人には有罪が宣告されるし，そうでないときには被告人には無罪が宣告されることになる。

このように考えると，裁判は，事件の絶対的な真実を明らかにする場ではなくて，証拠や証言によって裏付けられた事実と整合的な命題を確立するための合理的な手続きが遂行される場だということがわかる。

### ■合理的な説明

前項では，裁判における「事実」と「真実」の違いを説明したが，実は同様なことは経済学でもいえる。ある消費者（X君としよう）の買い物を例にとって考えてみよう。先日，彼は，アルバイトで1万円のお金を得た。思案の上で，彼は7,000円の靴と3,000円の本を買った。

靴と本を買うというX君のこの行動は，第三者に観察可能なものである。すなわち，それは裁判における証拠や証言内容などに相当する，客観的「事実」ということになるだろう。

それでは，X君はなぜその靴と本を買うという決断をしたのだろうか？その決断の理由（動機）がわかれば，それによって私たちが観察したX君

の行動が説明されたことになる。

　X君の決断の真の理由を知ろうとするなら，私たちは彼の内面を正しく捉えなければならないことになってしまう。神ならぬ私たちに，そのようなことができるはずもない。

　そこで，法廷における検察官と同様，私たちも「内面を正しく捉える」などという不毛な努力をする代わりに，「なぜ彼はこの決断をしたのか？」を，「証拠」（＝靴と本を買ったという事実など）に基づいて合理的に説明しようとするのである。

　ある「経済現象」が観察されたとき，その現象が生じた理由を合理的に説明し，そこから何らかの「教訓」を引き出すことは，経済学の基本的な目的の一つである。この章では，人のごく単純な選択問題を例にとって，「なぜこの消費者はそういう選択をしたのか？」という疑問に対して，どういう合理的な説明が可能なのかを考えることにしたい。

## 2　観察された行動の合理的説明

■昼に何を食べようか……？

　私たちは，日常生活の中でさまざまな選択を行っている。

　たとえば，昼食のために入った食堂で，壁に貼られたメニューに記載されたくさんの料理の中から注文するものを選択する問題，あるいは，仕事帰りに居酒屋に寄るか寄らないかを選択する問題など，多種多様な選択の問題に私たちは直面している。

　ここでは，昼食時の選択を例にとって考えてみたい。

　Aさんは，昼食をとるためQ食堂に入った。壁に貼り付けてあるメニューにあるのは，牛丼，親子丼，天丼，カツ丼の4種類で，値段はどれも500円である。その中から彼が注文したのは，親子丼だった。あなたがもしこの

終章　選択と合理性

図1　観察に基づく推測

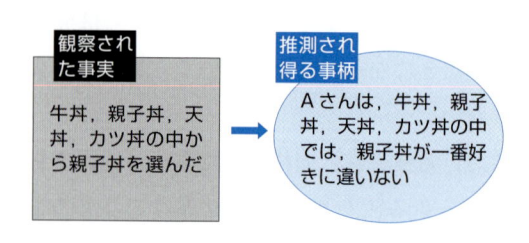

```
観察された事実: 牛丼, 親子丼, 天丼, カツ丼の中から親子丼を選んだ
→
推測され得る事柄: Aさんは, 牛丼, 親子丼, 天丼, カツ丼の中では, 親子丼が一番好きに違いない
```

場面を目撃したなら,「メニューに書いてある丼物の中で, Aさんは親子丼が一番好きなんだろう」と, ごく自然に推測するだろう（図1参照）。

　実際のところ, 他人がAさんの心の中を正確に把握できるはずもないから, あなたに自分の推測の正しさを確認するすべはない。Aさんが親子丼を注文した本当の理由は, それが好きだからでなくて, 単なる気まぐれだったのかもしれない。あるいは, たまたまメニューにあたる光線の具合で, 親子丼と書かれた文字が一番くっきりと見えたせいかもしれない[3]。

　このように本当の理由はよくわからないが, 少なくとも「親子丼が一番好きだから」という推測が, Aさんの行動を説明するための説得力を持った理由付けになっていることはたしかだろう。

　いま述べたような観察を何度も繰り返すことで, あなたはAさんの心中にある「さまざまな料理に対する好み」を, それなりに説得的な形で推測できるようになるだろう。

　実際, たとえば, Aさんは親子丼を食べた翌日, 別のレストランでラーメンとうどんを比べてラーメンを注文したとしよう。あなたはその事実から,「Aさんは, うどんよりもラーメンが好きなのだろう」と自然に考えるだろ

---

3）　ある大学で, かつてこういうことがあった。その大学の教授会では, 議案について賛否の投票をするとき, 賛成ならば「諾」, 反対ならば「否」と書くのが慣わしだった。教授のX氏は, 日本語を母国語としない外国人だった。彼は漢字を書くのが得意でなかったので, 画数が少なくて容易に書ける「否」を記載して投票するのが常だった。しかし, X教授がいつも反対票を投じているのをうすうす感じた同僚たちは,「X教授がいつも反対票を投じるのは, 学部執行部と異なる意見を持っているからだろう」と推測していた。その推測はX教授の行動のもっともらしい「理由付け」ではあったが, 実際のところ彼の行動について何の真相も語っていなかったのである。

う。このようにして，Aさんの丼物の好き嫌いだけでなく，麺類の好き嫌いもある程度推察できるようになるのである。

この節の残りの部分では，麺類のことはさておいて，丼物に話を限定して選択結果の観察から何が推測できるのかという問題を，もう少し詳しく検討してみたい。

### ■選択の首尾一貫性（1）

昼食に親子丼を注文したAさんの行動をやや重々しく書けば，彼は「①牛丼，②親子丼，③天丼，④カツ丼という4種類の選択肢の中から，親子丼を選択した」ことになる（図2参照）。

ここでひとつの思考実験をやってみよう。Aさんが親子丼を注文した後で，店の主人が彼の席にやってきて，「すみません。今日はもう天丼が売り切れになってしまいました」と伝えたとする（主人は，Aさんがすでに親子丼を注文済みであるのを，知らなかったのかもしれない）。

Aさんにしてみれば，もともと注文するつもりのなかった天丼がなくなったといわれたわけだから，それは自分には関係ないことと受け止めるのが自然だろう。逆に，もし彼が「天丼は売り切れ」という話を聞いたとたん，親子丼の注文を取り消して別のものを注文したなら，彼の行動には首尾一貫性がないということになってしまう。

つまり，「天丼が売り切れ」た結果，選択肢は①牛丼，②親子丼，③カツ丼の3つに減ってしまったわけだが，選択肢が4つのときに選ばれた親子丼

図2　4つの選択対象からの選択

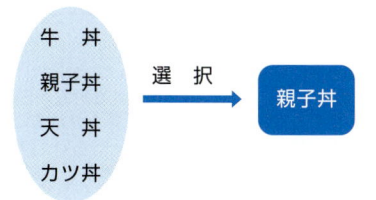

牛丼
親子丼　→ 選択 → 親子丼
天丼
カツ丼

## 終章　選択と合理性

**図3　首尾一貫した選択**

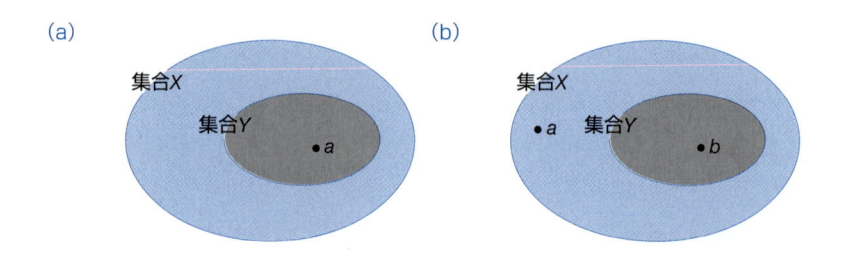

(a)　集合X / 集合Y　●a

(b)　集合X / 集合Y　●a　●b

が依然として選択対象に残っているのである。そうである以上，いまや3つになった選択対象の中から彼が親子丼を選ぶのは，当然のことと言えるだろう。

このような首尾一貫性の原則は，「無関連な対象からの独立性（Independence of Irrelevant Alternatives：IIA）[4]」と呼ばれている。より一般的にいうと，それは，

> いくつかの選択肢の集まり（集合 $X$ とする）の中から $a$ という選択肢が選ばれたとする。ここで，何らかの理由で選びうる選択肢が減ってしまって，選択肢の集まりが集合 $Y$ になったとしよう。もしそうなったとしても依然として最初に選ばれた選択肢である $a$ が選択可能ならば(つまり，$a$ が集合 $Y$ に含まれているなら)，それが選ばれなければならない（図3(a) 参照）。

という原則である。これは，選択を行う者がいつも首尾一貫した行動を心がけているなら，常に実現しているはずのしごくあたり前の原則である[5]。

次の項では，昼食の選択の例において，首尾一貫性がどのように貫徹されていなければならないのかを，さらに詳しく見ていきたい。

---

[4] 昼食の例でいえば，天丼はもともと選ばれなかったという意味で，この選択に際しては「関係のない選択対象」，すなわち「無関連な対象」である。「無関連な対象からの独立性」は，無関連な対象が選択対象からはずされたとしても選択結果がそこから影響を受けることがない——つまり，「無関連な対象の除去」と「選択の結果」は互いに独立している——という主張なのである。
[5] もし図3(b) のように，$a$ は集合 $X$ に含まれていても集合 $Y$ には含まれていないなら，当然選択の見直しが行われ，$a$ とは別の選択肢（この図では $b$）が集合 $Y$ で選ばれることになる。

## 2 観察された行動の合理的説明

■選択の首尾一貫性（2）

　思考実験を続けよう。前項では，天丼が売り切れて，メニューに含まれなくなってしまった場合を調べたが，話をもう少し一般化して，天丼に限らずメニューからどれか1つが欠けた場合について考えてみたい。

　表1を見て頂きたい。ここには，牛丼からカツ丼までのいずれか1つがメニューから取り除かれた場合を，「ケース1」から「ケース4」としてまとめてある。□で囲んであるのは，メニューから1つが取り除かれる前（つまり選択肢が4つあったとき）に選ばれていたもの（この例では「親子丼」）である。

　ケース1では牛丼が取り除かれるので，選択対象は親子丼，天丼，カツ丼となるが，親子丼が依然として選択対象に含まれているので，それが選択されなければならない。同様に考えると，ケース3とケース4でも，親子丼は選択対象に含まれているので，対象が3つに減ってもそれが選ばれなければならないはずである。

　それに対して，ケース2は少し考える必要がある。このケースでは，親子丼が取り除かれてしまっているので，Aさんが何を選んでも首尾一貫性を失うことはない。そこで，表1では，牛丼が選ばれるものとした。

　表2の(a)から(d)では，表1の各ケースからさらに1つの選択対象が取り除かれた場合が表されている。まず，表2(a)では，ケース1から1つが除かれた3つのサブケース（ケース1.1からケース1.3まで）が考えられている。このうちケース1.2とケース1.3は，表1のケース1で選ばれ

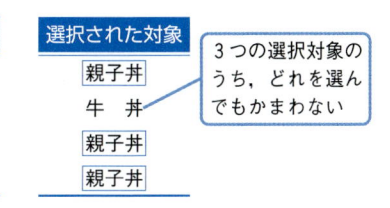

▶表1　選択対象が1つ減ったとき

| | 除かれた対象 | 選択対象 | 選択された対象 | |
|---|---|---|---|---|
| ケース1 | 牛丼 | 親子丼，天丼，カツ丼 | 親子丼 | 3つの選択対象のうち，どれを選んでもかまわない |
| ケース2 | 親子丼 →  | 牛丼，天丼，カツ丼 | 牛丼 | |
| ケース3 | 天丼 | 牛丼，親子丼，カツ丼 | 親子丼 | |
| ケース4 | カツ丼 | 牛丼，親子丼，天丼 | 親子丼 | |

終章　選択と合理性

▶表2　選択対象がさらにもう1つ減ったとき

(a)　ケース1から1つが取り除かれた場合

|  | 除かれた対象 | 選択対象 | 選択された対象 |  |
|---|---|---|---|---|
| ケース1.1 | 親子丼 | 天丼, カツ丼 | カツ丼 | 2つのうち、どちらを選んでもかまわない。 |
| ケース1.2 | 天丼 → | 親子丼, カツ丼 | 親子丼 | |
| ケース1.3 | カツ丼 | 親子丼, 天丼 | 親子丼 | |

(b)　ケース2から1つが取り除かれた場合

|  | 除かれた対象 | 選択対象 | 選択された対象 |  |
|---|---|---|---|---|
| ケース2.1 | 牛丼 | 天丼, カツ丼 | カツ丼 | ケース1.1と同じものが選ばれていなければならない |
| ケース2.2 | 天丼 → | 牛丼, カツ丼 | 牛丼 | |
| ケース2.3 | カツ丼 | 牛丼, 天丼 | 牛丼 | |

（＊）【ケース2.1】（「牛丼を除く」）は【ケース1.1】と同じ選択対象の組み合わせなので、両者で選ばれるものは同じでなければならない。

(c)　ケース3から1つが取り除かれた場合

|  | 除かれた対象 | 選択対象 | 選択された対象 |  |
|---|---|---|---|---|
| ケース3.1 | 牛丼 | 親子丼, カツ丼 | 親子丼 | ケース1.2と同じものが選ばれていなければならない |
| ケース3.2 | 親子丼 → | 牛丼, カツ丼 | 牛丼 | |
| ケース3.3 | カツ丼 | 牛丼, 親子丼 | 親子丼 | ケース2.2と同じものが選ばれていなければならない |

（＊）【ケース3.1】（「牛丼を除く」）は【ケース1.2】と同じであり、【ケース3.2】（「親子丼を除く」）は【ケース2.2】と同じである。

(d)　ケース4から1つが取り除かれた場合

|  | 除かれた対象 | 選択対象 | 選択された対象 |  |
|---|---|---|---|---|
| ケース4.1 | 牛丼 | 親子丼, 天丼 | 親子丼 | ケース2.3と同じものが選ばれていなければならない |
| ケース4.2 | 親子丼 → | 牛丼, 天丼 | 牛丼 | |
| ケース4.3 | 天丼 | 牛丼, 親子丼 | 親子丼 | |

（＊）【ケース4.1】（「牛丼を除く」）は【ケース1.2】と同じであり、【ケース4.2】（「親子丼を除く」）は【ケース2.3】と同じである。さらに、【ケース4.3】（「天丼を除く」）は【ケース3.3】と同じである。

た親子丼を選択肢に含んでいる。したがって、これらのケースでは親子丼が選ばれなければならない。しかし、ケース1.1は親子丼を選択肢に含んでいない。そこで、天丼とカツ丼のどちらが選ばれてもいいので、ここではカツ丼が選ばれるものとした。

2 観察された行動の合理的説明

それ以外についても（表2の (b) から (c)）同様に考えることができる。ただし，これらのケースの中には，選択肢の中身が同じケースがいくつかある（たとえば，ケース1.1とケース2.1など）。これらについては当然同じものが選択されていなければならない。

表1と表2によって，牛丼，親子丼，天丼，カツ丼のすべてもしくはその一部から1つを選ぶ場合のAさんの選択行動が，すべて記述されたことになる[6]。

■ 行動から好みを推測する

表1と表2にまとめられたAさんの行動は，いずれもそれぞれのケースが生じたときに私たちが観察できるものである。たとえば，ある日の昼，私たちがQ食堂にたまたま居合わせたものとしよう。この店のその日のメニューには天丼とカツ丼（表2 (a) ケース1.1）が記載されていたとする[7]。このとき，私たちは，Aさんがカツ丼を注文する姿を目撃することで，表2 (a) のケース1.1が実現しているのを確認することができるわけである。

それでは，Aさんはなぜ表1と表2に書かれているような行動をしたのだろうか？

その真の理由は，Aさんの心の奥に秘められているものであって，誰も知ることはできない。しかし，私たちは表1と表2に記載されたAさんの行動（選択結果）から，Aさんの心の奥底にある選択対象に対する好みの順位付け（つまり，選好）を合理的に推測することができ，さらにそれに基づいてAさんの行動を説明することができるのである。

まず，彼はメニューが牛丼，親子丼，天丼，カツ丼で構成されているときには，親子丼を選ぶ。このことから，

---

[6] 一般論としていえば表2の各ケースからさらに選択対象を1つ減らした場合のことも考える必要がある。ただし，表2ですでに選択対象が2つになっているので，これから1つが減った場合には選択対象はただ1つになってしまう。1つの対象から1つを選ぶ場合にはそれ自身を選ぶしかないので，結局このケースは明示的に表示しなくてもいいことになる。
[7] Q食堂のメニューは日がわりで，その日は天丼とカツ丼しかメニューに載っていなかった（あるいは，それ以外のものは売り切れていた）と考えることにしよう。

終章　選択と合理性

　(＊) Aさんは，牛丼，天丼，カツ丼のいずれよりも，親子丼を好むことが推測できる。

　次に，選択対象が3つに減ったとき（表1）のAさんの行動を調べてみよう。たとえば，ケース1を見ると，彼は，親子丼，天丼，カツ丼が選べるという状況で，親子丼を選んでいる。このことから，

　(a) Aさんは，天丼とカツ丼よりも，親子丼を好む

ことが推測できる。同様に考えると，

　(b) Aさんは，天丼とカツ丼よりも牛丼を好む（ケース2）

　(c) Aさんは，牛丼とカツ丼よりも親子丼を好む（ケース3）

　(d) Aさんは，牛丼と天丼よりも親子丼を好む（ケース3）

であることも推測できる。

　(＊) も (a)〜(d) も共にAさんの好みを表現しているわけではあるが，(＊) の方がやや荒っぽい好みの表し方だと言える。つまり，前者からは「親子丼 vs 他の丼物」の関係しかわからない。しかし，後者では，このうち (b) から「牛丼 vs【天丼とカツ丼】」に関する好みについての情報が新たに得られる[8]。

　したがって，(a)〜(d) の方が，(＊) よりも少しだけ詳しくAさんの好みについての情報を私たちに伝えてくれるのである。

　表2に表されたAさんの行動を見ると，彼の好みについてさらに詳しいことがわかる。たとえば，ケース1.1では，天丼とカツ丼を選べるという状況で，彼はカツ丼を選んでいる。このことから，

　①Aさんは，天丼よりもカツ丼を好む（ケース1.1とケース2.1）

ことが推測できる。同様に考えると，

　②Aさんは，カツ丼よりも親子丼を好む（ケース1.2とケース3.1）

　③Aさんは，天丼よりも親子丼を好む（ケース1.3とケース4.1）

　④Aさんは，カツ丼よりも牛丼を好む（ケース2.2とケース3.2）

---

[8] ただし，(a)，(c) および (d) からは，(＊) と同様，「親子丼 vs 他の丼物」に関する好みの情報しか得られない。

⑤Aさんは，天丼よりも牛丼を好む（ケース2.3とケース4.2）

⑥Aさんは，牛丼よりも親子丼を好む（ケース3.3とケース4.3）

ことも推測できる。

## ■選好と最適化

前項でわかったAさんの好みに対する推測（（＊），(a)〜(d) および①〜⑥）を総合すると，彼が4つの選択対象に対して，図4のような順序付けをしていることがわかる。これがAさんの行動を観察することで推測できた，彼の選好である。

選好は，図4のように「＊番目に好む」という形で表現してもいいし，前項の最後の①から⑥までの一連の文のように，全部の選択対象の中から任意に選ばれた2つのどちらを好むか，という比較を繰り返すことで表すこともできる。

ただし，このように選好を表すときには，推移性が満たされているのかどうかをチェックする必要がある。推移性というのは，x,y,zという選択対象を比べたときに，もし①「xはyよりも好ましい」と，②「yはzよりも好ましい」という2つの関係が成り立っているときには，必ず③「xはzよりも好ましい」という関係が成り立つことを意味している（図5参照）。

万一推移性が満たされなくなると，困ったことになる。図6を見て頂きた

図4　4つの選択対象に対する選好

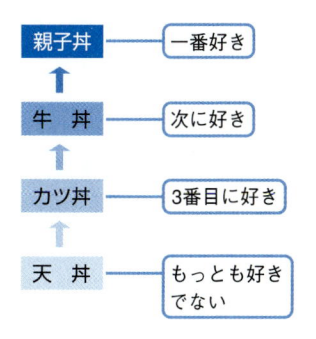

親子丼 ── 一番好き

↑

牛　丼 ── 次に好き

↑

カツ丼 ── 3番目に好き

↑

天　丼 ── もっとも好きでない

終章　選択と合理性

### 図5　推移性

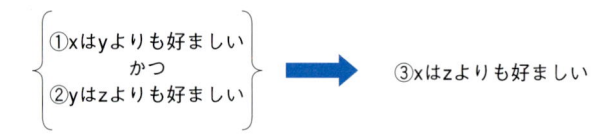

$$\left.\begin{array}{l}\text{①xはyよりも好ましい}\\ \text{かつ}\\ \text{②yはzよりも好ましい}\end{array}\right\} \Rightarrow \text{③xはzよりも好ましい}$$

### 図6　推移性が満たされないと最も良いものを選べない

(a) 推移性が満たされない場合　　(b) 推移性が満たされる場合

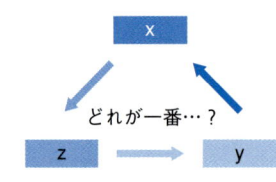

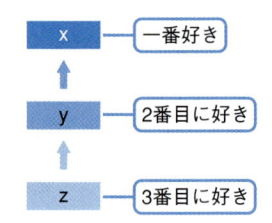

(a) x → y → z → x のサイクル「どれが一番…？」

(b) x ―一番好き／y ―2番目に好き／z ―3番目に好き

い。この図の(a)は推移性が満たされない場合である（矢印の向きが「より好んでいる」ことを表している）。つまり、ここでは、①「xはyよりも好ましい」と、②「yはzよりも好ましい」ということに加えて、③「zはxよりも好ましい」という関係が成り立ってしまっている。

この3つの選択対象x, y, zの中で、一番好ましいものはどれだろうか？

この場合、どの選択対象にもそれよりも好ましい対象が存在してしまっているので、実は「一番好ましいもの」を決めることができないのである。

それに対して、図6(b)は推移性が満たされる場合である。この場合、xは、yと比べても、zと比べても、より好ましい選択対象になっているので、当然xが「一番好まれる」選択対象だということになる。

経済学では、企業や消費者などの経済主体は、「合理的に行動する」——すなわち、限られた選択対象の中で一番好ましいもの（そのような選択対象を最適な対象という）を選ぶ——と想定される。そして、選好の推移性は、最適な選択ができることを保証する条件になっているのである[9]。

344

## 2 観察された行動の合理的説明

　これまでの話でわかったことは，人の選択が首尾一貫したものであるならば，あたかもそれがある選好においてもっとも好ましい選択肢が選ばれた結果であるかのように，理由付けすることができる[10]ということである[11]。

　刑事法廷で，事件に直接関与していない検事が，あたかも彼自身が現場に居合わせた人間のごとくそれについて語るのと同様，ここで述べた理由付けもあくまでも「あたかも」の話でしかない。その人の真の選好がここで推測された通りであって，本当に彼が最適化をしていたのかどうかは，彼の心の中の問題だから第三者であるわれわれが知るよしもないことなのである。

---

9) 選択対象が無限にたくさんあるときには，たとえ推移性が満たされたとしても，最適な選択を行えない場合もある。たとえば，1, 2, 3, …という無限に続く数字（自然数）を考えて，大小関係が選好だとしよう（つまり，大きい数ほどより好ましい数と考える）。この関係は明らかに推移性を満たしているが，その中から一番好まれる数，すなわち一番大きな数を選ぶことはできない。

10) 「合理的（rational）」という言葉には，「衝動というよりも理由（reason）に基づいている」（オックスフォード現代英英辞典）という意味がある。つまり，「ある現象を合理的に説明すること」というのは，「ある現象が生じた理由を論理的かつ明晰に説明すること」を意味していると理解できる。

11) 第4章では，「顕示選好の弱公理」や「強公理」が消費者の選択の首尾一貫性の条件であることを指摘した。実は，この節で考えているような有限個の対象からの選択の問題というシンプルな問題からさらに進んで，消費者の予算制約下での選択問題のような複雑な問題を考える場合には，「顕示選好の公理」が「無関連な対象からの独立性」の一般化になっているのである。第4章の顕示選好に関する議論の論旨は，「もし消費者の行動が首尾一貫したものであるなら，消費者の消費行動という観察可能な事実から，われわれはその消費者の選好を推察することができる」ということであったので，選択対象の集合の違いを別にすれば，それはここで考えていることと同趣旨の話だということになる。

# 文献案内

本書を読み終えた読者が，さらに高いレベルのミクロ経済学を学習するためには，
- 武隈愼一『ミクロ経済学　増補版（新経済学ライブラリ4)』，新世社（1999年）

が良い。

ゲーム理論の思考方法を前面に押し出しながら，ミクロ経済学のいくつかのトピックスが学べる本としては，
- 梶井厚志・松井彰彦『ミクロ経済学：戦略的アプローチ』日本評論社（2000年）

がある。

第7章で取り上げた組織の経済学については，
- 菊澤研宗『組織の経済学入門：新制度派経済学アプローチ』有斐閣（2006年）
- ポール・ミルグロム，ジョン・ロバーツ，（奥野正寛他訳）『組織の経済学』NTT出版（1997年）

などが良い。このうち前者はわかりやすく書かれた入門書であり，後者はこの分野の基本書である。

第12章で取り上げたゲーム理論の入門書としては，
- 佐々木宏夫『入門ゲーム理論：戦略的思考の科学』日本評論社（2003年）
- 武藤滋夫『ゲーム理論入門（日経文庫）』日本経済新聞社（2001年）

などがわかりやすい。

終章で取り上げた「合理化」の考え方については，
- Ariel Rubinstein, *Lecture Notes in Microeconomic Theory: The Economic Agent*, Princeton University Press, 2006

が参考になる。また，社会選択理論に関する本も参考になる。

最後にミクロ経済学の勉強には，ある程度の数学の知識が不可欠であるが，高校程度の数学の復習をしたい読者には，
- 佐々木宏夫『経済数学入門（日経文庫）』日本経済新聞社（2005年）

がわかりやすい。それ以上のレベルの数学を学びたい読者は，『微分積分』，『線形代数』あるいは『確率と統計』といった名称でたくさんの本が出版されているので，書店で実際に手に取ってみて判断するのが一番良いと思う。

# 練習問題略解

● 第1章
1. 価格が $p_1$ から $p_2$ へと上昇したときに，需要量が $q_1$ から $q_2$ へと下落したなら，％表示の価格上昇率は $\frac{p_2-p_1}{p_1}\times 100$ で，需要量下落率は $\frac{q_1-q_2}{q_1}\times 100$ である。需要の価格弾力性＝$\frac{需要量下落率}{価格上昇率}=\left(\frac{q_1-q_2}{q_1}\times 100\right)\div\left(\frac{p_2-p_1}{p_1}\times 100\right)=\left(\frac{p_1}{q_1}\right)\times\left(\frac{q_1-q_2}{p_2-p_1}\right)$ となる。なお，$p_1$ と $p_2$ がどんな値でも $\frac{q_1-q_2}{p_2-p_1}=3$ となる。
   ① $p_1=10$ なら，$q_1=15$ なので，需要の価格弾力性＝$\frac{10}{15}\times 3=2$ である。
   ② $\frac{15}{2}$
2. ① $q=q_A+q_B=(-2p+60)+\left(-\frac{2}{3}p+24\right)=-\frac{8}{3}p+84$ なので，$q=-\frac{8}{3}p+84$ が市場需要曲線の式である。
   ② 507

● 第2章
1. (1) 205，(2) **NO**，(3) 0，(4) 230，(5) 218，(6) **YES**，(7) 20，(8) 57
2. 誤（基本料金は固定費用だから）
3. 供給の価格弾力性についても，第1章の練習問題1で導出したのと同様な式が導ける。
   ① $\frac{16}{17}$
   ② $a=0$

● 第3章
1. ① 均衡価格＝$\frac{25}{2}$，均衡数量＝49
   ② $\frac{7203}{8}$
   ③ 生産が2単位少ない場合＝$\frac{7191}{8}$，生産が1単位多い場合＝$\frac{7200}{8}=900$
   ④ 均衡価格＝$\frac{79}{6}$，均衡数量＝$\frac{143}{3}$

練習問題略解

●第4章
1. 予算線の横軸の切片 $\dfrac{M}{p_1}$ を中心にして，予算線が時計回りに回転（移動）する。
2. 限界代替率逓減の法則は成り立っていない。$p_1=3$，$p_2=2$，$M=10$ のときの各財の消費量は，$x_1=\dfrac{10}{7}$，$x_2=\dfrac{20}{7}$。

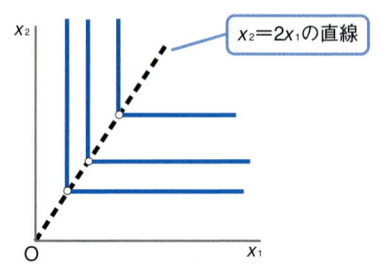

●第5章
1. ① 図5-1において，予算線の縦軸の切片は，賃金率 $w$ の大きさにかかわりなく固定されており，$w$ が大きくなると $\dfrac{p}{w}$ は小さくなるので，予算線の傾きはゆるやかになる。したがって，予算線は，縦軸の切片を中心にして反時計回りに回転する。最適点は，図の点 $E$ から点 $E'$ に変化する。

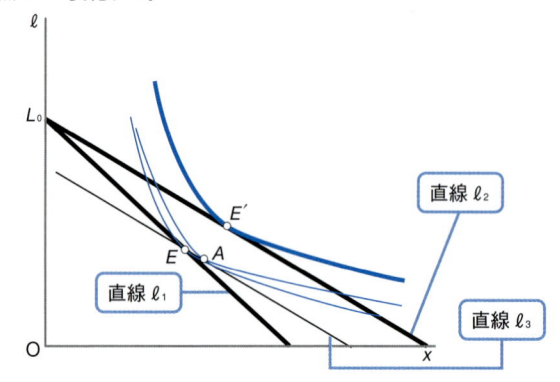

② 賃金率上昇前の予算線が $\ell_1$ で，変化後のそれが $\ell_2$ である。点 $E$ を通り，$\ell_2$ と平行な線が $\ell_3$ で，$\ell_3$ と無差別曲線の接点が $A$ である。このとき，点 $E$ から点 $A$ への変化が代替効果で，点 $A$ から点 $E'$ への変化が所得効果，そして，点 $E$ から点 $E'$ への変化が全効果である。

2. ① 図5-2の点 $M$ で予算線が折れる。点 $M$ より左上方の部分の予算線の傾きは $-r_2$ なのでゆるやかになり，点 $M$ より右下方の部分の予算線の傾きは $-r_1$ なので急になる。
② 点 $M$ で折れ曲がった予算線と無差別曲線の接点が最適点である。

●第6章
1. ① $f_1\!\left(8,\dfrac{7}{3}\right)=8a+\dfrac{7\beta}{3}$，$f_2\!\left(8,\dfrac{7}{3}\right)=\begin{cases}\dfrac{7\beta}{3} & a\geqq\dfrac{7\beta}{24} \text{ のとき}\\ 8a & \text{それ以外のとき}\end{cases}$

$f_3\left(8, \frac{7}{3}\right) = 8^\alpha \left(\frac{7}{3}\right)^\beta A$

② どれも同様に考えればよいので，$f_3(x_1, x_2)$ についてのみ示す．

$f_3\left(3 \times 8, 3 \times \frac{7}{3}\right) = (3 \times 8)^\alpha \left(3 \times \frac{7}{3}\right)^\beta A = 3^\alpha \times 8^\alpha \times 3^\beta \times \left(\frac{7}{3}\right)^\beta A$

$= 3^{\alpha+\beta} 8^\alpha \left(\frac{7}{3}\right)^\beta A = 3^1 8^\alpha \left(\frac{7}{3}\right)^\beta A = 3 \times f_3\left(8, \frac{7}{3}\right)$ である．

4.2 倍したときも同様に考えると，$f_3\left(4.2 \times 8, 4.2 \times \left(\frac{7}{3}\right)\right) = 4.2 \times f_3\left(8, \frac{7}{3}\right)$ を得る．

③ ②と同様に考えると，$f_1(ax_1, ax_2) = af_1(x_1, x_2)$, $f_2(ax_1, ax_2) = af_2(x_1, x_2)$, $f_3(ax_1, ax_2) = af_3(x_1, x_2)$ を示すことができる．

④

完全代替的 　　　　レオンチェフ型 　　　　コブ・ダグラス型

傾きが $-\left(\frac{\alpha}{\beta}\right)$ の直線

$x_2 = \left(\frac{\alpha}{\beta}\right)x_1$ の直線

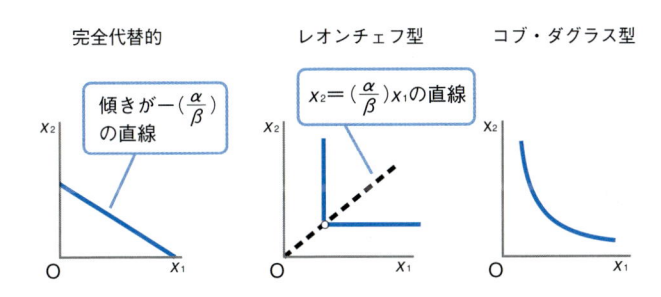

2．それらの国では，東京オリンピック以前の日本と同様，労働力が機械設備に比べて相対的に安価なので，図 6-8 に表されているのと同様な事態が生じているものと思われる．

## ●第 7 章

1. ① 限界費用関数の式は，$MC = 3y^2 - 8y + 7$ であり，平均費用関数の式は，$AC = y^2 - 4y + 7$ である．
   ② 長期なので，図の点 $A$ が操業停止点かつ損益分岐点となる．
   ③ $AC$ 曲線の最低点の高さは 3 なので，価格が 3 の時の需要量を求めると 53 になる．
   $53 \div 2 = 26.5$ なので，長期均衡における企業数は 26 である．

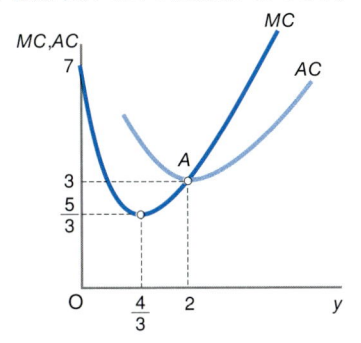

2. ① 総費用 $C$ を $x$ の関数とみると，$C(x) = x^2 + 2(T-x)$ である．
   ② 関数 $C(x)$ を $x$ について微分して 0 と置くことで，費用最小点を求めることができる．

練習問題略解

$C'(x) = 2x - 2 = 0$ なので，費用を最小化させる $x$ は 1 で，$y = T - x = T - 1$ である。

③ 点 $P$ は，$x^2 = 2(T-x)$ となる $x (\geqq 0)$ で与えられるので，そのような $x$ は $-1 + \sqrt{1+2T}$ である。$T \geqq 2$ なので，$-1 + \sqrt{1+2T} \geqq -1 + \sqrt{5} \geqq 1$ なので，たしかに点 $P$ は $x = 1$ の右側にある。

3．医者と患者の関係など。

● 第 8 章

1．初期保有点を $P$ とすると，点 $P$ は，エッジワースの箱のちょうど中央に位置することになる。$A$ と $B$ の無差別曲線は，点 $P$ に対して互いに点対称になっているので，点 $P$ で 2 人の無差別曲線は接し，共通接線を持つことになる。この共通接線をそれぞれの予算線とみなすと，点 $P$ ではどの財についても需要量と供給量が一致することになり，この点が競争均衡になることがわかる。

2．(8.4) 式を変形すると，どのような価格体系でも，
$$p_1(D_1 - S_1) + p_2(D_2 - S_2) + \cdots + p_{n-1}(D_{n-1} - S_{n-1}) = -p_n(D_n - S_n)$$
が成り立つ。ある価格体系の下で，第 1 財から第 $n-1$ 財までの市場が均衡しているなら，上の式の左辺はゼロになる。したがって，右辺もゼロになり，通例価格は正の値を持つので，$D_n - S_n = 0 \Longleftrightarrow D_n = S_n$ となる。つまり，第 $n$ 財の市場も均衡することになる。

● 第 9 章

1．本文 9-2 節の (9.1) 式の記号を使えば，$a = 3$，$b = 30$ であり，(9.4) 式の記号で，$c = 2$，$d = 1$ である。図 9-6 からわかるように，独占均衡価格 $p_M = \dfrac{ac+b}{2a} = \dfrac{3 \times 2 + 30}{2 \times 3} = 6$ であり，そのときの生産量は，$\dfrac{b-ac}{2} = \dfrac{30 - 3 \times 2}{2} = 12$ である。次に，デッド・ウエイト・ロスは，この図の斜線の面積なので，$(p_M - c) \times \left(\dfrac{b-ac}{2}\right) \div 2 = 24$ である。

2．本文 9-3 節のクールノー・モデルと本問のモデルの違いは，企業ごとに限界費用 $c$ が異なっていることだけである。つまり，本文の記号を用いると，$a = 3$，$b = 30$ だが，それぞれの企業の $c$ が $c_1 = 3$ と $c_2 = 4$ となることだけである。そこで，本文の (9.6) 式は，$q_1 = \dfrac{-q_2 + b - ac_1}{2} = \dfrac{-q_2 + 21}{2}$ となり，(9.7) 式は $q_2 = \dfrac{-q_1 + b - ac_2}{2} = \dfrac{-q_1 + 18}{2}$ となる。クールノー均衡は，この 2 つの式を連立させて解けば得られるので，$q_1^* = 8$，$q_2^* = 5$ である。

● 第 10 章

1．① 図 (a) のスミアミをほどこした領域が，契約「曲線」(＝パレート効率的な資源配分の集合) となる (原点から出発する 2 つの直線の交点がない場合も，2 つの直線で囲まれた領域が，パレート効率的な資源配分の集合である)。

② $A$ の代表的な無差別曲線は，$O_A$ を原点とするときの傾きが $-\dfrac{1}{2}$ の直線であり (右上方ほど高い効用に対応する)，$B$ の代表的な無差別曲線は，$O_B$ を原点とするときの傾きが $-1$ の直線である (左下方ほど高い効用に対応する)。点 $P$ を任意の配分とすると，図 (b) のスミアミの部分は，点 $P$ より 2 人の効用が共に改善する点の集合であり，エッジワースの箱のヘリにたどり着いてはじめて，2 人の効用を同時に改善することが出来なくなる。したがって，エッジワースの箱の左上方のヘリが，契約曲線である。

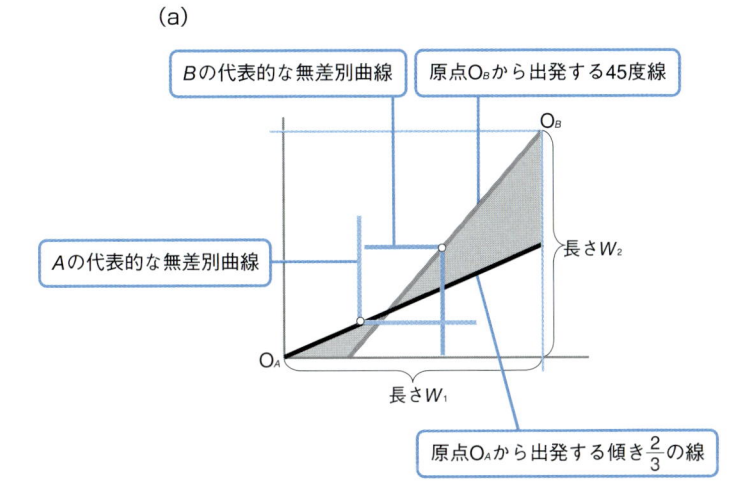

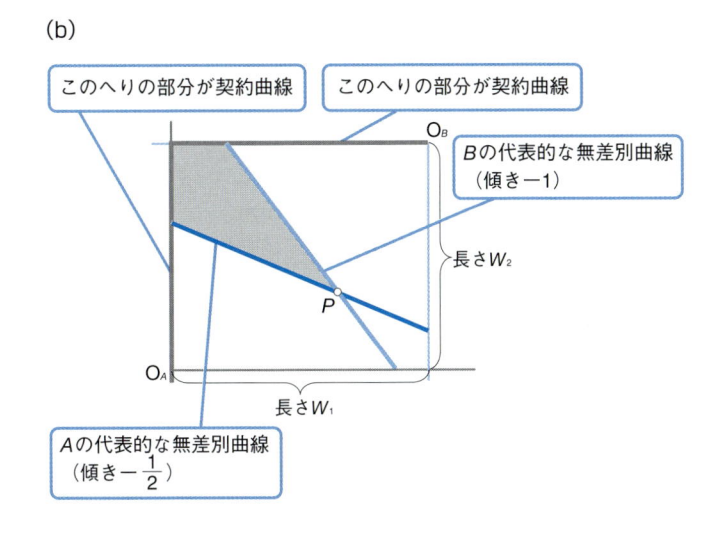

# 練習問題略解

(a)

- $B$の代表的な無差別曲線
- 原点$O_B$から出発する45度線
- $A$の代表的な無差別曲線
- 長さ$W_2$
- $O_A$
- 長さ$W_1$
- 原点$O_A$から出発する傾き$\frac{2}{3}$の線

(b)

- このへりの部分が契約曲線
- このへりの部分が契約曲線
- $O_B$
- $B$の代表的な無差別曲線（傾き$-1$）
- 長さ$W_2$
- $P$
- $O_A$
- 長さ$W_1$
- $A$の代表的な無差別曲線（傾き$-\frac{1}{2}$）

練習問題略解

2. 競争均衡における消費者AとBの消費の組合せを，それぞれ $(x_1^{A*}, x_2^{A*})$ と $(x_1^{B*}, x_2^{B*})$ とすると，2人の初期保有は同じなのだから，Aにとって $(x_1^{B*}, x_2^{B*})$ もまた彼の所得で購入可能である。しかし，予算を満たして購入可能であるにもかかわらず，Aは $(x_1^{A*}, x_2^{A*})$ を選んだのだから，$u^A(x_1^{A*}, x_2^{A*}) \geqq u^A(x_1^{B*}, x_2^{B*})$ である。同様にして，$u^B(x_1^{B*}, x_2^{B*}) \geqq u^B(x_1^{A*}, x_2^{A*})$ も示せるので，2人とも相手を羨望しないことになる。競争均衡はパレート効率的なので，結局この場合の均衡配分は，パレート効率かつ無羨望だということがわかる。

● 第11章

1. 交渉に際して，自分の被害状況などについて過大な申告が行われ得ることなど，虚偽表明の可能性があることなど。

2. 需要関数の逆関数を求めると，$p_A = -\frac{1}{2}q + 10$ と $p_B = -\frac{1}{3}q + 13$ を得る。$p = p_A + p_B$ とすると，公共財の逆需要関数は，$p = -\frac{5}{6}q + 23$ である。これと供給関数を連立させて解くと，$p^* = \frac{69}{8}$，$q^* = \frac{69}{4}$ である。$q^*$ を上記の $p_A$ と $p_B$ を与える式に代入すると，$p_A^* = \frac{11}{8}$，$p_B^* = \frac{29}{4}$ である。よって，$p_A^* + p_B^* = \frac{11}{8} + \frac{29}{4} = \frac{69}{8} = p^*$ となって，サムエルソン条件が成立している。

3. たとえば，労働市場では労働の売り手は，自分の労働力の品質について十分な情報を持っているが，買い手は必ずしもそうでない。そこで，労働の価格である賃金率が質の高い労働者にとっては割安で，質の低い労働者にとっては割高になってしまう結果，質の高い労働者が市場から閉め出されるという現象が起こる可能性がある。他の市場でも同様に考えればよい。

● 第12章

1. (a) Bが戦略1を取ったときのAの最適戦略は，戦略bであり，(b) Aが戦略bをとったときのBの最適戦略は，戦略2である。(c) Bが戦略2をとったときのAの最適戦略は戦略aであり，(d) Aが戦略aを取ったときのBの最適戦略は，戦略1であり，ここで振り出しに戻る。この循環が永遠に続いてしまうので，純粋戦略のナッシュ均衡は存在しないことになる。

2. ① プレイヤーの集合は，企業1と企業2から成る集合 $\{1, 2\}$ である。② 各プレイヤーの戦略は生産量 $q_1$ と $q_2$ で表される。需要曲線の形状から $q_1$ と $q_2$ は，いずれも0以上の値を取り，最大でも $b$ を超える値は取りえない。したがって，「プレイヤーがとり得る戦略の集合」は，いずれも「0以上 $b$ 以下の実数の集合」(つまり，閉区間 $[0, b]$) である。③ 利得関数は，$\pi_1(q_1, q_2)$ と $\pi_2(q_1, q_2)$ である。

次に，クールノー均衡 $(q_1^*, q_2^*)$ では，(a) 任意の $q_1$ に対して $\pi_1(q_1^*, q_2^*) \geqq \pi_1(q_1, q_2^*)$，(b) 任意の $q_2$ に対して $\pi_2(q_1^*, q_2^*) \geqq \pi_2(q_1^*, q_2)$ が成り立っているので，「互いに相手の戦略を所与としたときに，利得を最大化する戦略を出し合っている。」つまり，これはナッシュ均衡でもある。

# 索　引

## あ　行

赤字　48
アカロフ（Akerlof, G. A.）　298
アドバース・セレクション　298
アロー（Arrow, K. J.）　201, 223

威嚇　326
異時点間の予算制約　131
一次同次　177
一物一価　9
一様分布　300
一般均衡分析　211
依頼人　202

売り手　26

営業停止点　185
エージェンシー問題　203
エージェント　203
枝　318
エッジワース（Edgeworth, F. Y.）　216
エッジワースの箱　215, 221, 264, 270

## か　行

外国　6, 7
買い手　26
外部経済　277
　　──の内部化　279
外部効果　276
外部不経済　277
価格　6, 7, 27, 57
価格支配力　8
価格受容者　231

価格上昇　94
価格メカニズム　6
下級財　97
家計　6
寡占市場　8, 230, 239
　　差別化のある──　245
貨幣の実質購買力　117
可変的生産要素　46, 156
可変費用　47, 162
可変費用曲線　162
完全競争市場　8, 229, 230
完全情報ゲーム　320
完全代替的な生産関数　147
完全な情報　230
完全保険　139
完備情報　320

企業　6, 40, 144, 180
技術的限界代替率　151
希少　3
期待利得　313
ギッフェン財　27, 95
規範分析　257
逆選択　298
供給曲線　40, 63
　　短期の──　187
　　長期の──　187
供給者　26
供給の価格弾力性　68
供給法則　40
競争均衡　70, 222
共有知識　320
協力ゲーム理論　304

空間的市場モデル　245

355

索　引

クールノー（Cournot, A. A.）　245
クールノー均衡　245

経済主体　6
契約曲線　268, 285
結合生産　145
ゲームの木　305, 317, 318, 326
ゲームのルール　310
ゲーム理論　304
限界効用　33
　　社会的な——　292
限界効用曲線　76
限界効用逓減の法則　33
限界代替率　108
限界代替率逓減の法則　109
限界費用　51, 52, 57, 158
　　——の逓減　159
　　——の逓増　159
　　——の逓増の法則　55
限界費用曲線　76, 160
顕示選好の強公理　103
顕示選好の弱公理　102

公共財　288, 291
厚生経済学の基本定理　263, 268
行動　319
公平性　257, 269
効用　27, 110
　　——の序数性　111
効用関数　112
効率性　257, 269
効率的　259
効率と公平のトレードオフ　273
個人　6
コース（Coase, R. H.）　280, 286
コースの定理　286
固定的生産要素　45, 156
固定費用　47, 162
固定費用曲線　162
コブ=ダグラス型生産関数　147
コーナーソリューション　141
個別供給曲線　62
個別需要曲線　34

混合戦略　312

さ 行

財　2, 8
　　需要法則を満たす——　95
　　物的な——　2
最低販売価格　41, 42, 48, 58
最適規模　196
最適生産量　57
最適貯蓄　133
サービス　2
サムエルソン（Samuelson, P. A.）　294
サムエルソン条件　294
産業の長期均衡　191
産出　144
産出物　144
参入　188

時間　317
資源　2
　　——の希少性　1, 3
資源配分　4, 217
　　効率的な——　231
事実　331
市場　6, 16, 70, 210
　　——の長期均衡　190
市場価格　41
市場供給曲線　66
市場均衡　70, 222
市場経済　75
市場需要曲線　36
市場の失敗　275
市場メカニズム　6
市場利用費用　194
次善　206
自然の状態　9, 14, 136
実証分析　257
私的財　287
私的情報　295
始点　319
支配戦略　309
支配戦略均衡　309

索　引

支払い意欲　28
社会的限界効用曲線　293
社会的損失　83
社会的余剰　78, 277
社会的余剰最大化　262
　　──とパレート効率性　263
囚人のジレンマ　307
終点　319
収入　47
需要関数　99
需要曲線　26, 34, 100
　　マーシャルの──　99
需要者　26
需要の価格弾力性　38
需要法則　27, 116
需要量　100
準公共財　288
純粋戦略　312
上級財　96
消費　2, 6
消費者　6
消費者余剰　31
情報　317
　　──の非対称性　296
　　──の偏在　296
情報集合　317, 319
初期保有点　214
所得効果　118, 120, 123
所得上昇　96

推移性　343
数量　26
ステイクホルダー　203
ストックオプション　205
スルツキー分解　119

生産　2, 6, 144
生産関数　146
　　──の単調性　146
生産技術　144
生産者余剰　44, 62
　　市場全体の──　66
生産設備　44

生産物　144
生産プロセス　144
生産要素　2, 42, 144
正常財　96, 117
政府　6
選好　100
全効果　119, 120, 123
戦略　238
戦略型ゲーム　305, 326

操業停止点　50, 60, 186
総需要量　36
総費用　47, 162
総費用関数　153
総費用曲線　157
　　小規模施設の──　170
　　大規模施設の──　170
　　中規模施設の──　170
双方独占　232
総余剰　78, 277
組織　181
組織利用費用　194
損益分岐点　48, 60, 185, 186

## た　行

代替効果　119〜121
代替財　251
第1企業の反応関数　242
代理人　203
多数決　200
ただ乗り　290
短期　46, 156
短期総費用関数　156
端点解　141

中間財　26
中古車市場　296
超過供給　71
超過需要　71
長期　46, 156
長期限界費用曲線　175
長期総費用　175

357

## 索　引

長期総費用曲線　173
長期平均費用　174
長期平均費用曲線　175
頂点　319
貯蓄　11, 127
　　正の——　11
　　負の——　11, 127
賃金率　8

デッド・ウエイト・ロス　83, 237
手番　319
デブリュー（Debreu, G.）　223
点　318
展開型ゲーム　305, 321, 324, 326

等産出量曲線　149
闘争曲線　268
投入　42, 144
等費用線　152
等量線　149
独裁制　201
独占　236
　　——の社会的損失　237
独占禁止法　237
独占市場　8, 229, 231
　　売り手——　26
　　買い手——　26
独占的競争均衡　252
独占的競争市場　230, 250
取引　6

### な　行

内点　115
ナッシュ均衡　309, 316, 324, 326
　　——の存在定理　316

二階堂副包　223

### は　行

排除不可能性　288
パレート（Pareto, V. F. D.）　259

パレート効率的　259, 261
反応曲線　316

比較静学　74
非競合性　288
非協力ゲーム理論　304
非効率的　260
費用　47
費用関数　152
費用最小化　152, 181
費用曲線　157
　　短期の——　157
標準型ゲーム　305

不完全情報ゲーム　320
不完備情報　320
複占　230
2人2財純粋交換経済　212
2人ゲーム　306
部分均衡アプローチ　211
部分均衡分析　211
部分ゲーム完全均衡　330
プライステイカー　231
ブラウアーの不動点定理　317
フリーライダー問題　290
プリンシパル　202
プレイヤー　6, 192, 304
紛争　5

平均可変費用　59, 163
平均可変費用曲線　166
平均固定費用　164
平均費用　59, 163
平均費用曲線　166

包絡線　174
保険　15, 20, 135
　　——の価格　16
保険金　16, 135, 138
保険料　16, 135, 138
　　——率　16, 135
ホテリング（Hotelling, H.）　245

# 索 引

## ま 行

マッケンジー（Mckenzie, L. W.） 223

ミクロ経済学 1

無関連な対象からの独立性 338
無差別 104, 105
無差別曲線 105, 133, 138, 150, 213, 264, 282
無羨望 270

モラルハザード 302

## や 行

輸出 7
輸入 7

要素価格 154
要素需要 154
要素需要関数 154
余暇 129
予算集合 93
予算制約 91, 217
　――の下での効用最大化行動 112
予算線 92, 94, 104, 133, 138, 218, 268

## ら 行

利潤 6, 47, 182
利潤最大化 181, 183
利子率 11, 19, 131
リスク 15, 134, 193
　――愛好的 297
　――回避的 297
　――中立的 297
利得 304
利得関数 307
利得表 306
リンダール均衡 294

レオンチェフ型生産関数 147
レジャー 128
劣等財 97, 117
レモン市場 298

労働 2, 6, 128
労働供給 19, 126, 128, 129
労働市場 26
労働力 145, 155

## わ 行

割引現在価値 12
ワルラス（Walras, L.） 223
ワルラス法則 221

**359**

## 著者紹介

**佐々木 宏夫**（ささき　ひろお）

1956年　東京都新宿区生まれ
1979年　信州大学理学部数学科卒業
1981年　一橋大学大学院経済学研究科修士課程修了（同博士後期課程に進学）
1987年　ロチェスター大学大学院博士課程修了（Ph.D. in Economics 取得）
1987年　名古屋市立大学経済学部専任講師（1990年　同大学助教授）
1993年　早稲田大学商学部助教授（1996年　同大学教授）
1997年〜1999年　大蔵省（現 財務省）に出向
1999年　早稲田大学教授に復職（2005年より大学院会計研究科教授を併任）
2001年〜2003年　ライス大学（米国）経済学部客員教授
現　在　早稲田大学商学学術院および大学院会計研究科教授

**主要著書**

『情報の経済学』日本評論社（1991年）
『入門ゲーム理論』日本評論社（2003年）
『経済数学入門』日本経済新聞社（2005年）

---

■ 基礎コース［経済学］— 3 ■

## 基礎コース　ミクロ経済学

2008年6月10日 Ⓒ　　　初　版　発　行
2017年3月10日　　　　　初版第6刷発行

著　者　佐々木宏夫
発行者　森平敏孝
印刷者　加藤純男
製本者　米良孝司

【発行】　株式会社　新世社
〒151-0051　東京都渋谷区千駄ケ谷1丁目3番25号
☎(03)5474-8818(代)　　サイエンスビル

【発売】　株式会社　サイエンス社
〒151-0051　東京都渋谷区千駄ケ谷1丁目3番25号
営業☎(03)5474-8500(代)　　振替　00170-7-2387
FAX☎(03)5474-8900(代)

印刷　加藤文明社　　　製本　ブックアート

≪検印省略≫

本書の内容を無断で複写複製することは，著作者および出版者の権利を侵害することがありますので，その場合にはあらかじめ小社あて許諾をお求め下さい．

ISBN978-4-88384-123-3
PRINTED IN JAPAN

サイエンス社・新世社のホームページのご案内
http://www.saiensu.co.jp
ご意見・ご要望は
shin@saiensu.co.jp　まで